現代比較政治論

民主化研究から民主主義理論へ

川原 彰 著

中央大学出版部

まえがき

　本書の構想は，今から10年前に北海道大学の美しいキャンパスで生まれた。1994年9月初旬，まだ札幌でも残暑が厳しい頃に，北海道大学大学院で政治学の集中講義を行ったときのことである。法学研究科の政治系スタッフから，好きなテーマについて本気でやってほしいという，願ってもない要請があったのを幸いに，1993年暮れに刊行した拙著『東中欧の民主化の構造』，および拙編著『ポスト共産主義の政治学』をテキストに指定して，政治系の大学院生10人を相手に演習形式の授業を行った折のことだ。テーマは「ポスト共産主義の政治学」——冷戦の終焉と全地球的民主化を契機に急速に構造変動している世界政治を，いったい政治学の視座からどのように捉えることができるのか。この問題に対して，比較政治学と現代政治理論の観点から「1989年東欧革命と民主主義の現在」を考察するひとつの視座を暫定的に提示してみた。
　札幌滞在中は，毎朝，大学構内にある宿泊先のクラーク会館の正面玄関からハルニレ（エルム）の巨木が広い舗道の両側に立ち並ぶ林を抜けて法学部棟に向かうという，およそ日本の大学では考えられないめぐまれた環境のなかで4日間の集中形式のセミナーを行うことができた。朝の爽やかなエルムの林を散策しながら，またセミナーで大学院生たちと対話しながら，またセミナー終了後，法学研究科やスラブ研究センターのスタッフと親しく交流しながら，常に頭を離れなかったのは，政治学という専門的学問領域(ディシプリン)の現在と，世界変動の時代に必要とされる〈学〉としての政治学のあり方の問題であった。ひとつの大きな仕事を終え，北海道大学というのびのびとした空間に触発されたこの頃に，『東中欧の民主化の構造』の次の作品にあたる本書の構想が，おぼろげながら見え

てきた．本書は，この10年前に生まれた構想を具体化し，まがりなりにも一書の形にまとめたものである．

2004年12月15日

川 原 　 彰

目　次

まえがき

序　章　民主化研究から民主主義理論へ ……………………… *1*
　　　　──本書の主題と構成──
　1　本書の主題　*1*
　2　本書の構成　*3*
　　　　column　比較政治学への招待──概要と魅力，関心テーマ，学び方──

第Ⅰ部　比較政治学の方法 ……………………………………… *9*

第1章　比較政治学の構想と方法 …………………………… *11*
　　　　──キーワードと基礎理論──
　1　比較政治学とは何か　*11*
　2　比較論的＝発展論的視座　*14*
　3　比較政治学の危機と革新　*23*
　4　民主化の比較政治学　*33*
　5　比較政治学の新動向　*48*

第2章　東中欧の民主化研究プロジェクト ………………… *57*
　　　　──『東中欧の民主化の構造』をめぐって──
　1　比較政治研究の射程　*57*
　2　比較政治学と東欧政治研究　*59*
　3　民主化の比較政治研究──課題と方法──　*63*
　4　民主化の比較政治研究──暫定的結論と問題点──　*68*
　5　これからの研究アジェンダ　*75*
　　　　column　サミュエル・ハンチントン著『第三の波』『文明の衝突』
　　　　　　　　 ヘンリー・A.キッシンジャー著『外交（上・下）』

第Ⅱ部　市民社会＝革命論 ……………………………………… 87

第3章　民主化における〈市民社会〉と〈政治〉 ……………… 89
――ポーランド「連帯」10年の経験――

1　政治的なものの現在　*89*

2　「連帯」運動と「市民社会」の次元　*91*

3　「連帯」運動のインパクト　*97*

4　「ポーランド型民主化モデル」の構成　*101*

5　民主主義の制度化に向けて　*106*

　　［ポーランドの民主化過程の概観］　*113*

第4章　東中欧の民主化と市民社会論の新展開 ………………… 117
――理論モデルの整理とその検討を中心に――

1　市民社会論のルネッサンス　*117*

2　市民社会の2つの次元　*122*

3　市民社会概念の歴史的展開　*124*

4　市民社会論の現代的位相　*129*

5　新しい市民社会論の課題　*134*

　　column　三浦元博・山崎博康著『東欧革命』
　　　　　　桜井哲夫著『メシアニズムの終焉』

第Ⅲ部　世界システム論 ……………………………………… 145

第5章　半周辺地域における〈民主化〉の位相 ………………… 147
――世界システム論的視座から見た1989年革命――

1　〈民主化〉の1980年代　*147*

2　1989年革命論――ウォーラーステインの命題――　*149*

3　構造的危機――東中欧の半周辺的「二重の従属」――　*153*

4　民主化革命――ポーランドの「協定に基づく移行」――　*156*

5　革命の後に――ポスト共産主義の「パンドラの箱」――　*161*

6　ポスト共産主義の政治経済学を求めて　*164*

第6章　ポスト共産主義の政治経済学 ……………………… *171*
　　　――半周辺地域における〈民主化〉の位相――

　　　1　モデルとしてのショック療法　*171*
　　　2　ポスト共産主義の体制転換の基本構造――三重の移行――　*172*
　　　3　ポスト共産主義政治の位相――ポーランドの場合――　*174*
　　　4　世界システムにおける東中欧の民主化　*184*

　　　　column　アンドルー・ナゴースキー著『新しい東欧』
　　　　　　　　ティナ・ローゼンバーグ著『過去と闘う国々』

第Ⅳ部　比較民主化論 ……………………………………… *195*

第7章　民主化理論と民主化以後の諸様相 ………………… *197*
　　　――ポスト共産主義の体制転換と「国家性」問題――

　　　1　民主政への移行とその確立　*197*
　　　2　トランジション学派と「第三の波」論　*198*
　　　3　民主化プロセスの再検討　*203*
　　　4　ポスト共産主義の体制転換の独自性　*209*
　　　5　ポスト共産主義の民主化の問題領域　*214*

第8章　「中欧」の再発見と欧州統合 ………………………… *223*
　　　――EU東方拡大と統一ドイツ――

　　　1　統合ヨーロッパの東の境界　*223*
　　　2　「中欧」概念の再発見　*223*
　　　3　20世紀文化の発信地　*225*
　　　4　ヤルタ体制下の民主化運動　*227*
　　　5　EU東方拡大と統一ドイツ　*229*
　　　6　中欧はいずこへ　*233*

　　　　《資料》「欧州統合と統一ドイツに関する面接調査」　*235*
　　　　column　塩川伸明著『現存した社会主義』
　　　　　　　　岩田昌征著『社会主義崩壊から多民族戦争へ』

第Ⅴ部　民主主義理論 ……………………………………… *275*

第9章　ラディカル・デモクラシーとグローバル・デモクラシー … *277*
――重層化する民主主義の問題領域――

1　活性化する民主主義論　*277*
2　東欧の民主化とラディカル・デモクラシー　*278*
3　民主主義論の問題構成の再編――東欧革命の後に――　*281*
4　グローバル・デモクラシーの政治理論に向けて　*283*
5　グローバル・デモクラシーの3つのモデル　*286*
6　ラディカル・デモクラシーの課題と展望　*291*

第10章　グローバル・デモクラシーの政治理論序説 ……………… *297*
――S. ウォーリンの Fugitive Democracy 論を手がかりに――

1　What Time Is It?　*297*
2　共産主義体制の崩壊とモダニティの変容　*298*
3　グローバル化と民主主義の再定義　*301*
4　S. ウォーリンと Fugitive Democracy　*304*
5　共通なものの政治と生成の政治との緊張　*308*
6　Fugitive Democracy を越えて　*313*
7　民主主義とヴィジョン　*317*

column　アンソニー・ギデンズ著『左派右派を超えて』
　　　　　進藤榮一著『脱グローバリズムの世界像』

あとがき　*327*

事項・人名索引　*335*

序　章　民主化研究から民主主義理論へ
―― 本書の主題と構成 ――

1　本書の主題

　民主化研究と民主主義理論は不可分の関係にある。民主主義が「治者と被治者の一致」，つまり「デモス（住民，市民）の自己統治」という究極の理念を追求する思想である以上，民主主義の理念を完全に体現した制度を実現することは不可能である。現実の民主政は常にこうした民主主義の理念に照らして批判される。いうならば，民主主義の理念を形象化した「民主主義の天使」（A. ミフニク）は，民主主義を求める運動のなかにこそその姿を完全に現すが，運動のなかにしか姿をみせない「ひよわな天使」でもある。制度化するとともに，この天使は「硬直」してしまう。民主政への移行期から確立期にはいると，民主化が求めた民主主義とは何だったのか，という「自省的な」問いが切実になる。民主主義の実現の仕方は，時代，地域，文化，社会の違いによって異なるからである。しかし，そうであるからこそ，形容詞なしの「民主主義」の本質を問う試みがアクチュアリティを帯びるのである。

　本書は，いわゆる民主化の「第三の波」（S. ハンチントン）の頂点に位置する1989年東欧革命とそれに続くポスト共産主義の体制移行プロセスについて，「民主化」研究の延長線上に取り組んだものである。この巨大な変動プロセスの基本的な構造を「認識」する試みは，おのずと同時進行的な作業にならざるをえない。むろん，こうした基本的な構造の認識自体が「客観的に」行えるはずもなく，それは認識者の現代史に対する歴史認識と歴史評価に大きく依存している。つまり，この「大転換」の構造を認識する基本的な枠組そのものが問われているのである。本書では，この変動プロセスを，生成しつつあるものを可能

性としてすくいあげるような「構成的な」理論的視座から捉える試みを行っている。必要とされているのは、1989年革命を契機とする「大転換」のプロセス——より限定的には、民主化革命を中心としたポスト共産主義の体制転換——を、単なる「出来事」の歴史としての「現象」の事後的な把握の次元からではなく、集合的行為主体（エージェンシー）の可能性を構造的制約性の枠との相互作用の次元から解釈する構成的な把握なのである。

こうした東欧革命後の「大転換」のプロセスが生みだした問題群は、政治学の内部でも比較政治学を中心に現代政治理論から国際政治学にまたがるアジェンダである。それのみならず、この問題群は、国際関係論、地域研究、政治経済学、国際社会学、歴史学などのディシプリンとも重なりあった重層的な問題状況なのである。そのため、こうしたアジェンダには政治学という単一のディシプリンだけでは必ずしも充分には対応できない。逆にいうならば、これからの政治学は、近代(モダーン)の社会科学の諸前提を再検討する作業を通じて、この「大転換」の時代に必要とされる〈学〉としての政治学の存在証明を行っていくことが必要となる。この政治学の存在証明の回復のためには、政治の世界の新しい展開に即して、国家や民族、国家間システム、権力や制度、民主主義や自由・平等といった近・現代政治の基本的な構成要素を一つひとつ再検討していくしかないであろう。

かつて村上泰亮がその学問的遺言ともいうべき『反古典の政治経済学』（上・下　中央公論社，1992年）で述べたように、「20世紀を通じてわれわれは、思想を一つまた一つと使い棄てながら進んできた」のであって、「今、産業文明そのものの反省、世界システムの再構築、民主主義の再検討などの大きな課題に対面して、人々は茫然として立ち竦んでいる。」しかし、この大きな課題に立ち向かい、創造的な貢献をなすためには、「『近代』のもっていた約束事を、一度はすべてを疑うだけの気力をもつこと」が不可欠の条件なのである。ポスト共産主義の「大転換」時代の政治学に求められているのは、こうした精神的態度にほかならない。

「制度化」された政治学は、「一つのディシプリンであって、その視角は狭く

自足的であり」，とうていこうした任にたえうることはできない。S. ウォーリンの表現を借りれば，世界における危機の時代には，「既存のパラダイムの機能上の必須条件とみなされるものによって選び出される諸事実を強調することで，理論の『及ぶ範囲』を限定しようとする」政治学ではなく，「事実は理論よりも豊かであるがゆえに，新しい可能性について叙述し直すことは理論的想像力の主要な仕事であるという前提に立つ」政治学が求められている。政治学が社会的なコンテクストを離れて存在しえない以上，政治学はその主題の適切さにセンシティブにならざるをえない。「主題の暗示的コンテクストを認識することは，それを支えている学問領域を知ることにほかならず，また背後のそうした学問領域を知ることは，主題の領域にいかに取り組んだらよいかを知ることでもある」からだ。これこそ，かつてウォーリンが M. ポランニーの表現を借りて「暗黙の政治的知識」と呼んだものにほかならず，「制度化」された政治学が失った「省察的態度」にほかならない（S. ウォーリン『政治学批判』みすず書房，1988年）。

2　本書の構成

　本書は，政治学についてのこうした志向性にたって，1989年東欧革命後のポスト共産主義の政治学のアジェンダを，以下のような主題を中心に構成している。

　まず，こうした課題に取り組むのに不可欠な，比較政治研究の枠組そのものの転換の問題を，第Ⅰ部「比較政治学の方法」の箇所で論じている。第1章では，本書が主として依拠している比較政治学の分析枠組について，その歴史的展開に即して論じている。とくに「歴史社会学としての比較政治学」の視座から，「民主化の比較政治学」の分析枠組と研究戦略を明らかにしている。また，第2章では，拙著『東中欧の民主化の構造』以来取り組んでいる，「東中欧の民主化研究プロジェクト」の課題と方法，および暫定的結論と問題点を，比較政治学と東欧政治研究の関係を中心に明らかにしている。本書第Ⅱ部から第Ⅴ部

にかけて展開される研究アジェンダは，この検討から生まれたものである。ただし方法的な問題に関心のない読者は，第Ⅱ部から読み進めてもらってもかまわない。

第Ⅱ部「市民社会＝革命論」は，1989年東欧革命の構造を，市民社会―政治社会―国家の関係から明らかにするとともに，そこで浮上した「市民社会」問題の構成を論じている。第3章では，ポーランド「連帯」10年の経験の意味を解明することから，民主化プロセスにおける「市民社会」と「政治的なもの」の関係を論じている。今日隆盛を迎えている新しい市民社会論の原点にある「歴史的な経験」を構成的に解釈している。また第4章では，この市民社会論復興の文脈の意義を明らかにするために，市民社会概念の歴史的展開，市民社会論の現代的位相を整理している。「ユートピアなき革命」としての東欧革命が，はからずも「市民社会」の再発見をもたらし，市民社会論のグローバルな展開をもたらした文脈を論じている。

第Ⅲ部「世界システム論」は，1989年東欧革命とその後のポスト共産主義の体制転換を，世界システム論的な視座から検討することで，民主化を市場経済化の文脈と国際的な文脈のなかで論じている。第5章と第6章では，世界システムの「半周辺」的地域における民主化のゆくえを，一方では世界経済システムのなかの構造的位置，他方では地域的な安全保障レジームの再編成の動向との関係から捉え直している。構造的危機の局面から民主化革命の局面を経て，ポスト共産主義の体制転換の局面へと進む民主化のゆくえを，世界システム論的な政治経済学の視座から再検討するものである。政治改革，経済改革，国家の再編成の3次元の移行（体制転換）が同時に進行し，「不確実性の領域」に突入していくポスト共産主義の「大転換」の基本的な構造が明らかにされる。

第Ⅳ部「比較民主化論」は，東中欧の民主的移行とその確立に伴う問題を，国家性（既存国家の領土保全が危機に陥る）問題と，東中欧（東欧革命後は「中欧」）のヨーロッパ回帰をめぐる問題を中心に論じている。第7章では，民主化の「第三の波」の事例を中心にポスト共産主義の民主的移行の特質を，ラテンアメリカなど他の地域の民主化事例との比較の観点から明らかにしている。またそ

の一方で，民主化理論の再検討作業によって，「民主化の比較政治学」の視座の功罪を論じている。第8章では，冷戦構造の解体によってヨーロッパ回帰が実現した「中欧」諸国の文化の独自性の視点から，中欧諸国のEU加盟をめぐる問題を論じている。これは，EU側からみると，統一ドイツがリーダーシップをとる「東方拡大」をめぐる問題であり，それはヨーロッパの東側の境界線を画定する問題として現れている。

　第Ⅴ部「民主主義理論」は，これまでの民主化研究をふまえて，1989年東欧革命後の民主主義理論を再構築するための問題構成の再編に取り組んでいる。ポスト共産主義時代におけるラディカル・デモクラシーの可能性は，グローバルな政治空間において「自己民主化する市民社会」（A. アレイト）にある。第9章では，民主主義理論の文脈を，東欧革命を中心とした世界政治の構造変動のなかで整理し，ラディカル・デモクラシー論からグローバル・デモクラシー論への展開に即して，重層化する民主主義の問題領域を画定している。第10章では，最終的に，「確立した共通なものの政治」と「生成の政治」の緊張関係の構造を解明することから，グローバル化と再帰的近代化が進行する1990年代以後の民主主義理論の条件を明らかにしている。

　このように5部からなる本書の構成は，民主化研究から民主主義理論へと徐々に重点を移行させたこの10年間の私自身の問題関心の軌跡を反映している。本書『現代比較政治論――民主化研究から民主主義理論へ』では，デモスというまとまりに基礎を置く民主主義が揺らぎ，境界線を越える民主主義の必要性が高まっている要請を踏まえ，《グローバルな市民社会／公共圏の生成とポストナショナルな民主主義》を求めるための前提条件を検討するところまでようやくたどりついた。この先の研究は，すでに『現代市民社会論の構図（仮題）』として完成しつつある。その意味では，本書は『東中欧の民主化の構造』と『現代市民社会論の構図』をつなぐ，この10年間の私自身の思考の軌跡を示す論文集である。未熟な研究ではあるが社会文化的な思考の産物には違いない本書を，現代比較政治論をめぐるひとつの作品として提出し，読者諸賢のご批判を仰ぎたい。本書が比較政治研究普及のための一助となれば幸いである。

column

比較政治学への招待
――概要と魅力，関心テーマ，学び方――

概要と魅力

「比較政治学とは政治学そのものである」と宣言した先達ほどの勇気は持ち合わせていないが，それでも比較政治学とは「政治学のフォワード（前衛）」であるといえよう。もともと20世紀の半ばに伝統的な政治学と決別し，非西欧社会も含めた政治の世界の新しい認識にチャレンジしたこの学問は，現代史の動向を感受しそれを理論化していく志向性をその推進力としているからである。

「比較政治学」とは，端的にいうならば，権力の構造の様々な「場」に即して，価値を異にする人たちの「政治」という営みを比較検討し，「政治的なもの」の現在を明らかにする学問領域である。つまり，政治のメタ理論と現代政治分析の結節点に位置し，理論的な観点から一定の主題を分析し，またその作業を通じて理論を鍛え直していく往復運動を伴う学問なのである。

もともと「比較」という形容詞が対象を示すのではなく方法を示す以上，比較政治学の対象は社会運動のような集合的行為主体のレヴェルから地域社会の構造のレヴェルまで多岐にわたる。そのため，比較政治研究は必ずしも学として体系的な研究領域であるとはいえないのである。

とはいえ，もともと比較政治学は，1950～60年代にかけてゲイブリエル・アーモンドやサミュエル・ハンチントンらによって構築された比較政治理論の延長線上にある。そのため，その資産目録にはまばゆいばかりの理論装置があふれている。政治システム論，政治文化論，政治発展論，近代化論……。

しかし，単一の壮大な理論枠組によって世界政治を理解しつくそうとした楽観主義の時代に終わりを告げた1970年代こそ，比較政治学の自己変革の時であった。

比較政治学は，従来の構造的＝長期的要因を重視するアプローチから，短期的な行為主体重視のアプローチへと方法論的に展開し，対象も南欧，中南米，東欧などの具体的な民主化分析に焦点が絞られていく。ここに「実現されるかもしれぬ最良の結果」としての民主化の可能性を追求できる比較政治学の視座が誕生した。既存のディシプリン（専門的学問領域）を対象にあてはめて「説明」するだけにとどまらず，新しく生まれつつあるものの豊かな可能性を射程に入れることができる新しい政治社会の学として。

関心テーマ

　これからの民主主義理論に関心をもっている。民主化の「第三の波」に象徴される世界史的な変化が進行している事態に対して，既成の認識枠組それ自体がその激変に充分に対応できなくなっている。つまり民主主義を求める運動のなかから新しい民主主義についてのモデルが生まれ，またそうしたモデルが既成の民主主義理論の現代的展開を促しているといえる。

　その意味でも，1980年代の東中欧の民主化過程は，現実政治と政治理論の緊張関係をはらんだ実にスリリングな領域であり，ポーランド「連帯」の民主化運動を素材に，この「市民社会」の領域に生まれた新しい力の射程を明らかにすることをこれまでの課題としてきた。この研究についてはすでに89年東欧革命論という形で著書にまとめた。

　現在はこの「市民社会」の領域に生まれた新しい力が一国内の民主化に寄与する側面だけではなく，地球社会の民主化にどのように寄与するのかという点に最大の関心を寄せている。デーヴィッド・ヘルドの民主主義の「コスモポリタン・モデル」を手がかりに，地球民主主義の政治理論についての研究を進めている。

学び方

　比較政治学は政治学の単なる下位分野ではない。その領域は，現代政治理論・政治社会学・国際政治学と密接な関係をもち，さらに政治学以外の地域研究・国際社会学・国際関係論・カルチュラル・スタディーズという新しい学問と連携するなかで，ディシプリンとしての政治学を鍛え直していく指向性をもっている。アクチュアルなものをその生成に即して把握する学問にとっては，すでに完成された学問体系を学ぶという姿勢ではなく，過去のテクストに学びながらもそこから補助線を引き，自らが存在する世界を批判的に捉えていく姿勢がなによりも大切である。

　私自身の経験を振り返ると，20世紀の古典とも言うべきカール・マンハイム，ヴァルター・ベンヤミン，ハンナ・アレントらのテクストを素材に，丸山眞男，藤田省三，内山秀夫といった学生時代に出会った師から直接学んだ基本的視点と政治学的センスこそがかけがえのない財産になっていることに気づく。問題を発見していく力（補助線を引く力）を支えているのは，世界認識への強靱な意志と，生命への感受性とも言うべき勁いやさしさであることを知った時，私の政治学への扉が開かれた。

〔AERA Mook『新版　政治学がわかる。』2003年3月10日掲載〕

第Ⅰ部
比較政治学の方法

第1章 比較政治学の構想と方法
―― キーワードと基礎理論 ――

1 比較政治学とは何か

(1) 比較政治学の主題と方法―― 政治学と地域研究

「学問の方法の特徴は,新しい対象へ導きつつ,新しい方法を発展させることにある」(W. ベンヤミン) という言葉は,政治学の「フォワード」である比較政治学のような開拓的な学問にはことさらあてはまる。「比較政治学」(Comparative Politics) という専門的学問領域(ディシプリン)の成立は,第2次世界大戦後に独立を達成した「新興諸国」の登場と密接に関係している。いわゆる「第3世界」を政治学の対象に取り込むために,アメリカを中心に政治学の方法的革新を行った試みが「比較政治運動」であり,その成果が「比較政治学」の成立であった。その意味では,比較政治学は政治学の対象を政治学的に「未知の世界」へと拡張していくために誕生した領域であり,新しい対象への接近は新しい方法の発展と分かちがたく結びついているのである。

まず研究対象としての主題の側面からみると,政治学の研究対象は近代に至るまで基本的にはヨーロッパ(および大西洋文明を形成するアメリカ)の主要国の政治であった。近代の市民革命を経て民主主義国家を形成したイギリス・フランス・アメリカ,およびそうした国々に遅れて国民国家を形成し戦間期にファシズム化したドイツ・イタリアといった5カ国の政治的経験が,政治学の主な対象であった。こうした西欧諸国の政治的経験が政治学の対象として重視されたのは,そうした経験が単に特定の国の経験ではなく,「近代」の政治的経験の趨勢を代表していると考えられたからであった。だからこそウェストミンスター型の2大政党制による民主主義モデル(議院内閣制のイギリス,大統領制のアメ

リカ），大陸ヨーロッパ型の多党制による連合民主主義モデル（第3・4共和制のフランス，ワイマール・ドイツ），そしてその逸脱例としての一党制による全体主義モデル（ファシズム化した戦間期のドイツ，イタリア）が，政治学の主たる研究対象だったのである。

しかし，こうした西欧の政治的経験に基づいた政治学は，非西欧諸国の政治的経験を対象とするには不充分なものであった。逆に言うと，西欧諸国からみれば「文明化」されていない非西欧諸国の政治は，東洋学（シナ学）や人類学の対象とされていた。こうした非西欧諸国の研究を「地域研究」(Area Studies) として再編成したのは第2次世界大戦中のアメリカ社会科学の試みであった。第2次世界大戦の敵国・日本の研究から冷戦の敵国・ソ連の研究を媒介として，アメリカ社会科学は植民地支配を脱却した「新興諸国」の研究を，地域研究として展開した。中南米，東北アジア，東南アジア，南アジア，中近東，サハラ以南のアフリカ——いわゆる「第3世界」として第2次大戦後の世界に登場した非西欧世界の国々に関する研究を「地域研究」として展開し，こうした研究成果を政治学に還元する試みに取り組んだのである。政治学の研究対象の拡大，つまり地域研究の成果を政治学に統合するこの試みを推進したのが，「比較政治学」という政治学の新しい領域と方法の開発であった。

(2) 比較政治学の成立

「比較」手法を使った政治学の展開という広義の比較政治学のルーツを求めれば，最古の政治学のテキストであるアリストテレスの『政治学』自体が，諸ポリスの経験的な比較研究に基づいた比較政治学的な研究であった。自己が所属する政治共同体の個別性と普遍性を識別し，より客観的な認識を獲得するためには，他者認識が不可欠である。その意味では，モンテスキューの『法の精神』にせよ，トクヴィルの『アメリカのデモクラシー』にせよ，政治学のすぐれた業績は自ずと比較政治学の側面を含んでいる。しかし，ここで議論している狭義の「比較政治学」の発展は，第2次世界大戦後のアメリカで始まった。R. マクリディスを継いで，アメリカ社会科学研究評議会に新設された比較政治

学委員会 (CCP/SSRC) の委員長に就任したG. A. アーモンドは, 非西欧諸地域の政治研究を可能にする政治学の一般理論の探究を「比較政治運動」として組織・推進したのである。

1950年代のアメリカ政治学は, 行動論革命による科学的政治学の追究の最盛期にあった。比較政治学は, 当時の隣接諸科学で進行していた以下のような動向のうえに成立している。① この科学的政治学の中心にあった「政治システム」論 (D. イーストン), ② 社会人類学で開発された「構造—機能主義」, ③ 文化人類学で開発された「文化とパーソナリティ」研究, および ④ M. ウェーバーによる「伝統—近代」の二分法的歴史社会学, といった成果の導入が, 比較政治学を構成していた。この比較政治学の志向性は, 「比較政治機構論 (Comparative Government) から比較政治学 (Comparative Politics) へ」というキャッチフレーズに要約されている。近代国家, 議会制, 憲法, 政党といった公式(フォーマル)の制度が未発達である非西欧諸地域の地方的(ローカル)な政治を研究対象とするためには, 記述主義的な方法ではなく一般的な仮説の構築による理論的な方法 (分析枠組の使用による索出的な方法) が求められていた。

そのため, 新しく導入された比較政治研究の支配的パラダイムの方法的特徴は, 以下の4点に要約される。すなわち, ①「国家」(state) 概念に代えて「政治システム」(political system) 概念を導入することに伴う抽象化の水準の上昇 (巨視理論(グランド・セオリー)の展開), ②「制度」(institution) 概念に代えて「構造」(structures) 概念を導入し機能主義的に分析することによる非公式的(インフォーマル)な政治の実態の解明 (構造—機能主義分析), ③「国民性」(national character) 概念に代えて「政治文化」(political culture) 概念を導入することによる印象主義的な記述分析からの脱却 (広範な面接調査に基づく文化の比較研究), および ④「近代化」(modernization)/「政治発展」(political development) 概念の導入による連続線(コンティニュアム)上における諸国の発展段階の位置づけ (西欧世界と非西欧世界の境界線の破棄), がそれである。

1960年代に刊行された『非西欧諸地域の政治』(J. コールマンとの共編著, 1960年), 『市民文化 (邦訳名, 現代市民の政治文化)』(S. ヴァーバとの共編著, 1963年), 『比較政治学』(B. パーウェルとの共著, 1966年) といったアーモンドの比較政治

学の挑戦は，政治学の理論的革新の「フォワード」に位置することになった。アーモンドが主導する比較政治研究グループは，このような新しい理論的視座に基づいて非西欧世界の事例を数多く分析し，1960年代に政治学の対象と方法を飛躍的に発展させたのである。しかし，アーモンドが自身の比較政治理論の軌跡を集大成した『政治発展論（邦訳名，現代政治学と歴史意識）』を発表した1970年には，単一の巨視理論で世界政治を理解しようとする「楽観主義の時代」は終わりを告げていた。比較政治学は，1970年代に自己変革のときを迎え，抽象度を落とした複数の理論枠組が競合する状況に突入していくのである。そこで，次節ではまずこの「比較論的＝発展論的視座(パースペクティヴ)」の理論構成を詳しくみておきたい。

2　比較論的＝発展論的視座

(1) 構造―機能主義分析――概念形成と抽象化の水準

　第2次世界大戦後に展開された比較政治運動は，比較の戦略や方法に対する新たな自覚に導かれており，伝統的な政治学のものとは異なる新たな概念セットを提供した。政治学の対象を一挙に非西欧諸地域（アジア，アフリカ，ラテンアメリカの新興諸国）に拡大し，公式の政治機構が未発達な政治を研究するためには，単一事例の記述分析を脱し，複数事例の比較分析によって，政治過程における行為主体（諸「構造」）の政治機能を分析することが求められた。そのためには，まずなによりも，正確な比較分析を行うための明確に定義された「適切な概念」が重要となる。異なる文化間(クロス・カルチュラル)の比較分析のために必要とされる，明確に定義され，最終的に適切な分類図式のなかで相互に関連づけられて配置された概念セットとして，アーモンドと共同研究者たちが構築したものが「比較論的＝発展論的視座」（comparative and developmental perspective）である。

　彼らは，比較政治学の中心概念として，「政治システム」「政治過程」「政治文化」「政治発展」という概念を導入し，「政治構造」と「政治機能」の観点から構成される新しい概念セットを提出した。この比較論的＝発展論的視座は，抽

象化の水準からみると、従来の抽象度の低い記述分析(「形状描写」アプローチ)から抽象度をあげて、普遍的な概念化を目指す「巨視理論」として構成されていた。それは「国家」概念を放棄し、「政治システム」概念を導入した点に象徴されている。欧米の近代史に制約されている「近代国家」概念に代えて、「政治システム」概念を導入することによって、地方的な部族社会の水準からグローバルな国際社会の水準に至るまで、およそ政治的な決定が行われているあらゆる政治共同体(polity)の政治を扱うことが想定されていた。

そのために比較政治学は、社会人類学が未開社会の分析のために開発した「構造―機能主義」に基づく理論から多くを学び、行動科学的な政治分析の手法を展開している。公式の目標の側面から社会構造をみるのではなく、その社会構造が特徴的に果たす非公式の機能の側面から社会構造をみるのである。そうすれば、通常、公式には育児や交友関係の単位である家族が、非公式には政治意識を身につける(「政治的社会化」機能を果たす)場だということになる。この場合、一つひとつの家族が「構造」であり、政治的社会化「機能」を果たすと想定されている。つまり、実際にはどのような役割を果たしているのかという機能の面から、様々な政治共同体を構成する諸「構造」(家族、会社、労働組合、有権者、政党、議会、政府、裁判所、軍隊など)が行う複数の機能を分析するのが、構造―機能分析なのである。

(2) 政治システム――構造と機能、政治と統治

アーモンドは、『非西欧諸地域の政治』(J. コールマンとの共編著、1960年)のための比較分析枠組(「比較政治学のための機能的アプローチ」)において、D. イーストンの政治システム論を構造―機能分析と組み合わせた独創的な試みを展開した(図1-1・1-2、ここに示した図はさらに改良を加えた1984年版のものであるが、基本的な発想は変わっていない)。

イーストンは、システム分析を政治学に導入するにあたって、政治過程を入力(インプット)―変換―出力(アウトプット)―フィードバックという一連の循環的なプロセスとする独創的な政治システム・モデルを開発した。アーモンドはこのモデルを援用し、政

治システムの共通特性を構造—機能分析から以下のように定義している。ここでいう「政治構造」とは「秩序を維持している相互作用の正当なパターン」のことである。その場合に政治システムの共通特性とは，①あらゆる政治システムは政治構造をもつ（政治構造の普遍性），②同一の機能があらゆる政治システムのなかで遂行されている（政治機能の普遍性），③あらゆる政治構造は多機能的である（政治構造の多機能性），④あらゆる政治システムは文化的意味において混合システムである（政治システムの文化的混合性），とされる。

図1-1 アーモンドの分析枠組（政治システムとその諸構造）

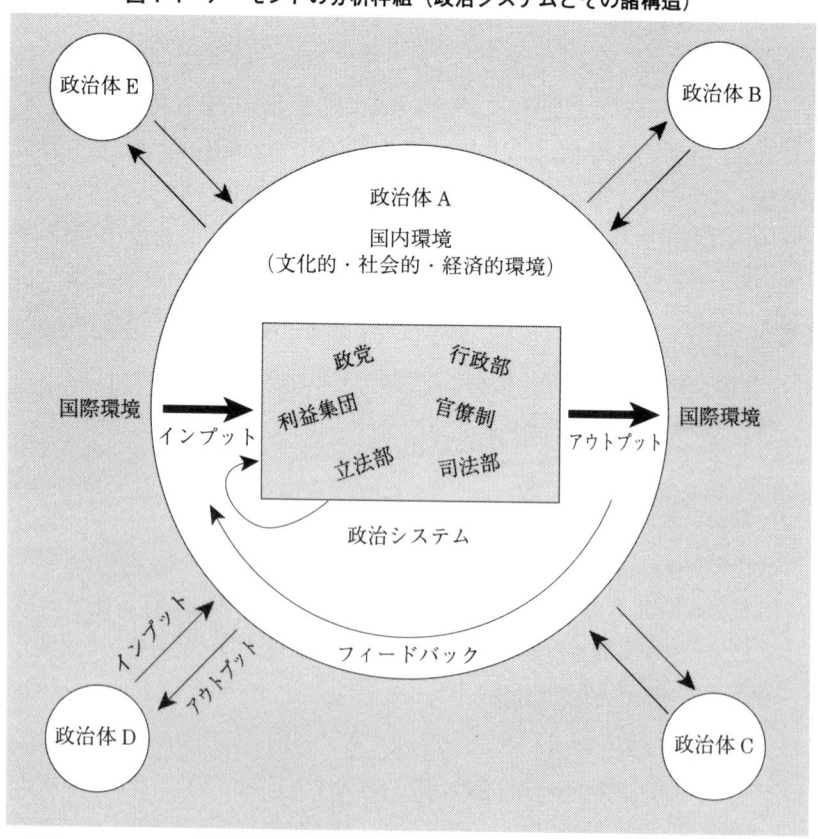

出典：G.A. Almond and B. Powell, Jr., eds., *Comparative Politics* (*Third Edition*), p. 6 を一部修正。

こうした想定のうえに，アーモンドは，構造分化の程度と形態によって政治システムを相互に比較可能だとした。その場合に，構造分化の程度は政治システムの発展段階によって異なる。また政治システムは政治構造における機能の限定性の程度によっても比較可能である。それは，こうした構造分化（専門分化）と機能の限定化が最も進んだ政治システム（近代システム）における政治集団の機能から，あらゆる政治システムに共通する機能を抽出しているからである。西欧諸国の政治システムから想定された諸「構造」は，具体的には，図1-1に示されたブラック・ボックスとしての政治システムのなかにある利益集団（圧力団体），政党，議会，政府，官僚制，裁判所などである。

図1-2 アーモンドの分析枠組（政治システムとその諸機能）

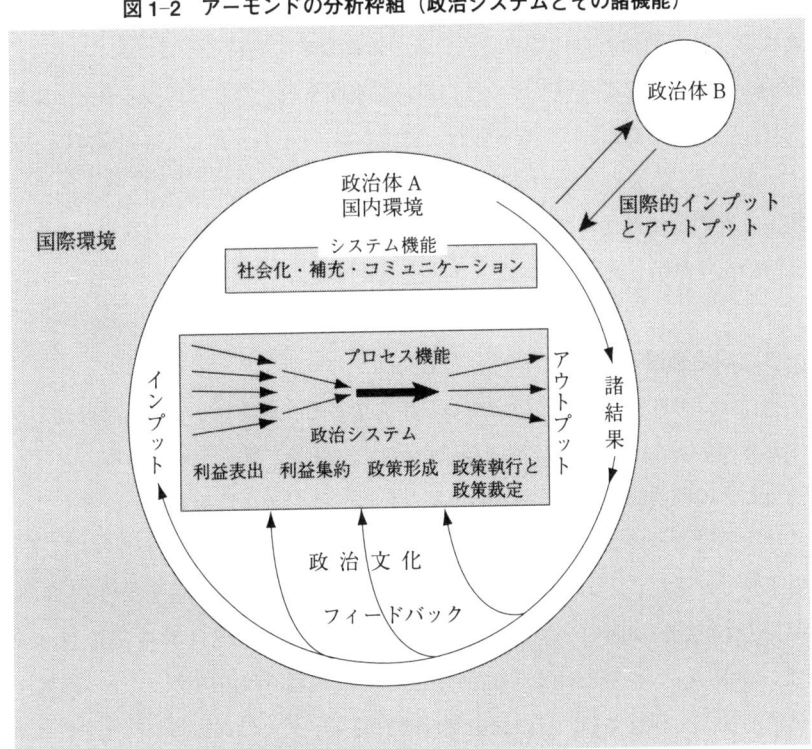

出典：Almond and Powell, eds., *Comparative Politics* (*Third Edition*), p. 7.

それに対して、諸「構造」が遂行する諸「機能」は、図1-2に示されるように、政治体のプロセス機能として「利益表出機能」(インタレスト・アーティキュレーション)「利益集約機能」(インタレスト・アグリゲーション)「政策形成機能」「政策履行・政策裁定機能」があり、またシステム機能として「政治的社会化機能」「政治的補充機能」(リクルートメント)「政治的コミュニケーション機能」がある。ここでいう政治体のプロセス機能は、一般市民（有権者）の利益（要求・支持）を表出し、具体的な政策要求へと集約し、その要求を政策へと形成し、それを履行・裁定したものが、一般市民に戻ってくるという一連の政策形成にかかわる入力・出力の機能を示している。またシステム機能とは、こうした政治システムの政策形成に対して全般的に影響力を行使する諸機能を示している。

アーモンド自身が「索出＝発見的理論」と呼ぶこの分析枠組において、政治過程は、外部環境内の利益が政治システムに要求・支持として「入力」され、政治システム内部においてその利益が利益集団や政党などによって表出・集約され、一定の政策として形成・履行・裁定され、「出力」として外部環境に「フィードバック」されるという循環的なプロセスとして想定されている。とくに民主主義の政治過程においては入力過程が重視されるため、入力過程にかかわる部分を「政治」過程に限定し、出力過程を「統治」過程と考える場合もある。

(3) 政治過程──議会、政党、利益集団、コーポラティズム

次に、この政治過程全般にかかわる諸構造とそれが遂行している諸機能をみておきたい。たとえば、政治過程にかかわる（社会）構造を現代日本における構造とその政治的機能の側面からみるならば、次のようになる。

社会構造［その公式の目標］とそれが特徴的に果たす政治機能を挙げると、核家族［育児および交友関係］＝（政治的社会化）、製造会社［利益を求める財の生産］＝（政策態度の政治的社会化）、労働組合［産業の利益表出］＝利益表出（利益集約・政治的コミュニケーション・政治的社会化）、有権者［政治的リーダーの選択］＝政治的補充・利益集約、自由民主党［政治的リーダーの選択および保守的政策保護のための動員］＝利益集約・政治的補充（利益表出・政治的コミュニケーショ

図1-3　政治過程の変遷

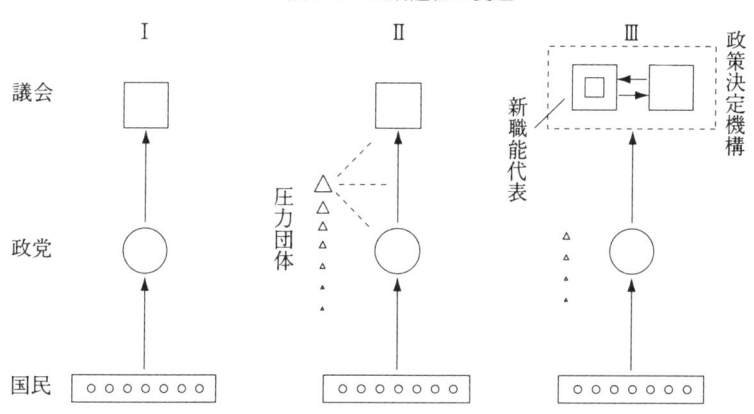

出典：篠原一「団体の新しい政治機能」『団体』（岩波講座　基本法学2）岩波書店，1983年，342ページ。

ン・政治的社会化），国会［立法］＝政策形成・政治的補充・政策実施（政治的社会化・政治的コミュニケーション・利益表出），内閣［政策の履行］＝政策形成・政策実施（利益集約），政府官僚［政策の履行］＝政策実施（利益表出・利益集約・政策形成・政治的社会化・政治的補充・政治的コミュニケーション），裁判制度［司法］＝政策裁定，自衛隊［国防の分担］＝防衛政策の実施（利益表出）……となる。カッコ内の機能は時折遂行される機能を示している。

　ここではとくに「政治」機能としての入力機能にかかわる諸構造とその政治機能に限定してさらにみておきたい。有権者の利益（要求と支持）を政党（議員）という媒介によって議会に持ち込み，政策形成へと導くというのが，代議制民主主義（間接民主主義）の公式の政治過程（ルートⅠ）である（図1-3）。こうした憲法上規定された原理によって民主主義は正統化されているにもかかわらず，実際には現代政治においてこうした公式の政治過程だけではなく，利益集団（圧力団体）等によるバイパス的な政治過程（ルートⅡ）が存在している。代表的な利益集団として，労働組合，経営者団体，農業団体，宗教団体，環境保護団体などがある。利益集団は特定の市民の利益を代表するために作られたもので

あるが，こうした利益集団の活発な活動が社会の多元的な利益を議会・政党・官僚・マスメディアなどに伝達する役割を果たしている（多元主義システム）。アーモンドの比較政治学においても，この利益集団の比較研究が重要な位置を占めている。

ただし，現在の先進産業諸国の政治においては，利益集団のなかでも労・使双方の「頂上団体」が政府の国家的経済政策の形成過程に参画する「政策形成の制度化されたパターン」(Ph. シュミッター) が認められる。コーポラティズム・システムと呼ばれるこの政治過程（ルートⅢ）においては，政府の政策決定・政策遂行過程に組み込まれている「頂上団体」の影響力によって，議会における政策決定の内容が実質的に決定されており，議会の影響力が低下している。またこのコーポラティズム・システムへの加入は政府による選択であるためきわめて恣意的であり，大企業の利益が過分に代表される傾向がある (C. リンドブロム)。そのため，このシステムは，多元主義システム以上に有権者の民主的コントロールを受けない点において，有権者からは「遠い民主主義」になってしまう。もちろん，労働組合が市民の利益を有効に代表している場合には，政府・労働組合・経営者団体の3者による協議体制が社会福祉の向上や失業の解消に貢献する場合もあり得る。

(4) **政治文化**——市民文化，下位文化，政治的社会化

このような構図によって描かれるアーモンドの比較政治分析の枠組において，政治システムの遂行能力（パフォーマンス）の違いは，「政治文化」(political culture) の側面から説明される。政治文化とは「ある時代に国民の間に広く見られる，政治についての態度・信念・感情の方向」のことである。政治文化は「国民の歴史と現在の社会的・経済的・政治的な活動過程によって形成されてきた」ために，将来の政治行為に対する「重要な制約要因」となる。こうした政治にかかわる人々の行為の制約要因については，伝統的に「気質」や「国民性」という概念によって印象論的に論じられる傾向があった。アーモンドは『市民文化（邦訳名，現代市民の政治文化）』(S. ヴァーバとの共著，1963年) において，この政治文化

の国際比較という新しい領域を切り拓いた。

　一般に，人間の行為は行為の対象に対する認知（評価をまじえず対象を客観的に知ろうとする営み＝知識）・感情（その対象に対してもつ好悪の作用＝意味づけ）・評価（その対象の価値をはかる営み＝判断）の3つの側面から成る。アーモンドは，この認知・感情・評価の3つの作用が，① 一般的対象としてのシステム，② 入力対象，③ 出力対象，④ 対象としての自己，の4つの対象についてそれぞれどのように働くかを，実証的に研究した。具体的には，アメリカ，イギリス，西ドイツ，イタリア，メキシコの5カ国における大規模な世論調査の結果から，政治文化を「未分化」型（すべての対象に無関心），「臣民」型（出力対象のみに関心），「参加」型（すべての対象に高い関心）の3つに類型化した。アーモンドは，政治システムへの入力過程を認識し，政治的安定を覆すほどではない範囲内で政治に積極的にかかわろうとする政治文化を「市民文化」とすることで，イギリスとアメリカの政治文化を高く評価したのである。

　政治文化は，必ずしも国民意識のレヴェルで一元化されたものではない。一般国民の「大衆的政治文化」と区別されるエリートの「エリート的政治文化」や，地域・言語・宗教・階級・職業・エスニシティ・ジェンダーの相違に基づく「下位文化」が存在する。また近代化の進行による政治文化の「発展的側面」もみられる。発展途上国における「個人的近代性」（有能な世俗的参加態度）の高まりや先進国における「カルチャー・シフト」（脱物質主義的価値観の高まり）の進行は，政治文化の変容を示している。実際に，アーモンドの研究によって臣民型とされていた西ドイツとイタリアの政治文化は，その後の調査で「市民文化」に近づいたことが報告されている。

　こうした政治文化の形成，維持および発展の過程は，ミクロ的にみれば「政治的社会化」の問題である。幼年期に形成された基本的な政治的態度は，政治的・社会的経験を経るにつれて生涯を通じて変化していく。政治的対象に対する指向性のレヴェルにおける感情的側面は幼年期に形成され強い連続性を示し，認知的側面は青年期および成人期に形成される傾向がある。さらに評価的側面は，感情と認知の要素の発達に依存している（F. グリーンスタイン『子どもと政

治』1965年)。

(5) **政治発展**——発展主義, パターン変数, 政治発展の論理

アーモンドは, こうした比較政治運動によって形成された「比較論的＝発展論的視座」を集大成した比較政治学の最初のテキストを1966年に完成させた。『比較政治学——発展論的アプローチ』(B. パーウェルとの共著) と題されたこのテキストにおいて, 政治発展論と結びついた比較政治学の体系が全面的に展開された。単一の巨視理論の構築によって, あらゆる世界の政治を理解しつくそうとする壮大な試みは, 比較政治学の歴史における里程標(マイル・ストーン)となったのである。アーモンドに導かれたアメリカ社会科学評議会比較政治学委員会 (CCP/SSRC) の提供する研究構想は, 「1960年代の初めから半ばにかけて, とりわけ若手研究者や大学院生に絶大な影響を及ぼした」と言われている。その理由は, ①壮大な巨視理論の提供, および②「索出的(ヒューリスティク)」理論の魅力, という側面だけでなく, ③「発展主義」の道徳的魅力の側面があった。

ここで言う「発展主義」とは, 近代化／政治発展論として展開された理論の総称である。その理論の特徴は, 社会の変動方向を基本的に伝統社会から近代社会への発展と捉える見方にある。一般的に古典的な社会学の発展図式では, 産業主義の立場から「近代化」はより望ましい価値ある状態への発展として肯定的に捉えられてきた。ベルクソンの「閉じた社会」から「開いた社会」へ, テンニースの「ゲマインシャフト (共同社会)」から「ゲゼルシャフト (利益社会)」へ, M. ウェーバーの合理化論 (「魔術からの解放」としての近代化) などが代表的なものである。比較政治学の発展主義アプローチは, とくにこうした社会学の発展図式を機能主義的に展開したパーソンズの「パターン変数」の強い影響を受けていた。

パーソンズは「伝統」社会と「近代」社会を比較するにあたって, 伝統性から近代性への連続線(コンティニュアム)上にあらゆる社会を位置づけ, 「パターン変数」と呼ばれるカテゴリー群を「普遍的に妥当するものとして提示した」のである。すなわち, 属性本位・個別主義・機能的な無限定性によって特徴づけられる「伝統」

社会と，業績本位・普遍主義・機能的限定性によって特徴づけられる「近代」社会とを「理念型」として提示し，このパターン変数によって近代化／発展を機能主義的に捉える理論的アプローチを提供したというわけである。ドイッチュの「社会的動員」論やリプセットの「安定民主主義」論も社会的発展と民主主義の開花の因果関係を想定している点において，パーソンズの議論と共通していた。

　アーモンドの発展主義アプローチも，社会的・経済的近代化が政治発展をもたらすと想定していた。1966年段階では，政治システムの発展類型の図式（図1-4）にその単線的な発展史観が如実に示されている。1978年に修正された第2版では，システムと環境の関係から「システム・過程・政策」レヴェルで，政治発展が精緻に定義されている。アーモンドによれば，「政治発展」とは，政治システムの既存の構造と文化がより深い構造的分化と文化的世俗化の進行による新たな挑戦に対抗するためにシステム的に対応する論理によって説明される。具体的には，①浸透と統合にかかわる「国家建設（ステイト・ビルディング）」，②忠誠にかかわる「国民形成（ネイション・ビルディング）」，③民主主義にかかわる「政治参加」，④財の拡大にかかわる「経済発展」，および⑤福祉にかかわる「分配」，といった結果を実現するシステム・過程・政策の対応が，「政治発展」なのである。

3　比較政治学の危機と革新

(1)　発展主義アプローチの盛衰

　アーモンドに導かれたアメリカ社会科学評議会比較政治学委員会（CCP／SSRC）が推進した「比較政治運動」は，1960年代半ばにはその全盛期を迎えた。発展主義アプローチは比較政治学の分野で最も有力なアプローチとして「流行」し，膨大な業績が生み出された。そのなかでも，アーモンドの指導のもとにプリンストン大学出版部から刊行された7冊の比較政治学叢書の主題——「政党と政治発展」「コミュニケーションと政治発展」「官僚制と政治発展」「政治文化と政治発展」「教育と政治発展」「日本とトルコの政治的近代化」「政治発

図1-4 政治システムの発展類型

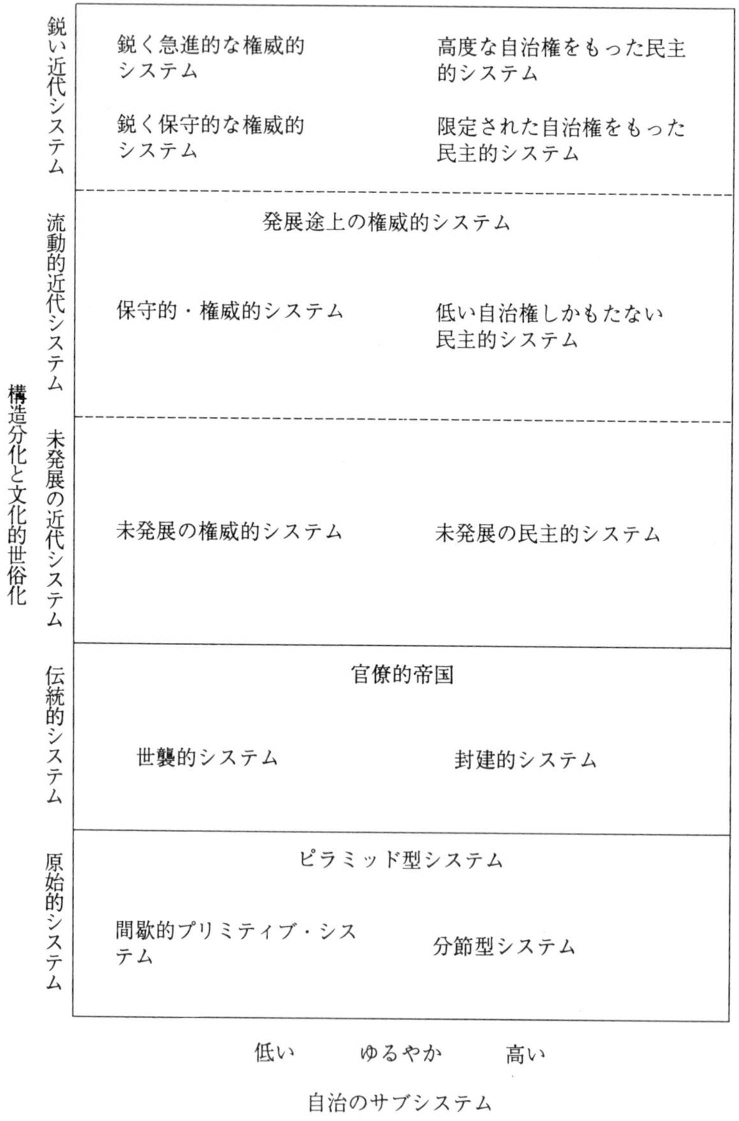

構造分化と文化的世俗化		低い 自治のサブシステム ゆるやか	高い
鋭い近代システム	鋭く急進的な権威的システム 鋭く保守的な権威的システム		高度な自治権をもった民主的システム 限定された自治権をもった民主的システム
流動的近代システム	発展途上の権威的システム 保守的・権威的システム		低い自治権しかもたない民主的システム
未発展の近代システム	未発展の権威的システム		未発展の民主的システム
伝統的システム	官僚的帝国 世襲的システム		封建的システム
原始的システム	ピラミッド型システム 間歇的プリミティブ・システム		分節型システム

出典：アーモンド&パーウェル『比較政治学〔第2版〕』時潮社, 1986年, 96ページ。

展における危機とその継起」「ヨーロッパ史における発展の経験」——が，当時の問題関心を忠実に示している。また，CCP／SSRCの周辺で精力的に研究を進めたM. ウィーナー，C. ブラック，D. アプター，S. アイゼンシュタットなども，政治社会学の観点から「第3世界」の近代化／発展を理論的・分析的に提示したのである。

　アーモンドは，1966年暮れのアメリカ政治学会年次総会の会長演説で，「政治学が科学であるならば，政治学がそのアプローチにおいて比較研究的であることは，言うまでもない」と，比較政治学の勝利宣言を行った。こうした比較論的＝発展論的視座の絶大な影響力を構成していた要素として，すでに「発展主義の道徳的魅力」を挙げておいた。それは，比較政治運動の背景にあった冷戦構造の文脈においては，発展途上諸国の比較政治的研究が発展のための「欠落」を示唆し，そうした欠落をアメリカの対外援助によって「矯正」可能だとする「楽天的な」ムード（ケネディの「平和部隊風のムード」）によって発展主義アプローチが覆われていたからである。マルクス＝レーニン主義の発展戦略に対抗しうる発展理論を展開し，「第3世界」を西側自由主義陣営に引き込むために，経済成長を近代化機軸に置いた発展史観を提出し，唯物史観に対抗する必要から登場したのが，近代化／発展論であった。「ベトナム戦争前の楽天的で英雄的な時代」には，若手研究者はアーモンドの理論枠組を身につけ，世界中の様々な地域で「発展」研究に携わったのである。

　当時の発展途上国に対するアメリカの対外援助計画の立案に深くかかわったW. W. ロストウの発展論をみると，そのイデオロギー的基盤が明確になる。ロストウは『経済成長の諸段階』(1960年) において，経済成長論の立場から「伝統的社会 → 離陸のための先行条件期 → 離陸期 → 成熟への前進期 → 高度大衆消費社会」という5段階の経済発展段階を主張し，注目を集めた。この本の副題が「もう一つの共産党宣言」であるように，ロストウの発展論は唯物史観批判というイデオロギー的な目的が鮮明であった。冷戦構造下のアメリカ政府の外交政策に寄与した彼の論法は，はからずも1960年代末には「途方もない欠陥」が明らかになった。欧米の経験に基づくこうした発展論は，「第3世界」の

政治的現実との間に大きなギャップがあった。アーモンドが主導した比較論的＝発展論的視座が目指した世界政治の一元的認識を可能にする「巨視理論」は，地域研究に従事した若手研究者から様々な批判を浴び，こうした発展主義アプローチそのものが全面的に再検討され始めたのである。

(2) 1968年革命——地政文化の変容

そして1960年代末までには，発展主義アプローチの道徳的魅力を支えてきた時代的文脈は一変していた。ケネディ大統領やキング牧師の暗殺，ベトナムへの発展主義的政策の失敗とベトナム戦争の苦い経験は，近代化／発展のモデルとしてのアメリカの魅力を失墜させた。それは，プラハの春への軍事介入（1968年）によって共産主義的発展のモデルとしての魅力を最終的に失墜させたソ連の動向とパラレルな問題状況を生み出していたのである。つまり，アメリカ流の構造—機能主義的な近代化／発展論の図式にせよ，ソ連流のスターリン型の経済決定論的な発展図式にせよ，社会変動を近代化として描き出す「進化主義的理論」(evolutionary theory)の妥当性そのものが，全面的に批判を浴びたのである。この批判を推進した「ヤング・ラディカルズ」の動向は，1960年代の公民権運動やベトナム反戦運動の時期に成人に達した新しい世代に属する研究者の価値観の形成に少なからぬ影響を及ぼしている。

この新世代を象徴するI. ウォーラーステインは，この世界認識の変化とそれに伴う新しい学問的動向をもたらした1968年革命を，「地政文化(ゲオ・カルチュア)」の変容をもたらした世界革命として捉えている。①世界の覇権を握る米ソの「共犯関係」の告発と，②第3世界を含めて世界中で「国家」存在の強大化に対抗する「社会」運動の発見，を核とする世界認識は，ネオ進化論的含意をもつ社会科学の「社会的有意性(ソーシャル・レリバンシィ)」(何のための学問か？)を問題にし，従来の発展主義アプローチを全面的に批判し，その欠陥を克服するアプローチを求めたのである。その急先鋒が，欧米中心の発展主義的な世界認識を全面的に批判する，周辺部からの発想としての「世界システム」論（および「従属」論）であった。こうしたアプローチは，第3世界の発言力が増した「国連システム」——特に国連総会，開

発系の諸機関，国連大学など——を通じて，世界に発信された。

(3) 世界システム論の挑戦——中心と周辺，世界システムの長期的趨勢

「世界システム」論とは，資本主義世界経済全体を一つのシステムとして捉え，その経済分業を中心—半周辺—周辺という地域の階層構造の視点から分析する国際政治経済の見方である。ネオ・マルクス主義的な国際政治経済学を展開するウォーラーステインらによって提出された理論的視座であり，欧米中心的な自由主義的理論に対する異議申し立ての側面が強調されている。こうした視座は，発展主義的アプローチが一国を分析単位とするため，国家間の従属的関係を見逃している点を批判し，分析単位を世界システム全体に拡大するものである。

ウォーラーステインは，当初アフリカの地域研究を発展社会学の立場から研究する過程で，「第3世界」の研究をすべての国民が経過する一連の諸段階という発想に縛られている近代化／発展論の枠組の限界に突き当たった。そこで，ウォーラーステインは1970年代に入り，ラテンアメリカの中心—周辺（中枢—衛星）関係に着目していた「従属」(dependency) 論（A. G. フランク，S. アミン，F. カルドーソ），およびF. ブローデルらアナール学派の巨視的社会史学の影響のもとに独自の理論的視座を確立した。

世界システム論の基本的な考え方は，ウォーラーステインの著書『近代世界システム』(1974年)，『資本主義世界経済』(1979年)，および『世界経済の政治学』(1984年) などにおいて示されている。世界システム論の基本的な構成を見ておくと，「世界システム」とは，単一の政治権力のもとで地域間の分業が行われる「世界帝国」と対比され，16世紀以降展開される「資本主義世界経済」（多元的政治権力のもとでの国際分業）を指す。16世紀のヨーロッパで西欧諸国（オランダ，イギリス，フランス）の中心化は，同時に東欧諸国（ロシアを除く）とラテンアメリカ諸国の周辺化を招いた（表1-1）。こうした従属関係は，17世紀以後さらにカリブ海地域をまきこみグローバルに拡大し，中心—半周辺—周辺の国際分業体制を世界全体に形成したのである（図1-5）。

表1-1 ウォーラーステインの世界システム論

	概況	中心	半周辺	周辺
16世紀	形成期（バルト海交易圏と地中海交易圏の統合）	北部ヨーロッパ（イギリス、オランダ、フランス）。帝国形成を回避したオランダの商業覇権の形成。毛織物工業と輸出によるイギリスの抬頭。	イスパニアとイタリア諸都市。帝国経営に失敗したハプスブルク家の凋落と、地中海交易の衰退によるイタリア諸国の没落。	ロシアを除く東欧とラテン・アメリカ。国際市場にむけた穀物生産。再版農奴制とエンコミエンダ制。
17世紀	縮小期（生産力の低下と中枢における重商主義による対応）	同上。重商主義と絶対王政による、イギリス・フランスの抬頭と、オランダの商業覇権没落。	上記に加え、スウェーデン、プロイセン、スイス、北米植民地。南欧の経済的停滞に対し、中心間の競合に乗じたスウェーデン、後にプロイセンの抬頭。	上記に加え、カリブ海地域。東欧では農村の疲弊と階級対立の激化、ラテン・アメリカではより自給的なアシエンダ制への転換。

出典：藤原帰一「『世界システム』論の展開」、『思想』No.731、142ページ。

表1-2 ウォーラーステインらによる経済と覇権国のリサイクル

覇権国	ハプスブルク	オランダ	イギリス	アメリカ
A1：覇権国の勃興	1450-	1575-1590	1798-1815	1897-1913/20
B1：覇権国の勝利		1590-1620	1815-1850	1913/20-1945
A2：覇権国の成熟	-1559	1620-1650	1850-1873	1945-1967
B2：覇権国の衰退	1559-1575	1650-1672	1873-1897	1967-？

* Aはコンドラチェフの上昇期、Bは下降期を表している。
** 17世紀末から18世紀にかけては、覇権国は存在しないとされ、コンドラチェフの波の時期区分としては、次のようなものが想定されている。A3：1672-1700；B3：1700-1733/50；A4：1733/50-1770；B4：1770-1798。
出典：田中明彦『世界システム』東京大学出版会、1989年、115ページ。

さらに世界システムには，システムの拡大―縮小のサイクルがみられ，システムの拡大期に生産・流通・金融・軍事のすべてに関して他国を圧倒する覇権国が登場するが，徐々に中心国間の競争が激化し，システムの縮小期に覇権国は衰退する。近代世界システムの歴史においては，覇権国の座をそれぞれハプスブルク家のスペイン，オランダ，イギリス，アメリカが占めてきた（表1-2）。こうした世界システム論の視座は，歴史学だけではなく社会科学全般にも大きな影響を与え，その壮大な理論的構想力は，社会学，政治学，経済学の理論にも刺激を与えている。その理由は，世界システム論の視座が，世界システムの全体性の枠組において，①世界システムの構造とダイナミズムの理論化という側面と，②近代初期の出現から現代に至るまでのシステム全体の歴史の追跡という側面の双方について同時に語られ，歴史的諸事例はそのまま理論的枠組を

図1-5　近代世界システムの地理的拡大

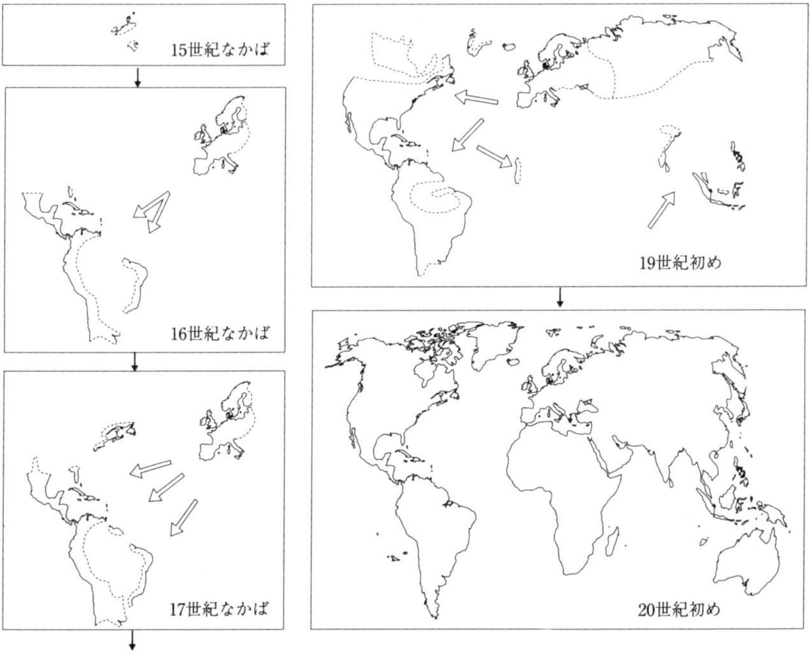

出典：田中明彦『世界システム』東京大学出版会，1989年，129ページ。

説明する材料となっているからである。

(4) 政治学の新しい革命——行動論以後の新しいアプローチ

こうした世界システム論の視座は発展主義的アプローチに対する全面的な批判の中心にあり，比較政治学の再編にとっても重要な媒介となった。というのも，先に述べたように，アーモンドに主導された比較論的＝発展論的視座は，政治学の対象を西欧近代の世界から第3世界へと一挙に拡大した点に画期的な意義があったが，それゆえにこそ1960年代後半以降，多様な現実世界の論理の前にその一元的世界認識の枠組自体が有効性を失い，比較政治学は比較政治運動の方向性を見失うなかで「専門的学問領域(ディシプリン)」としての統合性そのものの危機に陥っていた（楽観的に考えれば，政治学そのものが比較政治学的になったともいえる）。それだけに，比較政治学における一般化指向と地域研究における個別性指向との間に存在する二律背反(アンチノミー)は，近代化／発展論に取って代わる包括的パラダイムの展開を図った世界システム論の視座によって一挙にのりこえられるという類のものではないのであって，この二律背反の克服の問題に独自に取り組むことによってしか，危機に陥った比較政治学の革新と再編はありえなかったのである。

危機にあったのは，比較政治学だけではなかった。1968年革命世代の若手研究者は，豊かな先進社会で社会紛争が激化した時代に，学問的客観性と基礎研究を重視した社会科学全般の存在根拠を鋭く批判した。比較政治学も依拠していた行動論的なアメリカ政治学は，「社会的有意性」の問題で自己批判を迫られていた。1969年のアメリカ政治学会年次総会で行われたD. イーストンの会長演説「政治学における新しい革命」は，こうした批判に正面から応え，「ポスト行動論」へのアメリカ政治学の転換を公認するものとなった。そこで主張された「歴史と価値」の問題を政治学が取り戻すというポスト行動論政治学の指向性は，比較政治学の動向にも影響を与えていた。1960年代末以降の比較政治学の革新と発展の歴史は，多様な地域の政治研究者が自己の政治的認識を支える理論的視座のアイデンティティを確立していく過程で，従来の比較政治学の支

配的アプローチであった「発展モデル」と各地域の現状認識とのギャップを明確なものにしていく過程でもあった。そして，この作業を通じてこれまでの比較政治学に欠落していた次元や対象を発見し，新しい地平を切り拓いていったのである。

1969年に比較政治学の専門誌として創刊された『比較政治学』誌上には，「政治発展論から政治変動論への変化」(The Change to Change) を訴えるS. ハンチントンの論文 (1971年) が掲載された。ハンチントンは，『変革期社会の政治秩序』(1968年) で展開した政治変動論（急速な経済成長や社会的動員が「政治的退行」をもたらす可能性を視野に入れた政治的制度化論）をもとに，中・長期的な政治発展ではなく短期的な政治変動のメカニズムの解明に突き進んだ。第3世界の研究だけではなく，あらためてヨーロッパ（とくにこれまであまり研究がされてこなかった中小国）の歴史的経験を詳細に再検討する作業が，新たな研究主題を発見したのである。

ベネルックス諸国の研究から提出された「多極共存型民主主義」(consociational democracy) 論 (A. レイプハルト)，南欧諸国の研究から提出された「権威主義体制」論 (J. リンス)，イタリア・ファシズムの研究から抽出され，東南アジア研究に適用された「開発独裁」論 (H. フィース)，およびラテンアメリカ諸国の研究から提出された「コーポラティズム」論 (H. ウィーアルダ, Ph. シュミッター) と「官僚主義的権威主義」論 (G. オドンネル, A. ステパン) などが代表的なものである。こうしたアプローチは，いずれも自身の出身地域の現実に照らして比較政治学の理論を組み替えようとする方向性を示しており，それぞれ1970年代以降の比較政治学を支配する魅力的な研究主題となっている。比較政治学は，地域に根ざした主題を発見し，それを他の地域に適用してその理論を検証するという研究戦略を採用することで，まがりなりにも地域研究との間に存在する「二律背反」を克服したのである。

(5) **歴史社会学としての比較政治学**——研究戦略の新生

1970年代になって，パーソンズの「パターン変数」に代表される構造—機能

主義的な理論的視座（アーモンドに主導されたCCP／SSRC版の比較政治学の視座は，この最も忠実な継承者の１つであった）は，かつての影響力を失った。以後の創造的な社会科学の試みは，基本的に「現存する巨視理論と歴史的多様性とを相互連関させるという課題」に対して挑戦し，マルクス，ウェーバー，トクヴィル，グラムシらの古典的研究との批判的対話から「社会学的想像力」を学び，「すべての社会科学（というよりも熟慮された社会研究）は概念に関する歴史的視野と歴史的資料の充分な利用とを必要とする」（C.ライト＝ミルズ）という感性をもつ一連の研究者によって担われることになったのである。いわゆる「歴史社会学」的な指向性が，政治学，社会学，経済史，社会史などの学際的な領域に生まれていた。その場合の歴史社会学とは「単一の認識論的・理論的・方法論的な方向」から理解することはできない。それはあくまでも「《問題指向型》とでも呼ぶべき手法で社会の歴史的分析を行う」という指向性をもった研究の総称なのである。

そのため歴史社会学の最優先課題は，自己の「社会学的想像力」と「歴史社会学的感性」に基づいて，「有用あるいは有効と思われる理論的資源なら何でも利用し，それによって様々な歴史的パターンを意味づけることなのである」。比較政治学の領域も1970年代以降の創造的な研究は，こうした指向性を共有している。『歴史社会学の構想と戦略』（1984年）のなかでT.スコッチポルは，「歴史と理論的発想とを相互連関させる主な戦略」として次の３つを挙げている。第１の戦略は，「単一の理論モデルを，同モデルがカヴァーしうる多数の事例の１つあるいは複数に対して適用する」アプローチである。この「一般理論適用型」の系列の研究は，C.ティリーの集合行為論やI.ウォーラーステインの世界システム論に代表される。第２の戦略は，「幅広い歴史のパターンの有意味な解釈を展開すべく概念を利用する」アプローチである。この「解釈型」歴史社会学の例として，R.ベンディクスとE.P.トムソンの研究がある。第３の戦略は，「歴史における因果的規則性に関する代替的諸仮説を探究する」アプローチである。この「分析型」歴史社会学は，M.ブロックやB.ムーア,Jr.の研究に代表される。

言うまでもなく，こうした3つの戦略は相互に隔離されているわけではない。実際には，歴史社会学としての比較政治学においても，創造的な研究を進めるためには，①「提示される問題の種類」，②「資料の収集や分析法」，および③「これら問題に適用される理論的発想」に応じて，3つの戦略を独自に結合していく実践が必要とされるのである。B. ムーア, Jr. の弟子筋にあたるT. スコッチポルは，第3の「分析型」歴史社会学の研究戦略を中心に研究を進めている。「分析型歴史社会学を用いれば，社会学者は歴史の動態的な多様性に幅広くかつ詳細に取り組むなかからよりよい理論に接近してゆく」ことができるからである。かつて第1の戦略をとることで比較政治学を先導したアーモンドは，1980年代にこうした比較政治学を含む多様な政治学の動向を，「分断された学問」として論じた。歴史社会学的指向性をもっていたS. アイゼンシュタットの比較政治学が再評価されていくように，1970年代の比較政治学は，こうした《歴史社会学としての比較政治学》として研究計画の新生が図られたのである。

4　民主化の比較政治学

(1) **移行論の系譜**——発生論的問題関心，ポリアーキーへの移行

　この《歴史社会学としての比較政治学》という自覚をもって，1970年代に展開された新しい研究主題が「民主化」(democratization)，すなわち「民主政への移行」(*transitions* to democracy) であった。この「民主化の比較政治学」は多様なアプローチの集積であり，単一の理論枠組で語ることはできないが，ここではいわゆるトランジション学派による一連の研究を総称して「民主化の比較政治学」と呼びたい。民主主義そのものではなく，民主政への「移行過程」に焦点をあわせた比較政治学を展開するこのアプローチは，1970年代半ばから1990年前後にかけてグローバルに進行した一連の民主化（ハンチントンの言う「民主化の第三の波」）の動向と分かちがたく結びついている。実際の各地域における民主化の進行と同時進行で展開される「民主化の比較政治学」の試みは，行動論以後の政治学に誕生した新しい感性に裏打ちされている。この新しい感

性とそれに基づく新しいアプローチの誕生は,「移行」研究の嚆矢となったD. ラストウの論文「民主政への移行」(1970年) に見られる。

　この著名な論文は,もともとは1969年暮れのアメリカ政治学会の年次大会における報告をもとにしている。この大会で,イーストンの「ポスト行動論革命」の呼びかけが行われたのは,偶然ではない。ラストウも比較政治学の新しい革命の必要性を強く意識したアプローチを提唱している。実際にその後4半世紀を支配するほどの影響力を行使した原因は,ラストウが取り組んだ,独自の「発生論的問題」(genetic question) にあった。ここで言う発生論的な問題への関心とは,これまでのように「現存する民主体制がどうすれば安定するのか」といった機能論的な問題関心ではなく,「民主主義はいかにして誕生するのか」という《非民主体制から民主政への移行》に焦点をあわせたものである。こうした発想があたりまえにみえる現在からすると,ラストウの試みが一種の「コロンブスの卵」であった点がわかりにくいかもしれない。

　ワイマール民主政の内部からナチズムが誕生した戦間期のファシズムの経験に衝撃を受けていた第2次大戦後の政治学者は,意識的にせよ無意識的にせよ,民主政をどのように安定させるのかという問題関心をとっていた。比較政治学の研究をみても,① S. M. リプセットの『政治的人間 (邦訳名,政治の中の人間)』のような,安定した民主主義を一定の経済・社会的背景条件と関連づける説明 (安定民主主義理論) にせよ,② アーモンド＆ヴァーバの『市民文化 (邦訳名,現代市民の政治文化)』のような,市民の間に共有されている一定の心理的態度の観点から説明する (コンセンサス理論) にせよ,あるいは ③ H. エクスタインの『民主主義における分裂と凝集』のような,民主主義に特徴的な「紛争と和解」の社会・政治的構造から説明する (コンフリクト理論) にせよ,民主主義の安定という機能論的な問題関心を示していた。トルコ研究に携わってきたラストウのように,民主主義の手前で苦闘している発展途上国や東欧諸国に関心をもつ研究者からすれば,民主政が誕生する発生論的な問題関心の方が重要なのであった。

　ラストウは機能論的研究から発生論的研究へと展開するための方法論上の前

表1-3 ラストウの民主政への移行モデル

移行の段階	その段階の主題	その段階の指導者（リーダーシップ）
A 背景条件	国民的統一(ナショナル・ユニティ)の意識	行政官のネットワークや統一という課題のための民族主義的知識人集団
B 準備段階	確固とした重大な紛争	上層階級の異端者に率いられた下層階級による大衆運動
C 決定段階	民主的規則の意識的採用	交渉と妥協にたけた政治的指導者の小集団
D 馴化(ハビチュエイション)段階	政治家と有権者の双方のこの規則への馴化	多様な組織人間とその組織

出典：D. Rustow, "Transitions to Democracy: Toward a Dynamic Model," in L. Anderson, *Transitions to Democracy*, pp. 14-41. から筆者が作成。

提として，「民主政の発生は，地理的・時間的・社会的に一律である必要はない」ため「民主政に至るには多くの途がありうる」点を重視した。そのため「移行」研究は，2ないし3の経験的事例（ラストウの場合は，スウェーデンとトルコ）の綿密な検討から移行モデルを抽出し，そのモデルを他の事例に適用することで検証するという手順をとる。こうした歴史社会学的な視点から，ラストウは民主政への移行を，「A 背景条件」「B 準備段階」「C 決定段階」「D 馴化段階」の4段階の構成要素の段階的な組立てとする「動態的(ダイナミック)モデル」に集約した（表1-3）。このモデルは，「コンセンサスを必要条件といった静態的な状態としてみるのではなく，民主政への移行過程に含まれる動態的要素とみる」点に特徴がある。

ラストウが重視した「決定段階」のコンセンサス形成をめぐる問題は，同時期にラストウの論文と並んで「民主化の比較政治学」の形成に大きな寄与をした，R. ダールの『ポリアーキー』（1971年）においても議論されている。ダールによると，「抑圧」のコストと「寛容」のコストが逆転し，民主主義のゲームのルールが受け入れられる時点が，制度的民主主義＝「ポリアーキー」(polyarchy) 成立の重要なメルクマールとなる。この「公的異議申し立て」(パブリック・コンテステーション)の権利が承認

されるとき，oppositions は「反対派」から「野党」となる。これが民主化の2つの次元を構成する一方の「自由化(リベラリゼーション)」の次元の問題である。もう一方の次元が政治参加を保障する「包括性(インクルーズイブネス)」の次元である。この2つの次元からポリアーキーを類型化するダールの図（図1-6）からは，「民主化の比較政治学」の主要テーマである，①非民主体制の類型，②民主政への複数の径路，③民主政を実現する条件，といった問題領域への展開の可能性を読み取ることができる。

(2) 政治体制の類型——全体主義体制，権威主義体制，民主体制

非民主体制の類型については，第2次大戦直後，戦間期のファシズムやナチズムの政治体制を，戦後にも存続したスターリニズムの政治体制と共に「全体主義」として概念化する傾向が強かった。冷戦構造のもとでは，東側の政治体制を全体主義と定義することは，西側の自由民主主義をイデオロギー的に擁護

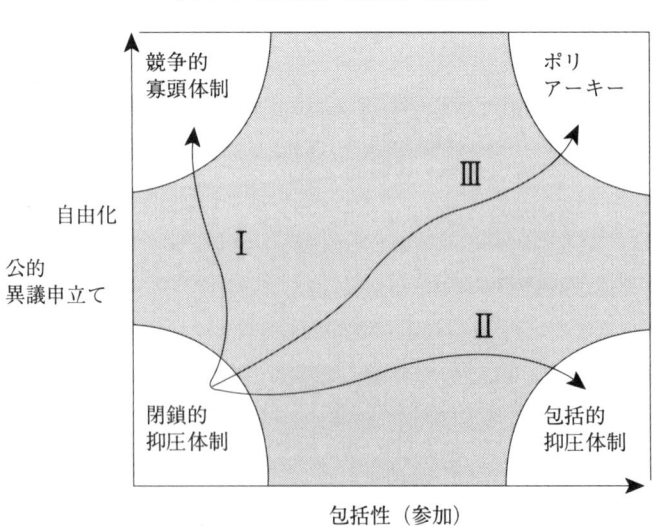

図1-6　自由化，包括性，民主化

出典：ダール『ポリアーキー』髙畠・前田訳，三一書房，1981年，11ページ。

表1-4 政治体制の特徴

	権威主義体制	民主主義体制	全体主義体制
政策形成に関わる主体	国家の「認可」を受けた限られた数の人間および集団	個人もしくは任意加盟の諸集団	唯一の前衛的政党
政策形成の手続き	不明瞭だが予測可能なパターンの存在	法律による規定	前衛党指導部の決定
一般大衆の政治参加に対する態度	一般大衆の政治参加や政治的動員に対して消極的	一般大衆の自発的な参加を奨励	一般大衆に対する積極的な政治動員
体制を支える思想・信条	国民統合や社会的協調といったあいまいで情緒的なメンタリティ	個人や個々の集団の「思想の自由」	前衛党が独占する洗練された体系的イデオロギー

出典：細野昭雄・恒川恵市『ラテンアメリカ危機の構図』有斐閣，1986年，281ページ。

することに貢献した。たとえば，C. フリードリッヒ＆Z. ブレジンスキーが1950年代中葉に精緻化した著名な「全体主義」の定義は，① 公認のイデオロギー，② 単一の大衆政党，③ テロ行使のシステム，④ マス・コミュニケーションの独占，⑤ 武器の統制の独占，⑥ 全経済に対する中央からの統制と指導，という「6点症候群」に基づいた高度に安定した体制としての全体主義であった。しかし，1953年のスターリンの死後，ソ連および東欧の社会においてテロの行使などが減少していくにつれて，こうした全体主義概念は著しくその説明能力を失っていった。

そこで，民主主義体制と全体主義体制という2分法的な類型化を回避すべく，J. リンスはスペインのフランコ体制を「権威主義体制」(authoritarian regime) という第3の類型で説明した。「強権体制」とも呼ばれるこの体制は，全体主義と民主主義の間のグレイゾーンに位置する政治体制である。その特徴は，① 限られた多元性（一定の政党や団体の活動の容認），② 明確な統治イデオロギーの欠如，③ 低い大衆動員，④ 統治の予測可能性，である（表1-4）。この概念は，スペインのフランコ体制だけではなく，戦間期およびポスト・スターリン期の東欧の

政治体制（「ポスト全体主義型権威主義体制」），および第3世界全般にみられる軍事的な強権体制（「官僚主義的権威主義」「ポピュリスト型権威主義」）などにも適用されている。

(3) 政治体制危機——業績危機，正統性危機，危機管理，再均衡

リンスは，さらに1980年代に入る頃までには，政治的民主主義（ポリアーキー）をもたらす体制変動（regime change），つまり民主政への移行にかかわる諸問題を理論化する洗練された枠組を提出した。つまり，「非民主体制の危機と崩壊の過程（別な型の非民主体制への「退行」もありうる）」を，「政治的民主主義への移行過程」と分析的に識別したうえで，以下の3つの問題領域を提示したのである。

Ⅰ　権威主義体制の危機と崩壊
Ⅱ　政治的民主主義を導く代替的径路（パス）
Ⅲ　ポスト権威主義の民主政の確立（コンソリデーション）

ⅠとⅡの関係が問題となるのは，「代替的な民主体制のゆっくりとした成長，いわば旧体制の《子宮内》でのようなそうした成長がないうちに権威主義体制が解体ないしは崩壊した場合，政治的民主主義への移行過程が促進されない」からである。

まずⅠの「権威主義体制の危機と崩壊」のメカニズムを明らかにするために，体制変動のレヴェルを確認しておきたい。体制変動には，①「政治体制のもつ規範の体系そのものの変動」と，②「サブ・システムの変動」（民主政の場合には，政党システムや利益表出システムの変動）があるが，ここでは①の体制変動に焦点をあてる。その場合に，政治体制の危機の深化とそれに応じた危機管理（制御）を動態的にモデル化した，K. D. ブラッハーとM. イェーニケの試みが有効である（図1-7）。

この政治体制危機の理論から政治体制（ここでは権威主義体制）の危機の段階をみると，「安定」段階では問題の日常的処理が「生体維持機能（ホメオステイシス）」とも言うべきメカニズムによって遂行されている。問題が新しく発生しても体制の仕組みの

第1章　比較政治学の構想と方法　39

図1-7　政治体制危機とその管理

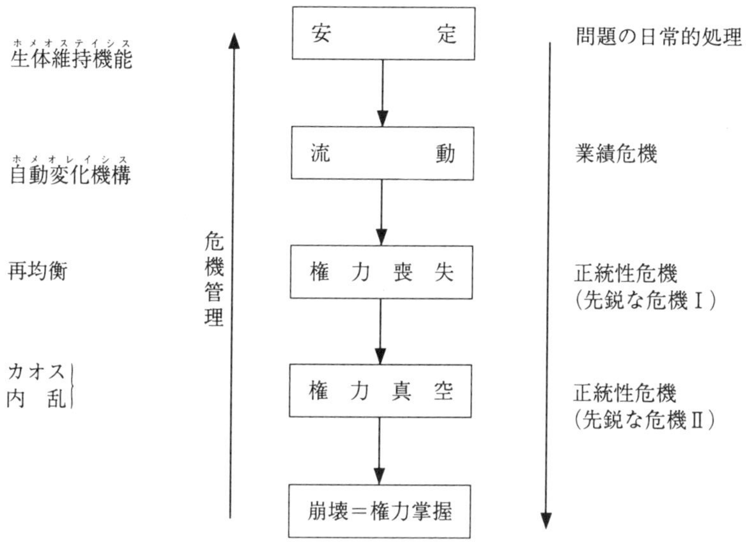

生体維持機能(ホメオステイシス)	安　　　定	問題の日常的処理
自動変化機構(ホメオレイシス)	流　　　動	業績危機
再均衡	権　力　喪　失	正統性危機（先鋭な危機Ⅰ）
カオス／内　乱	権　力　真　空	正統性危機（先鋭な危機Ⅱ）
	崩壊＝権力掌握	

（左側に縦書きで「危機管理」）

出典：篠原・永井編『現代政治学入門〔第2版〕』有斐閣，1984年，223ページ。

なかで問題は有効に処理され，紛争が拡大しない。ところが，経済恐慌のような危機を体制が処理できないと，危機は「流動」段階に進行する。これは体制が問題を実効的に処理できない「業績危機(パフォーマンス・クライシス)」である。この段階に危機が進行すると，従来の問題処理ではその実効性に欠陥があるため，紛争化した社会的不満を解消するべく，①紛争主体間の調停，②治安問題として抑圧，③「予防的危機管理」（国家主導型の改良政策の推進，財の拡大・分配の調整，紛争主体の参加ルートの正式な承認など）を行い，危機を回避する。このような変化を求める要求を体制内に吸収しながら体制を自己変革する危機管理のメカニズムは，「自動変化機構(ホメオレイシス)」と呼ばれる。その場合に，とくに予防的危機管理を行うリーダーシップには，新しい価値を創造することが必要とされる。

　さらに危機が「権力喪失」の段階に深まり，政治体制の存在意義そのものが疑われる「正統性危機（先鋭な危機Ⅰ）」に突入し，この危機を放置すると，「権力の真空」の段階という「正統性危機（先鋭な危機Ⅱ）」にゆきつく。危機がこ

こまで深刻化すると，現体制の実効性はもちろん正統性も完全に失われ，反対勢力（野党勢力）のヘゲモニーが強力なものとなり，統治不能の状態がやってくる。この段階までくると，危機管理によって体制を安定状態に回復することはほぼ不可能となる。内戦状態や革命状態のなかで政治体制は完全に「崩壊」する。政治体制の崩壊は，反対勢力の「権力掌握」にほかならない。民主体制が崩壊して全体主義体制や権威主義体制が誕生する過程がそれである。民主体制の場合は民主主義原理の正統性が高いため，業績危機と正統性危機の間に距離がある。ところが，権威主義体制の場合には指導者の個人的なカリスマ性や「開発独裁」政策などによってかろうじて正統性を確保しているにすぎないため，業績危機が正統性危機に直結してしまう脆弱性をもっている。

　正統性危機でも「先鋭な危機Ⅰ」の「権力喪失」段階であれば，「対応的危機管理」をとるリーダーシップ次第によっては安定状態を回復する最後の機会がある。権力喪失期は必ずしも崩壊に直結するわけではなく，「再均衡」（re-equilibration）を達成する方向にも動きうる。権威主義体制の場合には，カリスマ性をもった指導者が失われ，経済発展の成果によって独裁の正統性を調達する「開発独裁」政策の命運が尽きたとき，「対応的危機管理」の最後の手段が，反対勢力と妥協することで相手側の高い正統性を取り込もうとする「民主化」の試みである。権威主義体制内部の改革派勢力と反対派の穏健勢力の話し合いの結果結ばれた「協定（パクト）」が，民主化へと向かう体制移行期の政治的転機をもたらす。ラストウやダールが強調していたように，政府と反対派が暴力に訴えずに話し合いによって権力行使のルールを定めることが，民主政への移行にとって最も重要な契機となる。この問題領域がリンスの言う「Ⅱ　政治的民主主義を導く代替的径路」である。この問題領域は，「Ⅲ　ポスト権威主義の民主政の確立」の問題領域と共に，リンス以外にもG. オドンネル，Ph. シュミッター，A. ステパンらの手によって「民主化の比較政治学」へと集大成された。

（4）民主政への移行——体制移行，代替的径路，第三の波

　この「民主化の比較政治学」のアプローチを集大成した記念碑的な著作が，

オドンネル＆シュミッターがL. ホワイトヘッドと協力して編集した『権威主義支配からの移行——民主政への展望』(1986年) である。同書は「南ヨーロッパ」「ラテンアメリカ」の分析編と「比較論的視座」「不確実な民主政に関する暫定的結論」の理論編から構成されている。とくにオドンネル＆シュミッターが著した「不確かな民主政に関する暫定的結論（邦訳名，民主化の比較政治学）」は，かつてブラジル出身の比較政治学者A. ゲレイロ＝ラモスが「必然性の理論」にしばられている近代化／発展論を批判し，「可能性の理論」（結果として生まれた変動の理論ではなく，なされていくものとしての変動の理論）への展開を訴えた問題提起の延長線上に，「不確かな民主政」を求める「可能性主義」によって貫かれていた。つまり，1970年代半ばの南ヨーロッパ諸国の民主化から1980年代前半のラテンアメリカ諸国の民主化の動きを一方で分析しつつ，他方でその民主政への移行過程をめぐる諸問題を理論化し，まだ不確かな民主政を求める運動に資する民主化理論の構築を目指していたのである。

　オドンネル＆シュミッターは，発生状態にある民主化への動きを「可能性主義」の理論的視座によって捉えるために，ラストウとダールの先駆的な研究を独自に取り入れた枠組を提出した（図1-8）。民主化概念の定義からすると，「移行（トランジション）」期とは「一つの政治体制と他の政治体制との合い間（インターバル）」であり，「確立（コンソリデーション）」期とは「移行後の出来事（民主主義政治の確立）」にかかわる時期である。そして「自由化」（権利の再定義と拡大）と「民主化」（市民権のルールおよび手続きの拡張）の2次元の展開によって構成される混合政体＝「政治的民主主義（ポリアーキー）」への移行を理論化するだけではなく，さらにこの「第1の移行」としての政治的民主化の先に，ポスト・ポリアーキー段階の社会・経済領域への実質的民主化である「第2の移行」を「社会化（ソシアリゼーション）」として想定している。「第1の移行」としてのポリアーキーへの移行径路を概念化するにあたって，オドンネル＆シュミッターは，和解困難な敵対者による暴力を介在させた「権力の転覆」よりも，抗議・ストライキ・デモなどの手法をとりながらも移行交渉による「権力の移転」の方が望ましいという前提を表明している。

　オドンネル＆シュミッターが提出した民主化の枠組における，《Ⅱ　政治的民

42 第Ⅰ部 比較政治学の方法

図1-8 自由化，民主化，および体制のタイプ

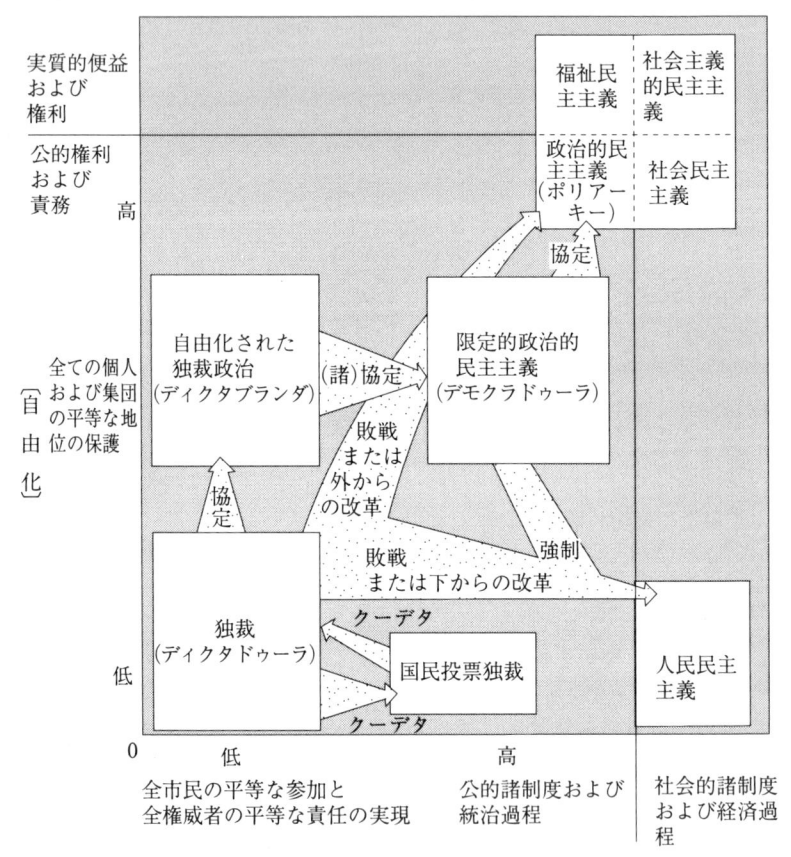

[図：自由化（縦軸）と民主化（横軸）による体制のタイプの分類図。縦軸は下から「全ての個人および集団の平等な地位の保護」「公的権利および責務」「実質的便益および権利」、横軸は「全市民の平等な参加と全権威者の平等な責任の実現」「公的諸制度および統治過程」「社会的諸制度および経済過程」。各象限に「自由化された独裁政治（ディクタブランダ）」「限定的政治的民主主義（デモクラドゥーラ）」「独裁（ディクタドゥーラ）」「国民投票独裁」「福祉民主主義」「政治的民主主義（ポリアーキー）」「社会主義的民主主義」「社会民主主義」「人民民主主義」などが配置され、矢印で「協定」「（諸）協定」「敗戦または外からの改革」「敗戦または下からの改革」「強制」「クーデタ」などの移行経路が示されている。]

出典：シュミッター＆オドンネル『民主化の比較政治学』真柄・井戸訳，未来社，1986年，51ページ。

主主義を導く代替的径路》の問題領域は，「比較論的視座」の巻で，さらにステパンによって精緻化されている。ステパンがブラジルの民主化研究から明らかにしたように，民主化過程における「政治体」を考察するにあたっては，「市民社会」「政治社会」「国家」という3つの政治アリーナを分析的に識別することが重要になる。体制変動期には，あらゆる政治体において「これら3つのアリ

ーナがそれぞれ異なるスピードで拡大ないしは縮小し，かつ相互に浸透し合い，あるいはひとつが他を支配するといったかたちで常に変化している」のであって，「国家」と「市民社会」が全面的に対峙する局面（正統性危機の先鋭な危機Ⅰ）を経て，決定段階においては「政治組織が公権力と国家装置に対する統制を掌握すべく，政治的な異議申し立てのためはっきりと自己編成するアリーナ」としての「政治社会」に問題が収斂する。政府と反対派の「妥協による協定」が決定的な政治的な転機となるからである。

この「政治的アリーナ」をめぐる力学を踏まえたうえで，ステパンは「政治的民主主義への代替的径路」を主に3つ（細かくは8つ）に整理した。

Ⅰ　戦争や外部勢力による干渉を民主化過程に内包する場合（第2次世界大戦期）
　①国土回復後の内部復興（国内再定式化）——ノルウェー，オランダ，ベルギー
　②軍事解放後の国内再編成——フランス，（イタリア，ギリシア）
　③外部監視下での民主政の制度化——西ドイツ，日本，（オーストリア，イタリア）
Ⅱ　権威主義体制内部からの発意（イニシアチブ）よって民主化（再民主化）の方向に移行する場合
　④長期に及ぶ権威主義体制から民主政に移行した場合（1974-1985年）
　　——a　文民ないし退役軍人による政治指導部発意の民主化——スペイン
　　——b　「政府としての軍部」発意の民主化——ブラジル
　　——c　「制度としての軍部」発意の民主化——ポルトガル，ギリシア，ペルー
Ⅲ　反対勢力が大きな役割を果たしている場合
　⑤社会主導型の体制転換——トルコ，（ギリシア）
　⑥政治勢力間の協定（パクト）——スペイン，チリ，ウルグアイ
　⑦民主的改革政党に調整された組織的暴力抗争——成功例なし
　⑧マルクス主義に導かれた革命戦争——成功例なし

この分類は1986年の時点で行われているため、その後の東アジアの民主化（フィリピン、台湾、韓国）、東欧諸国の民主化などの事例を踏まえれば、さらに政治的民主主義への代替的径路は絞られている。④と⑤の径路はいずれにせよ、⑥の転機を含むことになる。

『第三の波——20世紀後半の民主化』(1991年) において、この代替的径路の問題領域を整理したハンチントンは、権威主義体制からの民主化プロセスを以下の3つに類型化している。権力エリートが民主政の実現を率先して進めた「変革」(transformation)、政府と反対派の共同行為として民主化が実現した「転換」(transplacement)、反対派が民主化のリーダーシップをとった「転覆」(replacement) がそれである。東欧諸国における共産党体制からの民主化の事例を踏まえれば、「変革」の事例はハンガリー、ブルガリア、「転換」の事例はポーランド、チェコスロバキア、そして「転覆」の事例が東ドイツ、ということになる（第7章の表7-1を参照）。ハンチントンの議論では、ステパンの類型化のⅠの事例は「第二の波」とされ、Ⅱ—④、Ⅲ—⑤⑥が「第三の波」ということになる。ハンチントンが「第三の波」と命名した1970年代半ばから1991年にかけての一連の民主化は、「民主化の比較政治学」に対して、はかり知れない貢献をした。とくに旧東欧諸国や旧ソ連諸国などの「ポスト共産主義諸国」の民主化事例は、1990年代に入って「移行」期から「確立」期の民主主義研究の中心となった。

(5) **民主政の確立**——三重の移行、サステナブル・デモクラシー、部分レジーム

こうした動向は、1990年に創刊された『ジャーナル・オブ・デモクラシー』誌の特集テーマに象徴されている。この雑誌は、1990年代以降の民主化および民主主義研究の世界的なフォーラムとなっている。1989年の東欧諸国の民主化に続くグローバルな民主化の動向は、「民主化の比較政治学」の研究主題を「移行」(transition) から民主政の「確立」(consolidation) へと転換させる結果となった。ポスト共産主義の移行国の民主政確立をめぐる問題領域は、民主化をめぐ

る「政治改革」と市場経済化をめぐる「経済改革」を同時に進める困難性を印象づけた。それは，ポスト共産主義の移行を推進する基盤を形成していた「市民社会」をめぐる問題をあらためて浮上させると同時に，こうした民主化を進める政治的単位である「国家」という政治体の再編成をも問題化させた。C. オッフェが「三重の移行（体制転換）」と命名した，「政治改革」（民主政への移行），「経済改革」（市場経済化），および「国家の再編成」（国家性問題）の同時進行というポスト共産主義の移行経験は，民主政の確立に伴う問題領域を的確に理論化している。

　A. プシェヴォルスキが中心なった『サステナブル・デモクラシー』（1995年）は，東―南システム構造変化に関するグループの研究成果であるが，オドンネル，シュミッター，ステパンらも協力している。「移行」問題に関しては，すでに『デモクラシーと市場』（1991年）で，プシェヴォルスキはゲーム理論の分析枠組を用いて，「決定」段階のゲームのルールを主要アクター（体制側の強硬派と柔軟派，反体制側の穏健派とラディカル派）が受け入れるメカニズムを合理的に説明することに成功していた。そこで問題にされた政治改革と経済改革のリンケージが，「確立」問題では決定的に重要になる。不確実性に支配された移行期から徐々に民主主義のゲームのルールが受け入れられ，確実性が高まった時期を民主政の確立期と呼ぶからである。確立期には，民主政を支える制度基盤や社会経済関係が問題とされる。プシェヴォルスキは，『サステナブル・デモクラシー』において，①領土保全（国家性）問題，②市民権，③民主的機構，④市民社会，⑤経済改革，の側面から「確立」期の問題を整理している。

　『民主的移行と確立の諸問題』（1996年）においてこの確立期の問題を理論化したリンスとステパンによれば，民主政を確立するには相互に関連しあった5つのアリーナを構築しなければならない。このアリーナとは，①市民社会，②政治社会，③国家機構，④法の支配，⑤経済社会，である。その相互関係は，次に示される（表1-5）。この相互関係は，民主政の「構造化」を実現する。つまり民主政の確立とは，民主政という全体レジームを構成する個々の種類のレジームの構造化なのである。シュミッターは，民主政が単一のレジームではな

表1-5 現代の確立された民主政の5つの主要なアリーナ：相関原理と媒介領域

アリーナ	主要な組織化原理	他のアリーナから必要な支持	他のアリーナに対する主要な媒介
市民社会	アソシエーションとコミュニケーションの自由	・法的保障を確立する法の支配 ・市民社会の諸権利が侵害された際にそうした諸権利を擁護する国家機構 ・市民社会に必要な程度の自律性と活気を支えるのに充分な多元性を備えた経済社会	・市民社会の諸利害と諸価値が政治社会を生みだす主要な源泉である ・市民社会が理念を生みだし、国家機構と経済社会の監視に寄与する
政治社会	自由で包括的な競合的選挙	・市民社会の観点からの正統性を必要とする ・法の支配に支えられ、不偏不党の国家機構によって維持される法的保障を必要とする	・憲法および主要な法を巧みに作りだす ・国家機構を運営する ・経済社会のための総合的な調整枠組を生みだす
法の支配	立憲主義	・市民社会に強く根ざし、政治社会と国家機構によって尊重される法文化	・他のアリーナとの相互行為を正統化し予測可能にする位階制的な規範を確立する
国家機構	合理的―法的な官僚的規範	・合理的―法的権威とその付随的な正統な暴力の独占に対する、市民社会からの規範的支持 ・政治社会によって課税され、機能する経済社会が課税対象となる充分な余剰を生みだし、国家にもたらす財政上の支え	・政治社会によって制定され、民主主義的に裁可された法と手続きの、市民社会・政治社会・経済社会に対する強制的執行
経済社会	制度化された市場	・政治社会によって生みだされ、市民社会によって尊重され、国家機構によって施行される法と規制の枠組	・国家がその集合的な良い機能を実現するのに必要不可欠な余剰を生み、市民社会および政治社会の多元性と自律性のための物質的な基盤を生みだす

出典：J. Linz and A. Stepan, *Problems of Democratic Transition and Consolidation*, The Johns Hopkins University Press, 1996, p. 14.

図1-9 現代の民主政治での，全体と部分的なレジームの強化に関係のある特性スペース

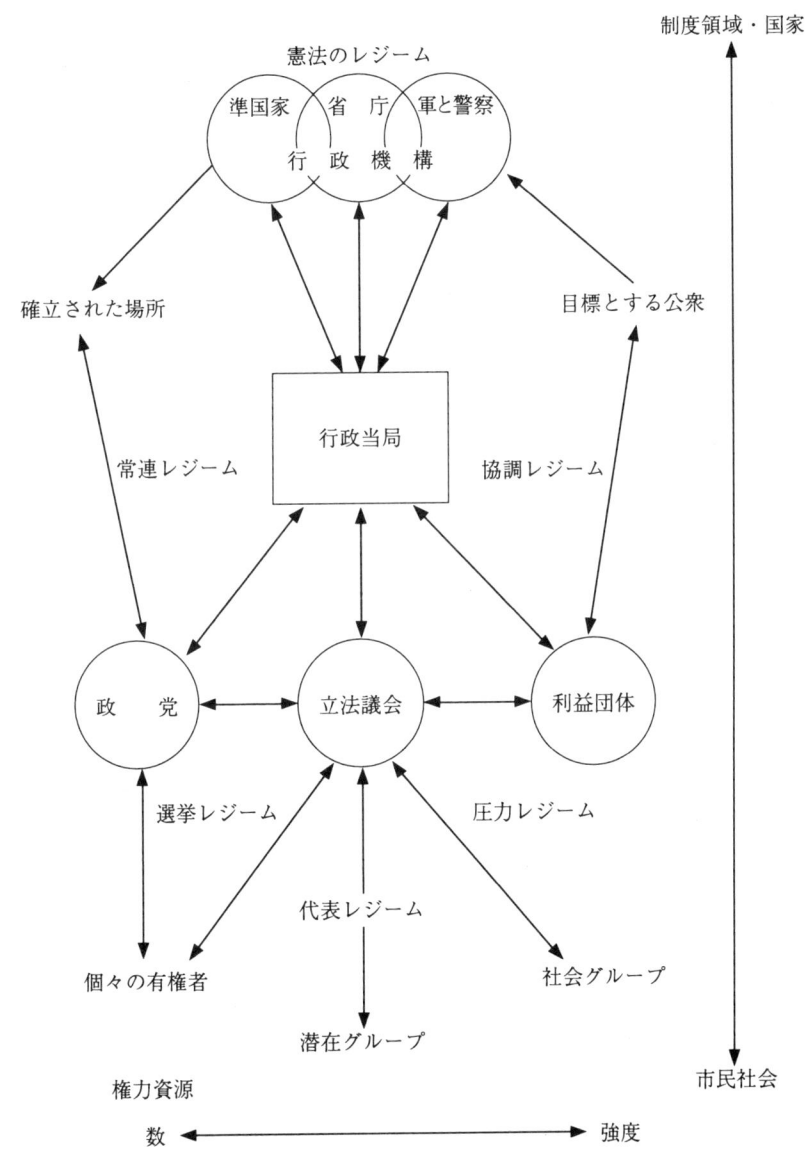

制度領域・国家

憲法のレジーム
準国家　省庁　軍と警察
行　政　機　構

確立された場所　　　　　　　　目標とする公衆

行政当局

常連レジーム　　　　　　　協調レジーム

政党　　立法議会　　利益団体

選挙レジーム　　　　　　圧力レジーム

代表レジーム

個々の有権者　　　　　　　　社会グループ

潜在グループ

権力資源　　　　　　　　　　　市民社会

数 ←――――――→ 強度

出典：猪口孝／E. ニューマン／J. キーン編『現代民主主義の変容』有斐閣，1999年，44ページ。

くレジームの複合体だとする考えを示し，構成要素である「部分(パーシャル)レジーム」とその強化に関係する特性スペースを次のように提示した（図1-9）。この図では，「縦方向に，独裁的に定義される国家の機関から自己設定的な市民社会組織に至るまでの制度的行動領域を示し，横方向に，行為者が政治過程に集中しうる権力資源の量」が示されている。権力資源の「ケースの数は主として個々の票の勘定に依存し，横方向の強度は個々の市民グループの貢献の考量に基づくものになる」。

　このように考えると，民主政の強化とは「部分的にばらばらに生まれたその場限りの政治的関係を安定した構造に転換し，接近のチャンネルや包含のパターン，行動のための資源，意思決定に関する規範を最も重要な基準に一致させる」ことである。こうした視点は，ポリアーキーを実現し，自由選挙の実施や議会政治が機能しているにもかかわらず，新生民主主義諸国において必ずしも権威主義的な社会関係が払拭されておらず，市民権原理が実質的に保障されていない事例が多いことを説明する。さらにオドンネルによれば，経済危機が深刻な新生民主主義諸国の場合，恩顧―庇護関係(クライエンテリズム)などの権威主義的な社会関係の残存が，「委任民主主義」(delegative democracy) という新種の民主主義を生み出す危険性がある。権威主義への退行には陥らないものの，代議制原理を十全に実現しないまま持続する。この「委任民主主義」においては，確立期の重要な課題である「第2の移行」（社会化）の前提となる社会経済問題への取組みが弱いため，民主政の「確立」にはほど遠いのである。

5　比較政治学の新動向

(1)　グローバル化と国民国家の変容——EU統合，エスノナショナリズム，自省的民主化

　1990年代に入り，ソビエト・ブロックの崩壊は，最終的にグローバルな資本主義経済システムの統合を実現した。その時期から，「グローバリゼーション（グローバル化）」に関する議論が巷間にあふれ，民主政への移行とその確立をめ

ぐる議論も，このグローバル化との関係で議論せざるをえなくなった。「地球政治(ポリティクス)」の進展は，国民国家の変容を促し，欧州連合（EU）のような超国家的な機構も出現している。逆に，東欧革命後に解体した国家（東ドイツ，ソ連，チェコスロバキア，ユーゴスラビア）は，エスニック・アイデンティティの自己主張を呼び起こしている。世界中で噴出する民族主義・地域主義の波は，単に古典的なナショナリズムの復興ではなく，グローバル化する市場経済と消費文化の波との衝突と依存によって引き起こされている。B.バーバーが『ジハード対マックワールド』（1995年）で描いた冷戦後の世界秩序の構図は，基本的には文明間の「断層線」戦争の危険性を論じたハンチントンの『文明の衝突』（1996年）に対する反論になっている。

バーバーが強調した問題は，実は「ジハード対マックワールド」の両者の波のなかで，市民社会と民主主義が危機に陥っているという点にあった。市民社会のもつ力を再認識させた東欧革命であったが，その民主的移行後の確立過程において，民主政を支える市民社会の脆弱性が問題となっている。さらに旧ソ連圏諸国における共産主義国家の解体とその後の国家の再編成は，ヤルタ体制の国境線の変更と欧州統合プロセスの枠組内における国家の再編成の問題として現れている。民主化や市場経済化の単位としての政治共同体そのものの変革は，「国家性」（既存国家の領土保全が危機に陥る）問題として知られる。この問題の登場は，一方でエスノナショナリズムの高揚と深く結びつき，また一方で欧州統合としてのEUの動きと連動し，国民国家のあり方を相対化していく方向で，エスノナショナリズムと連邦主義の関係を問題化している。ここでは，近・現代の国家構成原理である国民(ネーション)＝国家(ステート)そのものの限界が明らかになってきている。

こうして1990年代に民主政への移行を果たした国が「確立」過程で直面する諸問題は，国内的な要因だけでなく，これまで以上にグローバル化に伴う様々な国際的な要因によって構成されている。グローバル化が進めば進むほど，グローバル化の波に上手く対応できない諸国においては，民主主義に対する脅威としての民族主義と原理主義の問題群が浮上する。冷戦構造が崩壊し，民主主

義が外部に共産主義の脅威を設定することで自己正当化がはかれなくなった以上，民族主義や原理主義といった人間のアイデンティティにかかわる宗教・文化的な要因が民主主義に対する大きな脅威となってきたのである。

とくに，多文化主義の噴出と国民国家の動揺は，原理的な次元での民主主義の再考を促している。つまり，冷戦後の民主主義には，一方では構成された政治社会を前提にした意思形成・価値配分としての民主主義とは異なる次元の論理が必要とされる。また他方で，グローバルな経済システムの拡大と国際的意思決定機構の進展に伴い，民主主義自体も国境を越えてグローバルに拡大・深化し，主権国家システム以後の「市民権(シチズンシップ)」と「デモクラシー」に関する問題領域を形成している（こうした「グローバル・デモクラシー」をめぐる問題群については，本書第9章および第10章を参照）。21世紀の世界を切り拓く原理はデモクラシー以外には考えられない。しかし，そのデモクラシーとはもはや先験的(アプリオリ)に普遍性を主張できる原理ではなく，現代世界の多様な人間の営みのなかに民主主義的な契機を再発見することによって，民主主義の普遍的要素を検証していく「自己反省的な(セルフ・リフレクティブ)」原理となる。その場合に，あくまでも市民の自己決定に基づいた民主政を実現するという意味での〈民主主義の深化（第2の移行）〉を追求していく道を選択することは，われわれ自身の「人間の条件」を問われる，すぐれて価値的な問題となろう。

(2) 比較政治学の課題と展望——民主主義理論と比較政治学

言うまでもなく，比較政治学の動向を単一の動向として描くことはできない。政治学の「フォワード」である比較政治学は，常に同時代の歴史的文脈によって，その問題の関心領域を変化させている。1960年代から1970年代にかけて世界的に論争になっていた体制選択の問題については，1989年までにはほぼ決着がつき，1990年代以降になると，世界的な政治変動の方向性が「民主主義」だということを疑う論者はほとんどいなくなった。ハンチントンの言う「民主化の第三の波」による民主主義のグローバルな拡大によって，民主政の「確立」問題が，比較政治学の主要関心になるにつれて，政治変動の方向性について代

替的な幻想をもつことはできなくなっていく。ゲーム理論，合理的選択論，新制度論などの理論の導入は，こうした演繹的なモデルがあてはまる狭い領域に対してだけであり，そうした部分理論の動向が一挙に比較政治学という全体理論を変革するわけではない。その意味では，「比較政治学」という専門的学問領域の統合性を求めることは困難であり，いまや部分理論の集積としての比較政治学があるにすぎない。

 それだけに，民主主義が世界的な正統性を確立した現代にあっては，最小限の基準であるポリアーキーの実現（第1の移行）だけではなく，最大限の基準で民主政の確立（第2の移行）を求めるには，現代の民主主義理論の革新が不可欠となる。たとえば，東中欧の民主化で再発見された「市民社会」概念は，比較政治学にも現代の民主主義理論にも多大なる影響を与えた。ステパンは，この「市民社会」を「隣人組織や婦人グループ，宗教団体，あるいは知識層などからなる多様な社会運動や，法律家，ジャーナリスト，労働組合，企業家などのすべての集団で構成される市民組織が，自分たちの存在を表明し，その関心事を追求すべく，さまざまな組み合わせによってみずからを編成しようとする，そうしたアリーナ」と定義していた。こうした民主化過程における「市民社会」の問題から，民主政の確立を支える基盤としての「市民社会」の問題になると，信頼 (trust) や社会関連資本 (social capital) などをめぐる問題となる。さらに政治理論の観点からは，「市民社会」問題は「市民的公共圏」の問題として，熟議民主主義 (deliberative democracy) 論などのラディカル・デモクラシー論の中心に位置している。

 《歴史社会学としての比較政治学》の動向は，民主主義理論の現代的展開と不可分の関係にある。かつて，スコッチポルは歴史社会学の展望を次のように述べたことがある。「既存のマクロ社会学理論のうちに適当なものはみあたらぬ。しかし，社会構造や社会変容に関して，有効な知識に対する需要がこれほど大きかったことはない。現代はそういう時代である。分析型歴史社会学を用いれば，社会学者は歴史の動態的な多様性に幅広くかつ詳細にとりくむなかからよりよい理論に接近してゆけよう。歴史における因果的な状況配置に関する

諸々の代替的仮説を探求しようとする人々は，社会構造や社会変容について，重要な問題をたえず提示してゆくだろう。……我々の生きているこの変化きわまりのなき世界の輪郭やリズムを，歴史社会学者は照らしだしつづけるはずである。」最後の歴史社会学者を，歴史社会学としての比較政治学者とすれば，私の展望もこれにつきる。

[参考文献]

◇比較政治学全般

真柄秀子・井戸正伸『新版 比較政治学』放送大学教育振興会，2004年。
H. J. ウィーアルダ『入門 比較政治学』(大木啓介訳) 東信堂，2000年。
河野勝・岩崎正洋編『アクセス 比較政治学』日本経済評論社，2002年。
新川敏光・井戸正伸・宮本太郎・真柄秀子『比較政治経済学』有斐閣，2004年。

◇比較政治学とは何か

比較政治学の主題と方法——政治学と地域研究
I. ウォーラーステインほか『社会科学をひらく』(山田鋭夫訳) 藤原書店，1996年。
比較政治学の成立——地域研究の登場と比較政治運動
G. A. アーモンド「比較政治学」，『現代政治学と歴史意識』(川原彰ほか訳) 勁草書房，1982年。

◇比較論的＝発展論的視座

構造—機能主義——概念形成と抽象化の水準
G. K. ロバーツ『比較政治学』(岡沢・川野・福岡訳) 早稲田大学出版部，1974年。
政治システム——構造と機能，政治と統治
G. A. アーモンド「比較政治のための機能的アプローチ」，『現代政治学と歴史意識』(川原彰ほか訳) 勁草書房，1982年。
G. A. Almond & B. Powell, Jr. ed., *Comparative Politics: A World View (Third Edition)*, Little Brown, 1984.
政治過程——議会，政党，利益集団，コーポラティズム
G. A. アーモンド『比較政治学〔第2版〕』(本田弘・浦野起央監訳) 時潮社，1986年。
シュミッター＆レームブルッフ『現代コーポラティズム（I・II）』(山口定監訳) 木鐸社，1984-86年。
G. サルトーリ『現代政党学（I・II）』(岡沢憲芙・川野秀之訳) 早稲田大学出版部，1980年。

政治文化——市民文化,下位文化,政治的社会化
  アーモンド&ヴァーバ『現代市民の政治文化』(石川一雄ほか訳)勁草書房,1974年。
  G. A. Almond and S. Verba, eds., *The Civic Culture Revisited*, SAGE, 1980.
  R. イングルハート『カルチャー・シフトと政治変動』(村山・富沢・武重訳)東洋経済新報社,1993年。
政治発展——発展主義,パターン変数,政治発展の論理
  G. A. Almond & B. Powell, Jr. ed., *Comparative Politics: A Developmental Approach*, Little Brown, 1966.
  G. A. アーモンド&B. パーウェル『比較政治学〔第2版〕』(本田弘・浦野起央監訳)時潮社,1986年。
  G. トッテン&W. ベーリング『政治発展のモデル』(片岡寛光監訳)早稲田大学出版部,1975年。

◇比較政治学の危機と革新
発展主義アプローチの盛衰
  G. A. アーモンド『現代政治学と歴史意識』(川原彰ほか訳)勁草書房,1982年。
  G. A. Almond, *A Discipline Divided: Schools and Sects in Political Science*, SAGE, 1990.
  W. W. ロストウ『経済成長の諸段階』(村上泰亮ほか訳)ダイヤモンド社,1974年。
1968年革命——地政文化の変容
  I. ウォーラーステイン『ポスト・アメリカ』(丸山勝訳)藤原書店,1991年。
  G. アリギ/T. K. ホプキンス/I. ウォーラーステイン『反システム運動』大村書店,1992年。
世界システム論の挑戦——中心と周辺,世界システムの長期的趨勢
  I. ウォーラーステイン『近代世界システム(I・II)』(川北稔訳)岩波書店,1981年。
  I. ウォーラーステイン『資本主義世界経済(I・II)』(藤瀬・麻沼・金井訳)名古屋大学出版会,1987年。
  I. ウォーラーステイン『世界経済の政治学』(田中・伊豫谷・内藤訳)同文舘,1991年。
  田中明彦『世界システム』東京大学出版会,1989年。
政治学の新しい革命——行動論以後の新しいアプローチ
  D. イーストン「政治学における新しい革命」,『政治体系』(山川雄己訳)ぺりかん社,1976年。
  S. ハンチントン『変革期社会の政治秩序(上・下)』(内山秀夫訳)サイマル出版会,1972年。

A. レイプハルト『多元社会のデモクラシー』(内山秀夫訳) 三一書房, 1979年。
H. J. ウィーアルダ編『比較政治学の新動向』(大木啓介ほか訳) 東信堂, 1988年。
歴史社会学としての比較政治学——研究戦略の新生
T. スコチポル編『歴史社会学の構想と戦略』(小田中直樹訳) 木鐸社, 1995年。
G. キング/R. O. コヘイン/S. ヴァーバ『社会科学のリサーチ・デザイン』(真渕勝監訳) 勁草書房, 2004年。
B. ムーア Jr.『独裁と民主政治の社会的起原 (I・II)』(宮崎・森山・高橋訳) 岩波書店, 1986-87年。
H-U. ヴェーラー『近代化理論と歴史学』(山口・坪郷・高橋訳) 未来社, 1977年。
P. Evans, D.Rueschemeyer, and T. Skocpol, eds., *Bringing State Back In*, Cambridge University Press, 1985.

◇民主化の比較政治学
移行論の系譜——発生論的問題関心, ポリアーキーへの移行
L. Anderson, ed., *Transitions to Democracy*, Columbia University Press, 1999. (D. A. Rustow の論文を収録).
R. ダール『ポリアーキー』(高畠通敏・前田脩訳) 三一書房, 1981年。
政治体制の類型——全体主義体制, 権威主義体制, 民主体制
J. リンス『全体主義体制と権威主義体制』(高橋進監訳) 法律文化社, 1995年。
政治体制危機——業績危機, 正統性危機, 危機管理, 再均衡
J. リンス『民主体制の崩壊』(内山秀夫訳) 岩波書店, 1982年。
篠原一・馬場康雄「政治体制と政治変動」, 篠原一・永井陽之助編『現代政治学入門〔第2版〕』有斐閣, 1984年。
民主政への移行——体制移行, 代替的径路, 第三の波
シュミッター&オドンネル『民主化の比較政治学』(真柄秀子・井戸正伸訳) 未来社, 1986年。
A. ステパン『ポスト権威主義』(堀坂浩太郎訳) 同文舘, 1989年。
A. Stepan, "Paths toward Redemocratization: Theoretical and Comparative Considerations," in G. O'Donnell, Ph.Schmitter, and L. Whitehead, eds., *Transitions from Authoritarian Rule: Prospects for Democracy*, The Johns Hopkins University Press, 1986.
S. ハンチントン『第三の波』(坪郷・中道・藪野訳) 三嶺書房, 1995年。
川原彰『東中欧の民主化の構造』有信堂, 1993年。
民主政の確立——三重の移行, サステナブル・デモクラシー, 部分レジーム
C. オッフェ「民主主義的に設計される資本主義?」, 川原彰編『ポスト共産主義の政

治学』三嶺書房，1993年。
A. プシェヴォルスキ『サステナブル・デモクラシー』（内山秀夫訳）日本経済評論社，1999年。
Ph. シュミッター「民主政治確立の基本的前提」，猪口孝／E. ニューマン／J. キーン編『現代民主主義の変容』有斐閣，1999年。
J. Linz and A. Stepan, *Problems of Democratic Transition and Consolidation*, The Johns Hopkins University Press, 1996.
J. リンス & A. バレンズエラ『大統領制民主主義の失敗』（中道寿一訳）南窓社，2003年。

◇**比較政治学の新動向**

グローバル化と国民国家の変容——EU統合，エスノナショナリズム，自省的民主化
B. バーバー『ジハード対マックワールド』（鈴木主税訳）三田出版会，1997年。
J. リンス & A. ステパン『民主化の理論——民主主義への移行と定着の課題』（荒井・五十嵐・上田訳）一藝社，2005年。
内山秀夫・薬師寺泰蔵編『グローバル・デモクラシーの政治世界』有信堂，1997年。
比較政治学の課題と展望——民主主義理論と比較政治学
小野耕二『比較政治』東京大学出版会，2001年。
R. パットナム『哲学する民主主義』（河田潤一訳）NTT出版，2001年。
J. Dryzek, *Deliberative Democracy and Beyond*, Oxford University Press, 2000.

第2章　東中欧の民主化研究プロジェクト
——『東中欧の民主化の構造』をめぐって——

1　比較政治研究の射程

　「比較とはついに分析によってはつくされぬことがらである[1]。」——内山秀夫氏はかつて社会主義体制の比較研究の方法論に関する先駆的な研究[2]のなかで，このように結論づけた。それはなぜか。社会主義体制の比較研究には，比較共産主義（社会主義体制相互の比較研究）の立場と比較政治（あらゆる政治体制を対象とした比較研究）の立場の2つの立場がありうる。内山氏によれば，「前者に問題を限定することは，ある歴史的時点に自己を限定する限りにおいて意味があるのであり，少なくとも現代を対象とするならば，後者に力点をおかねばならなくなる[3]。」しかしJ. リンスの「権威主義体制」論にみられる「体制移行」の理論化とその分析概念としての有効性に一定の評価を示しつつも，内山氏は「比較枠組としての体制型の提出」には「分析的に有効であればあるほど」かなりの留保を示している[4]。

　それは「個別ないし種別の政治体制の特性を確認しても，その評価と実践目標の定礎がなされねば比較研究は成立しない」からである。だからこそ「分析とは所詮研究のひとつの手続き」にすぎず，〈意味のある比較〉を行うには「比較者の目的」こそが問われることになる。むろん「比較者の目的」とは，比較研究の前提となる「確実な歴史認識と歴史評価」にほかならない[5]。しかし，言うまでもなく「社会主義の登場と成立のもつ歴史的意義」は研究者の認識評価が最も分岐する主題であり，そのために「社会主義体制の比較研究」は比較政治研究上の最も困難なフロンティアであった。「比較とはついに分析によってはつくされぬことがらである」との内山氏の指摘には，「新しい構想をもった政

治学への出発点にたっている」との1970年代初頭の情況のもとで，その任に堪えうる比較政治研究への「持続への意志」が込められていた[6]。

それから20年経て，比較政治研究をとりまく情況も劇的に変貌を遂げた。「社会主義体制の比較研究」という主題からみれば，ソ連・東欧圏の現存社会主義体制の崩壊によって，「比較共産主義論」の立場の「歴史的限定性」はもはや明白になった。逆にグローバルな政治認識を志向した「比較政治」の立場による研究の必要性は誰の眼にも明らかになったわけである。しかし，かつて内山氏が指摘した比較政治研究の前提となる「実践目標の定礎」という課題は，現代政治学が比較研究を通して確実な社会科学に展開してきただけに，「ポスト共産主義」時代の現在[7]，比較者の「歴史認識と歴史評価」の次元の問題としてあらためて問い直されている。

ポスト共産主義とポスト冷戦を機軸に展開する1990年代の巨大な変革過程は，基本的に「民主化の地球大への拡大」(global democratization) の動向を加速化させている。と同時に，逆に冷戦期に凍結されてきた民族・人種・宗教・文化にかかわる次元の諸紛争を噴出させ，既存の国民国家の解体と再編への動向をも加速化させている。この現実政治の変化をどのような枠組で理解するのかという問題は，比較政治研究にとってのみならず，現代の社会科学にとっての最大の課題のひとつとなっている。このことは，いわゆる「パラダイム転換」の次元の問題である[8]。

言うまでもなく，「共産主義」が研究者の認識評価が最も分岐する主題であり，比較政治研究上の最も困難なフロンティアであったということは，「ポスト共産主義」の認識評価も当然に多くの問題をはらんだ問題領域とならざるを得ないということである。本章では，この大変動を引き起こした1989年東欧革命を頂点とする「東中欧の民主化の構造」を分析した拙著[9]を素材に，80年代の比較政治「研究の現場における，あれやこれやの，てんやわんやの操作」を振り返り，この変化を捉えうる社会科学——特に比較政治研究——の枠組について再考察を加えたい。この作業が，世紀末の比較政治研究のアジェンダを明確にすることにつながれば幸いである。

2　比較政治学と東欧政治研究

「東中欧の民主化の構造」研究の起点は，1982年に提出した「現代民主主義研究の基本的視角——ポリアーキー理論をめぐって」という修士論文[10]であった。この論文の冒頭の一文は「東中欧の民主化の構造」研究プロジェクト全体の「マニフェスト」となっている。

　「1980年8月に始まるポーランドの自主労組『連帯』の民主化運動——J. スタニシキスによれば『自己限定的革命』——は，社会主義国で起こった事態にもかかわらず，現代民主主義を考察するうえにすぐれて普遍的な問題を提起している。『連帯』に所属するある知識人が『この体制の実生活にとっての最大の問題，それは社会を国家化するのか，それとも国家を社会化するのかという問いかけだ』と端的に述べたように，ポーランド問題の本質は国家化した社会主義体制（国権型社会主義）による機構的秩序の強制に対して，本来の自由な相互性を内容とする『社会』を自衛するために市民が下からの自主的な組織化による秩序形成をもって対抗した点にある。この『国家に対抗する市民社会』（A. アレイト）とも言うべき『連帯』の民主化運動は，いかに『国家』（スタティックな装置）と『社会』（ダイナミックな運動）が範疇的に異なるかを如実に物語っている。しかも民主主義がよってたっているのは，第1に非政治的な領域である基礎的な社会なのであって，その社会を担っている市民が政治的な表面に結集されたとき抵抗力のある運動が生じるということを，近年これほど見事に示した例もない。かくのごとく民主主義は現実には『常に，一定の目的のために戦っている一定の社会的勢力によって担われている，一定の政治運動』としてのみ形成されていく。したがって，現代民主主義を理論的に検討するにあたって，たとえばこのポーランドの民主化運動のような具体的な運動を分析しつつ，その特殊状況のなかから普遍的な諸問題を引き出し，『民主化』の政治理論を構成していくやり方も，きわめ

て困難ではあるが,ひとつの方法ではあろう[11]。」

　ここにみられるのは,比較政治研究の前提となる実践目標として第1に〈民主主義の理論〉を定礎する必要がある点,しかも民主主義それ自体がひとつの運動体である以上,その理論は〈民主化の政治理論〉として構成される点,そしてそうした理論は常に現実の民主化運動の分析を通じてその有意性を検証・修正していく作業が必要な点である。研究対象としては当初からポーランドの民主化運動を中心にした「東中欧の民主化」問題を想定していた。

　むろんこの背景には1980年前後の比較政治研究をめぐる理論状況がある。内山氏が70年代初頭に「〈比較政治学から比較政治研究〉へのプロセス」として認識していた政治発展論から政治変動論への展開[12]は,「比較政治運動」の終焉に伴う比較政治〈学〉の危機と革新を示していた。比較政治学の理論的展開を詳しく述べる余裕はないが,この問題は「グランド・セオリィの時代からローカル・セオリィのそれへの転換」を迎え,比較政治研究の視座の転換が進行していたことを示していた。具体的には,多様な地域の政治研究者が自己の理論的視座のアイデンティティを確立していく過程で,従来の比較政治学の支配的アプローチであった「発展モデル」と現状認識とのギャップを明確にし,この作業を通じてこれまでの比較政治学に欠落していた次元や対象を発見し,新しい地平を切り拓いていったのである。

　1980年前後の比較政治研究をめぐる理論状況として,ヨーロッパ小国研究から提出された「多極共存型民主主義」論(A. レイプハルト),南欧―中南米地域研究から提出された「コーポラティズム」論(H. ウィーアルダ,Ph. シュミッター)と「官僚主義的権威主義」論(G. オドンネル,A. ステパン),地中海地域からの「権威主義体制」論(J. リンス)などが挙げられる。いずれも周辺地域の政治研究者が自己の政治的認識と理論的視座のアイデンティティを確立していく過程で,ディシプリンとしての「比較政治学」に欠落していた次元や対象を発見し,認識対象と認識方法の双方の面にわたってディシプリンそのものを批判的に再構築していこうとする方向性を示していた[13]。

ところが，こうした比較政治学上の理論的革新と再編のなかにあって，同様な周辺地域としての東欧の比較政治学は奇妙なエア・ポケットに陥っていた。70年代に東欧地域が「比較政治学の継子」と化していたその最大の理由は，東欧地域が認識対象の面からは地政学的にソ連の従属地域だと考えられていた点に，認識方法の面からはイデオロギー的に共産主義論の視座から考えられていた点に由来していた。そのために，西側の東欧政治研究は，60年代末からようやく冷戦の論理としての「イデオロギーとしての政治学」の象徴である「全体主義」論の呪縛から脱却し，70年代になってようやく西側の比較政治学を適用した東欧の政治発展の研究が集中的に展開したのである[14]。ところが，そのことは「近代化論」や「政治発展論」といったグランド・セオリィが他の地域よりほぼ10年遅れで適用される結果となり，1980年前後の東欧をめぐる比較政治学は理論的革新と再編の動きから取り残されたために「停滞」していたのである。

しかし東欧の現実の政治状況は1980年のポーランド「連帯」運動の登場によって新たな局面に至っていた。本章冒頭のマニフェストはこのような状況のなかで行われたものである。この「連帯」の民主化運動をどのような理論的視座から理解すべきであるのか，という点はこの民主化運動の可能性を把握すると同時に，比較政治の理論の有意性を問われる課題であった。東欧民主化の政治的現実はすでに既成の比較政治の理論適用という操作的作業では捉えられない次元で進行していたからである。

この1980年代初頭の時期に「連帯」の民主化運動を分析した研究として，東中欧の民主化を求める自主的な政治思考に着目した一連の注目すべき研究がある。こうした研究は西側の比較政治学の研究の進展（利益集団論，多元主義論，近代化／発展論等）をそのまま導入するのではなく，自国の状況とその政治文化の特徴を反映した「全体主義」の経験を独自に理論化していた。それは，東中欧の民主化のアリーナが「市民社会」領域という新たな次元へと深まっている以上，西側の比較政治学の理論装置では充分に対応できないという側面があったことは否めない。こうした東欧民主化運動の政治社会学は，「連帯」運動のイン

パクトを経て，80年代になって隆盛を迎えた。

代表的な研究として，「連帯」の自己限定的革命の内的ダイナミクスを分析した，ポーランドの女性社会学者 J. スタニシキスの『ポーランド社会の弁証法』(1981年)，「市民社会」論の観点から「連帯」運動を分析した，ハンガリー出身の批判社会学者 A. アレイトの一連の論文（1981-82年），「社会学的介入」の手法を用いて「連帯」運動を分析した，フランスの社会学者 A. トゥレーヌとポーランド人研究者の『連帯——社会運動分析，ポーランド 1980-1981』(1982年)，そして「新しい漸進主義」論を展開し「連帯」運動を指導したポーランドの運動家 A. ミフニクの『ポーランドを考える』(1983年) などが挙げられる[15]。こうした80年代の東欧の政治社会学の主題は，「全体主義体制」としての共産主義体制の批判的分析と，その全体主義支配のなかで自己組織化を始めた「市民社会」の主導性に基づいた民主化径路の模索にあった。

この場合の「民主化」とは，党＝国家機構の支配に対する，理念と組織のうえでの「市民社会」の自立の過程である。ポーランドの民主的反対派，そして「連帯」を組織した理論家は，市民社会概念を戦略的位置に据えた民主化プロジェクトを構想したが，この市民社会論が民主化革命を志向する方法的出発点となった。というのも，この議論は，共産主義権力を全体主義と規定し，市民社会の再生あるいは再構築によって全体主義支配の及ばない領域を確保するという意味では，あくまでも防衛的な思考ではあった。しかし，この議論にみられる「国家に抗する市民社会」という古典的な主題は，現実過程のなかで大きな力を獲得していく。A. ミフニクが1976年に定式化した「市民社会」論——「新しい漸進主義」論[16]——は，同年に結成された「社会自衛委員会」（KOR）の民主化運動に重要な知的枠組を提供し，80年代の「連帯」の民主化運動に道を拓いた。かくして，市民社会概念は「連帯」革命から東欧革命へと至る東欧民主化の方法概念として機能していくのである。

この民主化問題をめぐって，東欧民主化運動の政治社会学は，1980年代に入って急速に進展した「民主化の比較政治学[17]」——A. ステパン，Ph. シュミッター，G. オドンネルらの『権威主義支配からの移行』(1986年) の研究に代表さ

れる——との対話が充分に可能な状況に至っていた。後者は中南米と南欧の諸国の政治的経験から理論化されていたが，共に「実現されるかもしれぬ最良の結果——政治的民主主義への成功を最も良く促すアクターの戦略と組み合わせ」を探究するという意味で，「可能性主義」(possibilism) の次元で「民主政への移行」を射程に入れていたからである。ここに1980年代後半の東欧政治は，認識方法においても認識対象においても，比較政治研究の重要な研究領域のひとつになったのである。

「東中欧の民主化の構造」研究プロジェクトの中間報告として1987年に発表した「比較政治学の理論的フロンティア——東欧政治への理論的視座を中心に[18]」という論文のモティーフは，「《民主化》という政治の可能態のイッシューによって比較の視座が設定できないか——そして東欧における開発独裁型の国権型社会主義の中に潜在的に潜む，民主主義を求める人間の創造的な営みとしての〈政治〉を可能性として捉えつつ政治変動の内的ダイナミズムを把握できないか[19]」という点にあった。これも，やはり東欧の市民社会領域で「新しく生まれつつあるもの」の豊かな可能性を射程に入れることができる，新しい政治社会の学としての「比較政治研究」の必要性を強く意識していたからにほかならない。既存のディシプリンを対象にあてはめて「説明」するだけの比較政治学ではなく，その認識対象自体の変化が認識方法の変化と連関しうるような，その意味で「地域研究」と「一般政治理論」を媒介しうる「民主化の比較政治研究」を志向していたのである。

3 民主化の比較政治研究
　　——課題と方法——

「東中欧の民主化の構造」研究プロジェクトは，1987年から1988年にかけて基本的構想が準備された。すでにみたように，東中欧民主化の政治的現実は西側の政治理論——とくに比較政治理論——を適用して分析するという操作的作業では捉えることができない次元へと深化していた。そこで，「東中欧の民主化

の構造」研究では，70年代から80年代の東中欧（ポーランド，ハンガリー，チェコスロヴァキア）の民主化運動に寄り添うことで，「情況の変化に伴う，多様な理念・構想をキイとした理論的理解を，変革主体から抽出する[20]」という「可能性主義」に基づく試みを実験した。

本研究の中心に位置し，全体の枠組を提示している「東中欧の民主化の新たな次元——『市民社会』論と民主化プロジェクトの展開に即して[21]」という論文が，1989年東欧革命へと向かう時代に書かれたために——この論文は，民主化の胎動がみられた1988年秋から書き始められ，東欧革命の突破口となったポーランドの「円卓会議」合意が成立した1989年4月初旬に脱稿された——，本研究全体が「東中欧の民主化の構造」をその民主化のポテンシャルに即して同時代に把握する試みとなっている。その意味では，東中欧「社会の現実を，その桎梏の中で，いま生まれつつあるものとの連帯において，生き生きととらえ[22]」ようとした試みと言えるかもしれない。最終的には，1992年6月に提出した博士論文をもとに「東中欧の民主化の構造」研究プロジェクト全体をまとめた成果が，1993年に公刊された拙著『東中欧の民主化の構造——1989年革命と比較政治研究の新展開』である。

(1) 「東中欧の民主化の構造」研究の課題

この研究は，ポーランド「連帯」運動の誕生から1989年東欧革命へと至る1980年代の時期を中心に，「東中欧の民主化の構造」を明らかにすることを課題としたものである。その際に，とくに注目したのは次の3点である。第1に，本研究はなによりもポーランドの民主化過程が1989年東欧革命を先導したのはなぜなのかを解明するために，80年代の東欧の民主化に果たした「連帯」運動の役割に着目した。1980年8月にポーランドで誕生した独立自治労働組合「連帯」は，「中・東欧の変革の第一の創造者」の地位を占め，この地域の民主化に決定的なインパクトを与えた。同研究は，この「連帯」の民主化運動によって表面化した，「市民社会」の領域に生まれた新しい力が，どのような背景から生まれ成長していったのかを明らかにすることを第1の課題としていた。

第2に，この新しい「市民社会」の力は，80年代の東中欧の民主化をもたらす推進力となったが，1989年革命を先導したポーランド型の民主化のポイントは，民主政への移行の決定的な政治的転機となった円卓会議合意の構造にあった。この円卓会議型の民主化径路が，共産党体制からの非暴力的な脱却の径路を開拓し，「1989年東欧革命」と呼ばれる東欧共産党体制の連鎖的な崩壊を導いたわけである。同研究は，ポーランドにおいてこの党＝政府と社会＝反対派の円卓会議合意が実現したのはなぜなのか，そしてその後にどのような問題が生じたのかを明らかにすることを第2の課題としていた。

　第3に，「革命理論を欠いた革命」（C. オッフェ）として特徴づけられる1989年革命の「革命」性の意味を解明するために，「連帯」運動から1989年革命へと至るポーランドの10年間に及ぶ民主化過程に着目し，これを「ポーランド・モデル」として理論化する作業を行った。これによって，共産党体制から脱却し民主主義を実現していく径路と，この径路をとることの問題点が解明される。「民主化過程は，形成される民主体制を構造的に規定する」ということを同研究は前提にしているため，この民主化過程の分析を重視し，この作業を通じて最終的には「東中欧の民主化の構造」を明らかにし，1989年革命後の民主化の展望を示すことが同書の最終的な課題であった。

(2) 「東中欧の民主化の構造」研究の方法

　このような課題は，1980年代の東中欧の新しい社会的現実に対応している。「ポスト共産主義化」を通じた民主化問題は，80年代の社会科学にとっても未知の新しい知的挑戦であった。それだけに，1989年革命に先立って「事前的に」理論的な準備が充分になされたとは言いがたい。それどころか，この問題に対応する認識枠組自体が，80年代の社会科学——とくに比較政治学——にとっては理論上の「フロンティア」の段階であった。この問題に関しては，既成の「全体主義的アプローチ」でも「比較論的＝発展論的アプローチ」でも，またさらに「コーポラティズム的アプローチ」でも充分には対応できない次元が含まれていたのである[23]。

その意味では，この東中欧の民主化問題にアプローチするには，既成の理論的枠組自体を再検討し，民主化の新しい次元を捉えうる理論的枠組そのものを形成する必要があった。しかも同時代の民主化過程を捉えるには，単に既成の理論的枠組をリジッドに適用して分析を行うことはできないため，方法論上は，分析対象を「東中欧の民主化」をめぐる問題に，地域的にも状況的にも時代的にも限定し，そうしたなかで理論的命題を練り上げ，迂回的に理論の豊富化を目指す研究上の戦略が必要とされた。したがって同研究は，「地域研究」と「一般政治理論」を媒介する「民主化の比較政治研究」のレヴェルから東中欧の民主化問題にアプローチしたものである。

　ここで言う「民主化の比較政治研究」については，少しく説明を加えておく必要があろう。同研究が採用した「民主化の比較政治研究」のアプローチは，基本的には1980年代に進展した「民主政への移行」(transition to democracy) に関する比較政治学の理論的視座と，J. ハバーマスやC. オッフェの理論を東中欧の民主化問題に適用した「批判的社会学」(Critical Sociology) の理論的視座の双方の対話の産物であった。この「民主化の比較政治研究」のアプローチを構成しているのは「市民社会論のパースペクティヴ」であり，このパースペクティヴの形成自体が80年代の東中欧の民主化の副産物でもあった。

　この「市民社会論のパースペクティヴ」は，「市民社会」(Civil Society) 概念に基づいた「ある共通の概念装置」によって，80年代の主として3つの民主化を総合的に把握することを可能にした。つまり，このパースペクティヴによって初めて，(1)東における共産党体制（「国家社会主義」体制）からの脱却を求める民主化運動，(2)南における権威主義支配からの脱却と民主体制への移行，および(3)西における現存民主主義体制のさらなる民主化を試みる新しい型の運動（新しい社会運動），が共通の主題として設定されたのである[24]。(2)の民主化の代表的な研究者であるシュミッターとオドンネルが述べたように[25]，「既成の民主主義についての諸理論は，このように急速に変化する過程と不確定な出来事を概念化するという課題にとっては，不適当」であるだけに，求められているのは「実現されるかもしれぬ最良の結果」としての民主化の可能性を追求でき

るパースペクティヴなのであった。

　同研究では，基本的にこの視座のもとに「東中欧の民主化」にアプローチするにあたって，次の2つの流れの研究に基づいていた。1つは，70年代後半の南ヨーロッパの民主化と80年代前半のラテンアメリカの民主化の研究をもとに展開された「民主政への移行」に関する比較政治学の飛躍的な展開である。同研究では，「東中欧の民主化」過程を分析するにあたって，とくに「権威主義体制から民主主義システムへの体制移行」の分析枠組，権威主義支配からの脱却過程における「協定」(pact) の役割，民主化径路の類型化，および民主化のアリーナとしての「市民社会―政治社会―国家」の位置づけ等に関するJ. リンス (Juan Linz), Ph. シュミッター (Philippe Schmitter), G. オドンネル (Guillermo O'Donnell), A. ステパン (Alfred Stepan) らの研究成果に大幅に依拠していた[26]。とくに「円卓会議」を転機に劇的に進行する東中欧の体制移行期の分析には，「民主政への移行」に関する比較政治学的研究はきわめて有効性が高い[27]。

　同研究が依拠しているもう1つの研究の流れは，東中欧の「民主的反対派」の理論家が展開した「市民社会」論とそれに基づく民主化運動に着目した研究の進展であった。1980-81年の「連帯」革命によって現実性を帯びた「市民社会」の登場は，東中欧政治の研究においても「国家に抗する市民社会」のコンテクストにおいて「市民社会」の重要性に着目した一連の研究を生み出した。同研究では，「東中欧の民主化」を「連帯」運動の展開に即して分析するにあたって，1968年以後の「民主的反対派」の登場，〈市民社会〉論の展開，「連帯」運動の意味づけ，戒厳令後の「上からの改革」の展開に関する，J. ルプニク (Jacques Rupnik), A. アレイト (Andrew Arato), A. トゥレーヌ (Alain Touraine), J. スタニシキス (Jadwiga Staniszkis), E. ハンキシュ (Elemer Hankiss) らの研究成果にも大幅に依拠していた[28]。とくに，「連帯」運動という同時代の運動体のもつ新しい力を内在的に理解するうえで，批判的社会学者の研究はすぐれた視座を提供していた。本研究は，基本的には以上の2つの流れの研究を総合した意味での「民主化の比較政治研究」のアプローチを採用している。

4 民主化の比較政治研究
―― 暫定的結論と問題点 ――

　以上からも理解されるように,拙著『東中欧の民主化の構造』は,いわゆる実証的な東中欧の「地域研究」ではない。あくまでも,「東中欧の民主化」問題を中心に据え,この民主化の動向を比較政治学――民主化の比較政治研究――の観点から把握すると共に,東中欧の民主化が現代の民主主義理論(政治・社会理論)に与えるインパクトの構造化を課題としていた。「本書は,比較政治学・現代政治理論の観点から東中欧の民主化の理論的理解を試みた,わが国では『最初の』研究書となるであろう」と同書の「あとがき」であえて述べた意味は,比較政治研究として同書の目的を強調しておきたかったからにほかならない。同研究のオリジナリティとそれに伴う問題点は,この研究方針から生まれている。

　ここで,同書に対する書評で指摘された批判点に応える前提として確認しておきたいのだが,同書は1次資料や体系的な面接調査を駆使した「ハードな」実証研究ではない。その主たる目的は,「従来の研究や比較的容易に入手しうる2次資料を素材にしながら,私なりの分析枠組を用いて」70年代から90年代初頭にかけての東中欧の民主化の構造を「統一的にとらえること,事実の発見ではなく事実の連鎖,その政治学的インプリケーションを探ることにある。[29]」研究対象の設定,研究対象との距離のとり方といった「政治学的センス」こそ現代政治を研究するうえで最も重要な点であり,同研究のオリジナリティとそれに伴う問題点もこの点から派生する問題である。その意味で同書の理論的枠組の構成にかかわる問題を重視して,同書の問題点をみていこう。

(1) 『東中欧の民主化の構造』の構成とその暫定的結論
　その前提作業として同書の構成とその暫定的結論をまとめておきたい。同書は,構成上大きく3つの部分に分けられる。

表2-1 ポーランド・モデル（ポーランドの民主化過程）

---
(1)《革命前の危機の局面》(1968-1980)
(2)《民主化革命の局面》(1980-1989)
 〔第1段階〕「連帯」の「自己限定的革命」の時期 (1980.8-1981.12)
 〔第2段階〕戒厳令以後の「権威主義的改革政治」の時期 (1982.1-1987.12)
 〔第3段階〕「妥協に基づく協定」による体制移行の時期 (1988.1-1989.9)
(3)《革命後の民主政〈確立〉の局面》(1990-1993)
 〔第4段階〕民主政の制度化を試みる体制移行の時期 (1989.10-1990.12)
 〔第5段階〕体制移行後の民主政〈確立〉の時期 (1991.1-1993.9)

出典：筆者作成。

　第Ⅰ部は，「民主化の新しい次元」としての「市民社会」のイニシアティヴを共産党体制との対抗関係を軸に探った論稿から成る。ここでは，1968年以後のポーランドにおける「市民社会」論の展開，「連帯」運動の登場と民主化プロジェクトの追求，戒厳令後の共産党体制の「上からの改革」，「第二社会」の成長等の問題を，ポーランドとハンガリーの民主化のコンテクストのなかで検討し，共産党体制の自己崩壊に至る政治力学を追求した。

　第Ⅱ部は，1987-1990年の体制移行期および1990-1992年の民主政「確立」期のポーランドに焦点を当て，円卓会議型の民主化径路を開拓し1989年革命を先導した「ポーランド・モデル」の構成とその展開を扱った論稿から成り立っている。ここでは，円卓会議に向かう「連帯」の構造変化，「連帯」市民委員会による政治社会への参入，「連帯」主導政権の樹立と「連帯」勢力のジレンマ等の問題を，ポスト共産主義化の先端を行くポーランドを事例に民主化の困難な道筋を追求した（「ポーランド・モデル」に関しては，表2-1を参照）。

　第Ⅲ部は，1989年革命後の観点からこの革命にまつわる諸問題を扱った論稿から成る。第Ⅰ部と第Ⅱ部が「東中欧の民主化」過程の分析編であるのに対して，第Ⅲ部は，その理論的考察編に当たる。ここでは，1989年革命と現代政治理論の関係のコンテクストにおいて，1989年革命の認識枠組の多次元性，その「革命」性の意味，革命後の政治的ディスコースの展開，「政治的なもの」の現在等の検討を試みた。

表2-1のポーランド・モデル（ポーランドの民主化過程）に即して暫定的結論をまとめておこう。ポーランドの民主政への移行の独自な性格は，まず《民主化革命の局面》にみられるように，1980年の「連帯」運動によって開始された10年間にわたる漸進的な体制移行だという点に最大の特徴がある。第2に，〔第1段階〕の「連帯」の「自己限定的革命」の時期に，強力な社会／政治運動の形成と解体を経験したことが〈神話としての「連帯」〉の側面を強く残した。第3に，〔第2段階〕の戒厳令以後の「権威主義的改革政治」の時期に包括的な体制改革（ヤルゼルスキ改革）を行ったことが円滑な体制移行を準備した。第4に，〔第3段階〕の「妥協に基づく協定」による体制移行の時期に，反対派政治エリートとしての「連帯」市民委員会が形成され，政治の組織原則が対立から妥協へ転換したことが「民主政への移行」の直接の転機となったことである。

しかし，こうした径路による《民主化革命の局面》はその後の《革命後の民主政〈確立〉の局面》に独自の問題を残した。というのも，その後のポーランド政治の混乱の決定的な要因は，民主政の確立を妨げるこの共産主義支配の負の遺産とそれに起因するポスト共産主義政治の特質にある。むろん，移行の初期段階で制定された過渡的な制度的装置（「円卓会議」合意の構造，大統領直接選挙制の導入，選挙制度）および政治的行為主体の長期的な戦略と目標（西側の政党システムを上から創出しようとする政治エリートの理論先行の試み）といった移行期の政治的術策の次元の問題も指摘できる。しかし，現在明らかになってきたのは，この移行を規定している構造的・歴史的制約としての旧体制から引き継いだ「政治的意味空間」の影響力である。

これは，きわめて捉えにくい次元ではあるが，旧体制から継承した政治的正統化の特異な形態や政治的論議の固有の特徴といった「政治的意味空間」を構成する文化的要因の問題である。この場合に，方法上は「民主化の比較政治研究」の視座——なかでも「旧体制から引き継いだ政治制度的空間」という構造的制約性のなかで政治的行為主体の可能性を問う，いわゆる「径路依存アプローチ[30]」（path-dependency approach）の採用が必要とされる。その意味でも，こうした「民主化の比較政治研究」の視座の有意性がなによりも問題となろう。

以下では,『東中欧の民主化の構造』研究の方法について言及してくださった林忠行氏(北海道大学教授)と進藤榮一氏(筑波大学教授)の書評,ならびに塩川伸明氏(東京大学教授)の短評を素材に[31],『東中欧の民主化の構造』の問題点をみていきたい。

(2) 『東中欧の民主化の構造』の問題点

まずそれぞれの批評の論点を整理すると,林氏の論点は(a)「市民社会」論の展開と「市民社会」の形成の関係について,(b)共産党体制の構造と論理の分析について,また進藤氏の論点は(a)政治的民主化と経済的市場化の相互連動の捉え直しについて,(b)政治的概念としての「市民社会」と社会経済的変動のかみ合わせについて,そして塩川氏の論点は,民主化の分析枠組について,である。

大前提となる「民主化の分析枠組について」から検討していこう。塩川氏のコメントは以下のものである。塩川氏は「『民主化』概念自体を再考しつつ,体制転換について比較政治学的に考察しようとする課題意識は貴重である」としつつも,「転換前夜から渦中にかけての大衆運動の主要スローガンが『民主化』だったことは明らかだが,今日の時点で転換の基本性格を〈民主化〉とくくることができるのかどうか」との疑問を提示した。現実のポスト共産主義諸国において進行しているのは,「権威主義への移行」ではないのか,という質問であろう。

この点については同書で,「『体制移行』期は,……非民主的な体制の危機と崩壊の過程(共産主義支配からの脱却の過程)であると同時に,政治的民主主義への移行過程」であって,「両者は同時進行の過程であるが,分析的には区別する必要がある」のであり,ポーランドを事例にすれば,「『妥協に基づく協定』による体制移行には成功しても」,その後の「民主政〈確立〉の局面」において「非共産主義的な権威主義体制へと退行する可能性を排除することはできない」と論じた[32]ように,ポスト共産主義諸国の現実の政治過程において民主化への反動が表面化していることを否定するものではない。理論的な枠組として「民

主政〈確立〉の局面」を想定しているが，民主政〈確立〉の局面は「権威主義への移行」の危険性を排除するわけではない（ただし，革命後のポスト共産主義の体制転換プロセスの分析は，基本的には同書の理論的射程の外にあり，それについては本書で全面的に展開している）。

次に，林氏の論点である「共産党体制の構造と論理の分析について」であるが，林氏は「その作業は実際には資料的にも多くの困難を伴うものであり，それはないものねだりというべきかもしれない」と留保をつけつつも，共産党「体制側の『対抗改革』がその後の『体制移行』の触媒となったという指摘は適切なものといえるが，その体制の構造や論理の分析が多少，形式的なものにとどまっている点が惜しまれる」と指摘している。この点は，確かに『東中欧の民主化の構造』が民主化運動のポテンシャルに即して分析したが故の弱点となっている。共産党の上からの改革の試みをその展開に即して研究する必要性とその困難性については，同書公刊後に読んだ塩川伸明氏の『終焉の中のソ連史[33]』からあらためて教えられた。

林氏のもうひとつの論点である「〈市民社会〉論の形成と〈市民社会〉の形成の関係について」は，『東中欧の民主化の構造』研究の根幹にふれる問題である。林氏は「……〈市民社会〉論の展開と実際の〈市民社会〉の形成とはおのずと差があるように思われる。1968年以降の「市民社会」論の形成をもって〈市民社会〉の形成と見る著者の立場は，いささか結論を急ぎすぎているように思える」と指摘する。林氏の指摘は，「『連帯』運動と密接な連携をもち，実践的な性格の強い」〈市民社会〉論の魅力を認めつつも，「共産党体制下での〈市民社会〉形成」についての著者の議論は，「労働組合運動としての『連帯』」についての「ポーランド知識人の議論と重ね合わされていると，本書の分析はさらに説得力に満ちたものとなっていた」という正当な指摘である。

この指摘は進藤氏の書評の論点と通底している。進藤氏は「〈市民社会〉の登場と，多分成熟とが共産主義的権威体制を内側から崩壊させたのは疑いない。しかしそのとき何より問い直され始めていたのは，体制変換の過程で〈市民社会〉がどんな意味を持っていたのかという，重たい問いであったはずだ」との

問題視角から,「本書の最大の貢献はおそらく,変貌し動揺してやまない(旧ソ連を含む)東欧革命の本質を『市民革命』の視座に執拗なまでにこだわり,分析しつくそうとした点にあるだろう」との評価を下す。そのうえで「望蜀の願い」として「政治的民主化と経済的市場化の相互連動のとらえ直し」と「政治的概念としての〈市民社会〉と社会経済的変動のかみ合わせ」を求めている。いずれの論点も,東欧革命後のポスト共産主義の政治学の中核的な主題である。

第1の主題は「〈市民革命〉論を市場経済化の文脈と国際的文脈の中でどうとらえ直すのか」というものであるが,この点は世界システム論的な視座が必要なことは言うまでもない。著者はすでに「半周辺的地域における〈民主化〉の位相——世界システム論的視座からみた1989年革命[34]」(1994年)という論文で,不充分ながらこの点を論じてみた〔本書第5章〕。第2の主題は,「〈市民社会〉を著者は,政治的概念としてもっぱらとらえているが,もっと社会経済的変動とかみ合わせてみるべきではないのか」というものである。林氏の指摘と共に〈市民社会〉概念のプロブレマティークにかかわった適切な問題提起であろう。

『東中欧の民主化の構造』研究の中核概念である〈市民社会〉観念とその評価は,同研究のなかでも少なからず動揺しており,そのインプリケーションを正確に理解するのが困難になっているようである。すでに「課題と方法」の説明でも述べたように,これは著者がその時々の時代に入って,行為主体と共に現象の意味づけを行っているために必然的に生まれる動揺であり,逆に言えば,この〈市民社会〉観念のシフトに東欧革命の本質があるとも言える。著者が〈市民社会〉概念に常にカッコをつけて論じたのは,80年代のポーランドで誕生し,東欧民主化革命=自己限定的革命の方法概念となった〈市民社会〉の基本範疇が現在進行形の概念解釈の問題であったからである[35]。

「東中欧の民主化」問題は,1989年東欧革命の実現によって劇的にその位相を転じていた。言うまでもなく,80年代初頭の「東中欧の民主化」問題は,「国家社会主義化」された共産党体制の民主化を求める「連帯」運動を基盤に構成されていたが,1989年の共産党体制の連鎖的な自己崩壊によって,問題それ

自体の位相が〈運動〉から〈制度化〉へと一挙に転換した。つまり,〈市民社会〉をめぐる問題状況は,かつてのような党＝国家の支配に対する理念と組織のうえでの市民社会の自立の過程（社会運動の位相）から,市場経済と民主政治の確立というポスト共産主義の体制転換を支える社会的基盤の形成（制度化の位相）へとシフトした。それに伴って〈市民社会〉観念も方法概念から実態概念への転換を要請されている面がある[36]。

　進藤氏の指摘は〈市民社会〉概念を社会経済的変動とかみ合わせていけば,「その時改めて〈市民社会〉の成熟度と,社会的緊張との相互連関への考察が求められ,東欧とソ連やラテンアメリカとの違いを解く鍵が与えられ」,さらに「現代東欧革命と近代市民革命の違いと,脱冷戦世界の現実とへのより確かな視座を私たちに提示してくれるだろう」という展望に結んでいる。確かに,東欧革命後のポスト共産主義の政治学にとっては,避けては通れない課題であろう。ただ著者が同書で〈市民社会〉の政治的概念としての側面を強調したのは,東欧革命に至る過程で自発的に組織された民主化運動にその萌芽がみられた新しい型の〈市民社会〉——国家の次元とも市場の次元とも区分される強力な政治的公共圏を基礎にした〈市民社会〉——の民主主義的なポテンシャルを「革命の失われた宝」であろうとも,現代の政治・社会理論のなかに救出したかったからにほかならない[37]。

　その意味では,「東中欧の民主化の構造」研究は,良くも悪くも,東欧革命以前の問題視角の産物である。東欧革命後のポスト共産主義の政治学のためには,進藤氏の指摘にあるように,「より確かな視座」が求められていることは,著者自身痛感している。塩川氏が指摘される,「『いわゆる実証的な東中欧の地域研究ではない』（著者まえがき）ため,具体的なポーランドの歴史分析としては物足りない」点も著者自身が自覚しているところである。この点は,林氏が指摘された〈市民社会〉の形成の議論を労働組合運動としての「連帯」についての議論と重ね合わせた方がよいとの点にもあてはまる。本章冒頭で述べたように,同研究は必ずしも政治史のレベルで要求される「ハードな」実証性を備えてはいないため,林氏の指摘も甘受するほかはない。著者のささやかな願い

は，欠点は多い作品であっても，変幻極まりない対象のなかから最も重要なものをつかみだすことに成功していてくれることである．

5 これからの研究アジェンダ

進藤氏は「東中欧の民主化の構造」研究の延長線上に「現代東欧革命と近代市民革命の違いと，脱冷戦世界の現実とへのより確かな視座」を提示する方途を指し示してくださった．ここで最後に，東欧革命後のポスト共産主義の政治学に向けて，革命後の比較政治研究の観点から80年代の民主化の頂点に位置する1989年東欧革命を再検討し，世紀末の比較政治研究のアジェンダを提示しておきたい．

1989年の東欧での出来事は一般に「東欧革命」と呼ばれているが，この「革命」はむろん単なる一地域の革命にとどまるものではなく，「戦争と革命の世紀」としての20世紀の世紀末世界の方向性に対して決定的なインパクトを与えた．80年代以後の世界を条件づけている「冷戦の終焉」と「全地球的民主化」という2つの巨大な出来事は，言うまでもなく，1989年革命——1989年の東欧における共産党体制の連鎖的崩壊と民主政への移行——と密接に結びついている．

しかしポスト冷戦とポスト共産主義を機軸に展開する世紀間移行期世界の巨大な構造変動を考察するにあたって，その不可欠の条件であるこの1989年革命への視座の確立は，この革命後になっても充分になされたとは言いがたい．現在までのところ，1989年革命を捉え直そうとする試みは，東欧そのものでよりも西側において枚挙にいとまがない．曰く，「保守的革命」(E. ノルテ)，「リベラルな革命」(R. ダーレンドルフ)，「遅ればせの革命」(J. ハバーマス)，「ポスト・モダンの革命」(A. ヘラー)，「自省的・自己限定的な近代革命」(A. アレイト)，等々[38]．こうした代表的な議論を一瞥しただけでも，1989年革命を捉える視座が「近代性」(modernity) の評価とかかわった政治的な問題構成であることは，容易にみてとれよう[39]．

私見では，世紀間移行期の比較政治研究のアジェンダは以下の主題を中心に構成されることになると思われる。

Ⅰ《市民社会＝革命論》——1989年革命と近代性のゆらぎ——
「現代東欧革命と近代市民革命の違い」は「近代性」の内実をあらためて問い直す。東欧民主化革命によって，共産主義体制のイデオロギーに体現されていた「近代性」の主要な要素としての「ジャコバン主義的要素」そのものが問い直される現在，進歩と保守などの政治的枠組が相対化され，そのために共産主義という「大きな物語」の終焉は「近代性のゆらぎ」をもたらし，市民社会論の再検討を要請している。

Ⅱ《世界システム論》——世界システム論的観点からみた1989年革命——
革命後のポスト共産主義の体制転換を市場経済化の文脈と国際的文脈の中で捉え直す。世界システム論的な視座から「半周辺」的地域における民主化のゆくえを，一方では世界経済システムのなかの構造的位置（COMECON解体後のIMF，世界銀行等の国際金融組織との関係），他方では地域統合，安全保障レジームの再構成の動向（EU，NATO，WEU，OSCE等）との関係から捉え直す。

Ⅲ《比較民主化論》——ポスト共産主義の民主的移行——
〈市民社会〉の成熟度，経済発展の段階，政治文化の違い等と社会的緊張との相互連関を考察し，「全地球的民主化」という一般的動向の内部の「ローカルな」問題状況（エスニック紛争，開発主義等）を明らかにする。中・東欧と旧ソ連，ラテンアメリカ，東アジア等の同時代の民主化の違いを生みだす背景を解くなかに民主化の普遍的要素を探る。

Ⅳ《民主主義理論》——市民社会・自由主義・民主主義——
Ⅰ《市民社会＝革命論》で指摘した東欧革命後の近代性のゆらぎは，民主主義理論をめぐる問題に集約される。近代の政治的プロジェクトにおいて，自由主義と民主主義の結合は安定したものではない。ポスト共産主義時代におけるラディカル・デモクラシーの可能性は「自己民主化する市民社会」（A. アレイト）にあり，この観点から〈グローバルな市民社会〉とデモクラ

シーの関係を検討する。

　本章では，こうした比較政治研究を全面的に展開する前提作業として，1989年革命を頂点とする巨大な変動プロセスの基本的な構造の解明を試みた「東中欧の民主化の構造」研究の全体像を再検討することで，ポスト共産主義時代の比較政治研究のあり方を提示してみた。われわれの世界が「どこへ行くのか?」という世紀間移行期世界の最大の問題に立ち向かう手がかりとなり得るような，レリヴァントな比較政治研究は，こうしたアジェンダに立ち向かうことからしか始まらない。その意味では，比較政治研究は世紀間移行期の巨大な世界変動に挑戦するという，困難ではあるが存在証明を回復しうる時期を迎えている[40]。

1) 内山秀夫『比較政治考』三嶺書房，1990年，292ページ。
2) 同「社会主義体制の比較研究——方法論的序説」，徳田教之・辻村明編『中ソ社会主義の動態』アジア経済研究所，1974年，211-243ページ（後に『比較政治考』に同名論文として再録）。
3) 『比較政治考』，291ページ。
4) 同書，292ページ。
5) 同書，292ページ。
6) 同書，221-223ページ。
7) 本章で用いる「ポスト共産主義」概念は，共産主義体制からの脱却の局面も含めた広義の意味である。具体的には，ポーランド「連帯」運動が登場し，ソ連圏諸国で共産主義体制に挑戦する「対抗ヘゲモニー」の組織化が現実のものとなった1980年前後から東欧革命を経て現在に至る動向を指している。むろん，狭義の意味で用いる場合には，東欧革命以後の動向を指す。詳しくは，川原彰編『ポスト共産主義の政治学』三嶺書房，1993年，を参照されたい。
8) この問題については，下斗米伸夫「『民主化，革命，そして移行』あるいはパラダイムなき革命」，岩波講座・社会科学の方法・第Ⅶ巻『政治空間の変容』岩波書店，1993年，151-187ページ，がソ連・ロシア政治の文脈で先駆的な議論を展開している。
9) 川原彰『東中欧の民主化の構造——1989年革命と比較政治研究の新展開』有信堂，1993年。

10) 修士論文の要約版として,川原彰「現代民主主義研究の基本的視角——ポリアーキー理論をめぐって」『慶應義塾大学大学院法学研究科論文集』第17号,197-214ページ。
11) 同論文,197ページ。
12) 内山秀夫「現代政治学における比較研究の展開」,日本政治学会編『年報政治学1971・比較政治分析とその方法』岩波書店,1972年,188-211ページ(後に『比較政治考』に同名論文として再録)。
13) このような動向の紹介として,以下を参照されたい。辻中豊「A. レイプハルトと多極社会のデモクラシー」,白鳥令・曽根泰教編『現代世界の民主主義理論』新評論,1984年,59-90ページ,松下洋『ペロニズム・権威主義と従属』有信堂,1987年,2-57ページ。
14) 冷戦が政治学に与えた影響については,次が詳しい。Stephen White, "Political Science as Idelgy: the Study of Soviet Politics," in Brian Chapman and Allen Potter, eds., *W. J. M. M. Political Questions* (Manchester: Manchester University Press, 1974), pp. 252-268. また,このような「新しい志向」をもった研究の展開については,次を参照されたい。Ghita Ionescu, *Comparative Communist Politics* (London, Macmillan, 1972). 霜田美樹雄・竹花光範・渡辺重範訳『社会主義政治論』早稲田大学出版部,1975年。William Taubman, "The Change to Change in Communist Systems: Modernization, Postmodernization, and Soviet Politics," in Henry W. Morton and Rudolf L. Tökes, eds., *Soviet Politics and Society in the 1970's* (New York: Free Press, 1974), pp. 369-394.; Andrzej Korbonski, "The 'Change to Change' in Eastern Europe," in Jan F. Triska and Paul M. Cocks, eds., *Political Development in Eastern Europe* (New York: Praeger, 1977), pp. 3-29.
15) Jadwiga Staniszkis, *The Dialectics of Socialist Society: Polish Case*. 大胆人一訳『ポーランド社会の弁証法』岩波書店,1981年,309-341ページ;Andrew Arato, "Civil Society Against the State: Poland 1980-81," *Telos*, No. 47 (1981), pp. 23-47.; Arato, "Empire vs. Civil Society: Poland 1981-82," *Telos*, No. 50 (1981-82), pp. 19-48.; Alain Touraine, et al., *Solidarité: Analyse d'un mouvement social. Pologne 1980-1981* (Paris: Fayard, 1982).; Adam Michnik, *Penser la Pologne: Morale et politique de la résistance* (Paris: La Découverte-Maspero, 1983).
16) Adam Michnik, "The New Evolutionism," *Survey*, Vol. 22, No. 3/4 (1976), pp. 267-277.
17) Guillermo O'Donnell, Philippe C. Schmitter, and Laurence Whitehead, eds., *Transitions from Authoritarian Rule: Prospects for Democracy* (Baltimore: The

第 2 章　東中欧の民主化研究プロジェクト　*79*

Johns Hopkins University Press, 1986). 本書第IV部の日本語版として，真柄秀子・井戸正伸訳『民主化の比較政治学』未来社，1986 年，がある。
18) 川原彰「比較政治学の理論的フロンティア——東欧政治への理論的視座を中心に」『立教法学』第 29 号（1987 年 11 月），197-224 ページ。
19) 同論文，221 ページ。
20) 内山秀夫「川原彰君学位請求論文審査報告」『法学研究』（慶應義塾大学）第 66 巻第 6 号（1993 年 6 月），118 ページ。
21) 川原彰「東中欧の民主化の新たな次元——『市民社会』論と民主化プロジェクトの展開に即して」『法学研究』（慶應義塾大学）第 63 巻第 6 号（1990 年 6 月），43-97 ページ（後に『東中欧の民主化の構造』第 1 章に再録）。
22) 「社会と社会学」編集委員会「発刊のことば」，栗原彬ほか編『社会と社会学 1・世界社会学をめざして』新評論，1983 年，所収。
23) この問題については，川原彰「比較政治学の理論的フロンティア」を参照されたい。この論文は，1987 年の段階までの東欧政治の理論的視座の問題を論じたものである。1989 年革命後の段階からこの理論的視座の変遷を整理したものとして，次が便利である。Grzegorz Ekiert, "Democratization Processes in East Central Europe: A Theoretical Reconsideration," *British Journal of Political Science*, Vol. 21, No. 3 (1991), pp. 285-313.
24) 詳しくは，『東中欧の民主化の構造』第 7 章「〈市民社会〉論の現代的位相——1989 年東欧革命と政治理論のディスコース」を参照。
25) シュミッター／オドンネル「本書を読まれる日本の方々への序文」，同『民主化の比較政治学』（真柄秀子・井戸正伸訳）未来社，1986 年，19 ページ。
26) 代表的な研究として以下がある。cf. Juan J. Linz, "The Transition from Authoritarian Regimes to Democratic Political Systems and the Ploblems of Consolidation of Political Democracy," (Paper Presented at the International Political Science Association Tokyo Round Table, March-April 1982).; Guillermo O'Donnell and Philippe C. Schmitter, *Transitions from Authoritarian Rule: Tentative Conclusions about Uncertain Democracies*. 邦訳『民主化の比較政治学』; Alfred C. Stepan, *Rethinking Military Politics: Brazil and the Southern Cone* (New Jersey: Princeton University Press, 1988). 堀坂浩太郎訳『ポスト権威主義——ラテンアメリカ・スペインの民主化と軍部』同文舘，1989 年。
27) その実例として，たとえば，Terry Lynn Karl and Philippe C. Schmitter, "Modes of Transition in Latin America, Southern and Eastern Europe," *International Social Science Journal*, No. 128 (1991), pp. 269-284. がある。

28) 代表的な研究として，Jacques Rupnik, "Dissent in Poland, 1968-78: the end of Revisionism and the rebirth of the Civil Society," in Rudolf L. Tökes, ed., *Opposition in Eastern Europe* (London: Macmillan, 1979), pp.60-112.; Elemér Hankiss, "The 'Seconnd Society' : Is There an Alternative Social Model Emerging in Contemporary Hungary?," *Social Research*, Vol. 55, Nos. 1-2 (1988), pp. 13-42. および注15) の文献がある。
29) 新川敏光『日本型福祉の政治経済学』三一書房，1993年，300ページ。
30) このアプローチの詳細については，Karl and Schmitter, *op. cit.*, またこのアプローチに基づくポスト共産主義のポーランド政治の分析の実例については，川原編『ポスト共産主義の政治学』，117-161ページ，を参照。
31) 林忠行「『東中欧の民主化の構造』書評——知識人の思想分析を中心に」『週刊読書人』1994年4月8日号，4ページ，進藤榮一「『東中欧の民主化の構造』書評——「市民革命」の視座にこだわり分析」『エコノミスト』1994年5月31日号，102-103ページ，塩川伸明「1993年の歴史学界——回顧と展望：現代・東欧」『史学雑誌』103編5号，369-375ページ。
32) 『東中欧の民主化の構造』，100-102ページ。
33) 塩川伸明『終焉の中のソ連史』朝日新聞社，1993年。
34) 川原彰「半周辺的地域における〈民主化〉の位相——世界システム論的視座からみた1989年革命」『杏林社会科学研究』（杏林大学）第11巻第2号（1995年9月），54-74ページ。〔本書第5章〕
35) この新しい〈市民社会〉概念をめぐる理論状況については，花田達朗「公共圏と市民社会の構図」，岩波講座・社会科学の方法・第Ⅷ巻『システムと生活世界』岩波書店，1993年，41-83ページ，を参照。
36) その際に現在問題化しているのは，「中欧の共産主義支配に対する政治的抵抗の形態が，不可能ではないにせよ容易には多元主義社会において見られる機能している市民社会の型に変形されない」という点であり，「国家社会主義の下で発展した市民社会と政治社会の萌芽」が「市場経済と民主政治の作動様式とは相いれない」のではないかという問題である（川原編『ポスト共産主義の政治学』，154ページ）。
37) こうした可能性については，Jean Cohen and Andrew Arato, *Civil Society and Political Theory* (Cambridge: MIT Press, 1992). を参照。
38) こうした1989年革命への視座を検討したものとして，以下がすぐれた議論を提供している。Andrew Arato, "Interpreting 1989," *Social Research*, Vol. 60, No. 3 (1993), pp. 609-646.
39) 1989年革命と近代性の関係については，次を参照されたい。S. N. Eisenstadt,

"The Breakdown of Communist Regimes and the Vicissitudes of Modernity," *Daedalus*, Vol. 121, No. 2 (1992), pp. 21-41.

40) その場合の比較政治研究の核心は，内山秀夫氏が最近指摘した次の言葉にあり，著者も共有するものである。「比較政治の理論展開は，常に現代史のそれと結んでいなければならない。したがって，比較政治を講述するためには，一見，無作為の形状を示すさまざまな理論状況を，私の現代史への感受能力によって集約することを要請される。しかも，現代史は常に人間がみずからを歴史に突きだす未発の情況にいろどられている。それを認識し，理論化し，その含意をも突きとめる作業が要求される。」(内山秀夫「理論と現代史のはざまにたって」『私学公論』第26巻第5号（1993年5月），35ページ。)

> column

サミュエル・ハンチントン著
『第三の波　20世紀後半の民主化』
坪郷實・中道寿一・藪野祐三訳
(三嶺書房／3,000円)

新鮮な洞察を提示する——民主化事例を駆使して共通の問題点を明確に

現在の比較政治学の研究水準を示す待望の翻訳書が刊行された。一昨年「文明の衝突」論で世界的に大きな論争を引きおこした著者が，東欧革命直後の1991年に発表した「民主化の比較政治学」の集大成とも言うべき労作である。著者は1968年の『変革期社会の政治秩序』以来，政治変動の一般理論を展開してきたが，本書では一転して1970年代中葉の南欧諸国で始まり1989年の東欧をクライマックスとする「民主化の第三の波」に対象を限定している。本書はこの民主化の波が「なぜ，どのようにして起り，そして，どのような直接的結果をもたらしたかについて」の説明を試み，この民主化の波のゆくえを展望するものである。

ハンチントンをはじめ比較政治学者の関心は，1960年代までは主として民主主義的政治秩序の安定条件（機能論的問題関心）にあった。戦間期の民主体制の崩壊とファシズム体制の成立の経験がまだ生々しい経験としてあったからであろう。しかし，1968年のD. ラストウの論文「民主政への移行」を嚆矢とする発生論的な問題関心にたつ民主化研究（民主政はどのようにして登場するのか）は，R. ダールの「ポリアーキー」論（1971年）を基礎に，1980年代に入ってPh. シュミッター，G. オドンネルら移行（トランジション）学派の手によって「民主化の比較政治学」研究へと全面的に展開された。

その過程で比較政治学は，従来の構造的＝長期的要因を重視するアプローチ（蓋然性主義）から，短期的な行為主体重視のアプローチ（可能性主義）へと方法論的に展開し，対象も南欧，中南米などの具体的な民主化分析に焦点が絞られた。スペインのフランコ体制からの非暴力的脱却と民主政への移行に関する分析は，現実を単に説明するだけではなく，同時進行的に中南米の民主化などに実践的にも大きな影響を与えた。こうした民主化の比較政治学は対象と手法が分かちがたく結びついているため，一種の「民主化マニュアル」の様相を帯びているとも言えよう。

その意味では，本書はハンチントン自身が1980年代末になってこうしたトランジション学派の議論を全面的に受容し，旧ソ連・東欧圏の民主化をふまえて「民

主化推進者へのガイドライン」を提示したものとしてことのほか印象深い。本書の価値はなによりも「民主化の第三の波」とされる世界35カ国の民主化事例を縦横無尽に駆使して、そこに共通する問題点を明確にしていく点にある。例えば、第三の波は「カトリックの波」であるとし、カトリック教会の変化（第2バチカン公会議）からスペイン、ブラジル、フィリピン、ポーランドなどの民主化を説明していく箇所などには著者の手法の真骨頂が発揮されている。可能な限りの事例を参照しているので、個別的な事例の分析からは出てこない思いがけない新鮮な洞察が説得力をもって提示される点が魅力的である。

　ただしトランジション学派に学んだ移行過程の分析は必ずしも成功しているとは言いがたい。事例の数を増やせばどうしても民主化事例の分析が表面的になるため、「体制改革」「体制変革」「体制転換」といった分類は再考の余地がある。網羅主義的な分類枠組から民主化諸事例の本質的な要素がこぼれ落ちていくように思われる。しかし著者にしてみれば、そのようなことは百も承知であろう。「野望を抱いた民主的マキャベリ」を自認する著者は、精緻な一般理論の構築ではなく、民主主義を求める将来の政策決定者への示唆を目的としているのだから。いずれにせよ、体制変革＝革命からは民主主義は生まれにくいという歴史の教訓を知ってしまった20世紀後半にとって、民主化とは何であったのかを深く考えさせられる本である。

〔週刊読書人・1996年1月12日掲載〕

---

column

サミュエル・ハンチントン著
『文明の衝突』

鈴木主税訳

（集英社／2,800円）

「衝撃的な」未来予測——印象論的な観点から「明快な構図」を提出

　1998年度の国際政治学の授業の一環として、世界の主要国・国際機関・NGOなどの政策立案者の役割を130人程の学生たちに割り当て、冷戦後の世界政治の動向をシミュレート（仮想予測）した際のことだ。ボスニア、コソボなどの民族紛争を主題にしたせいもあってか、1998年6月から5年後のシミュレーション結果は、世界が欧州同盟・イスラム同盟・太平洋同盟にほぼ三分割され、イスラム諸国と

中華帝国を不安定要因として中東地域と東アジア地域で長期的な戦争が続くというものであった。この結果に奇妙な「既視感」を覚えたのは，本書の「衝撃的な」未来予測が記憶にあったせいであろう。

　ハンチントンの新著の主題は明快である。——冷戦後の世界政治は文化的な要因によって形成され，異なる文明を背景にした分裂国家の民族対立が異文明間の軍事紛争に発展する危険性が高い。この「文明の衝突」こそが世界平和にとって最大の脅威なのだ。つまり世界の安全保障にとって具体的な脅威は，「イスラムの復興」と「東アジアの経済発展」によって引き起こされる文明間の「断層線（フォルト・ライン）」戦争なのであり，その兆候は数多く指摘できる，と。こうした論点は，1993年の夏に『フォーリン・アフェアーズ』誌に発表された論文「文明の衝突？」で提示されて以来，大きな反響を呼び世界中で議論されてきた。

　「冷戦」という国際政治の単純なモデルを失ったポスト冷戦世界は，まだそれに代わるモデルを手にしてはいない。「歴史の終焉」論から「新世界無秩序」論まで，様々な言説が飛びかっているものの，支配的なイメージはなかなか焦点を結んでこない。そうしたなかにあって，著者の「文明の衝突」論がその「明快な構図」を提出していることは疑いない。しかし本書の問題点もその「明快さ」にある。著者自らが「社会科学の研究を意図したものではない」と言明しているので，学問上の批判は差し控えるが，著者のパースペクティブ（視座）の問題性——とりわけ民族的アイデンティティのような非合理的な問題に対する印象論的な観点からの問題の単純化は見過ごせない。

　民族的アイデンティティの構築にとって敵は不可欠であり，潜在的にきわめて危険な敵意が世界の主要な文明の境界で高まる。著者はこの前提から宗教と深く結びついた文明（中華文明，ヒンドゥー文明，イスラム文明，西欧文明など）について論じるが，この文明論が大ざっぱなため，その後の個別的な議論もいささか説得力を欠くうらみがある。宗教やアイデンティティという人間の最も非合理的な信条を論じるからこそ，社会科学の視座から合理的に論じるべきではないか。議論のたたき台を意図した先の挑発的な論文と比べて，論点を詳細に展開した本書の議論のほうが「退屈な」議論に思えるのは，複雑な含意をもった様々なできごとを単純な枠組に押し込みすぎるからなのであろう。

　しかし本書が興味深いのも，こうした単純化した世界イメージを提供し，徹底的にアメリカ（とヨーロッパ諸国）の政策立案者のガイドラインとなるように書かれている点である。アメリカの構造的パワーの基盤にあるのは，アメリカの国益の観点から世界イメージを決定していくその知的ヘゲモニーにある。アジア世界やイスラム世界に対する「偏見」も含めて，ハンチントンの議論にはアメリカ

のエスタブリッシュメントの世界観が典型的に示されている。その世界観を知るうえでは，本書は興味のつきない素材である。ちなみ冒頭にあげたシミュレーション結果が同様な未来予測になったのは，各政策立案者がポスト冷戦世界においても国益を徹底的に追求する権力政治モデルを採用したからであろう。政策決定のためには，アジェンダを限定し政策選択肢を絞ることが必要である。だがアジェンダ設定の前提になる世界認識については，あくまでも複雑極まりない世界を複雑なものとしで説明しつくそうとする知的営為が求められているのではなかろうか。

〔週刊読書人・1998年9月11日掲載〕

---

 column

ヘンリー・A. キッシンジャー著
『外 交（上・下）』

岡崎久彦監訳

（日本経済新聞社／各2,900円）

21世紀へ——壮大に描く近・現代外交の全貌

　上・下巻で1200頁以上に及ぶキッシンジャーの新著は，良い意味でも悪い意味でも彼にしか著せない壮大な外交論である。ヨーロッパにバランス・オブ・パワー・システムが誕生した17世紀から冷戦が終結した現在に至るまでの近・現代外交を，リシュリュー，ビスマルクからクリントンまでの政策決定者たちの思想と外交手腕の分析を通じて描ききった本書は，キッシンジャー渾身の労作であることは疑い得ない。本書を幾多の他の外交論のテキストと分かつものは，本書の根底にあるきわめて実践的な問題関心にある。

　キッシンジャーは言う。「……来世紀，アメリカは，外交政策の基礎をいかなる原理におけばよいのだろう。歴史は指針にはならないし，それを分析しても大して役に立たないが，歴史は前例を示してはくれる。アメリカが海図のない航海に乗り出す際に，ウッドロウ・ウィルソンや"アメリカの世紀"以前の時代を，今後数十年の手掛かりのために再考してみることは，大いに役に立つであろう」。その意味では，本書は近・現代の外交史のなかに20世紀のアメリカ外交の経験を位置づけ，それを通して21世紀の国際システムを展望したものと言えよう。

　キッシンジャーがハーバード大学の教授を務め，さらにニクソン・フォード両

政権の国務長官としてビスマルク流のリアル・ポリティークをアメリカ外交に持ち込み，米中の国交回復などの立役者として活躍した人物であることは言うまでもない。「知識人は国際システムの機能を分析し，政治家は国際システムを築く」以上，「分析家と政治家の考え方の間には，大きな差異が存在する」のは当然である。本書は自身の外交の実体験をも一素材に「政治家たちが世界秩序の問題をいかに処理したか」を検証し，この「大きな差異」を乗り越えようと試みている点が魅力的である。彼にしか著せないと冒頭で述べたのは，これ故である。

　本書のいずれの章をとっても，それぞれ一冊の本になるほどの密度の濃い議論が展開されているが，やはりニクソン・キッシンジャー政権が深くかかわったベトナム戦争の分析の箇所が圧巻である。ハルバースタムのようなベトナム反戦論者の分析とは異なり，徹底して軍事的・戦略的な次元から分析しているため，ここには道義的な反省は見られない。逆に，米軍のベトナム撤退の契機となったテト攻勢の意味を分析した後に「もしアメリカが本当に決意して勝負に出ていれば……」との無念の想いを吐露する点に，キッシンジャー流のリアル・ポリティークの真髄が見え隠れする。しかし「このアプローチの欠点は，アメリカ国民から感情的な面での共感が得られなかったことである」と，アメリカ外交に国益の概念を持ち込む困難さを知りつくしているのは，他ならぬ著者自身なのである。

〔公明新聞・1996年9月2日掲載〕

第Ⅱ部
市民社会＝革命論

第3章 民主化における〈市民社会〉と〈政治〉
―― ポーランド「連帯」10年の経験 ――

1 政治的なものの現在

「1989年東欧革命」と称せられることになった世界史的な大変革は,その変革のインパクトがあまりにも大きく人びとの情動を揺さぶるものであったため,「革命後」になって,願望と現実のギャップの前に「失望感」が蔓延しているかのようであった。ある東欧問題専門家は,この状態を「1989年のうたかたの幸福」から「厳しい現実」への「目覚め」と表現した。「1989年の平和的な革命では,民主化という共通目標が極めて明瞭な形で示された。そこにおいては,『我々』対『彼ら』といった単純で明快な図式の下,人びとは共産主義の権力層に立ち向かったのである。しかし今や,市民間の混乱,分裂そして人びとの失望が新たな問題となっている。混乱が生じているのは,『我々』対『彼ら』といった単純な図式がもはや成立せず,問題が『我々』自身のものとなってきているからである[1)]。」

確かに,革命後の問題は共産党体制という「旧体制」から脱却した後の民主化の基礎固めの段階の問題に入っていた。このポスト共産主義化の先頭を走っているポーランドにしても,こうした移行期の混乱の最中にある。1989年東欧革命の先駆をきったポーランドの場合,独立自治労働組合「連帯」の10年間にわたる民主化運動が切り拓いた領域は,共産党体制からの脱却が実現したことで,「全体主義化」した共産党体制からの市民社会次元での「防衛的」段階から,国家権力の次元を含む政治社会全般の制度と仕組みの再編成という不確実な民主主義の〈制度化〉と〈法制化〉の段階に入っていた。しかもこうした課題を共産主義支配の負の遺産(破壊された市場経済の基底,共産党支配の結果として

の政党への強い拒否感など）を引き継いだうえで行わざるをえないという未曾有の「難題」に直面していたのである。

理論的にも実際的にも前例のないこうした移行の現状を，「連帯」の代表的な指導者であるアダム・ミフニク（Adam Michnik）は次のように述べていた。「ポーランドは，ポスト共産主義諸国すべてで進行中のプロセスの先頭を切って進んでいる。民主主義制度はいまだ深く根づいておらず，経済は困難を極め，一方希望は大きく膨らみ，対立や衝突を解決する手段は頼りない。安定したとはいってもそれは脆弱な安定だ。全体主義体制から民主主義秩序への漸進的変化は前例がなく，これまでに例のないほどに困難なものだ。希望が大きければ，そこから生じる欲求不満も大きい。民主主義的国家制度の再建や市場経済の導入には，新しい労働規範や新しい価格，赤字企業の倒産がつきものであるが，それを理解していない人が大勢いる。民主主義の世の中に特有の新しい理念が急速に承認された一方で，共産主義対反共産主義抵抗活動という図式の時代に特有のものであった規範や理念の払拭が十分に行われていないのである[2]。」

ミフニクは民主化の後にくる反動を懸念しているわけだが，実際にポーランドにおいてもワレサ大統領の実現の過程で「連帯」勢力は完全に分裂し，旧体制に取って代わった反対派勢力の分裂という革命過程一般の政治力学がみられた。この分裂は，共産主義から脱却したうえで民主主義社会を実現していく道の模索自体が理論的にも未開拓の領域だけに，民主主義を求める「手探り」の状況のなかで，強権主義，ポピュリズム，個人崇拝といった症候群の脅威を呼び起こしていた。1989年9月に「連帯」勢力はソ連圏諸国で初めて非共産主義勢力として政権の座についた。国家を担う立場についたわけである。「連帯」勢力自体が政治改革，経済改革，および社会改革を推進する責任を負っただけに，この選択は「歴史の耐えられない重荷」をひきずりつつ，民主主義の制度と経済の繁栄を同時に追求するという「難題」を担ったことを意味していた。

相異なる次元とタイム・スケジュールのうえに立つ政治改革と経済改革を同時に推進し，しかもその制度と経済を機能させてゆく社会基盤を整備するという，革命後の未曾有の「難題」は，それに対応しうる強力なリーダーシップの

問題と並んで，ポーランドの民主化を推進してきた「市民社会」の質の問題を検証することになった。この「市民社会」をめぐる問題が，1989年東欧革命を考える上でのひとつの「鍵」である。ラルフ・ダーレンドルフ（Ralf Dahrendolf）が『ヨーロッパ革命の考察』（1990年）で論じたように[3]，1989年革命は何らかの明確な「新しい理念」に導かれた革命なのではなかった。「耐えられない現実」を拒否するなかで旧来の理念を再確認するというパラドックス（「時満ちて実現された理念は，古く，馴染みのある，試練を経たものである」）がこの革命を特徴づけているが，その試練を経た「新しい理念」こそが「開かれた社会を基本的に発見するという理念」であった。変革を担った「連帯」の理論家の言葉を使えば，東中欧の民主化の核心にはこの「市民社会」解放の理念があったのである。

　こうした理念は，「連帯」の「新しい漸進主義」戦略に基づくその民主化プロジェクトから読み取ることができる。「連帯」運動は決して理論的に明確化された単一の綱領に指導されたものではなかった。それにもかかわらず，ポーランド社会の置かれた制約のなかで「自制的に」民主化を推進する過程が，「民主化」の新しい次元を切り拓くことになった。ポーランド「連帯」の10年間の経験は，この「市民社会」主導の民主化の「原型」を提示している。この民主化の政治過程に関してはすでに多くの分析がなされているので[4]，本章では少し視点を変えて，この東中欧の民主化過程において再発見された「市民社会」の問題を中心に，「連帯」の10年間の経験のなかから「民主化」という思想の深度とそのインパクトを明らかにすることで，〈政治的なもの〉の現在を考えてみたい。

2　「連帯」運動と「市民社会」の次元

　「1989年の平和的な革命では，民主化という共通目標が極めて明瞭な形で示された」ということは確かであるが，実はその「民主化」の共通了解についてはかなり誤解があるように思える。この問題を，一元的な共産党体制から多元

主義的な議会制民主主義への移行という次元だけで捉えていたのでは,「ポーランド型民主化モデル」の意義を見落としてしまうことになる。サミール・アミン (Samir Amin) のように,「西欧のデモクラシーには社会的な次元は存在しない[5]」とまで言いきるつもりはないが, 西側の現在の政治的議論にあっては, 民主主義を代議制民主主義のマクロな諸制度と同一視し, やはりこの「社会」次元の問題が議論の盲点になる傾向がある[6]。東中欧の民主化の中心にあるのは形成途上にある「市民社会」なのであり, 1989年革命もこの市民的な領域の延長線上に生じている。

1980年8月における「連帯」運動の登場とグダンスク協定（政労合意）の締結が, この「市民社会」の領域に生まれた新たな力の登場を示していた。ソ連圏諸国において, 党の一元的支配が及ばない自立した社会が存在することを党の指導者たち自身が認め, 党＝政府がイデオロギー的に敗北し, 共産党の指導体制に風穴が開いたという意味では, この時が1989年東欧革命の発端であったとも言える。ミフニクなどの「連帯」の理論家にとってだけではなく, 大半のポーランド人にとって,「市民社会」こそが党＝国家の権力に対抗する権力（「権力なき者の権力」）の実質的な源泉となったわけである。アラン・トゥレーヌ (Alain Touraine) らの社会学的研究が明らかにしたように[7], 1980-81年の「連帯」が1,000万人以上の組合員をまきこむ巨大な国民的な運動として成長した秘密は,「連帯」が労働組合（勤労者）と社会（市民）と民族という3つの異なる次元での目的を同時に追求する「社会大衆運動」として展開したからである。

運動の参加者の個人的動機づけの観点からみるならば, この3つの次元の目的を結びつけていくアイデンティティの自己確認のありかは「市民」であり,「連帯」運動の凝集力を保証していたのは, 知識人, 労働者, 農民などの各層を横断的に貫く, こうした「市民」の自律的なネットワーキングであった。1976年から1980年にかけて, 党の統制が及ばない社会領域で創設された様々な組織――社会自衛委員会 (KOR), 学術講座協会「空飛ぶ大学」(UL), 自立出版所「NOWA」, 人権・市民権擁護運動 (ROPCiO), 学生自衛委員会 (SKS) など――の自己組織化が「市民社会」のイニシアティヴ（主導性）を形成していた。ミフ

ニクが1976年に「市民的自由を拡大し人権に対する配慮を保証するような漸進的変化を支持する改革を求める絶え間ない闘争」と定式化した「新しい漸進主義」(new evolutionism) 戦略[8] は，ポーランドにおけるカトリック教会と「民主的反対派」の異なる立場を架橋し，現実に高まってきていた社会的圧力を「市民社会の自己組織化」という方向に振り向け，「民主的反対派」の運動に国民運動の性格を付与することによって，「連帯」運動に道を開いたのである[9]。

「市民社会」の自己組織化による社会的圧力によって国家と市民社会の二重性を形成し維持しようとする，「連帯」の「新しい漸進主義」戦略の限界は，1980-81年の「連帯」の「自制的革命」(Self-limiting Revolution) の時期にあっては，「地政学的位置」に規定されていた。つまり，強力な社会運動と重なりつつも，市民社会を構成する権力——政治的なインフォーマル・セクターのネットワークの形成によって党を国家の中心に押し戻し，「党＝国家をやむを得ない傘として，また『中心』との仲介者として維持しさえすれば，帝国の外縁部で全体主義の『解体』を試みることができる[10]」というシナリオが，「新しい漸進主義」戦略では想定されていた。ヤルゼルスキ将軍は1981年12月の戒厳令施行によって，こうした国家と市民社会の二重性を制度化する試みを中断させたが，破局的な経済危機のもとでは「開発独裁」型の統治にも限界がある以上，市民社会の主導性そのものを解体することはできなかった。党＝国家自身も「自制的反革命」を行わざるを得ないほどに，党＝国家は市民社会の主導性に対して防衛的な段階にあったのである。

ポーランドにおけるこうした市民社会の主導性を支えていたのは，社会大衆運動としての「連帯」と共に，民族性を保証しているカトリシズムの力でもあった。レフ・ワレサ (Lech Walesa) 自身が次のように述べている。「わたしたちはカトリック教徒である。ポーランドのカトリシズムには千年を越える伝統がある。民族の，また国家の歴史において，教会は常に重要な役割を果たしてきた。第2次大戦中，祖国を守り，信仰を守るために数多くの司祭が命を捧げた。スターリン時代，教会はただひとつ残された自主自立の機関であった。……〔主座大司教ヴィシンスキ〕枢機卿と教会は，共産主義の教義に基づく浅薄なスロ

ーガンを信仰の代用にする試みに抵抗して勝った。ローマ教皇，ヨハネ・パウロ2世は，3回におよぶ祖国ポーランド巡礼の旅によって，わたしたちの勝利への希望を確固たるものとした[11]。」「連帯」運動の成長を考えるうえで，このポーランドにおけるカトリシズムと教会の影響力はきわめて大きいものがある。

　もともとポーランド民族は，19世紀を通じてのプロシア，ロシア，オーストリアによるポーランド分割によって，「国家なき民族」の歴史を経験した結果，むしろ強い民族主義の感情をたくわえ，しかもその愛国心を国家権力に対する抵抗に向けることになっていった。ポーランド人が好んで用いる「社会」（społeczeństwo）という言葉が，権力に批判的な公衆の集合体という意味合いを帯びている所以である。そのため，国民の9割以上がカトリック教徒であるポーランドでは，ポーランドを分割・支配したロシアとプロシアの宗教がギリシア正教とプロテスタンティズムであったために，ポーランド人はローマ・カトリック教をポーランドの民族性と同一視したのである。ワレサが述べていたように，カトリック教会が準-政治的な支持の強力な源泉を国民から引きだしている理由は，ポーランド民族の抵抗の象徴であるカトリック教会への強い信頼にあった。

　1976年にミフニクが定式化した「新しい漸進主義」戦略が大きな影響力をもったのも，民主化の対象を従来の「全体主義体制」の領域から「市民社会」の領域に転換するのに先だって，ポーランドにおける教会がキリスト教の倫理と人間の尊厳への権利を訴え，労働者の権利の擁護に尽くしている現状を高く評価したからであった。ミフニクが提起した「新しい漸進主義」論の決定的な重要性は，「上からの改革」を最終的に断念しマルクス主義の教義も放棄した修正派「左翼」が，ポーランドの文化的伝統に深く根ざしたカトリシズムを社会的抵抗の原動力に据え，世界観を越えた連帯によって「市民社会」の再生を追求する「民主的反対派」に生まれ変わったことを宣言した点にあった。

　そのために，ソ連圏諸国のなかでポーランドにおいて最初にこうした「市民社会」の主導性の登場がみられたわけであるが，「市民社会」論の思想的ルーツも，やはりカトリック教会系の「新実証主義的」漸進主義の思想的核心にある

「カトリック的人格主義」(Catholic Personalism) に求められる[12]。フランスの思想家，エマニュエル・ムーニエ (Emmanuel Mounier) やジャック・マリタン (Jacques Maritan) に代表される20世紀独自のキリスト教的人格主義思想は，自由主義的個人主義に基づく自由主義体制もマルクス＝レーニン主義に基づく共産主義体制も共に批判し，人格相互の深い交わりと社会的連帯性に基づいて，非人間化したこれらの両体制を乗り越えていく「第三の道」を求めていた。この人格主義思想は，カトリック系の雑誌『ヴィエンシ〔絆〕』などを通じてポーランドにも紹介され，『ヴィエンシ』の創刊者で編集長でもあったタデウシュ・マゾヴィエツキ (Tadeusz Mazowiecki) が「連帯」指導部の重要な顧問になるに及んで，「連帯」の綱領にもその思想的影響が深く流れ込んでいる。

　この「カトリック的人格主義」の市民社会論は，市民社会の多元性を集団（共同体）のレヴェルだけではなく，宗教・信条体系の多元性のレヴェルでも捉えることに特徴があることは言うまでもない。しかしそれ以上に特徴的なことは，市民社会を統合していく要素を宗教的要素に求めるのではなく，人権と市民的自由に基づく「『世俗的ヒューマニズム』の信条」（J. マリタン）に求めている点なのである。この側面があるからこそ，ポーランドの状況においても，キリスト教的人格主義の諸要素が「市民社会」論の基盤を成している。ポーランド社会では，カトリック教会のミサを通じてキリスト教の人格主義的な価値が民衆に深く浸透しているだけに，社会主義的民主主義よりも人格主義的民主主義の方がはるかに民衆に受け入れられやすかったのである。人権擁護運動という共通の課題のもとに，伝統的左翼は教会と提携した「世俗的左翼」（A. ミフニク）として再生した。このことによって教会の精神的権威が世俗的左翼に付与され，「民主的反対派」の運動が国民運動としての性格を帯びたのである。

　「連帯」の民主化運動という形でポーランドに新しく登場した「市民社会」の主要な組織原則は，自発的連帯，多元性，自由なコミュニケーション，および民主主義的参加，という4つの側面から捉えることができる[13]。市民社会に対立する「国家社会主義化」した共産党体制は，逆に，社会の非政治化，一元性，操作的コミュニケーション，および権威主義的動員を組織原則とするため，

社会全体を抑圧し，多様な社会集団間の利害の表出を妨げていた。それに対して，新しく登場したこうした社会的多元性は潜在的には紛争をもたらすので，この社会諸集団の様々な要求を整理し，競合する利害間の妥協を求める必要性があった。しかしこうした妥協は，相互の社会的連帯を通じてしか達成できない。つまり，このような妥協が行われるのは，多様な社会集団が自己組織化を図り，自らの必要を定式化し，そして集団間のある程度の合意を交渉する場合に限られる。したがって，連帯は「自発的連帯」として，すなわち強制された定式ではなく相互理解の自発的な行為として実現されたのである[14]。

そのため，社会的多元性は，集団間の競争によって合意に達する「競争的多元主義（自由主義）モデル」とは異なり，社会運動に参加している労働者，農民，手工業者，知識人などの自発的連帯によって合意に達する「連帯的多元主義（自主管理）モデル」とも言うべきものから構成されていた。多様な集団間やそれら内部の重要な社会的緊張を一時的に停止させ，相互の実践的な理解による連帯が可能になった原因は，第1に，ポーランドにおける市民社会の形成が経済的利害の構造にそって行われたばかりではなく，社会的に共有された文化的・倫理的価値にそって行われた点に求められる。こうした価値が様々な集団間の合意と協力の基盤を提供し，「連帯」運動を単なる労働者運動から，広範な国民運動へと展開させる原因となったのである。「『連帯』は，民族の精神的再生の運動である[15]」という，「綱領」の言葉はそのことをよく示している。

第2に，サミズダート（非合法自主出版物）の社会的ネットワークによって形成された「新たな公共領域」が，従来の「操作的な世論」ではなく，党＝国家の支配から自由な「批判的世論」を生みだしたことも原因としてあげられる。つまり，こうした公共領域は，党＝国家を監視するのみならず，自らの『連帯』組織をも監視する働きをし，その意味では，個人的コミュニケーションのメディアとしてではなく，国家と社会の双方の組織に圧力をかけることが可能な集団的コミュニケーションのメディアとして，社会的連帯性の形成に寄与した。

第3に，「国家社会主義」体制においては，経済領域も党＝国家の支配領域である以上，社会各層の経済的不満は，各層間の対立に向かわず，社会のすべて

の階層の相対的剥奪の原因としての党＝国家という共通の敵の確認に向かい，そのことが逆に社会的連帯性を強化する方向に働く。しかも，経済的破綻の状況下ではかなえられるはずもない経済的要求に代えて，新たな公共領域への積極的な参加のみならず，「自主管理」という主張のもとにあらゆる社会領域への民主的参加へと向かった。

3　「連帯」運動のインパクト

　「連帯」の民主化運動が，1980年代のソ連圏諸国の民主化に及ぼしたインパクトは巨大なものであった。「国家社会主義化」した共産党体制に取り込まれていた社会が，自己組織化によって「市民社会の再生」を図るという「連帯」の下からの民主化プロジェクトは，その過程において必然的に政治社会全体の再編成を促さざるを得なかった。「連帯」の追求した民主化は単なる「下からの民主化」という意味にとどまるものではなかった。「プラハの春」の社会主義改革のような体制内部の改革派的要素による「上からの民主化」を断念していただけに，その民主化の焦点は「国家社会主義化」した共産党体制の「下からの構造改革」という次元の可能性に向かっていた。党＝国家が社会を独占している状況に対して，党＝国家からの「社会の自立化」の追求である以上，既存の体制の枠組を前提にした民主化にとどまることはできなかったのである。

　「連帯」の民主化運動は，当初から単に国家権力の民主的統制を求めたのでも国家的決定への参加を求めたのでもなく，何よりも国家からの社会の自立を図るという「防衛的な」運動であった。その場合に，封建制に対する反動として18世紀末に誕生したこの「市民社会」という古典的なカテゴリーが好んで用いられたのは，ミフニク自身が言うように，「封建体制のより野蛮な形態」と化した20世紀後半の共産党体制の民主化を求める反対派が，「民主主義的秩序を求める闘争の古典的な形態に引き寄せられた」からであった[16]。この古典的な「市民社会と国家の対抗」という二元論的な観点から，新たなレヴェルの社会的自律性を制度化し保持するという願望こそが，戦略的（あるいは戦術的）概念を

どれほど含んでいようとも，1980-81年のポーランドにおける「連帯」の「自制的革命」のなかで定式化された最も重要な理論的および実践的な主題であった。

党が国家を独占し，党＝国家があらゆる社会領域を独占するという「全体主義化」した共産党体制にあっては，国家が国家としての機能自体を喪失しており，自立した社会領域を防衛する運動自体が，この体制の論理を逆転させる意味を帯びていた。つまり，「労働者国家」であることを正統性の究極的根拠とする共産党体制にとって，独立自治労働組合「連帯」の法的承認は，社会主義を名のる共産党体制の存立根拠を揺るがすものであり，イデオロギー的な敗北を示していた。

「連帯」のブレーンであるブロニスワフ・ゲレメク（Bronislaw Geremek）は次のように述べている。「社会主義の原則によれば，政府は社会，とりわけ労働者の利益の代表であるはずでした。しかし，実は政府と利害の反する労働者がいることを，党の指導者たち自身が認めてしまったのです。これは政府のイデオロギー的敗北を意味しました。これを機に，社会主義体制はじわじわと崩壊していきました。去年〔1989年〕崩壊したベルリンの壁の最初の一枚目が，実はこのとき崩れたのです[17]。」社会主義体制の民主化にとっての最大の障害となっていたイデオロギー的正統性がこの時に完全に揺らぎ，「共産主義の終焉の始まり」が現実のものとなったわけである。

事実，ポーランドにおける「連帯」運動の登場は，ソ連圏諸国の共産党体制に深刻な危機感を高め，ソ連・東欧各国の指導部はポーランドにおける「連帯」を中心とする多数の「反社会主義的分子」の策動に警告を発し，ポーランド指導部が断固たる措置を取らない場合には，「プラハの春」の時と同様に，直接的な軍事介入にふみきる可能性をほのめかした。1981年12月の戒厳令施行による「連帯」運動の強権的な解体は，ワルシャワ条約機構軍の直接介入という形態はとらなかったものの，ソ連圏諸国の指導部の意向を受けた「ブレジネフ・ドクトリン（制限主権論）」の発動とも言えた。ヤルゼルスキ指導部にとって，戒厳令施行は共産党体制防衛の「最後の手段」であった。しかし，イデオロギー的正統性を失った共産党体制にとっては，破局的な経済危機の下では経済的

なパフォーマンスの上昇を支配の正統性に転化させてゆく「開発独裁」型の統治にも限界があり,「連帯」を非合法化したものの,市民社会の主導性そのものを解体することはできなかったのである。

実際,こうしたインフォーマル・セクターのネットワークを基盤に形成された下からの民主化の主導性は,「連帯」運動以後活発になり,1980年代に入ってポーランドのみならず,チェコスロバキア,ハンガリー,東ドイツそしてソ連においても無視できない力となっていった。「下からのデタント」として注目されている平和運動にしても,東ドイツの教会を基盤とした大規模な平和運動「剣を鋤に」,1980年代初期の「ハンガリー対話グループ」,1980年代後半の平和運動「自由と平和」,チェコスロバキアの「独立平和連合」などの運動や各種の自主グループが生まれた。1980年代のソ連圏諸国における平和運動や環境運動の核にあるのは,ポーランドの「社会自衛委員会」(KOR) やチェコスロバキアの人権擁護団体「憲章77」などのような,市民自らの手によって社会主義社会の民主化を図ろうとする「市民社会の自律化のための社会的主導性」の運動である。こうした運動は1980年代に入って,西側の「ヨーロッパ核軍縮運動」(END) やオランダの「教会間平和協議会」(IKV),西ドイツの緑の党などとも結びついていた[18]。

また,「連帯」の民主化運動とその抑圧の経験は,ポーランドのみならずソ連圏諸国の党指導部に深刻な影響を及ぼした。ポーランドの政治的・経済的・社会的危機は,かなりの程度まで体制の仕組みを同じくするソ連圏諸国の共産党体制全般に共通する構造をもっていたからである。とりわけこのポーランド問題が深刻な影響を及ぼしたのが,ソ連とハンガリーである。

ソ連の場合,ポーランドの「自制的革命」の最中の1981年秋に始まった社会主義の「矛盾」をめぐる哲学論争が,ポーランド問題をめぐる社会主義体制の当面する危機の問題,党綱領改定という党のイデオロギー問題および経済改革の方向という経済問題,という3つの問題群をめぐって,「1960年代半ば以後のソ連内部での最大の理論的論争のひとつ」と言われるほどの政治的色彩を帯びた。この論争の中心には,なによりもポーランド「革命」の理解の問題があ

り，社会主義の矛盾が危機的状況において「非和解的矛盾」の様相を帯びるという論点をめぐって展開されていた。社会主義内部の「紛争」の存在を公然化させたこの論争を通じて確認されたのは，ソビエト体制の深刻な諸問題の基本的原因が，「停滞の時代」としてのブレジネフ時代，さらには1930年代以降のシステム全体に起因しているという認識であった。こうした認識の延長線上に，ゴルバチョフのペレストロイカの基本的発想は生まれている[19]。先に述べた「下からのデタント」の過程で発展した思想が，ゴルバチョフの「新思考」外交を支えるグローバリズムの思想に深い影響を及ぼしていることは指摘するまでもなかろう。

ハンガリーの場合，ポーランドの「自制的革命」が抑圧された直後の1982年以来，改革派の政治学者や社会学者によって政治体制改革の問題や党の統制の及ばない社会領域，つまりインフォーマル・セクターの問題が公然と論じられるようになった。ハンガリーのカダル体制は東欧の最高の発展段階という神話を打ち立てていただけに，「連帯」の民主化運動という形で示された社会の主導性を，社会主義を名のる体制が戒厳令によって抑圧したという事実は，経済的停滞期における正統性の相対的低下に直面していたカダル体制を直撃した。失われた正統性を回復するには，経済改革自体の改革が必要になり，その改革の内的推進力を得るには，体制の民主的改革の問題に踏み込まざるを得なかった。このように，ポーランドの「自制的革命」とその抑圧の経験は，ポーランドにとっての転換点のみならず，ハンガリーおよびその他のソ連圏諸国にとっても象徴的な転換点になったのである[20]。

その結果として，1980年代後半に推進されたソ連圏諸国の「改革のトライアングル」——ソ連におけるゴルバチョフ改革（ペレストロイカ），ハンガリーにおけるカダルの改革，そしてポーランドにおけるヤルゼルスキの改革——は，「連帯」革命以前の体制改革とは質を異にしていた。つまり，こうした改革は，「上からの改革」を進めることで積極的に社会を指導しようとした「プラハの春」の民主化の試みとは性格を異にし，「市民社会」の発展に支えられた下からの民主化運動に対する上からの「対抗改革」とも言うべき様相を呈していた。ここ

で言う「対抗改革」とは，体制が社会的主導性を体制内に取り込むことでシステム総体の防衛的な再編を図るという意味での「上からの民主化」である[21]。ソ連圏諸国における民主化を志向した体制改革の試みは，すでに政治体制改革という形で社会的主導性を制度的に動員せざるを得ない段階まで追い込まれていることを示していた。この「対抗改革」としての「上からの民主化」の政治力学を引き出したのが，「連帯」の民主化運動によって表面化した「市民社会の主導性」としての「下からの民主化」の政治力学だったのである。

したがって，「連帯」の民主化運動が提起した「下からの民主化」という場合に，その「民主化」の次元は次の領域に及んでいる。

(1) 市民社会の民主化——「自由と人権の擁護」を掲げた市民社会の自己組織化による下からの主導性に基づく民主主義社会の実現
(2) 国際環境の民主化——ヘルシンキ（CSCE）・プロセスに基づく「下からのデタント」の進行
(3) 国家権力の民主化——社会的主導性の制度的動員としての政治体制改革の進展（民主主義的な「立憲国家」の創設）

このように，1970年代後半以降進展した「東中欧の民主化」は，民主化の次元を社会領域へのタテの深化（市民権原理の「社会化」）とトランスナショナルな領域へのヨコの広がり（人権・平和問題の「国際化」）を通じて，1980年代末には「国家権力の民主化」の次元に収斂していくのである。

4 「ポーランド型民主化モデル」の構成

「連帯」の民主化運動によって証明されたのは，「市民社会」の領域こそが東中欧諸国の政治発展において主要な要因となってきており，他の社会的要因や社会的諸勢力と結びついて今後の政治発展を決定的に左右するということであ

った。1980年代の「東中欧の民主化」の焦点は，社会が獲得したこの自律的な広い空間を体制内部での変化・適応と結びつけていく問題，すなわち「市民社会」の登場をシステム全体の改革のコンテクストのなかで位置づけていく問題に転じたのである。1981年の「連帯」運動の抑圧以後，市民社会の自己組織化を推進する「民主的反対派」でさえ，国家権力の次元を含むシステム改革は単に下からの圧力だけではなく，上からの「対抗改革」の適応の経過にもかかっていることを自覚していた。その意味でソ連のペレストロイカと「新思考」外交の推進は，これまで「東中欧の民主化」の制約となってきた諸条件（とくに「地政学的条件」）を取り除き，東中欧は「モスクワからの追い風」によって，「上と下からの，体制の内部と外部からの，待ちに待った総合的変革の機会」を迎えたのである[22]。

　1989年東欧革命の実現は，確かに「連帯」が「新しい漸進主義」戦略に基づいて追求してきた民主化プロジェクトの帰結であり，「下からの民主化」モデルの成功を示していた。「連帯」にとって，1989年4月5日の「円卓会議」合意文書への署名は，ワレサ委員長を中心とした指導部が1980年の「連帯」結成以来長年にわたって強く求めてきた民主的改革の一つの達成であった。この「憲法制定会議」とも言うべき「円卓会議」における「連帯」の再合法化（労働組合の複数制）の承認，議会・選挙制度の大幅な改革などに関する合意に基づいて，「国家社会主義化」した共産党体制から多元的民主主義への平和的かつ漸進的な移行が開始された。この合意がいかに「エポック・メーキング」なものであり，ポーランドの「体制移行」の局面を切り拓いたのみならず，この「円卓会議」型の民主化方式がハンガリー，東ドイツ，チェコスロバキアなどの諸国でも踏襲され，1989年東欧革命の「先導役」の役割を果たしたかについてはまだ記憶に新しいところである。

　しかし，この革命的変革の先駆をきったポーランドの民主化過程は，「円卓会議」合意に至るまでにグダンスク協定以来9年もの時間をかけているだけに，単純に「革命」(Revolution) とも「改革」(Reform) とも言えない「漸進的な変革」(Evolution) としか言いようのない複雑な過程をたどっている。小森田秋夫

氏の適切な表現を借りれば,「『円卓会議』によって切り拓かれた新たな局面は,1980年8月の労働者ストおよびその帰結としての『社会契約』〔グダンスク協定——筆者注〕の成立によって開始され,81年12月の戒厳令施行によって中断された過程の復活・継続という側面をもっている。と同時にそれは,戒厳令以降の過程の連続線上におけるある局面展開という側面をも含んでいる[23]」のである。このポーランドの民主化過程を「ポーランド型民主化モデル」として考察するために,1980年代の民主化過程を段階区分するならば,ラフ・スケッチとしては以下のようになる。

〔第1段階〕 「連帯」の「自制的革命」の時期
　　　　　　（1980年8月～1981年12月）
〔第2段階〕 戒厳令以後の「権威主義的改革政治」の時期
　　　　　　（1982年1月～1987年12月）
〔第3段階〕 「妥協による協定」による「体制移行」の時期
　　　　　　（1988年1月～1989年9月）
〔第4段階〕 不確実な民主主義の制度化を試みる「体制移行」の時期
　　　　　　（1989年10月～1993年9月）

　先の小森田氏の指摘を,この段階区分に即して述べるならば,〔第3段階〕の「妥協による協定」による「体制移行」の時期は,〔第1段階〕の「連帯」の「自制的革命」の時期の延長線上にあるという意味で「連帯」革命の復活の局面であると同時に,〔第2段階〕の戒厳令以後の「権威主義的改革政治」の時期を経た「連帯」の構造変化に伴う新たな局面であるとも言えよう。だからこそ,「ポーランド型民主化モデル」の構成を解き明かす鍵は,民主政への移行の「政治的転機」となったこの「円卓会議」に向かう過程での「連帯」の構造変化にあり,とりわけ「連帯」市民委員会の登場に伴う問題にあった。
　民主化モデルの観点からすれば,民主化運動という形で実際に登場した「市民社会」の主導性に基づいて,「連帯」が1980-81年に追求した民主化モデル

（市民社会の民主化が国家権力の民主化に影響を及ぼす形で全ポーランドの民主的改革を志向するという意味での「浸透性」を前提にした「二重の民主化」(double democratization) モデル）が，1989年東欧革命を確実に準備する一方で，そのモデル自体が革命的な変革過程のなかで新たな展開を遂げたということである。このモデルは，1970年代後半にミフニクが定式化し，「連帯」の民主化運動において実際に追求された「新しい漸進主義」戦略を1981年の失敗の経験をふまえて再定式化したものである。すなわち，自己組織化を遂げた市民社会と改革志向に転じた党＝国家との「歴史的妥協」を通じた非暴力的な漸進的民主化のモデルである[24]。

　南欧や中南米の近年の政治的経験から明らかになっているように，民主化へと向かう「体制変動」期においては，政府と反対派の「協定」(pact) が決定的な政治的転機となる。ここで言う「協定」とは，シュミッターとオドンネルにしたがって，「それに参加する人々の『死活的利益』の相互保障を基礎として，権力の行使に関するルールを定義……しようと努める，選り抜きの一群のアクター間の，常に大衆に向かって解説されたり正当化されたりするわけではないにしても，明示的な約束事[25]」という意味で使用する。ポーランドの場合，1989年4月に実現した「円卓会議」合意がこれに当たる。こうした交渉による妥協に基づく協定は，ポーランドの事例でも明らかなように，政府と反対派の双方のエリート間の「ネオ・コーポラティズム」型の合意形成という点で非民主主義的な性格をもつが，こうした協定は「力関係を変え，新しい政治過程を解き放ち，異なった（多くの場合，意図せざるものであったにしろ）帰結へと導いてゆく[26]」のである。

　したがって，このモデルの核心は，先に述べたように，すぐれて「円卓会議」合意をもたらした構造にある。「連帯」の民主化モデルは，「市民社会」の民主化と「国家権力」の民主化の双方の民主化を課題とする意味では，「二重の民主化」論とも言うべき民主化モデルを構成しているし，また市民社会の民主化が国家権力の民主化に影響を及ぼす形で全ポーランドの民主的改革を志向するという意味では，「浸透性の民主化」モデルと言うこともできた。もちろん，こうした二重性は本来的に不安定であり，こうした国家と市民社会の二重性を制度

化するためには1つのアポリアが障害になっていた。そのアポリアとは,「労働組合と大きな社会運動の双方の特徴をあわせそなえている組織[27]」という「連帯」の自己規定にみられたように,社会運動が政党になり,ひとたびその政党が国家権力を握ってしまった場合に,社会が自らの社会原理と防衛原理を失ってしまうという点にあった。

しかし,ポーランドにおいて1980-81年には不可能であった「円卓会議」方式の合意が1989年に成立したのは,この10年間に体制側と社会の側の双方にエリート層が形成されたからであった。問題は,すでに党＝国家に対抗する「連帯」＝社会といった単純な二元論的図式ではなかった。「連帯」は「円卓会議」合意によって再合法化された後も,約200万人程度の組合員を擁する存在でしかなくなっていたことからも明らかなように,もはや国民運動として社会を代表する存在ではなく,社会の一部を代表する少数派勢力にしかすぎなかった。「円卓会議」直前の1988年の時点でさえ,「連帯」労組の合法化が党＝政府と「連帯」＝社会との対話路線をもたらす最大の問題となってはいたが,真の問題は,「連帯」指導部は存在しても,労働組合としての「連帯」の実態が存在していないという点にあった。だからこそ,「連帯」労組の合法化という要求が8月ストで出されてはいたが,結果的に言えば,合法化すべき「連帯」労組は,「連帯」神話のもとに8月以後に作り直されたと言うこともできた[28]。したがって,1980-81年の「連帯」と1988-89年の「円卓会議」に向かう「連帯」は,指導者と名称の同一性にもかかわらず,その構造上は区別して考える必要があるとも言えるのである。

1988年以後の「連帯」の再生を下から支えた勢力であるポピュリスト派（1988年の2波にわたるストライキを担った反抗的な若い労働者と結びついている,グダンスクやウッチの労働者集団）は,あくまでも市民社会次元における運動の活性化によって,とりわけ労働者階級の運動によって非妥協的な「下からの民主化」を志向していた。それだけに,ワレサのブレーンである社会民主主義派が唯一の「現実主義的な可能性」として,党＝政府との「妥協による民主化」を求める過程にふみきったことで,「連帯」は最終的にかつてのその社会大衆運動とし

ての自らの凝集性を失い,「連帯」勢力としてしか捉えられない段階に至った。「円卓会議」への参加をめぐって,「連帯」はその基盤を労働者から中産階級のエリート（市民委員会）と専門的団体に移行させたが,このことは「連帯」の非政治化——労働者の利益を擁護する純粋な労働組合としての「連帯」と,「円卓会議」を準備する反対派エリート（中産階級のエリート）の集まりとしての「連帯」指導部が分化したこと——を示していた。したがって,そこでは指導部は経済改革を支持し,一般組合員はそれに反対するという構図が生まれていた。

こうして,「円卓会議」での「妥協を通じた民主化」を目指すワレサら「連帯」指導部（社会民主主義派）は,党＝政府との「妥協による民主化」に反対するポピュリスト派などを排除し,党＝政府との「円卓会議」にのぞむことになった。1988年12月,ワレサ「連帯」委員長が招請した知識人グループが正式に「独立自治労組『連帯』委員長委嘱市民委員会（Komitet Obywatelski przy przwodniczącym NSZZ "Solidarność"）」（いわゆる「市民委員会」）を結成した。この市民委員会は,その名称の通り,形式的にはワレサ委員長の「私的諮問機関」であるが,事実上,『連帯』＝反対派を代表して当局との交渉にあたる主体であった。この市民委員会こそが,「円卓会議」を実現させ,6月選挙を闘い,「連帯」主導政権を実現させる立役者となるのである。「連帯」は,労働組合としての「連帯」と政治主体としての市民委員会を区別し,この市民委員会によって政治アリーナに参入することで「円卓会議」合意を実現させ,共産主義支配からの平和的な脱却への径路を開拓した。こうした反体制エリートの形成が「円卓会議」を実現させたのであり,中・東欧諸国のなかでもポーランドが「妥協による協定を通じた民主化」のモデルの原型を提示し得た最大の理由もこの点に求められる[29]。

5　民主主義の制度化に向けて

1989年4月の「円卓会議」合意に基づく6月選挙に圧勝した「連帯」勢力は,9月にマゾヴィエツキ首相率いる「連帯」主導政権を実現させ,ついに国家権

力を担う道を選択した。これは「連帯」勢力にとっても、予想を超えた急速な展開であった。民主化過程としては、先の段階区分に即して言えば、〔第4段階〕の不確実な民主主義の制度化を試みる「体制移行」の時期に入ったことを意味している。この「円卓会議」型の民主化方式としての「ポーランド・モデル」が、「下からの民主化」の原型を提示し、その後の、中・東欧地域全域に及んだ連鎖的かつ加速度的な革命的変革を導いたことについては、ここであらためて指摘するまでもなかろう。ポーランドにおいては、1990年1月に共産党（統一労働者党）は自らの「役割は終わった」と自己批判し、政治の舞台から去った。共産主義支配からの脱却という意味では、民主化は完全に成功したわけである。

　しかし、当然のことながら、共産党体制からの脱却はそのまま民主政の実現を意味するわけではない。民主化へと向かう体制移行期は、非民主的な旧体制の危機と崩壊の過程であると同時に、民主政への移行過程でもある。両者は同時進行の過程ではあるが、独自の政治力学をもっている[30]。旧体制の内部で代替的な民主主義形成の核がゆっくりと育っていくことが、〔第4段階〕において非共産主義的な権威主義体制へと退行する可能性を排除する。かつての翼賛政党であった統一農民党や民主党にせよ、旧官許労組の全国労働組合協議会にせよ、過去の共産党支配の時代にかかわっている諸勢力がこうした民主主義形成の核になる力はない以上、この核になりうるのは、言うまでもなく、「連帯」勢力しかない。しかしその「連帯」勢力にしても、すでに市民社会を代表する力はなく、社会的には少数派勢力にしかすぎなかったのである。

　こうした不確実な民主政を形成していくうえでの最大のジレンマは、すでに〔第3段階〕の「妥協による協定」による「体制移行」の時期の政治過程に伏在していた。「連帯」市民委員会の目的は、「全体主義的共産主義から議会制民主主義への滑らかな移行のための橋渡し」としての役割を果たすことにあった。実際、「連帯」の名のもとに多様な考えをもった人びとが市民委員会を形成し、選挙戦を闘うという「市民委員会」方式は、「共産主義体制を打ち倒すためのアイデアとしては天才的であった」と言えよう。その意味では、「6月選挙」の大

勝利は,「『連帯』の勝利」というよりは,すぐれて「市民委員会の勝利」だったのである[31]。それだけに,選挙後に「連帯」指導部が市民委員会の解散を決めても,市民委員会独自の判断で存続させていくように,合法化されても組合員が復活せず社会的には少数派になっていく「連帯」労組と,民主主義を形成していくうえでの核とならざるを得ない「市民委員会」との関係があらためて問題にならざるを得ないのである。

このジレンマは市民社会の主導性に基づく「下からの民主化」に伴う問題であり,民主化過程における「政治」のアリーナ(舞台/領域)の問題にかかわっている。すでに本論でみてきたように,1980-81年の「自制的革命」の時期には,「連帯」の求める民主化は党=国家からの自立を試みる「市民社会」の闘いであった。そこでは,政治の中心的アリーナは,社会運動や市民組織が自らの存在を表明し自己編成を行う場としての「市民社会」(civil society)であり,労働者を基軸とする市民的な運動であった。「連帯」の合言葉となった「主体性」(Podmiotowość)——活動的な「市民」(citizen)による「自由な市民社会」の形成——が象徴するように,それはポーランドにおける「政治的市民の成立」と言うこともできたのである。この時期のポーランドの置かれていた状況のなかでは自ら限界が設定されていたものの,「連帯」運動は,党=国家の権力に対して充分な対抗力をもち,政治的民主化を下から支え,上からの改革の限界を超える潜勢力を有した社会的共同性の形成を示していた。

しかし,国家が市民社会内部との新しい同盟に向けて下方に伸張した1988-89年の「体制移行」の局面にあっては,政治アリーナ自体が変化を遂げた。「連帯」の求める民主化がいかに市民社会解放の側面に重点があったにしても,その解放された市民社会の自立性を確保するためには,国家との関係の制度化の問題に決着をつける必要があった。民主政への完全な体制移行の局面にあっては,政治の中心的アリーナは「政治社会」(political society)に収斂する。民主政を確立するためには,民主制政治社会の核としての政党や選挙,政治的指導力,政党間連合,議会などの次元,すなわち「政体に関する政治」(constitutional politics)の次元が最優先される。これによって,政治的に自己形成を遂げた市民社

会が民主政権の選択や監視を行うことが保証されるからである[32]。そして「連帯」自体が政権の座につき国家を担う道を選択した以上，そこには回避し難い緊張が生じる。つまり，運動としての「連帯」と政府・権力としての「連帯」の緊張であり，市民社会の原型としての「連帯」と労働組合という社会の部分組織としての「連帯」の緊張である。

1990年8月末，独立自治労働組合「連帯」は，その誕生の地であるグダンスク造船所において生誕10周年記念式典を行った。同時期に「連帯」市民委員会が分裂し，あくまでも「連帯」労組との関係を重視するワレサ派の一派＝「中央同盟」（CENTRUM）と，マゾヴィエツキ政権の与党化して「連帯」労組からの自立化を図る一派＝「市民運動・民主行動」（ROAD）との2つの政治組織が結成されていたことを考えれば，「連帯」の10周年記念式典は，政治的には「連帯」の終焉を確認する儀式でもあった。「連帯」は，労働組合としての「連帯」と政治主体としての「連帯」市民委員会を区別し，この市民委員会を中心に「連帯」主導政権を構成していただけに，市民委員会の分裂は「連帯」内部に新たな民主主義体制の権力核形成をめぐる対立が生じていることを示している。労組としての「連帯」はむろん存続しているが，市民社会の原型としての「連帯」運動の凝集性を保証していた共産党という唯一・最大の敵が解体してしまった以上，市民社会を代表する唯一の存在として「連帯」が，国家と民衆とのギャップを媒介することは困難である。

現在のポーランドは，不確実な民主主義の「制度化」の段階にあり，政治改革と経済改革といった制度改革の過程にある。「連帯」労組が社会的少数派になっているものの，市民社会のニーズを効果的に表出しうる新たな政治構造はまだ「制度化」されていない。政治的多元主義の実現のためには，今や「連帯」は傘状の構造を解体し，純粋な労働組合として政治的アリーナから撤退せざるを得ない。これは，ある意味では「連帯」の終焉である。しかし，これは「連帯」がこの10年間に推進した「民主化」の必然的な帰結なのである。市民社会主導のもとに「下からの民主化」の原型を提示し，中・東欧地域の巨大な変革を先導した「連帯」の10年間の民主化の成果は，今後の制度改革を支える社会

的基盤としての市民社会の質によって試されよう。「独立」と「自治（自主管理）」という「連帯」のエートスがいかに市民に浸透しているか，その意味で「活動的な市民意識」(active citizenship) の形成をもたらすような「市民的徳性」が育まれているのか。「連帯」の10年間の民主化の成果は，やはり最終的には「市民社会」の次元での「社会・民主[33]」としての〈政治〉によってしか保証されないのである。

1) Charles Gati, "East-Central Europe: The Morning After," *Foreign Affairs*, フォーリン・リレーションズ・レビュー監訳「つまずく東部・中央ヨーロッパ民主革命」『中央公論』1991年3月号，406-407ページ。
2) Adam Michnik, "Dlaczego Nie Oddam Glosu Na Lecha Walese," *Gazeta Wyborcza*, nr. 251, 1990. 10. 27. 武井摩利訳「民主主義を破壊するカリスマ的指導者」『ポーランド月報』第106／107号（1991年1／2月），11ページ。
3) Ralf Dahrendolf, *Reflections on the Revolution in Europe* (New York: Times Books, 1990). 岡田舜平訳『ヨーロッパ革命の考察』時事通信社，1991年。
4) 代表的な研究に，伊東孝之『ポーランド現代史』山川出版社，1988年，および小森田秋夫「社会主義と『政治的多元主義』――ポーランドの選択」，長谷川正安・渡辺洋三・藤田勇＝編『フランス人権宣言と社会主義』日本評論社，1989年，231-322ページ，などがある。
5) サミール・アミン「第三世界における民主主義の問題」，臼井久和・内田孟男編『多元的共生と国際的ネットワーク』有信堂，1991年，159ページ。
6) cf. David Held, *Models of Democracy* (Cambridge: Polity Press, 1987), pp. 267-299.
7) Alain Touraine et al., *Solidarity: Poland 1980-81* (Cambridge: Cambridge University Press, 1983).
8) Adam Michnik, "The New Evolutionism," *Survey*, Vol. 22, No. 3/4 (1976), pp. 267-277.
9) 川原彰「『東中欧の民主化』の新たな次元――『市民社会』論と民主化プロジェクトの展開に即して」慶応義塾大学『法学研究』第63巻第6号（1990年6月），43-97ページ（後に『東中欧の民主化の構造』第1章に再録），を参照。
10) Jacques Rupnik, *The Other Europe* (London: Weidenfeld & Nicolson Limited, 1989). 浦田誠親訳『「中央ヨーロッパ」を求めて』時事通信社，1990年，387ページ。

11) Lech Walesa, *A Way of Hope* (New York: Henry Holt and Company, 1987). 筑紫哲也・水谷驍訳『ワレサ自伝――希望への道』社会思想社, 1988年, 9ページ。
12) Stefania Szlek Miller, "Catholic Personalism and Pluralist Democracy in Poland," *Canadian Slavonic Papers*, Vol. 25, No. 3 (1983), pp. 425-439.
13) Andrew Arato, "Empire vs. Civil Society: Poland 1981-82," *Telos*, No. 50 (1981-82), pp. 22-26.
14) Maria Markus, "Constitution and Functioning of a Civil Society in Poland," in Bronislaw Misztal, ed., *Poland after Solidarity: Social Movements versus the State* (New York: Transaction Books, 1985), p. 60.
15) "Program," *Tygodonik Solidarność* (1981. 10. 16). 邦訳「自主労組『連帯』の綱領(上)」『世界政治』第613号 (1982年1月下旬), 56ページ。
16) Adam Michnik, "Toward a New Democratic Compromise (Interview)," *East European Reporter*, Vol. 3, No. 2 (1988), pp. 24-29. 湯川順夫・水谷驍訳「新しい民主主義的妥協に向けて」『ポーランド月報』第77/78号 (1988年8/9月), 4-19ページ。
17) NHK取材班ほか『社会主義の20世紀[第3巻]』日本放送出版協会, 1990年, 23ページ。
18) cf. Vladimir Tismaneanu, ed., *In Search of Civil Society: Independent Peace Movements in the Soviet Bloc* (New York: Routledge, 1990).
19) 下斗米伸夫「社会主義の『矛盾』論争 (1981年-84年)」『国際政治』第81号 (1986年3月), 97-114ページ。
20) Rudolf L. Tökes, "Hungarian Reform Imperatives," *Problems of Communism*, Vol. 33, No. 5 (1984), pp. 7-13.
21) 「対抗改革」の概念については, Adam Michnik, "The Great Counter-Reformer," *Labour Focus on Eastern Europe*, Vol. 9, No. 2 (1987), pp. 22-23. 高橋初子訳「偉大なる対抗改革者ゴルバチョフ」『ポーランド月報』第67号 (1987年10月), 3-7ページ, を参照されたい。
22) Rupnik, *op. cit.*, 邦訳, 407ページ。
23) 小森田, 前掲論文, 235ページ。
24) Michnik, "Toward a New Democratic Compromise," pp. 24-29.
25) Guillermo O'Donnell and Philippe C. Schmitter, *Transitions from Authoritarian Rule: Tentative Conclusions about Uncertain Democracies* (Baltimore: The Johns Hopkins University Press, 1986), p. 37. 真柄秀子・井戸正伸訳『民主化の比較政治学――権威主義支配以後の政治世界』未来社, 1986年, 101-102ページ。

26) *Ibid.*, p. 38. 邦訳, 103ページ。
27) "Program ," *Tygodonik Solidarnośc* (1981. 10. 16). 邦訳「自主管理労組『連帯』の綱領（上）」『世界政治』第613号，(1982年1月下旬)，55ページ。
28) David Ost, "The Transformation of Solidarity and the Future of Central Europe," *Telos*, No. 79 (1989), p. 84.
29) この民主化モデルの詳細については，川原彰「民主化過程における『円卓会議』と『連帯』市民委員会——体制移行期のポーランド・1987-1989」『杏林社会科学研究』第7巻第2号 (1991年3月)，31-47ページ（後に『東中欧の民主化の構造』第3章に再録），を参照されたい。
30) Juan J. Linz, "The Transition from Authoritarian Regimes to Democratic Political Systems and the Ploblems of Consolidation of Political Democracy" (Paper Presented at the International Political Science Association Tokyo Round Table, March-April 1982), p. 5.
31) ワルシャワ市民委員会連合副議長アンジェイ・ウルバーニク (Andrzej Urbanik) 氏の談話 (1990. 8. 29, 労働省福祉事務所〔ワルシャワ〕，録音テープ＝筆者所蔵)。
32) Alfred C. Stepan, *Rethinking Military Politics: Brazil and the Southern Cone* (New Jersey: Princeton University Press, 1988), pp. 3-4. 堀坂浩太郎訳『ポスト権威主義——ラテンアメリカ・スペインの民主化と軍部』同文舘，1989年，4-5ページ。
33) この言葉の使い方に関しては，坂本義和「社会・民主」『現代の理論』第268号 (1989年12月)，49-51ページ，から教示を受けた。

ポーランドの民主化過程の概観

〔第1段階〕「連帯」の「自己限定的革命」の時期（1980.8-1981.12）

1980.	8.14	グダンスク造船所のスト
	8.31	政労合意（グダンスク協定）調印
	9.17	独立自治労働組合「連帯」結成
1981.	2.11	ヤルゼルスキ将軍，首相就任（国防相兼任）
	9	「連帯」第1回全国大会
	10.16	党中央委総会，カニア第一書記辞任，後任ヤルゼルスキ首相
	12.13	戒厳令布告，「救国軍事評議会」（ヤルゼルスキ議長）全権掌握

〔第2段階〕戒厳令以後の「権威主義的改革政治」の時期（1982.1-1987.12）

1982.	4.22	「連帯」暫定調整委員会（地下指導部）結成（Z.ブヤク議長）
	10.9	新労組法可決，「連帯」を正式に非合法化
	11.13	ワレサ釈放
	12.31	戒厳令停止
1983.	7.22	戒厳令，正式解除．政治犯特赦
	10.5	ワレサ，ノーベル平和賞受賞
1985.	11.6	ヤルゼルスキ国家評議会議長（元首）に就任，首相はメスネルに
1986.	5.31	地下「連帯」指導者ブヤク逮捕
	6.29	統一労働者党第10回大会，ゴルバチョフも列席し，ヤルゼルスキ指導部への支持を表明
	9.13	ブヤクを含めすべての政治犯を釈放
	12.6	「国民的和解」を目的に国家評議会議長諮問会議発足
1987.	10.25	地下「連帯」と公然組織を統一し，全国執行委員会を設置（ワレサ議長）
	11.29	経済・政治改革について国民投票，有権者の過半数の支持が得られず否決

〔第3段階〕「妥協に基づく協定」による体制移行の時期（1988.1-1989.9）

1988.	1	J.ホルツェル「ヤルゼルスキとワレサへの公開状」で両者の会合を提案
	2.1	食料品価格などの値上げ実施
	4～5	労働者と学生の抗議スト

	6	B. ゲレメク「危機克服協定」の構想を提示，統一労働者党中央委で人事異動，改革派が進出．政治局員 J. チレク「改革志向的連立」構想を提示
	7.11	ゴルバチョフ書記長ポーランド訪問．「制限主権論」を公式に否定
	8.15	ヤンチシェンビエで炭鉱労働者が「連帯」合法化を求めるスト開始，ポーランド全土に波及
	8.26	当局が交渉の可能性を意思表示．キシチャク内相「円卓会議」を提案
	8.31	政府とワレサが会談，ワレサはこの後スト中止を呼びかけ
	9.19	メスネル内閣総辞職．後任首相にラコフスキ
	12.18	ワレサ，活動家，知識人，教会関係者からなる「連帯」市民委員会を結成
1989. 2. 6		「円卓会議」開幕
	4. 5	「円卓会議」合意（労組複数化，経済改革，二院制導入・条件付き自由選挙の実施・大統領職の新設）
	6. 4	議会選挙．「連帯」の地すべり的圧勝
	7. 3	A・ミフニク「諸君の大統領，われらの首相」構想
	7.19	ヤルゼルスキ，大統領に選出
	8. 2	キシチャク首相に選出される．組閣に失敗，辞任
	8. 7	ワレサ，「連帯」，統一農民党，民主党の「小連立」内閣を提唱
	8.19	ヤルゼルスキ大統領，マゾヴィエツキに首相就任を要請，下院で承認
	9.12	「連帯」主導政権（マゾヴィエツキ内閣）成立

〔第4段階〕不確実な民主政の制度化を試みる体制移行の時期（1989.10-1990.12）

1989.10.12		バルツェロヴィチ・プロジェクト（ショック療法）発表
	12.29	「ポーランド共和国」へ国名変更，党の指導的役割削除を含む憲法改正
1990. 1. 1		バルツェロヴィチ・プロジェクト実施
	1.27	統一労働者党解散大会，「ポーランド共和国社民主主義」などに分裂
	2. 5	IMF，ポーランドに融資決定
	4.19	「連帯」第2回全国大会
	5.18	ワレサを大統領に推す政治組織「中道連合」結成
	5.27	地方議会選挙，「連帯」市民委員会圧勝
	7. 6	マゾヴィエツキ首相，キシチャクら5閣僚を更迭
	7.13	国会で民営化法を可決
	7.28	市民委員会分裂，反ワレサ派の政治組織「市民運動・民主行動」結成

　　　　9.22　　国会でヤルゼルスキ大統領の任期短縮を決定し，大統領選挙開始
　　　　11.25　　大統領選でマゾヴィエツキ敗北，「連帯」市民議会クラブ分裂
　　　　12. 9　　大統領選決選投票で，ワレサ大統領誕生

〔第5段階〕体制移行後の民主政の「確立」の時期（1991.1-1993.9）

1991. 1.12　　ベレツキ内閣成立
　　　　5.10　　国会で新選挙法可決，ワレサ大統領，新選挙法を拒否
　　　　6.28　　国会，大統領による新選挙法への再度の拒否権行使について否決
　　　　7. 1　　ワレサ大統領，新選挙法に署名
　　　　10.27　　戦後初の完全自由総選挙，民主同盟がかろうじて第1党を確保
　　　　11. 8　　ワレサ大統領，民主同盟のゲレメクを首相に指名し組閣を要請（失敗）
　　　　12.24　　オルシェフスキ内閣成立
1992. 2.15　　オルシェフスキ首相，経済再建策を発表．自由化を大幅修正
　　　　3. 5　　国会，経済改革案を否決
　　　　6. 4　　ワレサ大統領，オルシェフスキ内閣を罷免
　　　　6. 5　　新首相にパヴラク農民党党首．組閣には失敗，辞任（7. 2）
　　　　7. 8　　スホツカ内閣成立
　　　　12.14　　炭鉱労働者スト，全国規模に拡大
　　　　12　　　政府の執行権を強化した「小憲法」施行
1993. 1. 7　　国会，修正「中絶規制法」を可決
　　　　5.10　　公務員のゼネスト（公共部門の賃上げスト）
　　　　5.28　　スホツカ内閣不信任案，国会で可決
　　　　6. 1　　新選挙法成立
　　　　7. 8　　ワレサ大統領，改革支持無党派ブロック（BBWR）の選挙綱領発表
　　　　9.19　　総選挙，旧共産党系の民主左翼同盟と農民党が勝利

第4章　東中欧の民主化と市民社会論の新展開
――理論モデルの整理とその検討を中心に――

1　市民社会論のルネッサンス

　近年，ヨーロッパ世界だけではなく非西欧世界も含めてグローバルに，市民社会という問題が様々な文脈で取り上げられるようになってきている。最近の政治学でも，「市民的公共性」，「ラディカル・デモクラシー」，あるいは「市民活動領域」といった市民社会の問題が，政治理論としても関心を呼んでいるし，実際にNGOやNPOなどの市民活動の高まりによって実践的な観点からも関心を呼んでいる[1]。

　そこでこの章では，「市民社会」(Civil Society) に関連するいくつかの理論モデルを現代政治理論および比較政治学という視角から整理し，市民社会論がもっている理論的な可能性や問題点を探ってみることにしたい。具体的には，90年代後半になって世界的に（もちろん日本においても）市民社会の問題が明確なテーマになってきたのはなぜか。今日のヨーロッパにおいてなぜ市民社会論が復興しているのかという問題を考えるなかから，現在の市民社会論が理論的にどういう面で新しい問題を含んでおり，またどういう面でこれまでの伝統的な市民社会論と関係をもっているのかという点を考えてみたい。

(1)　市民社会論復興の文脈

　1990年代に入って新しい文脈で注目されている市民社会論のルーツは，70年代から80年代にかけてポーランドを中心に東中欧（ポーランド，チェコスロバキア，ハンガリー）で展開された市民社会論にある。これが現在の世界的な市民社会論の活性化を招いたひとつのきっかけになった。では，ポーランドにおいて

70年代に新しい文脈で市民社会論が復興したのはなぜだろうか。

ポーランドで「市民社会」という言葉が新しい文脈で使われ始めたのは，東中欧地域の民主化問題と密接な関係がある[2]。東中欧における民主化運動の成果として，最終的に1989年に東欧革命という形で共産主義体制が全面的に崩壊した。しかしそれに至る段階として3つの段階があった。第1段階として1956年のハンガリー動乱を招いた民主化の試み，そして第2段階として1968年のチェコスロバキアのプラハの春，それから第3段階として1980-81年のポーランドにおける「連帯」革命がそれである。東欧革命の前史として，民主化の次元が徐々に新しい次元に至ったことが重要なのである。

簡潔に説明すると，1956年の段階では非スターリン化の流れのなかで，ハンガリーでイムレ・ナジの政権が民主化と中立化，つまりソビエト・ブロックからの離脱を求めたが，これはソ連の武力介入によって封殺された。いわゆるハンガリー動乱である。次に1968年，今度はソビエト・ブロックから離脱するのではなくて，共産党政権自らが民主化政策を推進した。このときはアレクサンデル・ドプチェクの政権が「人間の顔をした社会主義」という形で，ヨーロッパの市民社会に根ざした共産主義体制の改革を求めた。プラハの春では明確にレーニン主義を否定し，アントニオ・グラムシの考え方を採用した。つまり，ヨーロッパの市民社会の伝統をふまえ，社会的な多元主義を承認した形でどうしたら共産党一党支配を維持できるのかという非常に挑戦的な試みを追求した[3]。しかし，これもわずか8カ月程度でワルシャワ条約機構軍の介入によって阻止されてしまった。

1968年8月のプラハの春の挫折によって，上からの民主化，つまり共産党政府自らが民主化していく可能性はついえたという認識が一般的だったが，そのなかで民主化の最後の可能性はどこにあるのかということが，70年代に東欧の民主化運動を進めている人たちの大きな関心の的になった。68年の学園紛争でワルシャワ大学を追放された人びとがいる。事実上，この人たちが後の「連帯」運動の重要なブレーンになっていく。この人たちの先生に，レシェク・コワコフスキというマルクス主義哲学の大家がいる。イギリスに亡命していた彼こそ

図4-1 ポーランド市民社会論の構成

新しい漸進主義 ─┬─ 〈市民社会〉の民主化　⇔　エリート民主主義
new evolutionism └─ 自己限定革命　　　　　⇔　旧来の革命
　　　　　　　　　　self-limiting revolution

出典：川原彰編『ポスト共産主義の政治学』三嶺書房，1993年，47-82ページ，から筆者が作成。

が東中欧の市民社会論の生みの親である。このコワコフスキが，70年代に入って，「このまま何もしないと共産党の権力による社会の抑圧が続く。社会を有機的につないだ力によって共産党の権力に対抗していくのが民主化の最後の可能性だ」と主張した[4]。

70年代以後の東欧民主化を担っていくヤツェク・クーロン，アダム・ミフニクら「民主的反対派」の人たちは，コワコフスキが考えていた「社会的なレヴェルでの連帯性によって共産党権力に対抗する」ということを実際に行ったわけである。1976年，後に「連帯」につながっていく反体制運動の核として，労働者擁護委員会（KOR＝コール）という自主団体ができた。このKORの代表がクーロンとミフニクであり，彼らが自分たちの運動の意味をアピールする際に，明確に「市民社会」という言葉を使ったのである[5]。ミフニクに関しては，私が編集した日本版論文集『民主主義の天使』[6]があり，これを読むと，KOR創設から東欧革命を経て93年に至るまで，「連帯」のブレーンが何を考えて東欧革命を目指したのかがよくわかる。

1976年に，ミフニクは「新しい漸進主義」という考え方を定義した[7]。70年代半ばの民主化運動のなかから現れた東欧の市民社会論が，なぜその後に大きな影響を与えたのか。言うまでもなく，実際に共産主義体制を民主化したということがまず第1にあるが，理論的にもこれまでの民主主義や革命という考え方に対して，はからずも非常に大きな挑戦をすることになった（図4-1を参照）。彼らは理論的に民主主義論や革命論を考えていたわけではなく，実際に民主化運動を進めるなかで戦略的に考えていた。それだけに，当時の具体的な文脈の

なかで彼らが求めていたものを再構成すると，非常に新しい問題がここに出てきていることに気づく。

(2) 「新しい漸進主義」論の構成

　この「新しい漸進主義」という考え方は，76年になってはじめてKORという民主化運動の核ができたときに，パリで開催されたハンガリー動乱20周年のシンポジウムでミフニクが発表した。第1のポイントは，ポーランドの教会勢力との和解を呼びかけたことである。民主化運動を進めていた勢力とカトリック教会勢力はそれまで仲がよくなく，しかも知識人と労働者との関係もよくなかった。知識人だけの運動，労働者だけの運動という形になってしまい，両者のネットワークがなかなか作れなかったが，その状態を乗り越えるためにミフニクは旧マルクス主義系の知識人と教会系知識人が和解するべきだと呼びかけたのである。ポーランドは人口の9割以上がカトリックの国なので，カトリック勢力と手を組むということは労働者をひきつけ非常に大きな力になっていった。

　第2のポイントは，従来の革命のように，旧体制の権力を奪って自分たちが権力の中枢につくというような急進的な活動はとらないということである。あくまでも漸進的に政府に圧力をかけ，政府から妥協を引き出して徐々に民主化していく戦略を提起した。日本ではあまり知られていないが，実は彼らが明確にモデルとして意識していたのは70年代半ばのスペインの民主化だった。スペインのフランコ体制という権威主義体制は，政府内部の改革派と社会運動，とくに労働運動と和解する形で非暴力的に民主体制に移行した。つまり政府内改革派と社会の穏健派との協定によって民主主義のルールをお互い受け入れるという形での民主化を実現させた[8]。ミフニクは70年代半ばにスペインの民主化を参考にしながら，「右翼全体主義から脱却できるのであれば，左翼全体主義から脱却することもあながち夢ではないかもしれない」と考え，ポーランドの民主化という途方もない夢を描いていた。彼が非凡であったのは，それを単に夢として終わらせるのではなく，どうしたらそれを実際のものにできるか，その手段を戦略的に再構成していったことである。

新しい漸進主義という考え方には 2 つの要素がある。1 つは「市民社会の民主化」という考えである。複数の自発的な社会団体を結びつけ，そこに生まれてくる社会的な力によって政府に圧力をかけるという「自己組織化」の側面を，市民社会の民主化という言葉で示していた。「連帯」運動は人口約 3,000 万人のポーランドで 950 万人が「連帯」に加盟するという巨大な運動になった。この運動を担ったミフニクたちは，この運動の意味を「セルフ・リミッティング・レボリューション＝自己限定的革命」としてこの革命の自己限定性を明確に意識していた。この自己限定性という考え方が，後に政治理論に対して大きなインパクトを与えていくことになったのである[9]。

　ここでいう自己限定性とは，当初はソ連の介入を招かずにどこまで政府に圧力をかけることができるかという意味であり，政治権力を奪うのではなく社会領域の民主化にまず問題を限定しておくことを考えていた。旧来の革命のように手段としての暴力を肯定してしまうと，仮に自分たちが権力を掌握したとしても，革命後にできあがった体制が必ず暴力を内在化した体制になってしまう。ミフニクはハンナ・アレントの『全体主義の起原』やジョージ・オーウェルの『1984 年』といった本を地下出版で読み，20 世紀の全体主義の歴史からよく学んでいたので，「自分たちの運動の正統性を非暴力ということに求める。ここが崩れると自分たちの運動の正統性がなくなる」点を強く意識していた[10]。

　政治領域を共産党が独占していることに対して，自分たちの運動は「アンチ・ポリティックス＝反政治」だという考えを，すでにチェコスロバキアのヴァーツラフ・ハヴェルやハンガリーのジョルジュ・コンラッドなどは示していた[11]。ポーランドでは実際に社会領域の力が強まってくるなかで，「反政治」の領域の意味が重要になっていく。つまり，自発的な社会集団のネットワークとして市民社会を形成していくことこそが「もうひとつの政治」だという意味を，「連帯」運動のなかではからずも明らかにしたのである。

　新しい漸進主義という考え方のもう 1 つの要素はデモクラシーの問題である。デモクラシーの場合，西側の民主主義論の流れで非常に影響力の強いエリート民主主義という考え方がある。民主主義とはエリートの意思決定システム

であり，そのエリートを選出する選挙という手続きに正統性があるのであって，一般の民衆はエリートを選択することしかできないんだというシニカルな見方である。20世紀の大衆社会においてはこうしたエリート民主主義が民主主義論の主流になっていた。それに対して，市民参加を重視する民主主義，今日の言葉でいうと「ラディカル・デモクラシー」と呼ばれているような次元の民主主義の問題点を提起したという意味でも，ポーランドの市民社会論が大きな意味をもっていくのである。

2　市民社会の2つの次元

(1) 自発的活動領域としての市民社会

今日，「市民社会」領域の再発見が政治理論でも様々な点から注目されている。東欧民主化の文脈で市民社会論について考えた経験からいうと，市民社会という問題は大きくわけて2つの次元で設定できる。この市民社会の2つの次元の問題は，デモクラシーの2つの次元とも重なりあっている問題である。市民社会を論じる場合，旧体制に対して立ち向かっている民主化運動の次元でいうと，自発的活動領域としての市民社会がつくりあげるもう1つの政治空間によって，支配的な政治権力に対抗していくという側面が強調される。

実際にこうした市民社会を支えているのは運動的なものである。だからこそ，旧体制に立ち向かっている運動の局面における市民社会という問題は，多分に運動が自己定義するキャッチフレーズ的な側面がある。信条の異なる人たちを束ね目的を明確にしていくという意味で，この場合の市民社会は1つのシンボルとしての側面が強く出ている。こうした市民社会概念は対抗概念として使われるという意味で，その内容に関してはかなり多様な要素を含み込んでいく側面をもっているのである。しかし1989年に新しい問題が生じた。かつて「連帯」勢力は自己限定的革命を推進し，社会勢力に自己限定してきたが，1989年，ついに「連帯」勢力は円卓会議合意に基づく準自由選挙を経て政治権力に到達した。このとき市民社会論にとっても大きな転機が生じたのである。

円卓会議合意後，はからずも社会勢力が民衆からの圧倒的な支持を受けて，自分たちが権力に到達するという最後の局面で著された，ミフニクの「諸君の大統領，我らの首相」という著名な論文がある[12]。円卓会議に向かう時期，「連帯」勢力内部にも大きな変化が起きていた。社会を代表して円卓会議に参加した人びとは，ミフニクやクーロンなどの活動家をはじめ，法律・経済・社会問題の様々な専門家であった。ここにポーランドで非暴力的な民主化が成功した鍵がある。というのも，1981年に戒厳令で弾圧された「連帯」運動は，1988年前後に復活する。ただし，このときにはすでに「国家に抗する市民社会」という単純な対抗図式ではなかった。市民社会つまり対抗的な社会領域のなかにもすでに対抗エリートが生まれていたからこそ，円卓会議は政府と社会の両エリート間の「談合」になっていくわけである[13]。

(2) 制度としての市民社会

　東欧で革命が成功したという意味は，チェコスロバキアや東ドイツをみていると市民が立ち上がって民主化が起きたというイメージであるが，ポーランドの文脈では1980-81年の「連帯」革命のときに民主化運動の戦略はすでにできあがっていて，それを実現していくのが1989年の段階だったということである。限定されたエリート間の協定に基づいて民主体制への非暴力的な移行が実現したものの，これまで考えられていた市民社会，つまり自発的な社会集団のネットワークで形成された民主化運動のような市民社会は，即座に動員解除されてしまう。体制転換が実現すると，市民社会のもう1つの側面が重要になる。革命期の非日常的な政治ではなく，ノーマルな時期になると利益の配分を行うためにルールや手続きという側面を強調した慣習とか制度としての市民社会，つまりデモクラシーを支えていく西欧的な意味での市民社会が強調されるのである[14]。

　市民社会とデモクラシーの関係に着目した場合，広い意味での「市民社会」には，運動としての市民社会の領域と制度化されていく市民社会の領域という2つの問題が含まれているわけだが，デモクラシーそのものもこの2つの領域

に対応している。一方で革命期や非日常的な時期にはそもそも民主化を推進する力になる正統性のシンボルとしての領域が強調される。他方で現実に民主主義を運営していく問題になると、日常期の制度化された部分の民主主義、つまり民主主義の問題解決能力としてのガバナビリティの方がより重要視されてくる面がある。この重点移動が、市民社会にしろデモクラシーにしろ、民主化後に現れてくる問題になっている[15]。

3 市民社会概念の歴史的展開

(1) 新しい市民社会の暫定的定義

ここで、なぜ東欧の民主化で注目された市民社会論が東欧の文脈を離れて、新しい市民社会論としてさらに影響力をもっていったのかを明らかにするために、政治理論の観点から市民社会モデルを簡単に整理し直してみたい。

言うまでもなく、ヨーロッパの Civil Society 概念を整理するという作業は簡単にできるものではない。これに関しては、M. リーデルが書いた『市民社会の概念史』[16] という定評のある本があるので、この本に即して概念の整理をしておきたい。というのも、東欧でいわれていた市民社会の問題を、市民社会というと「乗り越えるべき対象」と思っている人が多い日本の文脈で論じても、大半の人には問題の本質がわかりにくい。日本のようにマルクス主義が全盛であった文脈においては、市民社会はブルジョア社会として克服すべき対象であり、何をいまさら市民社会などという手垢のついた言葉を使うのかという批判が、私が最初に直面した反応であった[17]。日本の場合もヨーロッパにおける概念を日本なりに翻訳して取り入れているので、新しい市民社会論を理解するためだけに限定して市民社会論の前提を考えてみる。

今日の新しい市民社会論の主題が何かというと、市民社会を中心に国家と市場経済をめぐる問題があり、それをつなぐ問題として政治社会と経済社会がある（図4-2参照）。今日の市民社会論者のなかで、東欧の文脈を理解したうえでさらに政治理論を展開しているのが、アンドリュー・アレイトとジーン・コー

図4-2 市民社会をめぐる5層構造

国家 ——〈政治社会〉——〈市民社会〉——〈経済社会〉—— 市場経済
　　　　（政党，議会など）　　　　　　　（企業，組合など）

出典：川原彰編『ポスト共産主義の政治学』，47-82ページ，から筆者が作成。

エンであり，彼らが著した『市民社会と政治理論』[18]という本は，市民社会論の最も重要なテキストの1つとなっている。彼らは市民社会を「経済と国家との間の社会的相互作用領域であり，親密圏（特に家族）と諸アソシエーション（特に自発的アソシエーション），社会運動，公的コミュニケーション諸形態の圏域とから成っている」[19]と定義している。

(2) 市民社会の歴史的なモデル

　こうした新しい市民社会の定義を念頭に置いて，市民社会に関する歴史的なモデルが何をテーマにしてきたのかを確認しておきたい。ヨーロッパにおける最も古典的な市民社会，とくに古代ギリシアのポリスをイメージした市民社会は，国家と社会が分離していない段階である。そういう意味で，ポリスそのものが都市国家と訳されたりするが，この文脈で言うと要するに「市民の共同体」としてのモデルになっている。市民はポリスを防衛する義務をもつという意味では「戦士の共同体」ともいえる。このモデルは政治的・軍事的意味合いを強くもっていて，市民社会を政治的支配形式つまり「国家」と同意味で使用するという意味では，現在の市民社会よりもはるかに自足的・自己完結的なイメージになっている。

　これが近代になって意味合いが変わっていく。ポリス，およびポリスにおける市民という概念がどういう形でギリシアからローマ世界を経てヨーロッパに広がっていくか，その概念の歴史を研究したものが先のリーデルの本である。細かい話は省略するが，問題は近代になって市場経済が発展していくなかで，市民社会という意味合いが徐々に経済的な意味合いに変貌する。ギリシア的な

イメージではパブリックな性格をもった市民社会が，プライベートな領域としての市民社会になっていく。それが今日の市民社会のイメージとして強い「ブルジョア社会」という意味合いである。市場経済が発展して徐々に社会領域が国家から自立化していくなかで，近代的な市民社会は国家と異なるもうひとつの領域として意識されてきた。この意味合いの影響が現代でもまだ強い。近代の市民社会は，国家とは異なる自立したひとつの経済社会の領域としての市民社会という意味合いをもつといえる。

端的には，〈ポリス・モデル〉は国家と社会がまだ分岐していない段階の政治的・軍事的意味合いが強い市民社会であって，今日の言葉でいえば「政治社会」という言葉に近い。それに対してもうひとつの近代的な市民社会，「ブルジョア社会」や経済的な意味で市民社会と呼ばれている領域には，市民社会を国家とは対立するものとして支配形式の欠如によって定義し，市民＝私人から成る社会として脱国家的・脱政治的に定義する〈自由主義モデル〉と，市民＝有産階級から成る社会として，つまり資本と労働の対立に基礎をおくブルジョア社会として定義する〈社会主義モデル〉がある。いずれのモデルにしても経済的な意味合いに限定されている。その意味では，古典的な市民社会が政治的・軍事的な意味合いを強調したのに対して，近代の市民社会は経済的な意味合いを強調しているといえよう[20]。

(3) 新しい市民社会の制度的核心

ポーランドの民主化のなかで現れてきた新しい市民社会論は，いずれの意味とも違ってきており，国家という領域からも経済という領域からも自立した領域としての市民社会という問題を考え始めている。パブリックな領域としての社会，非国家的・非経済的領域としての市民社会という問題をより強調しているという意味では，〈公共圏モデル〉ともいえる。アレイトとコーエンが「経済と国家との間の社会的相互作用領域」としての市民社会に着目し，自発的アソシエーションや社会運動，および公的コミュニケーション諸形態などを強調していたのは，ポーランド「連帯」などの民主化運動の経験が生かされているか

らである。こうした市民社会論がなぜ影響力をもったのかということを，ハバーマスの考え方を中心に説明しておこう。

　ハバーマスというドイツの著名な社会哲学者が，東欧革命後にミフニクと対話している。ハバーマスもミフニクも，社会主義の遺産として残されたラディカル・デモクラシーに着目するという意味では，意見の一致をみている[21]。ハバーマスは東欧の民主化に非常にインパクトを受け，60年代に書いた『公共性の構造転換』という市民的公共領域の研究にわざわざ新しい序言をつけ，東欧の民主化の意味をもう一度捉え直しながら自らの理論を展開した[22]。そこでハバーマスは新しい市民社会のドイツ語を，ブルジョア社会という意味と区別するために「ツィビル・ゲゼルシャフト＝市民社会」という新しい言葉をわざわざあてて，政治的性格を残した公共空間としての市民社会という意味合いを強調したのである。

　今日の市民社会論が前提としている考え方は，ハバーマス的にいうと，国家領域や経済領域はいずれにせよ人間にはコントロールできないものにシステム化されていき，それに対して生活世界を防衛するという考え方が中心になってる[23]（図4-3参照）[24]。なぜ国家領域や経済領域を市民社会からはずしていくのかというと，国家領域にせよ市場経済領域にせよ，近代になって権力や貨幣を媒介にしてシステムとして統合されていく領域として捉えられているからである。逆に言うと，そうしたシステム領域に対抗するという意味合いがこの新しい市民社会概念に入っている。システム化された国家領域が独占している公共性に対して，市民のコミュニケーション的ネットワークによってつくられる公的領域を，「市民的公共圏」あるいは「市民社会」と名づけ，新しい市民社会の問題として考えているのである。

　このように今日の新しい市民社会論は，この生活世界の市民ネットワークによってつくられる領域を，「市民的公共圏」あるいは「市民社会」という言葉で語るようになっている。「《市民社会》の制度的核心をなすのは，自由な意思にもとづく非国家的・非経済的な結合関係である」[25]というハバーマスの定義や，「非強制的な人間のアソシエーション空間，また，この空間を満たす（家族，信

128　第Ⅱ部　市民社会＝革命論

図4-3　ハバーマスのシステムと生活世界

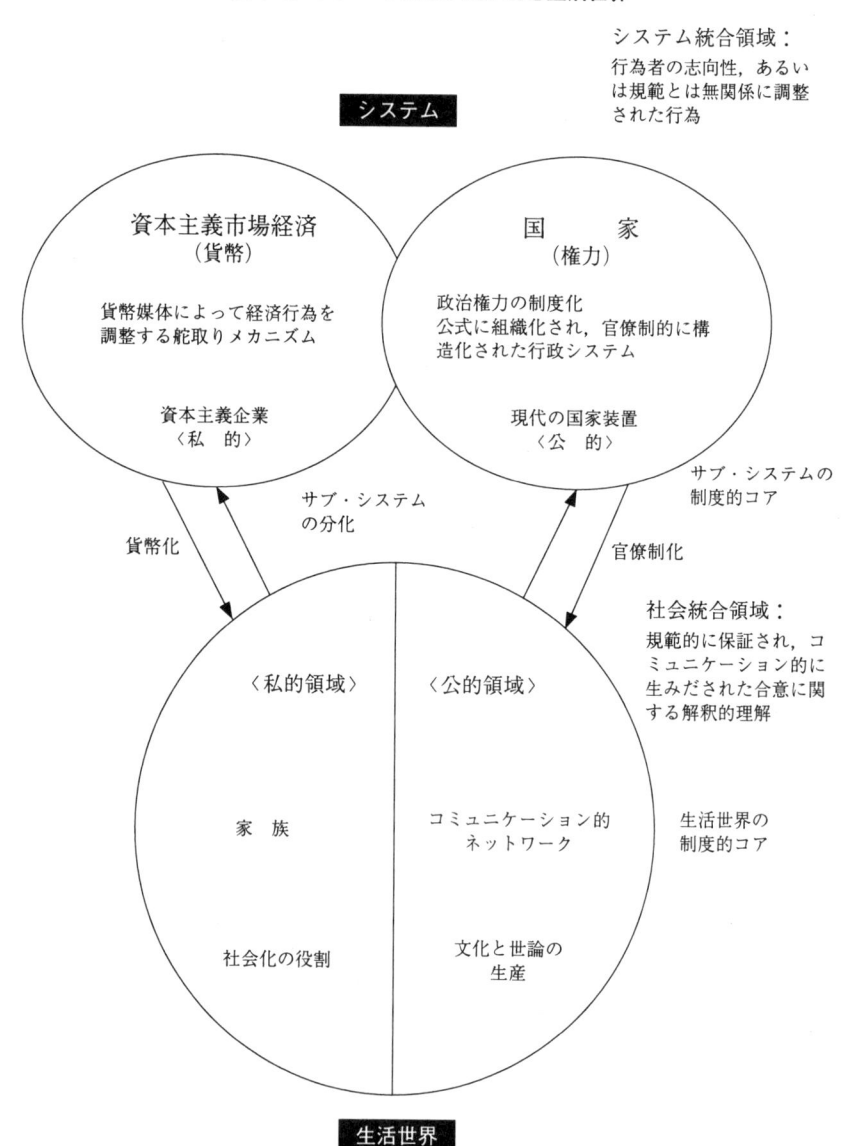

システム

システム統合領域：
行為者の志向性，あるいは規範とは無関係に調整された行為

資本主義市場経済
（貨幣）

貨幣媒体によって経済行為を調整する舵取りメカニズム

資本主義企業
〈私　的〉

国　　家
（権力）

政治権力の制度化
公式に組織化され，官僚制的に構造化された行政システム

現代の国家装置
〈公　的〉

サブ・システムの制度的コア

貨幣化　　サブ・システムの分化　　官僚制化

社会統合領域：
規範的に保証され，コミュニケーション的に生みだされた合意に関する解釈的理解

〈私的領域〉　〈公的領域〉

家　族　　コミュニケーション的ネットワーク

生活世界の制度的コア

社会化の役割　　文化と世論の生産

生活世界

出典：ハバーマス『コミュニケーション的行為の理論』の枠組を，A. サレスがまとめたもの。

仰,利害,イデオロギーのために形成された)関係的ネットワークの総称」[26]というマイケル・ウォルツァーの定義はその典型である。この領域をさらにどのように理論化していくのか。市民社会の潜在的な力を何が担っていくのか。新しい市民社会論を西欧の文脈から非西欧世界の民主化の文脈に広げて考えていく前提として,市民社会論の現代的位相を整理しておきたい。

4 市民社会論の現代的位相

(1) 市民社会をめぐる4つの哲学的モデル

市民社会論といっても,実際には多様な要素が混在する形で展開されている。そこで多様な市民社会論を交通整理するために,ゴラン・ハイデンという政治学者が作成した枠組[27]をたたき台として使って整理してみたい。図4-4は,市民社会論の4つの哲学的モデルを位置づけるためのものである。市民社会と国家がどのように関係づけられているのかをタテ軸にとっている。上にいくほど有機的に関係づけられているということであり,逆に下にいくほどそれぞれの独立を強調する議論になっている。またヨコ軸は,市民社会領域を経済領域として考えるのか社会領域として考えるのかを表している[28]。この図をもとに,ロック,ペイン,トクヴィル,ヘーゲルの各モデルを簡単に説明しておきたい[29]。

ロック・モデルは17世紀の名誉革命を正統化したジョン・ロックの議論に基づいており,今日に至るまでオーソドックスな市民社会論とされてきた。言う

図4-4 市民社会の哲学的モデル

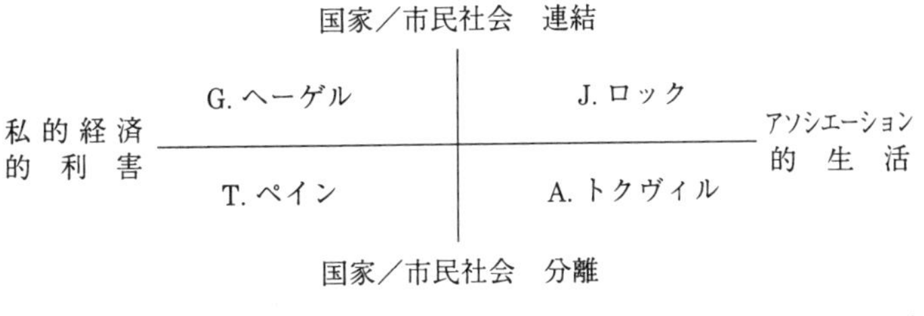

```
           国家／市民社会　連結
                │
   G.ヘーゲル    │    J.ロック
私的経済 ───────┼─────── アソシエーション
的 利 害        │         的 生 活
   T.ペイン     │    A.トクヴィル
                │
           国家／市民社会　分離
```

出典:Goran Hyden, "Civil Society, Social Capital, and Development," p. 6.

まても なく，社会領域の自由を保護するために国家を設立していくという契約論的な構成をとっており，通常，国家と市民社会の関係づけとして一番使われるモデルとなっている。議論の方向性としては，個人の自由を確保するために権力を信託し政府を設立するというものであり，その面では国家と市民社会を二元論的に捉えて関係づけていくモデルである。図に即していうと，国家と市民社会は有機的に連結し，市民社会は社会領域を重視する立場だということができる（ロック『市民政府論』岩波文庫，参照）。

ペイン・モデルはアメリカ独立革命の時の反国家主義的なモデルであり，分業を通じた商業と手工業による市民社会という意味では，個人の経済活動を重視してそこに秩序をみいだしていく立場をとっている。アダム・スミスやディビッド・ヒュームらのスコットランド啓蒙と立場を同じくするトマス・ペインは，市民社会の自立性を強調する立場をとり，市民社会を「経済社会」として捉えている。国家権力からの自由を確保するために市場に基づく市民社会を重視しているわけである。図に即していうと，国家と市民社会は自律的であり，市民社会は経済領域を重視する立場だということができる（ペイン『コモン・センス』岩波文庫，参照）。

トクヴィル・モデルは19世紀半ばに著された『アメリカのデモクラシー』のなかで強調された立場であり，今日のアメリカではあまりにも一般的になっている。このモデルは様々な自発的なアソシエーションへの参加を通して，個人は公共的精神をそなえた市民へと育成され，政治的主体となっていくというモデルである。フランス人のトクヴィルは市民社会の意味をフランスとの比較で考え，フランスのようにルソー主義に従って中間団体をすべて破壊してしまうと個人が無力になってしまうことを強調し，逆にアメリカのように多様な団体が存在することが結果的に権力の一元支配を妨げるとして，アソシエーショナルな中間集団の意味を強調している。図に即していうと，国家と市民社会は自律的であり，市民社会は社会領域を重視する立場だということができる（トクヴィル『アメリカの民主政治（上・中・下）』講談社学術文庫）。

ヘーゲル・モデルはマルクス主義に影響を与えているため，日本では一番イ

メージが強い市民社会モデルといえる。ヘーゲルによれば，分業によって階層化された社会内部では相互承認を求めて激烈な闘争が繰り広げられる。独立した個人＝市民（ブルジョア）が自己の欲求の充足を求めて相互に闘争を繰り広げる場を市民社会とする立場である。さらに欲望の体系としてのブルジョア社会を自由の王国としての国家へと止揚するという方向性はマルクス主義に継承され，近代の「ブルジョア社会」としての市民社会論に大きな影響を与えた。図に即していうと，国家と市民社会は有機的に連結し，市民社会は経済領域を重視する立場だということができる（ヘーゲル『法の哲学』〔『中公バックス・世界の名著』44〕中央公論社）。

(2) 市民社会に寄与している重要な学派

次に，こうした哲学的モデルと現代の論点との対応関係を考えてみたい。たとえば，今日の新しい市民社会論ではとくにトクヴィルの市民社会論が強調されている。東欧においてもミフニクが市民社会論をどこから学んだかというと，アントニオ・グラムシとならんで，やはりトクヴィルの市民社会論の影響が大きい。そこでこうした哲学的モデルが現代の政治・社会理論にどのように対応しているのかを整理しておきたい。

市民社会論に寄与している重要な学派を挙げると（図4-5参照）[30]，まずアソシエーション学派が，トクヴィル的な自立的・活動的な中間団体の重要性を強調する考えであり，とくにアメリカでは支配的なイメージである。この考えの

図4-5 市民社会論に寄与している重要な学派

	国家／市民社会　連結		
私的経済的利害	ポスト・マルクス主義学派	レジーム学派	アソシエーション的生活
	ネオ・リベラリズム学派	アソシエーション学派	
	国家／市民社会　分離		

出典：G. Hyden, *ibid.*, p. 9.

影響が今日の民主化論においても非常に強い。民主主義を支えていく際に，より市民社会を発展させてそのうえで安定した民主主義を強調していくという文脈である。ラテンアメリカと南欧・東欧の比較民主化研究を進めているA. ステパン[31]やL. ダイアモンド[32]，またイタリアの北部と南部の社会関連資本に関する比較研究を行ったR. パットナム[33]らがこの方向性を代表している。アメリカにおいては，NGOやNPOという市民活動を強調する考え方である。民主化後の東欧の問題に対して，アメリカのNPO支援団体がNPOを多くつくることで市民社会を意図的につくりだそうとしたのは，こういうイメージからきている。

それに対してレジーム学派は，民主化という問題を考えていく際に，国家と市民社会がどのように関係すべきかについて，とくに市民社会が発達する枠組を強調していく立場をとっている。ジョン・ロックやアメリカのフェデラリストのように，レジームの性質と民主主義的ルールの枠組，とくに国家と社会の関係における立憲的な枠組を強調する考え方である。体制移行研究において協定の役割を重視したG. オドンネルとPh. シュミッター[34]らがこの方向性を代表している。

次にネオ・リベラル学派はトマス・ペインやアダム・スミスのように市民社会を経済社会として捉えるものの，とくに社会構造の視点を重視し市民社会が達成できることに懐疑的な立場である。資本主義とデモクラシーがどういう関係にあるかという最近の議論はこの系列に入る。私有財産強化のための構造改革の重要性を強調するA. プシェヴォルスキ[35]の研究のように，経済発展と民主化がどういう相関関係にあるかといった議論がそれに入る。

また，ポスト・マルクス主義学派は，ヘーゲル・モデルの延長線上にあるもので，今日ではマルクス主義を独自に解釈しヘゲモニー論を展開したグラムシ・モデルに代表される。支配的経済によりつくりだされる社会構造の重要性に着目して，その構造改革の影響力を強調する立場である。とくに「新しい社会運動」などを強調していくタイプの考え方であり，リベラル・デモクラシーの一定の限界を乗り越えていこうとする指向性をもつ点では，ラディカル・デ

モクラシー論とも問題を共有している。資本主義的な経済構造と政治の関係を研究したC. リンドブロム[36]やD. ロシュマイヤー[37]らがこうした方向性を示している。

(3) プルーラリズム・コーポラティズム・市民社会

　ここで最後に，プルーラリズムやコーポラティズムといったモデルと市民社会論の関係についてふれておきたい。もともとこうしたモデルについては，社会領域そのものではなくて政策決定機構の問題として考える傾向があった。現在ではそれをより社会的なものとの関連性のなかで考える方向にいっている。国家─市民社会関係の多様なパターンを示す図4-6では，市民社会が国家と関連性を強くもっているのか，それとも分離しているのかがタテ軸で示されている。ヨコ軸は体制の解放度（民主化度）であり，レジームそのものがより自由な体制なのかそうではないのかという観点を表している[38]。その場合，レジームの型と市民社会という問題がどのように関係してくるのかは，かなり具体的なレヴェルで考える問題になる。

　とくに民主化を追求するという文脈で，市民社会という問題がレジームの型とどう関係するのかを考えたいわけだが，通常ネオ・リベラルの政治体制，とくに市場への信頼を想定しているレジームの場合には，どうしても国家は小さな国家になっていく。その場合にプルーラリズムの観点からいうと，政策決定のプルーラリズムといっているのは，様々な政治集団が複数競合している段階

図4-6　国家─市民社会関係の多様なパターン

	包括的	
ネオ・コーポラティズム型		温和な権威主義型
自由 ────────────────		──────── 不自由
ネオ・リベラリズム型		ネオ世襲型
	排他的	

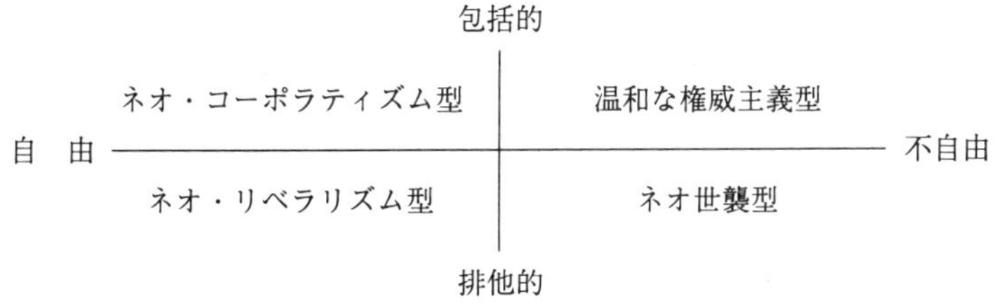

出典：G. Hyden, *ibid.*, p. 20.

を想定している。そうした集団が自由に競合するなかで意思決定を行うことを強調する考え方が政治的プルーラリズムである。このモデルは比較的ネオ・リベラリズムと親和性が高い考え方になっている。

それに対してコーポラティズム，とくにネオ・コーポラティズムと呼ばれている先進国の政策決定は，もともとの文脈は「議会制民主主義は無力で，社会主義は危険だ」という立場から，ひとつの政治の仕組みとして，各企業や組合などのコーポレーションの有機体として国家を立ちあげていくという考えに由来する。そのため戦間期には，これはファシズムと親和性が高い考え方になっていったわけである。

70年代以降ネオ・コーポラティズムとして議論されているのは，そうした政策決定における政府と資本と労働が議会を経由せずに3者の協調的な政策決定機構ができていくという文脈である。社会のエリート的な団体を政策決定に選択的に抱き込んでいくというイメージである。社会の多元的な利益や要求を政党や利益集団による通常の政治過程で意思決定していくのではなく，議会を経由せずに社会の各領域のエリート的な団体を選択的に取り込んで意思決定を行っていくというように，社会の一部を国家の体制に取り込むのがネオ・コーポラティズムと呼ばれている。社会の側からみると，ネオ・コーポラティズムは政策決定を市民社会とは限りなく遠いものにしていくことになってしまう。したがって，その場合の市民社会の問題とは意思決定が遠ざかっていくことに対抗していく文脈で考えられている。

5 新しい市民社会論の課題

(1) 市民社会の伝統的側面と新しい側面

東中欧から始まった新しい市民社会モデルは，すでにヨーロッパを離陸してグローバル化しているが，では実際にどの範囲までをこのモデルでカバーできるのかを考えてみたい。

ポーランドの民主化を論じる際に痛感したのは，ポーランドの文脈で「市民

社会」という言葉が使われた際に，なぜポーランドであれほどの巨大な社会運動が実現したのかという問題と，その運動をどう意味づけて理論化し，ポーランドの枠を超えてどう展開していくかという問題であった。リアルにポーランドの問題を考えると，求心的に運動ができていく原因は，カトリシズムと手を組んだということにある。ポーランドのカトリシズムは民族的アイデンティティと重なるところがあるため，共産主義体制という名の「外国権力による占領体制」に挑戦する「連帯」運動は，言うならばポーランド民族の独立運動のような色彩も帯びていた。そういう面で，ポーランドにおいてはネーションという価値と宗教的な価値が重なりあい，求心的に社会を統合する方向に働いたのである[39]。

そうした伝統的側面を踏まえたうえで新しい側面を強調して考えると，それはネットワーク的な社会ということになる。その場合に，ネットワーク的な社会を構成していく論理が何かということが問題になってくる。「連帯」運動のなかに多様な潮流が混在していたがゆえに，民主化が実現していくなかで「連帯」勢力は分解していった。ワレサをはじめとするより伝統的な価値を強調する勢力と，普遍主義志向の知識人たちの勢力とがまずはじめに分かれた。民主化後半年でここが分かれ，このあとはバラバラに分散していくことになる[40]。旧体制に挑戦していた局面では「市民社会」というシンボルのもとに様々な勢力が結集していたが，民主化が実現してしまうと将来の方向性をめぐって分裂してしまうのである。

民主化の文脈における市民社会の2つの異なる役割を考えると，1つの役割は国家だけではできないやり方で市民社会が資源の動員を助けるという側面がある。市民のイニシアティブによる自由の恩恵はその典型である。もう1つの役割は個人を民主的な方向に社会化するという側面である。市民社会の多様なアソシエーションは下から権力構造を形成し市民参加の哲学を教化するわけである。したがって，力強い市民社会はデモクラシーの十分条件ではないが必要条件になる。この点では，新しい市民社会モデルはグローバルに展開している。それはエリアを越えて，アジアやラテンアメリカやアフリカなどの各エリアで

相当な有効性があるのではないかと思われるが、この点はまだこれからの検証を待っている課題である[41]。

(2) 新しい市民社会論の課題

最後に、新しい市民社会論の課題を3点ばかり指摘しておきたい。

まず、市民的共和主義の位置づけの問題がある。共和主義はもともと市民的徳を強調して、政治に関わっていくという側面から公共性を位置づけていく。権力に対して防衛的な側面ではなく、より政治に能動的に関わっていく側面として市民的共和主義という問題がでてきている。今後、市民社会をよりポジティブに捉えていくにあたっては、市民的共和主義の問題が重要になる。市民的徳や心の習慣といった問題は、家族、道徳、宗教などの議論と市民運動、民主主義などの議論とのインターフェイスの領域となる。この点で、コミュニティや共同性など保守派の論点を戦略的に取り込んでいくことが必要になるであろう[42]。

この問題は、「市民社会の抑圧性」という問題に関わってくる。西欧の普遍主義的な価値である個人主義的自由・平等観のゆらぎが進行し、多文化主義などにみられる多元的な諸価値の承認の政治が啓蒙的立場の相対化をおし進めている現在、中間集団による個人の抑圧を批判してきたフェミニズムなどのラディカル派との関係に折り合いをつける必要がある。近年の政治理論の主題である「闘争的多元主義（agonistic pluralism）[43]」（C. ムフ）や「他者性の政治」と「アゴーンのデモクラシー[44]」（W. E. コノリー）に関する議論は、民主主義的シチズンシップとラディカル・デモクラシーを再定義する方向に展開している。

最後に、グローバル化する市民社会の評価をめぐる問題がある。国境を越えて生まれつつある市民社会が議論される現在、グローバル化との関係において市民社会を統合する価値とネーションの関係があらためて問われることになる[45]。近年のエスノナショナリズムの噴出が急速なグローバル化との関係で生じていることは、B. バーバーの『ジハード対マックワールド』[46]などが明らかにしている通りである。このグローバルな市民社会の問題をどのように政治理論にと

り入れていくのか。D. ヘルドの「グローバル・デモクラシー論」[47]などは，この問題を精力的に論じ始めている。

市民社会論のポテンシャルの評価は，理論的な問題というよりも，近年関心が高まっているNPOの問題とか様々な市民活動の領域の問題と関わっている。それが現代政治のなかでどういうような位置づけになっていくのか，その意味を市民社会論の問題として考えていく必要があるのではないか。今後は具体的な問題と理論的な問題を関係づけていく試みが求められている[48]。

1) 市民的公共性とデモクラシーをめぐる政治理論は，近年の最もホットな問題領域のひとつになっている。1998年以降の日本の文献をサーベイしただけでも，たとえば以下が注目される。政治思想史の分野では，宇野重規『デモクラシーを生きる』（創文社，1998年）がトクヴィル論によって政治の再発見を論じ，川崎修『アレント』（講談社，1998年）も政治と公共性の復権を論じる。杉田敦『権力の系譜学』（岩波書店，1998年），ダグラス・ラミス『ラディカル・デモクラシー』（加地永都子訳，岩波書店，1998年），花田達朗『メディアと公共圏のポリティクス』（東京大学出版会，1999年），千葉眞『デモクラシー』（岩波書店，2000年），斎藤純一『公共性』（岩波書店，2000年）などが市民的公共性論とデモクラシー論の今後の課題を展望している。さらにNPO・NGOなどの市民活動領域の拡大は，新しい市民社会論や公共性論を活性化させている。その代表として，八木紀一郎ほか編『復権する市民社会論』（日本評論社，1998年），五百旗頭真ほか『「官」から「民」へのパワーシフト』（TBSブリタニカ，1998年），今井弘道編『「市民」の時代』（北海道大学図書刊行会，1998年），今井一『住民投票』（岩波書店，2000年）がある。ジェンダーやグローバルな公共圏などの新しい争点を理論化した業績として，土佐弘之『グローバル／ジェンダー・ポリティクス』（世界思想社，2000年），小林誠・遠藤誠治編『グローバル・ポリティクス』（有信堂，2000年）がある。

2) こうした視角からの文献として，Jacques Rupnik, "Dissent in Poland, 1968-78: the end of Revisionism and the rebirth of the Civil Society," in Rudolf L. Tökes, ed., *Opposition in Eastern Europe* (London: Macmillan, 1979), pp. 60-112.; Z. A. Pelczynski, "Solidarity and 'The Rebirth of Civil Society'," in John Keane, ed., *Civil Society and the State: New European Perspectives* (London: Verso, 1988), pp. 361-380. が有益である。また，川原彰『東中欧の民主化の構造――1989年革命と比較政治研究の新展開』（有信堂，1993年），1章を参照。

3) この改革の試みについては，ズデニェク・ムリナーシ（相沢久監訳）『夜寒——プラハの春の悲劇』新地書房，1980年，がすぐれた記録となっている。
4) Leszek Kolakowski,"Hope and Hopelessness," *Survey*, Vol. 17, No. 3 (1971), pp. 37-52.
5) たとえば，"Declaration of 'The Democratic Movement' (Warsaw, October 1977)," in Peter Raina, *Political Oppsition in Poland 1954-1977* (London: Poets and Painters Press, 1978), pp. 452-458. がある。
6) Adam Michnik, *Aniol Demokracji: Zbiól esejów Adam Michnika*. 川原彰・武井摩利・水谷驍編訳『民主主義の天使——ポーランド・自由の苦き味』同文舘，1995年。
7) 同書，15-34ページ。
8) スペインの民主化の概要については，とりあえず，若松隆『スペイン現代史』岩波書店，1992年，を参照。
9) 川原彰編『ポスト共産主義の政治学』三嶺書房，1993年，47-82ページ。
10) ミフニク『民主主義の天使』147-149ページ。
11) cf. Vaclav Havel, "Anti-Political Politics," in Keane, ed., *Civil Society and the State: New European Perspectives*, pp. 381-398.; George Konrad, *Antipolitics* (San Diego: Harcourt Brace Javanovich, 1984).
12) ミフニク『民主主義の天使』159-161ページ。
13) 川原彰『東中欧の民主化の構造』3章。
14) 同書，4章および5章。
15) 川原彰「民主化理論と民主化以後の諸様相——ポスト共産主義の体制転換と『国家性』問題」，富田広士・横手慎二編『地域研究と現代の国家』慶應義塾大学出版会，1998年，345-374ページ〔本書第7章〕。
16) M. リーデル（河上倫逸・常俊宗三郎編訳）『市民社会の概念史』以文社，1990年。
17) そうしたなかで，久野収『政治的市民の復権』潮出版社，1975年，は今日の新しい市民社会論の先駆的な議論を展開している。
18) Jean Cohen and Andrew Arato, *Cicil Society and Political Theory* (Cambridge: MIT Press. 1992).
19) *Ibid.*, Ch. 1.
20) リーデル『市民社会の概念史』，第1章「市民社会」参照。
21) ミフニク『民主主義の天使』165-197ページ。
22) J. ハーバーマス（細谷貞雄・山田政行訳）『[第二版]公共性の構造転換』未来社，1994年，「1990年新版への序言」。
23) J. ハーバーマス（河上倫逸ほか訳）『コミュニケーション的行為の理論（上・中・

下)』未来社, 1985-87年。
24) Arnaud Sales, "The Private, the Public and Civil Society: Social Realms and Power Structures," *Internationl Political Science Review*, Vol. 12, No. 4 (1991), p. 296.
25) J. ハーバーマス『[第二版] 公共性の構造転換』xxxviii ページ。
26) M. ウォルツァー (高橋康浩訳)「市民社会論」『思想』第867号 (ラディカル・デモクラシー特集, 1996年9月) 166ページ。
27) Goran Hyden, "Civil Society, Social Capital, and Development: Dissection of a Complex Discourse," *Studies in Comparative International Development*, Vol. 32, No. 1 (1997), pp. 3-30.
28) *Ibid*., p. 6.
29) *Ibid*., pp. 5-8.
30) *Ibid*., p. 9.
31) Alfred Stepan, "State Power and the Strength of Civil Society in the southern cone of Latin America," in P. Evans, D. Rueschemeyer and T. Skocpol. eds., *Bringing the State back in* (Cambridge: Cambridge University Press, 1985).
32) Larry Diamond, "Toward Democratic Consolidation," *Journal of Democracy*, Vol. 5, No. 3 (1994). pp. 4-17.
33) Robert D. Putnam, *Making Democracy Work: Civic Ttaditions in Modern Italy* (Princeton: Princeton University Press, 1993). 河田潤一訳『哲学する民主主義』NTT出版, 2001年。
34) Guillermo O'Donnell and Philippe C. Schmitter, *Transitions from Authoritarian Rule: Tentative Conclusions about Uncertain Democracies* (Baltimore: The Johns Hopkins University Press, 1986). 真柄秀子・井戸正伸訳『民主化の比較政治治学』未来社, 1986年。
35) Adam Przeworski, *Democracy and the Market* (New York: Cambridge University Press,1990).
36) Charles E. Lindblom, *Politics and Markets* (New York: Basic Books, 1977).
37) D. Rueschemeyer, E. H. Stephens and J. Stephens, *Capitalist Development and Democracy* (Chicago: University of Chicago, 1992).
38) Hyden, *op. cit*., p. 20.
39) 川原彰『東中欧の民主化の構造』1章。
40) 同書, 4章および5章。
41) 非西欧世界への市民社会論の適用については, とりあえず, 岩崎育夫編『アジアと市民社会——国家と社会の政治力学』アジア経済研究所, 1998年, を参照。

42) 森政稔「現代日本市民社会論――その批判と構想」, 大森彌ほか編『現代日本のパブリック・フィロソフィ』新世社, 1998年, 29ページ。
43) シャンタル・ムフ (千葉眞ほか訳)『政治的なるものの再興』日本経済評論社, 1998年。
44) ウィリアム・E. コノリー (杉田敦・齋藤純一・権左武志訳)『アイデンティティ／差異――他者性の政治』岩波書店, 1998年。
45) 森「現代日本市民社会論」38-41ページ。
46) ベンジャミン・バーバー (鈴木主税訳)『ジハード対マックワールド』三田出版会, 1997年。
47) David Held, *Democracy and the Global Order. From the Modern State to Cosmopolitan Governance* (Cambridge: Polity Press, 1995). 佐々木寛ほか訳『デモクラシーと世界秩序』NTT出版, 2002年。
48) こうした試みの一部として, 川原彰「市民社会論の新展開と現代政治――民主主義の再定義のために」, 高畠通敏編『現代市民政治論』世織書房, 2003年, 245-269ページ, がある。

━━━━━━━━━━━━━━━━━━━━━━━━━━━━━━━━━━ column ━━━━━━━━━

三浦元博・山崎博康著
『東欧革命』

(岩波新書／580円)

━━━

証言をもとに体制崩壊を追う

 ポスト共産主義とポスト冷戦を機軸に展開している世紀末の大変動は，民族問題の暗い影に付きまとわれている。それに伴い，この世紀末の大変動のきっかけともなった1989年の「東欧革命」それ自体の再検討も始まっている。あの連鎖的な政変は，本当に「下からの民主革命」だったのだろうか，と。

 本書は，2人のジャーナリストが旧共産党指導者への直接インタビューや回想録での証言を駆使し，共産党体制が自己崩壊していくプロセスを権力内部から詳細に追跡した労作である。取り上げられるのは，旧東ドイツ，ハンガリー，ポーランド，ブルガリア，チェコスロバキア，ルーマニアの政変である。

 「遅れて来る者は人生に罰せられる」。ゴルバチョフが東ドイツ指導部に対して，ロシアのことわざを引用したエピソードが紹介されているが，歴史が加速した時期にはどの指導者もこの言葉を思い知らされることになる。本書を一読すると，政治変動が中・長期的には，システムに根差す構造上の原因によって進行するにもかかわらず，その絶頂点においてはどれほど政治指導者を取り巻く偶然の要素に左右されているかがよく分かる。

 あの歴史的な「ベルリンの壁」の崩壊でさえ，ホーネッカー書記長の失脚後の混乱の中で，後継のクレンツが情勢を理解しないままに「あっけなく」開けてしまったという。しかも，スポークスマンが「ちょっとした勘違い」から中央委で承認される前にプレス発表をしてしまい，翌朝クレンツ自身が放心状態で「いったい誰がこんなことをしやがった」とつぶやいていたという始末なのだ。

 「悪しき体制にとって最も危険なときとは，それが自己改革を試みるときである」とのトックビルの言葉のままに，党権力が追い込まれる中で「共産党が残していた最後の自浄力の発現」が，結果的には連鎖的な政権の放棄を引き起こしていくメカニズムが生き生きと再構成されている。

〔共同通信配信系各新聞・1993年1月31日掲載〕

> column
>
> 桜井哲夫著
> 『メシアニズムの終焉』
> ──社会主義とは何であったのか──
>
> （筑摩書房／2,200円）

「社会主義の敗北，資本主義の勝利」の不毛性

1989年東欧革命から1991年末のソ連邦の解体に至る世紀末の大変動は，その変動過程があまりにも急速で劇的なだけに，われわれは断片的な情報が入り乱れる中で事態の把握に翻弄されている。そうであるだけに，この世紀末の大変動のもつ歴史的意味については，案外「社会主義の敗北，資本主義の勝利」といった素朴な言説に支配されているのが現状なのではあるまいか。

本書は，何よりもこうした現状を突き崩そうとする意図をもったきわめて野心的な社会主義論である。本書の著者は「社会主義崩壊」の歴史的意味を探るために，19世紀から20世紀の思想潮流の中に社会主義を位置づけていくという「思想史的整理」を行う。それは，社会主義の起源である初期社会主義としてのサン＝シモン主義にまで遡って，「マルクス主義の名前のもとに，マルクスの思想とはまったく異質の思想が，世界を支配した歴史」を「まともに」論じるという大胆不敵な試みである。

著者は19世紀の社会主義に大きな影響力をもったサン＝シモン主義（＝組織化と能力の階層制）が「『社会主義』と限定されるような思想ではなく，むしろ，『産業主義』と規定すべき思想」だと論じ，19世紀以来の産業化の中で浮上した新しい社会層（知識＝管理者層）の問題から社会主義・共産主義運動の展開を思想史的に整理する。こうした視座から見れば，レーニンの前衛党論に基づいたロシア型社会主義は，没落しつつある伝統的なロシア・インテリゲンツィアの自己救済を図る「メシアニズム」（救世主信仰＝プロレタリアート信仰）による統治（権威主義的サン＝シモン主義国家）として相対化されることになる。

本書の評価されるべき点は第一に，「サン＝シモン主義的テクノクラシーの世紀」における知識人と社会主義をめぐる壮大なドラマを整理し，社会主義論を「マルクス＝レーニン主義」の呪縛から解放した点にある。この成功の原因は，評者自身も最も刺激を受けた箇所なのだが，新中間層としての「プロレタリア知識層」に最初に着目したジョルジュ・ソレル，専門家知識人主導の社会主義という枠組を形成したアンリ・ド・マン，および独自の「有機的知識人」論に基づくヘゲモ

ニー論を構築したアントニオ・グラムシなどの言説を特に詳細に分析し，正当に評価していこうとする著者の試みに求めることができる。

　ところで，こうした生産力主義と能力の階層制を基盤とするサン＝シモン主義は，「勝利」した資本主義国アメリカにも「テクノロジカル・ユートピアニズム」として流入しており，19世紀以来の群衆的個人を結びつける新たな「共同性」の探究という難問は「社会主義崩壊」後の現在でも依然として残されている。この点は「社会主義の敗北，資本主義の勝利」という言説の不毛性を鋭くついている。

　しかしその場合にも，著者のように，現状を「狭義の社会主義（サン＝シモン主義）」の終焉とし，社会主義の内実を「人と人との，国と国との，民族と民族とのコミュニケーションを回復する道」として広義に捉え直すことで19世紀社会主義の命脈を保つことは果たして可能なのであろうか。ともあれ，社会主義について現在根底的に考え直してみるには最適の刺激的な本である。

〔エコノミスト・1992年6月9日掲載〕

第Ⅲ部
世界システム論

第5章　半周辺地域における〈民主化〉の位相
―― 世界システム論的視座から見た1989年革命 ――

1　〈民主化〉の1980年代

　1989年の東欧での出来事は一般に「東欧革命」と呼ばれているが，この「革命」はむろん単なる一地域の革命にとどまるものではなく，「戦争と革命の世紀」（H. アレント）としての20世紀の世紀末世界の方向性に対して決定的なインパクトを与えた。80年代以後の世界を条件づけている「冷戦の終焉」と「全地球的民主化」（global democratization）という2つの巨大な出来事は，言うまでもなく，1989年革命――1989年の東欧における共産党体制の連鎖的崩壊と民主政への移行（democratic transition）――と密接に結びついている。

　しかしポスト冷戦とポスト共産主義を機軸に展開する世紀末世界の巨大な構造変動を考察するにあたって，その不可欠の条件であるこの1989年革命へのパースペクティヴ（視座）の確立は，革命後になっても充分になされたとは言いがたい。筆者自身も革命直後にこの1989年革命に対する視座の混乱を整理する試論を展開したことがあるが[1]，現在までのところ，1989年革命を捉え直そうとする試みは，東欧そのものでよりも西側において枚挙にいとまがない。曰く，「保守的革命（conservative revolution）」（E. ノルテ），「リベラルな革命（liberal revolution）」（R. ダーレンドルフ），「遅ればせの革命（nachholende Revolution）」（J. ハーバマス），「ポスト・モダンの革命（postmodern revolution）」（A. ヘラー），「自省的・自己限定的な近代革命」（"self-reflective" or "self-limiting" modern revolution）」（A. アレイト），等々[2]。こうした代表的な議論を一瞥しただけでも，1989年革命を捉える視座が「近代性」（modernity）の評価と関わった政治的な問題構成であることは，容易にみてとれよう[3]。

本章はこの1989年の再解釈を全面的に展開することが目的ではない。ここでは，こうした試みの前提作業として，1989年革命を頂点とする巨大な変動プロセスの基本的な構造を整理しておきたい。むろん基本的な構造の認識自体が「客観的」に行えるわけもなく，この構造を認識する基本的枠組そのものが問われていることは言うまでもない。現在必要とされているのは，1989年革命を頂点とする巨大な変動プロセスを，その意味で民主化革命を中心とした1980年代のポスト共産主義の体制転換を，単なる「出来事」の歴史としての現象の次元ではなく，その行為主体 (agents) と構造的制約性の相互作用に即して把握するという「政治的構造化」(political structuration) の次元から把握できる枠組なのである[4]。われわれの世界が「どこへ行くのか?」という世紀末世界の最大の問題に立ち向かう手がかりとなり得るような，レリヴァントな1989年革命の再解釈は，こうした構造を正確に理解することからしか始まらない。

そこで本章では，1989年東欧革命の意味を探るべく，ポーランドの「連帯」運動が先導した中・東欧の民主化の構造を再検討し，1989年革命後の政治世界を規定している諸条件を明らかにしてみたい。筆者はすでにこの民主化過程に即してこの構造を探った試論を発表したことがある[5]。本章ではやや異なった視角から，問題を再構成してみたい。その場合の議論の出発点は，イマニュエル・ウォーラーステインの1989年革命論である。「1989年は，おそらくは過去に向かって閉ざされたドアになるだろう。……われわれはすでにまぎれもない不確実性の領域に踏み込んでいる[6]。」ウォーラーステインは世界システム論の視座から「1980年代の教訓」をこのように述べた。この示唆的な指摘の意味は，1989年革命後の現在からするならば，ほぼ明確になったように思われる。ベルリンの壁崩壊，冷戦構造の終結，湾岸戦争，ソ連邦の解体，民族紛争と続く，1989年革命後世界の激動は，予見が不可能な不確実性に取り巻かれているかのようである。その意味では，この「不確実性の領域」を捉える基本的枠組の定位こそがこれからの社会科学の課題であろう。本章は，言うならば，革命後世界がこの「不確実性の領域」に踏み込んでいく一連のプロセスの全体像をその構造と論理に即して浮き彫りにすることから，ポスト共産主義の政治世界の方

位を探る試みである。

2　1989年革命論
　　——ウォーラーステインの命題——

　「〔1989年の〕東欧に見いだしえたのは，1776年アメリカ独立宣言や1789年フランス革命の精神であるよりは，1968年〈プラハの春〉の余震だった[7]。」まだ「資本主義／自由主義の勝利」といった「歴史の終焉論」的な解釈が支配的であった1991年に，この一見奇妙な見解を主張したのは世界システム論を展開している社会学者のウォーラーステインである。「社会主義の敗北，資本主義の勝利」といった言説の幻想から醒めつつある現在からあらためて冷静に1989年革命を頂点とする変革過程を見直そうとする場合に，彼の見解は多くの示唆を含んでいる。ウォーラーステインは言う。

　「全ヨーロッパを通じて，1968年の根源は生産装置の急速な変化と制度装置の相対的な不変性のあいだの分裂の拡大にあった。個々の運動は地域的な環境にあった仕方で表現されたものであり，それは分裂の拡大の特定の側面として，環境から生じたものであった。もし諸運動が結局は衰退したとすれば，それは体制側の諸勢力が挑戦に対して立ち上がり，彼らの支配を強要し正当化する諸制度，習慣，価値観を再構築することで，分裂を取り除いたからである。しかし，同じ挑戦に際して，東欧を支配していた反システム旧勢力〔共産党政権〕は，彼ら自身の領土内で秩序再構築を企てる能力も意志も全くないことを暴露した。そうではなく，古いものを新しいものに強制的に従属させることを回避し，抑圧に頼り，彼らが支配を強要し正当化していた諸制度の純粋に表面的な手直しに頼ろうとした。かくして，1968年の課題は完成されることなく残った。それは，1989年に完成されねばならなかったのである[8]。」

1989年が1968年の継続であるというこの見解の主眼は,東欧における1968年の結果と1989年の大変動との関係を評価するにあたって,1968年の「プラハの春」そのものに焦点を当てているわけではない。そうではなく,「プラハの春」が爆発的ではあったものの短命に終わったのに比して,ポーランドの民主化運動が1968年以来,ただちに勢いづくことはなかったものの,1970年の労働者の反乱以来,はるかに持続的で新しいタイプの運動に成長していき,1989年に劇的な成果を達成したことに焦点を当てているのである。言うまでもなく,ポーランドの「新しい社会運動」とも言うべき独立自治労働組合「連帯」の民主化運動は,そのシンボルとも言うべきレフ・ワレサ委員長の名と共に広く知られているところである。

こうしたウォーラーステインの1989年革命論の前提には,1968年に世界システムにおける革命(のリハーサル)が開始され,1989年はその「フィナーレ」にすぎないのだとする基本認識がある[9]。ウォーラーステインによれば,1968年革命は「世界システムの政治的な基本的ルールが,後戻りできないほど深部から変化した」という意味で,1848年革命(諸国民の春)と並んで「世界革命」としての性格をもっている。1968年革命は,20世紀を支配した対抗的な2つのイデオロギー,すなわちアメリカ主義(ウィルソン主義)と共産主義(レーニン主義)のもつ普遍性の仮面を拒絶するという主題を提起したという意味で,ウォーラーステインが言うところの資本主義世界経済の「地政文化」(geoculture)――世界システムが作動する文化的枠組――からの訣別の開始であった[10]。

したがって,1968年革命のイデオロギー的スペクトルは西側先進国,社会主義国,第三世界それぞれの事情にそって多岐にわたるが,その底流には2つの主題があった。それは,(1)アメリカのヘゲモニー(覇権)と,それと結託したソ連に対する抗議という主題,および(2)「旧左翼」――古典的な反システム運動――に対する抗議という主題である[11]。言い換えるならば,1968年革命の重要性は,「世界システムの諸悪に反対する抗議の叫び」でありながら,それ以上に「世界システムに対する旧左翼の反対派の戦略に対する根本的異議申し立て」であった点にあった。だからこそ,1968年革命は,政治的運動としては――パ

リの5月革命にせよ,「プラハの春」にせよ——短命に終わったものの,「旧左翼のイデオロギー的主張に致命的打撃を与え,そして,そうすることでアメリカのイデオロギー的価値を低下させた」という点では,「ひとつの中心目標を達成」し,「未来に関して問題を提起」したと言えよう。

　冷戦構造を規定していたアメリカ主義(ウィルソン主義)と共産主義(レーニン主義)の「密接な馴れ合い関係」そのものが問われ,国家権力の掌握を通じて社会を変革するイデオロギーを拒絶し「市民社会」の民主化に主眼を置く,「新しい社会運動」が登場したという点で,1968年革命は「冷戦の終焉」と「全地球的民主化」という80年代以後の世界を条件づけている2つの巨大な出来事への事実上の発端となっている。なぜなら,ウォーラーステインが言うように,1968年革命の遺産はすぐれて「文化革命」としての側面にあり,「人間の行動に最後の有効性を見出せる場」である「文化」領域としての「市民社会」への関心が,東西を問わずその後の「現行システムからの脱出方法の模索」の中心主題になったからである[12]。

　なかでも,1968年革命以後,市民社会に対する国家の力の低下が最も顕著なのが,半周辺地域(semiperipheral areas)である。世界システムの半周辺において,「ブルジョア独裁」にせよ「プロレタリア独裁」にせよ,1970年代中葉以降に「権威主義体制」(Authoritarian Regime)の危機と民主政への移行が政治的な課題となった。1973年以来,政治体制の民主化が実現した南欧諸国(ポルトガル,スペイン,ギリシア),東北・東南アジア諸国(フィリピン,韓国,台湾),ラテンアメリカ諸国(とくにブラジルとアルゼンチン),また東欧諸国(とくにポーランド,ハンガリー)が,ウォーラーステインが言うところの「半周辺」に位置する諸国であるのは,決して偶然ではない[13]。この点に半周辺地域における〈民主化〉の位相が問題となる所以がある。とくに東欧諸国の場合は,次節で詳しく検討するように,世界システムの「半周辺」であると同時に,ソ連圏諸国の「半周辺」でもあるという二重の従属構造があり,それゆえに1989年東欧革命が他の民主化の事例にも増して決定的にインパクトの強い民主化の事例になっている。

以下の節では，ウォーラーステインの「1989年／1968年の継続」という命題の妥当性を，比較政治研究の視座によるこの変動プロセスの吟味によって検討してみたい。この視座からみるならば，東中欧の民主化は，1968年の「プラハの春」以後，1980年の「連帯」革命を経て1989年革命へとポーランドの民主化運動を基盤に進展した。こうした意味では，1989年東欧革命の直接の開始時点は1980年の「連帯」運動の登場だと言うこともできる。ポーランドの政治的・経済的・社会的危機がソ連圏諸国の共産党体制全般に共通する構造的危機の側面を重大にもっていたため，「連帯」革命とその抑圧の経験は，ポーランドのみならずソ連圏諸国の党指導部の現体制認識に深刻な影響を及ぼした[14]。1980年代は政治・経済諸制度の大再編によって1968年のショックを吸収した西側が，東側との競合において大反撃にのりだしていただけに，自己組織化する「市民社会」と動脈硬化した共産党体制とのギャップの拡大は，支配エリートの開明的な要素に深刻な危機感を与えたのである。

　1989年東欧革命を引き起こしたとされているゴルバチョフの「ペレストロイカ」自体がこうした「ポーランド問題」を背景に登場していることは強調しておいた方がよいかもしれない[15]。しかし，言うまでもなく1989年の体制変革はもはや共産党体制の改革の次元にとどまることはできず，またたくまに共産主義支配からの脱却による民主化の次元に移行していった。しかし，ウォーラーステインが鋭く指摘したように，1989年東欧革命のパラドクスは，1989年が1968年の未完の課題を完成したにすぎない点から生じているのである。このパラドクスを正確に理解するには，1989年革命を頂点とする巨大な変動プロセスを，(1)革命前の危機の局面（1968〜1979年），(2)民主化革命の局面（1980〜1989年），および(3)革命後の民主政「確立」の局面（1990〜1993年）から構成される「ポスト共産主義の体制転換プロセス」として捉えなおす作業が必要なのである。

3 構造的危機
―― 東中欧の半周辺的「二重の従属」――

ポスト共産主義の体制転換プロセスの「(1)革命前の危機の局面（1968〜1979年）」を考察するにあたっては，(a)世界システムにおける東中欧の位置という構造的側面と，(b)東中欧各国における体制と社会との対抗関係という主体的行為（agency）の側面に着目する必要がある。具体的には，(a)の側面は東中欧の半周辺的「二重の従属」をめぐる問題であり，また(b)の側面は共産党体制に対抗する「市民社会」をめぐる問題である。この危機の局面の分析は，「(2)の民主化革命の局面（1980〜1989年）」がなぜ生じたのかを考えるためにも不可欠の作業である。(b)の「市民社会」の問題は次節の民主化革命の局面で論じることにし，本節では(a)の半周辺的「二重の従属」の問題に焦点を絞りたい。

まず，「半周辺」という概念は，ウォーラーステインの世界システム論における中核的概念であり，資本主義世界経済を中心・半周辺・周辺から成る成層化されたシステムとして捉える場合に用いられる[16]。ウォーラーステインは「半周辺と呼びうる国家グループ」を次のように定義している。

「半周辺国家は，階級（ブルジョワーープロレタリア）と分業における機能（中心―周辺）との，二重の対立に基づいて，資本主義世界経済における特殊な役割を演ずる。中心―周辺という区別立ては，……高利潤，高度技術，高賃金，多様化された生産が集中されているような地帯（中心諸国）と，低利潤，低度技術，低賃金，あまり多様化されていない生産が集中されているような地帯（周辺諸国）を，区別するものである。しかし，きわめて具体的に言えば中間にはまり込んでいて，ある違った役割を演ずる一連の国ぐにが常に存在してきた。これら半周辺諸国の生産活動は，あまり偏ることなく分割されている。半周辺諸国は，一方で，中心国に対しては周辺地帯として活動し，他方で，ある周辺地域に対しては中心国として活動する。その国内政治と社会構造は

ともに独特なものであり，そして，経済活動の下降局面が提供する弾力性を利用する能力は，中心諸国あるいは周辺諸国のどちらの能力よりも一般に大きいことが判る。われわれが現在〔1976年〕の世界情勢の中でとくにこのグループの国ぐにに注目しようとするのは，この文脈においてである。[17]」

1970年代中葉に，この半周辺諸国が注目されたのは，急速な工業化と経済発展を遂げた新興工業経済地域（NIES = Newly Industrializing Economies）と呼ばれる，台湾，韓国，香港，シンガポール，インド，ブラジル，メキシコなどの諸国の民主化のポテンシャルが無視できない段階に至っていたからである。1973年の第1次石油危機後の南欧諸国（ポルトガル，スペイン，ギリシア）の民主化に続いて，1976年の第1次石油危機後に連続した政治体制危機は，現代資本主義の世界市場法則に直接リンクしている世界システムの半周辺地域に共通する民主化のポテンシャルを示していた。1980年のポーランドの政治体制危機——「連帯」革命——は，ハンガリー動乱（1956年），プラハの春（1968年）と続く，東中欧の民主化運動の延長線上にあるのみならず，1970年代の国際経済環境に規定される同時代的な危機の側面をもっていた[18]。西側の資金と技術の積極的な導入による急速な産業近代化，世界市場志向の輸出政策，テクノクラート優遇の反平等主義政策を推進したポーランドの80年の危機は，同時代の韓国とイランの政治体制危機——光州事件とイラン革命——に通底する危機の構造を有していたのである[19]。

したがって，1970年代の東中欧諸国は，半周辺的「二重の従属」とでも言うべき状況に構造的に置かれていたが，1980年代に入ると支配集団内部の改革派もこうした「世界システム論的視座」から危機の構造を認識するようになった。「〔ソヴィエト〕帝国の支配形態は資本主義市場に従属するグローバル・ネットワークの内部に埋め込まれている[20]」以上，東中欧諸国は，1948年にソ連圏に組み込まれたことに伴うソヴィエト帝国という「中心」への従属だけではなく，1970年代には資本主義世界経済の「中核」への従属が構造的に重なるという「二重の従属」下に置かれているという認識が，東中欧の経済学者や社会学者の

理論化を媒介に，1980年代には政策決定者の認識となっていたのである。この点を1970年代の東中欧諸国，とくにハンガリーとポーランドの事例に即して整理しておこう。

　まずハンガリーのカダル体制は，1968年に分権的・市場指向的措置に基づいた改革（新経済メカニズム＝NEM）を実施した[21]。この発展戦略は，第1に経済の「集約的成長」(intensive growth)への移行過程における構造的危機に対応したものであったため[22]，成長の推進力を新たに西側資金と西側技術の積極的導入による急速な産業近代化および世界市場指向の輸出政策に求めていた。しかしその反面，これによって集権的社会主義経済体制は必然的に現代資本主義の世界市場法則に巻き込まれる結果となり，ハンガリー型の発展戦略は同時代の国際経済環境に対してきわめて脆弱化した[23]。実際に，1970年代の2度にわたる石油ショックによる世界市場（またコメコン貿易圏内）における交易条件の悪化による貿易収支の赤字の増大と累積的な対外債務の増大に伴い，1970年代末には経済的な急成長も停滞し，「第2段階」の改革が必要となっていった[24]。

　ポーランドのギエレク体制が1970年代に推進した発展戦略は，経済的実績の達成を支配の正統性に転化させてゆく「開発独裁」(developmental dictatorship)型の発展戦略の典型的な事例である[25]。このギエレクの発展戦略は，カダルの発展戦略が一応NEMによる経済体制全体の改革のうえに行われていたのとは異なり，これまでの指令型経済の改革抜きで西側の資金と技術を大量に導入し「高度経済成長」を追求し，テクノクラート優遇の反平等主義政策を採ったため，当初の見せかけの成功の後には，ハンガリー以上に経済的な「破局」を招いた。経済は「マイナス成長」になり，国民の消費者的要求に経済的に応えられなくなった。この1970年代後半のポーランドにおいて，「連帯」革命を準備する「市民社会」の自己組織化が進展し，「連帯」革命以後，共産党体制の改革は経済改革の領域に限定されていた段階から，政治改革も含めた体制全体の改革，すなわち「急進改革」(radical reform)の局面に達するのである。

　この「上からの改革」において，改革派はこの共産党体制の構造的危機の認識を公式には世界システム論の視座から「2つのレヴェルの従属」に求めた[26]。

ヤドヴィガ・スタニシキスが指摘するように[27]，ひとつの従属は，低開発に基づく「資本主義への従属」であり，それは世界経済システムの「周辺部」の位置にあり，社会主義の原理である集産制が市場の論理と相いれないという「二重苦」に由来する。もうひとつの従属は，第1のレヴェルの従属を補完するもので，低開発のコストを相互に分担させる「コメコン諸国間の相互依存」であり，輸入代替の特化と政治的な物流管理の賦課による政治的「帝国」の存在である[28]。

改革派は，この解決策として，各国の経済の「二重経済」化——一方では完全にコメコンに統合された部分と，もう一方では私有化を含む資本主義メカニズムの導入によって急進的に改革された部分から成る——による改革を想定した。しかし，こうした経済改革は党の指導的役割や集産制という共産党体制の根本的な原理を犠牲にする「政治改革」の領域を，改革のアジェンダにせざるを得ない[29]。そのため，改革派の共通認識は，経済改革における市場原理に対する支持への転換であり，それ以上に経済改革と政治改革の不可分性であった。しかし，このように経済領域から党が全面的に撤退し，政治においても党の役割を見直す時，体制をソ連によって押しつけられた東中欧の共産党体制の正統性の危機は極限に達するのである[30]。

4　民主化革命
——ポーランドの「協定に基づく移行」——

1989年東欧革命をいわゆる「市民革命」というイメージから救い出すことが，1989年革命後の世界を考察する前提作業となる。1989年の意味を考察するには，ポスト共産主義の体制転換プロセスの全体像のなかに1989年革命を位置づけていく必要がある。1989年革命はポスト共産主義の体制転換プロセスの分水嶺となった世界史的な出来事であるが——その意味で，事象的な次元では（東ドイツやチェコスロバキアの場合は）「市民革命」の側面ももっていたことを否定するものではないが——，この革命の意味を考察するには，この革命を1989年

の連鎖的な共産党体制の崩壊という政治的絶頂点の局面だけではなく，1980-1989年に漸進的に進行した民主化革命としてその全体像を捉える視点が重要である。この民主化革命の基盤にあるのは，言うまでもなく，ポーランド「連帯」運動が「市民社会」の自己組織化として劇的に示した民主化のポテンシャルである[31]。

革命当初より指摘されていたことではあるが，1989年の東欧で起こった一連の革命的変動の特徴は，それが革命後社会のヴィジョンを示す革命理論（あるいは歴史的モデル）を欠いていた点にあった。むろん戦略・戦術レヴェルでの言説には事欠かないが，一定の理論に導かれたものではなかったため，新しい理念を生み出すことはなかった。ただし，「いままで実現できなかった歴史的発展をやり直し，取り返すための道を開く革命[32]」という意味で「遅ればせの革命」（J. ハバーマス）として語られる1989年東欧革命は，確かに何らかの明確な「新しい理念」に導かれた革命ではなかったが，「耐えられない現実」を拒否するなかで旧来の理念を再確認するというパラドクスに特徴づけられていた。この試練を経た旧来の理念こそ，東欧の変革に参与した当事者の言葉を使えば，市民的公共空間としての「市民社会」解放の理念であった[33]。

しかし，そもそも半周辺的「二重の従属」地域としての東欧の民主化革命は，「遅ればせの革命」にもかかわらず，世紀末の世界秩序の再編成に向けて巨大なパラダイム・シフトを引き起こした。「ポスト共産主義」，「ポスト帝国」および「ポスト冷戦」の進行は，資本主義世界経済のゆくえともあいまって，国際システムの根本的変化を要請している。だがその根底にあるのは，こうした政治秩序を構成していた「近代性」の構造そのものに対する挑戦なのである。「共産主義」という近代の最大のユートピアを消滅させ，革命による人類の解放という「大きな物語」に終止符を打った東欧の民主化革命は，世紀末世界の構造変動を加速化させると共に，そうした社会的世界についての現代的視座そのものに挑戦している[34]。1980年代の東欧の民主化革命の帰結は，こうした世紀末世界の難題をはからずも生み出してしまった点にある。ウォーラーステイン流に言えば，ポーランド「連帯」の民主化運動は，1989年革命の実現によって過去に向

けてのドアを閉ざし，1990年代のポスト共産主義の政治世界への先導役を果たしたと言えよう。

しかし，新しく生じたポスト共産主義の体制転換の道筋を「どうしたら見いだせるか」という問題は「今後の問題として残されたままで，……これに対する解答は驚くほど欠落」している[35]。むろん，中・東欧諸国は急速に西側志向の政治・経済改革を推進することでポスト共産主義の体制転換を試みつつあるが，そこでは西側で機能しているモデルをアド・ホックに導入している水準にすぎず，この体制転換を成し遂げるのに役立つ理論はおろか，そのもつ独自の次元を理解するのに役立つ理論でさえ手にしていないのが現状である。こうした1989年東欧革命の帰結は，すでにみてきたように，1989年が1968年の「リハーサル」のフィナーレにすぎない点から生じているのである。この点を明らかにするには，1980年代の民主化革命の構造——ポーランド型民主化モデルの帰結——を再確認しておく必要がある。

端的に言うならば，1980-81年の「連帯」革命は，1980年代のソ連圏諸国の民主化による「共産主義支配の終焉」に巨大なインパクトを及ぼした。「国家社会主義化」した共産党体制に取り込まれていた社会が，自己組織化によって「市民社会」の再生を企図するという「連帯」の民主化プロジェクト[36]は，その過程において必然的に政治社会全体の再編成を促さざるを得なかった。というのも，「連帯」の追求した民主化は，「プラハの春」の社会主義改革のような体制内部の改革派的要素による「上からの民主化」を断念していただけに，その民主化の焦点を「国家社会主義化」した共産党体制の「下からの構造改革」という次元の可能性に収斂させたからである。党＝国家が社会を独占している状況に対して，党＝国家からの「社会の自立化」の追求である以上，それは体制の枠組を前提にした民主化にとどまることはできなかった。

党が国家を独占し，党＝国家があらゆる社会領域を独占するという「全体主義化」した共産党体制にあっては，国家が国家としての機能自体を喪失しており，自立した社会領域を防衛する運動自体が，この体制の論理を逆転させる意味を帯びていたのである。「連帯」革命は，社会主義を名のる共産党体制の民主

化にとっての最大の障害となっていたイデオロギー的正統性を揺るがせ——「労働者国家」であることを正統性の究極的根拠とする共産党体制にとって，独立自治労働組合「連帯」の法的承認は，社会主義を名のる共産党体制の存立根拠そのものを揺るがすものであり，イデオロギー的な敗北を示していた——,「共産主義の終焉の始まり」を現実のものとした。しかし，あくまでもこの「連帯」革命の延長線上にそのまま「市民革命」として1989年東欧革命が実現したわけではない。民主化プロセスに即して述べるならば，この革命の核心には「移行協定」(transition pact) としての円卓会議がある。この「協定に基づく移行」(pacted transition) としての側面が，ポーランド型民主化モデルの核心でもある[37]。

　中・東欧における共産主義支配の終焉を導いたポーランドにおける「党＝政府側」と「連帯＝反対派側」の円卓会議型の民主化は，決して共産党体制が積極的に「連帯」に政権を譲り渡して退陣したのでもないし，また逆に「連帯」が国民的蜂起によって政権を奪い取ったのでもない。1981年12月の戒厳令施行以後,「国民的合意」の達成による社会の再統合を志向してきたヤルゼルスキ体制の「権威主義的改革政治」が，正統性の喪失，破局的な経済危機，ストの社会的圧力という背景的条件のもとで，最後に「連帯」の正統性に頼る「改革」を行わざるを得ないところまで追いつめられた時に，変革のイニシアティヴ（主導性）は「連帯＝反対派側」にシフトしたのである。つまり，共産党体制の生き残りをかけた防衛的な「上からの改革」の遂行自体が，結果的に「市民社会」の主導性を承認し，円卓会議を媒介にした共産党体制の自己崩壊と民主政への移行を招いたのである[38]。

　この「連帯」の民主化モデル（ポーランド・モデル）の「成功」は，1989年の東欧の大変動の突破口を開き，共産主義支配が中・東欧では存続し得ないことを証明し，1968年以来の民主化運動のひとつのサイクルを完成させた。しかし，この「連帯」の民主化モデルが共産主義支配からの脱却の突破口を切り拓いたその歴史的意義の大きさを認めつつ，この民主化モデルがポーランドのきわめて特殊な条件から構成されていることも認めざるを得ない。ポーランドが中・

東欧諸国のなかでも例外的な高い民族的・宗教的・文化的一体性を保持していたことが「市民社会」に根ざした国民的な社会運動として展開された「連帯」運動の基底にあり[39]，政治改革主導型の民主化によって共産主義支配からの非暴力的な脱却を実現できた秘密でもあった。

だからこそ，共産党体制の慢性的危機の状態から共産主義の崩壊をもたらした要因に「連帯」運動があったと言う意味は，1988-89年の局面においてこの「連帯」運動という下からの強力な圧力が共産党エリート自身の認識枠組の急激な変化――「連帯」の正統性に依存した政治改革の追求――をもたらした，ということである。「党＝政府側」と「連帯＝反対派側」が双方手詰まりに陥ったなかで，共産党エリート自身が「連帯」との円卓会議合意に基づく政治・経済改革にふみきる決断を下したことが，1989年の東欧の大変動の直接の導火線の役割を果たしたのである。

そして，「市民社会」から生まれ出て全体主義化した共産党体制の権力と対抗した「連帯」運動は，自ら「市民社会」に根ざした運動体として存在しつつ，民主的に権力の座につくことによって，中・東欧の民主化の先駆的な役割を果たしたその輝かしい歴史のひとつのサイクルを閉じたかにみえた。おそらくポーランド一国の民主化の次元に問題がとどまっていたならば，事態はまた変わっていたかもしれない。しかし実際には共産主義支配の終焉のもつ衝撃的なインパクトは，「連帯」の民主化モデルの射程をはるかに超えた次元の問題を次々と引き起こしていった。民主化先進国としてのポーランド，ハンガリーのみならず，ソ連圏諸国全体の連鎖的な共産主義支配の崩壊が実現した時，ポスト共産主義の体制転換は未知の次元の問題を招来し，それゆえに政治改革主導型の「連帯」の民主化プロジェクトは，変革のトップ・ランナーであるがゆえのハンディを負う結果となった[40]。

5 革命の後に
―― ポスト共産主義の「パンドラの箱」 ――

　ヨーロッパにおける全体主義支配の最後の形態としての「国家社会主義化」した共産党体制は1989年に連鎖的に崩壊したが，ポスト共産主義の体制転換のゆくえは混迷に陥っている。言うならば，ポーランド・モデルの「成功」による「連帯」主導政権の成立によって，「連帯」は思いがけずパラドクスで一杯のパンドラの箱を開けてしまったのだ。ポスト共産主義の体制転換という未知の次元の問題は余りにも入り組んでいるため，1989年革命後の世界は不確実性に満ちた領域に突入している。

　すでにポスト共産主義の体制転換の初期段階を経た中・東欧諸国は，共産主義の負の遺産の重さを引きずりつつ，この体制転換が必ずしもネオ・リベラリズムの方向を望んでいたのではないことに気づきつつある。共産主義という目的論的思考の終焉は変革の方向性自体の喪失を招いたが，そうしたなかで西側の繁栄への道を約束した「ショック療法」（IMF的方式）を選択したことは，ラテンアメリカ化という高価な犠牲を払う結果となりつつある。現代の世界システム（資本主義世界経済）に占める構造的位置に規定されているため，計画経済から市場経済への移行に伴う犠牲が余りにも大きく，その成果に対する失望から経済改革に対する支持が急速に低下している[41]。

　もともと1989年革命後の東欧各国は急速に西側志向の政治・経済改革を推進することでポスト共産主義の体制転換を試みた。とくにこの革命を先導したポーランドの「連帯」主導政権自らが，「ショック療法」と呼ばれるネオ・リベラリズムの経済理論に基づく方向性を選択したことは，革命後の旧ソ連・東欧諸国の民主化のあり方を強く規定することになった。「ショック療法」の理論的ブレーンであるジェフリー・サックスの言葉を借りれば，「〔今日の〕東欧では誰も，新しい現実を創造する意志を持っておらず，……〔彼らの〕意図は機能する何らかのモデルを自分たちの国に導入すること」であり，この点が「今世紀

前半の諸々の革命と根本的に異なる[42]」というわけである。

こうした背景のなかで「リベラル・デモクラシーの勝利」が喧伝されたわけだが，革命後に明らかになったのは，ポスト共産主義の体制転換がこれまでの民主政への体制移行の次元にとどまらない独自の問題を生みだしている点である。すでにみてきたように，半周辺諸地域における非民主体制から民主体制への移行という側面からみれば，中・東欧の民主化プロセスは，1970年代後半の南欧諸国の民主化の第1の波（ポルトガル，スペイン，ギリシア），そして1980年代前半における中南米諸国の民主化の第2の波（アルゼンチン，ブラジルなど）に続く，世界システムの半周辺部の民主化の第3の波と考えることもできる[43]。

実際に，民主政への体制移行の次元では，「連帯」が実現させた円卓会議合意に基づく民主化プロセスは，自己組織化を遂げた「市民社会」と改革志向に転じた党＝国家との歴史的妥協を通じた非暴力的民主化という点で，1970年代末のスペインの民主化プロセス（フランコの権威主義体制から民主体制への移行）との類似が認められる[44]。より正確には，スペインの改革の事例がポーランドの反対派にも体制内改革派（共産党エリート）にも，ある政治的な示唆を与えていたと言った方がよいかもしれない。

「連帯」ブレーンのアダム・ミフニクも早くからスペインの民主化プロセスに着目していたように[45]，民主化へと向かう体制変動期には，政府と反対派の「協定」(pact) が決定的な「政治的転機」となる[46]。この協定の核心は「交渉による妥協」である。スペインの事例が示すように，この協定に基づいて「出現しつつある体制」は，政府にとっては「協定による改革」(reforma pactada) の結果であり，反対派にとっては「協定による過去との決別」(ruptura pactada) の結果というそれぞれの解釈となり，政府と反対派との「共存」を可能にする[47]。その意味では1989年革命の「革命」性を疑問視する立場は，円卓会議が「変革の単なる儀礼」にすぎず，そのために旧体制のヘゲモニーが根強く継続する結果（旧共産党ノメンクラトゥラ層の「政治的資本家」化）を招いたとみている[48]。

しかし1989年の大変動が，「政体変革」(constitutional politics) の時期であった点は，ほぼおおかたの同意が得られる点であろう。「円卓会議」合意に基づい

て漸進的かつ非暴力的に進行した共産主義支配からの脱却と不確実な民主政への移行(「ポーランド型民主化モデル」)は,体制移行の決定的局面では「社会秩序の枠組(いわゆる社会契約)と制度上の形式を問題とする」からである[49]。換言すれば,それは「体制」(regime)の基本法ないし制度的枠組の制定の次元の問題に関わっている。この民主政への移行の次元に限定すれば,中・東欧の民主化プロセスは1970年代以来の半周辺地域の民主化の延長線上に捉えられる。だが,ポスト共産主義の体制転換には,これまでの民主化プロセスにはみられなかった異なる次元の問題が認められる。

1989年革命後,ポスト共産主義の〈民主化〉プロセスは,自由選挙の実施,政治的多元主義の制度化,憲法改正といった民主政の確立過程の次元だけではなく,ソ連,ユーゴスラヴィア,チェコスロバキアといった連邦国家の解体に至った民族/エスニシティ問題の次元や,国有企業の民営化,価格自由化といった市場経済化の次元を含む極度に複合的な移行プロセスとなっている。それだけに,この「複合性」は民主化プロセスの決定の負担を前例のないものにしており,ポスト共産主義の政治世界を「不確実性の領域」に導く原因となっている。クラウス・オッフェはこの体制転換が抱える複雑な問題を,「国家体制,基本法制定,そして資源分配という〈通常の政治〉の3つのレヴェルのすべてに影響する三重の移行過程」として捉え,この移行過程を構造的な次元から分析している[50]。「連帯」が開けてしまったパンドラの箱の中味を考えるにあたって,この「三重の移行」論はきわめて示唆に富む(詳しくは,第6章第2節を参照)。

「連帯」がはからずも扉を開けてしまったポスト共産主義の政治世界は,「不確実性」に満ちた高度に複雑な世界であり,その改革の道は困難をきわめる。そこでは,先に述べたように,① nation-building という国民国家の次元の問題,② regime-building という民主主義の次元の問題,そして③ system-building という経済秩序の次元の問題から構成される三層の——しかも相互にパラドクスを含んだ——移行が,世紀末世界の〈国家〉の再編成の課題として登場している。この3つの次元の移行過程にそれぞれ充分な時間的間隔があることがその

成功の累積効果を高めるということは,西欧の政治的経験から明らかであるにもかかわらず,ポスト共産主義の体制転換はこの3つの課題の同時的実現を試みざるを得ない。

この「三重の移行」を同時に追求するポスト共産主義の体制転換が急速に進行する時,民衆のうえにはこの改革の成果を得るまで忍耐強く待つという苦痛に満ちた課題が重くのしかかる。ポスト共産主義の政治経済学が「忍耐」の政治経済学といわれる所以である[51]。しかし,1989年革命後の体制転換もすでに4年を迎える頃には,「ショック療法」が約束した民主主義と市場経済の幸福な結合という初期の神話は完全に打ち砕かれていた。当時の社会意識に最も特徴的な点は,経済改革に対する支持の低下であり,議会制民主主義の諸制度に対する不信の増大であり,未来志向的な社会的合意の喪失である。改革の成果への失望のなかで,徐々に明らかになっていったのは,この転換における「変化の中の連続性」としての共産主義の負の遺産の大きさである[52]。1993年9月のポーランド総選挙における「ポスト共産主義」諸党——民主左翼同盟(SLD)と農民党(PSL)——の勝利は,この移行過程の困難を如実に示している[53]。

6 ポスト共産主義の政治経済学を求めて

東欧の民主化革命は,共産主義体制のイデオロギーに体現されていた「近代性」の主要な要素としての「ジャコバン主義的要素」そのものを問い直し,ラディカル・デモクラシーの現代的可能性を「市民社会」の民主化の次元の問題として浮上させた[54]。むろん「市民社会」の民主化といっても,1980年代初頭の「国家社会主義化」された共産党体制の民主化を求めるポーランド「連帯」運動を基盤に構成されていた局面から,1989年の共産党体制の連鎖的な自己崩壊によって,問題それ自体の局面が〈運動〉から〈制度化〉へと一挙に転換してはいた。つまり,中・東欧の民主化問題は,90年代前半の現在では,かつてのような社会運動として自己組織化する「市民社会」次元を中心にした〈運動〉の位相から,すでに市場経済と民主政治の確立というポスト共産主義の体制転

換をめぐる〈制度化〉の次元の問題へと移りかわっている。しかし，この場合にも経済改革や政治改革を支える基盤としての「市民社会」次元の問題は，問題の位相を異にしつつも，依然としてその重要性を失っていない。

　本論で検討してきたように，ポスト共産主義の体制転換は1989年革命を分水嶺にして，すでに「国家性」問題の次元を含む「三重の移行」の局面を迎えている。このポスト共産主義の「三重の移行」は，これまでの民主化のように国民国家という民主化の枠組を前提にできないため，民主化の単位となる〈国家〉の枠組自体が流動的ななかで，民主政治の確立と市場経済への移行を同時に進めるという前例のないプロジェクトとなっている[55]。しかし，ひとたび開けられてしまった「ポスト共産主義」というパンドラの箱をもはや閉じることはできない。世紀末世界にとってはこのポスト共産主義の「三重の移行」という前例のない独自の課題は，もはや所与の政治的条件である。そうであるからこそ，このポスト共産主義の政治世界の処方箋を見いだすため，社会科学者はこの未知の課題である「ポスト共産主義の政治経済学」に全力を挙げて取り組む時を迎えている[56]。ポスト共産主義の政治世界のもつ「高度な複合性」に対して現代の社会科学がどのように知的に対応できるかどうかは，21世紀への最大の知的挑戦の一つであろう。

1) 川原彰『東中欧の民主化の構造——1989年革命と比較政治研究の新展開』有信堂，1993年，6章「1989年東欧革命へのパースペクティヴ」。
2) こうした1989年革命への視座を検討したものとして，以下がすぐれた議論を提供している。Andrew Arato, "Interpreting 1989," *Social Research*, Vol. 60, No. 3 (1993), pp. 609-646.
3) 1989年革命と近代性の関係については，次を参照されたい。S. N. Eisenstadt, "The Breakdown of Communist Regimes and the Vicissitudes of Modernity," *Daedalus*, Vol. 121, No. 2 (1992), pp. 21-41.
4) こうした理論化への試みについては，Philip G. Cerny, *The Chaging Architecture of Politics: Structure, Agency, and the Future of the State* (London: SAGE, 1990). から示唆を得た。
5) 川原彰『東中欧の民主化の構造』。

6) イマニュエル・ウォーラーステイン（丸山勝訳）『ポスト・アメリカ——世界システムにおける地政学と地政文化』藤原書店，1991年，41ページ。
7) ウォーラーステイン『ポスト・アメリカ』，22ページ。
8) G. アリギ／T. K. ホプキンス／I. ウォーラーステイン（太田仁樹訳）『反システム運動』大村書店，1992年，133-134ページ。
9) ウォーラーステインの1989年革命論のテクストとして，本章では以下を取り扱っている。ウォーラーステイン『ポスト・アメリカ』所収の「1980年代の教訓」と「1968年——世界システムにおける革命」，ウォーラーステインほか『反システム運動』所収の「1968年／大いなるリハーサル」と「1989年／1968年の継続」，およびウォーラーステイン（田中治男・伊豫谷登士翁・内藤俊雄訳）『世界経済の政治学——国家・運動・文明』同文舘，1991年，所収の「ポスト・アメリカとレーニン主義の崩壊」。
10) ウォーラーステイン『ポスト・アメリカ』，35-36ページ。
11) ウォーラーステイン『世界経済の政治学』，306ページ。
12) この1968年の遺産を，「新しい社会運動」の登場を背景に「市民社会」の民主化という主題へと展開したマニフェストが，アラン・トゥレーヌ（平田清明・清水耕一訳）『ポスト社会主義』新泉社，1982年，である。
13) ウォーラーステインほか『反システム運動』，116-117ページ。
14) 川原彰「民主化における〈市民社会〉と〈政治〉——ポーランド「連帯」10年の経験」，内山秀夫編『政治的なものの今』三嶺書房，1991年，298-304ページ〔本書第3章〕。
15) 下斗米伸夫「社会主義の『矛盾』論争（1981年-84年）」『国際政治』第81号（1986年3月），97-114ページ。
16) ウォーラーステインの世界システム論の基本的概念については，とりあえず，古城利明「世界システムの政治理論」，中央大学社会科学研究所研究報告第9号『世界像の変貌と政治文化』（1991年2月），3-19ページ，を参照されたい。また，特に「半周辺」概念の吟味については，星野智「世界システム論における"半周辺"の位置」『法学新報』第98巻第11・12号（1992年），351-371ページ，が参考になる。
17) ウォーラーステイン（藤瀬浩司・麻沼賢彦・金井雄一訳）『資本主義世界経済 I——中核と周辺の不平等』名古屋大学出版会，1987年，129ページ。
18) 岩田昌征『凡人たちの社会主義——ユーゴスラヴィア・ポーランド・自主管理』筑摩書房，1985年，245-249ページ。
19) この政治体制危機の比較研究の視座については，ポーランドの事例は取り扱われ

ていないが，高橋進「開発独裁と政治体系危機——スペイン，韓国，イランの場合」『世界』第411号（1980年2月），が参考になる。
20) Jozsef Böröcz, "Dual Dependency and Property Vacuum: Social Change on the State Socialist Semiperiphery," *Theory and Society*, Vol. 21, No. 1 (1992), p. 82.
21) Istvan Magas, "Reforms under Pressure: Hungary," *East European Quarterly*, Vol. 24, No. 1 (1990), p. 78.
22) Robert Manchin and Ivan Szelenyi, "Eastern Europe in the 'Crisis of Transition,'" in Bronislaw Misztal, ed., *Poland after Solidarity: Social Movements versus the State* (New Brunswick: Transaction Books, 1985), pp. 87-102.
23) Magas, *op. cit.*, pp. 65-77.; Manchin and Szelenyi, *op. cit.*, pp. 87-95.
24) Rudolf L.Tökes, "Hungarian Reform Imperatives," *Problems of Communism*, Vol. 33, No. 5 (1984), p. 8.
25) ギエレクの発展戦略の概要については，とりあえず，Maurice D. Simon & Roger E. Kanet, eds., *Background to Crisis: Policy and Politics in Gierek's Poland* (Boulder: Westview Press, 1981). を参照されたい。
26) たとえば，ミハイル・ゴルバチョフ（田中直毅訳）『ペレストロイカ』講談社，1987年，を参照。
27) Jadwiga Staniszkis, "Patterns of Change in Eastern Europe," *East European Politics and Societies*, Vol. 4, No. 1 (1990), pp. 77-97. 武井摩利・川原彰訳「東欧の変化のパターン」，川原彰編『ポスト共産主義の政治学』三嶺書房，1993年，13-46ページ。
28) 同書，15-16ページ。
29) 同書，19-22ページ。
30) 正統性の危機の進展に関しては，Paul G. Lewis, ed., *Eastern Europe: Political Crisis and Legitimation* (London: Croom Helm, 1984). が詳しい。
31) 川原彰『東中欧の民主化の構造』1章，を参照されたい。
32) ユルゲン・ハーバマス（三島憲一ほか訳）『遅ればせの革命』岩波書店，1992年，5ページ。
33) 川原彰『東中欧の民主化の構造』7章，を参照されたい。
34) たとえば，ウォーラーステイン（本多健吉・高橋章監訳）『脱＝社会科学——19世紀パラダイムの限界』藤原書店，1993年，を参照されたい。「……重要な新しい証拠が現れて古い理論があやしくなったり，それが予見していたことがその通りにならなくなったりすると，われわれは，われわれが前提としていたものを再考しなければならなくなる。その意味で，特定の仮説の形で示される19世紀社会科学の

前提の多くが,わたしのみるところ,人を惑わせるものであり,窮屈なものであるのに,依然として,きわめて強力にわれわれの考え方をとらえているからである。これらの諸前提は,かつては精神を解放するものだと考えられていたが,今では,社会的世界を有効に分析するにあたっての,最大の知的障害となっているからである。」(7ページ)

35) ラルフ・ダーレンドルフ(岡田舜平訳)『ヨーロッパ革命の考察——「社会主義」から「開かれた社会」へ』時事通信社,1991年,107ページ。

36) 川原彰『東中欧の民主化の構造』1章,を参照されたい。

37) 民主政への移行プロセスにおける「移行協定」については,Daniel V. Friedheim, "Bringing Society Back into Democratic Transition Theory after 1989: Pact Making and Regime Collapse," *East European Politics and Societies*, Vol. 7, No. 3 (1993), pp. 482-512. が興味深い議論を展開している。ポーランド型民主化モデルについては,川原彰『東中欧の民主化の構造』3,4章,が詳しい。

38) 同書2章,を参照されたい。

39) 同書1章,を参照されたい。

40) 同書5章,を参照されたい。

41) ヤドヴィガ・スタニシュキス(柴理子訳)「ポスト共産主義ヨーロッパの連続性と変化」,下村由一・南塚信吾編『東欧革命と欧州統合』彩流社,1993年,123-161ページ。

42) ジェフリー・サックスほか「ソ連・東欧の危機脱出は可能か」『世界』第564号(1992年2月),103ページ。

43) むろん,ハンチントン流に言えば,1970年代以後の3つの民主化の流れの総体が,第1次世界大戦後の西欧先進諸国の民主化の第1の波,第2次世界大戦後の旧枢軸国の民主化の第2の波に続く,民主化の「第3の波」である。cf. Samuel P. Huntington, "Democracy's Third Wave," in Larry Diamond & Marc F. Plattner eds., *The Global Resurgence of Democracy* (Baltimore: The Johns Hopkins University Press, 1993), pp. 3-25.

44) スペインの民主化プロセスを比較政治的視点から分析したものとして,若松隆「体制移行の政治過程——スペインの事例を中心に」,犬童一男ほか編『戦後デモクラシーの変容』岩波書店,1991年,153-191ページ,を参照されたい。またこの背景については,若松隆『スペイン現代史』岩波書店,1992年,が詳しい。

45) Adam Michnik, "The New Evolutionalism," *Survey*, Vol. 22, No. 3 / 4 (1979), p. 273. および Michnik, *Penser la Pologne* (Paris: 1983), pp. 54-74. 水谷驍訳「われわれが望むものとわれわれにできること」,工藤幸雄監修『ポーランド[連帯]の

挑戦』柘植書房,1981年,239-263ページ。
46) シュミッター／オドンネル（真柄秀子・井戸正伸訳）『民主化の比較政治学』未来社,1986年,101-103ページ。
47) 同書,105ページ。より詳しくは,Juan J.Linz, "The Transition from Authoritarian Regimes to Democratic Political Systems and the Ploblems of Consolidation of Political Democracy," (Paper Presented at the International Political Science Association Tokyo Round Table, March-April 1982). を参照されたい。
48) スタニシュキス「ポスト共産主義ヨーロッパの連続性と変化」,下村・南塚編『東欧革命と欧州統合』。
49) ダーレンドルフ『ヨーロッパ革命の考察』,47-58ページ。
50) Claus Offe, "Capitalism by Democratic Design?: Democratic Theory Facing the Triple Transition in East Central Europe," *Social Research*, Vol. 58, No. 4 (1991), p. 865-892. 水谷驍・川原彰訳「民主主義的に設計される資本主義？——中・東欧の三重の移行に直面する民主主義理論」,川原彰編『ポスト共産主義の政治学』,83-116ページ。
51) 川原彰編『ポスト共産主義の政治学』,108-114ページ。
52) スタニシュキス「ポスト共産主義ヨーロッパの連続性と変化」,下村・南塚編『東欧革命と欧州統合』。
53) 川原彰「ポーランド政治構造の再編と対外政策——『ポスト連帯』政権から『ポスト共産主義』政権へ」,平成5年度外務省委託研究報告書『EC統合と東欧政治』日本国際問題研究所,1994年,56-60ページ。
54) この「近代性」の問題領域については,「近代性の徹底化」論の立場からその構造を論じた,アンソニー・ギデンズ（松尾精文・小幡正敏訳）『近代とはいかなる時代か？——モダニティの帰結』而立書房,1993年,を参照されたい。
55) 本章では直接論じることのできなかったソ連・ロシアの体制転換をめぐる問題については,下斗米伸夫「『民主化,革命,そして移行』あるいはパラダイムなき革命」,岩波講座・社会科学の方法・第Ⅶ巻『政治空間の変容』岩波書店,1993年,151-187ページ,がすぐれた議論を展開している。
56) この問題領域については,川原彰「ポスト共産主義の政治学ためのノート—変革期における社会科学者の課題」,川原彰編『ポスト共産主義の政治学』,181-199ページ,を参照されたい。

第6章　ポスト共産主義の政治経済学
——半周辺地域における〈民主化〉の位相[1]——

1　モデルとしてのショック療法

　旧ソ連圏諸国の共産主義体制は1989〜91年にかけて雪崩をうって解体したが，その後のポスト共産主義[2]の体制転換の行方はいまだに混沌としている。むろん，東中欧諸国，バルカン諸国，旧ソ連諸国のその後の動向を一括して論じるのには多少無理があるが——そのため，本章では東中欧諸国（とくにポーランド）に対象を限定する——，いずれにせよ旧体制崩壊後のポスト共産主義の体制転換がどのような体制への転換なのかは，なかなか判然としない。言うまでもなく，当事者の目指している方向は民主化であり市場経済化なのであるが，現在，ほとんどの旧ソ連圏諸国で政権の座にある「ポスト共産主義」勢力がつくりだしている実際の体制がどのような体制であるのかは充分に検討を要する問題であろう。

　当初，ポスト共産主義の体制転換のモデルとされたポーランドが採用した「ショック療法」には次のような「楽観的なヴィジョン」がつきまとっていた。「きびしい経済統制，慢性的な経済不振，国際収支の赤字，および対外債務の重圧に悩む旧社会主義国があった」とする。「あるとき勇気を持った指導者が（クーデタでなく自由選挙で）登場し，大胆な経済改革を断行」する。「政府はIMFや世銀の技術的および資金的支援を積極的に受け入れながら，巨額だった財政赤字を大幅に削減し，インフレ率を一挙に先進国並みに引き下げ，広範な『政府の介入』や『規制』を撤廃し，経済活動を思いきって民間セクターに委ね」る。「最初の1〜2年は移行のショックで生産が少し落ち込んだが，まもなくこれまで抑圧されてきた民間エネルギーが鎖から解き放たれて開花し，経済は

徐々に構造転換を果たして高成長の径路に乗る[3]」。

　IMF型の急進改革プランとしてポーランドなどに適用された「ショック療法」の理想的シナリオは以上のようなものであったろう。しかしIMF型アプローチは政治的安定と市場経済を前提とし得る場合には有効かもしれないが，「ポスト共産主義」諸国のように，民主政治への移行と市場経済への移行を同時に目指す事例には初めて適用され，未知の結果を引き起こした。比較的「成功」したといわれるポーランドの事例でさえ充分に政治改革と経済改革を同時に進めることの問題点を露にしたが，後の旧ソ連と旧ユーゴスラヴィアの事例では完全に「失敗」し，後者の場合には連邦国家の解体の要因のひとつにさえなったのである。ポスト共産主義の体制転換は，「ショック療法」を策定したJ. サックスら政策アドバイザーが考えるよりもはるかに政治と経済が密接にかかわりあった重層的なプロセスなのである[4]。

　本章は，こうした民主政への移行と市場経済への移行を同時に進めるポスト共産主義の体制転換の困難性を，その内在的論理と外在的条件に即して検討するものである。その場合に，まずポスト共産主義の体制転換の基本構造を理論的に検討したうえで，ポーランドを事例にとりポスト共産主義政治の位相を具体的にみていく。そのうえで，このポスト共産主義の体制転換を規定している外在的条件を考えるために，世界システム論的視座から半周辺地域における〈民主化〉の位相をとらえ，最終的にはポスト共産主義の体制転換がどこに向かっているのかを展望してみたい。

2　ポスト共産主義の体制転換の基本構造
　　——三重の移行——

　共産党体制からの非暴力的脱却の先に民主政治と市場経済の実現を求めた「革命」は，旧体制からの離脱を経て現在は重層的なポスト共産主義の体制転換プロセスを経験している。言うならば，ポーランド，ハンガリーを先導役に進行したこの「革命」は，旧ソ連，旧ユーゴスラヴィアといった連邦国家の解体

にまで至ったことによって，政治システム，経済システム，国家形成原理の三次元にわたる，世界史上でも未知の次元の同時的・重層的な体制転換に至っている。

一党制から民主政への移行，指令経済から市場経済への移行，共産主義国家の解体後の国家の再編成という前例のない困難な「三重の移行」は，民主主義への幻滅と権威主義支配への誘惑を呼び起こす危険性をはらんでいる。というのも，ポスト共産主義の世界では「目下，進行中の変貌の帰結に関しては，先決済みのものはいっさい存在しない」ため，こうした体制転換は民主主義や市場経済の「即習過程」（L.ワレサ）とならざるを得ない[5]。

このプロセスを理論化したC.オッフェによれば[6]，この「三重の移行」の基本構造は以下のようになる。確かに中・東欧の民主化過程は，「民主政への移行」の次元に限定すれば，1970年代以来の世界システムの半周辺部の民主化の延長線上に捉えられる。1970年代の南欧諸国の民主化プロセス（ポルトガル，スペイン，ギリシア），そして1980年代におけるラテンアメリカの権威主義体制の崩壊（アルゼンチン，ブラジル，ウルグアイ，チリ，パラグアイ）の延長線上に旧共産主義諸国の民主化プロセスを位置づけたS.ハンチントンは，この一連の民主化を「第三の波」と名づけた[7]。だが，このポスト共産主義の体制転換には，従来の民主化過程にはみられなかった異なる次元の問題が認められる。

周知のように，ポスト共産主義の体制転換プロセスは，自由選挙の実施，政治的多元主義の制度化，憲法改正といった民主政の確立過程の次元だけではなく，ソ連，ユーゴスラヴィア，チェコスロバキアといった連邦国家の解体に至った民族／エスニシティ問題の次元や，国有企業の民営化などの所有制度の変更，価格自由化といった市場経済化の次元を含む極度に複合的な転換過程となっている。それだけに，この「複合性」は民主化過程の決定の負担を前例のないものにしており，ポスト共産主義の政治世界を「不確実性の領域」に導く原因となっている。このポスト共産主義の体制転換を，構造的次元からみるならば，「国家体制，基本法制定，そして資源分配という〈通常の政治〉の3つのレヴェルのすべてに影響する三重の転換過程[8]」として捉えられる。

このポスト共産主義の体制転換の困難は,以下の3つの次元の問題が同時に提起されていることに起因している。

- 国家性の問題——国家・国民のアイデンティティ(領土および社会的・文化的境界線の決定)の次元をめぐる問題
- 民主主義の問題——「体制」(レジーム)の基本法ないし制度的枠組の制定の次元をめぐる問題
- 経済秩序の問題——政治権力や経済的資源などの資源分配に関わる「通常の政治」の次元をめぐる問題[9]

この3つの問題の「同時性のジレンマ」は,西欧諸国が数世紀にもわたって漸進的に行ってきた政治的近代化と経済的近代化のプロセスをきわめて短期間に同時に経過しなければならないところから生まれている。東欧近代化の全面的モデルとしての「ソ連型共産主義」が西欧近代の構成要素としての自由民主主義と資本主義を拒否し,別の道を通って西欧を追い越すことを目指しただけに,「遅ればせの革命」(J. ハバーマス)としての1989年革命の後には,先の3つの問題が同時に生じる「三重の体制転換」という前例のない構造的問題が生じたわけである。しかも,この3つの問題はそれぞれ他の問題が解決済みかそれとも現在解決する必要がない場合にしか解決できないという「同時性のジレンマ」を含んでおり,この構造がポスト共産主義の体制転換を条件づけていると言える[10]。

3 ポスト共産主義政治の位相
——ポーランドの場合——

こうした基本構造をもつポスト共産主義の体制転換の問題をさらに具体的に検討するために,この体制転換のモデル・ケースとなったポーランドの事例を取り上げてみよう[11]。

(1) 「ポスト連帯」期の政治構造

「連帯」運動の遺産をもち東欧革命を先導したポーランドにおいても,革命後のポスト共産主義の体制転換は混迷をきわめた。共産党体制から民主政への移行の局面は,その後の民主政の確立過程に独自の諸問題を残したのである。ポスト共産主義の体制転換を通じた民主化・市場経済化を求める東欧諸国のなかでも,ポーランドは例外的に民族／エスニシティの次元にかかわる「国家性」問題(共産主義国家解体後の国家再編成の問題)を免れているため,相対的には民主化・市場経済化に有利な条件を備えている。

それにもかかわらず,実際には民主化・市場経済化が必ずしも順調に進展しているとは言いがたい。それは,やはりポスト共産主義の体制転換の独自性である「政治的資本主義」(J. スタニシキス)の形成[12]と民主政の確立との同時的実現という課題の困難さゆえでもある。この2つの転換過程にそれぞれ充分な時間的間隔があることがその成功の累積効果を高めるということは,西欧諸国の歴史的経験から明らかであるが,言うまでもなく東欧諸国にそうした余裕はない。

この体制転換が急速に進行する時,民衆のうえにはこの改革の成果を得るまで忍耐強く待つという苦痛に満ちた課題が重くのしかかる。こうした政治改革や経済改革を同時に推進し,しかもその制度と経済を機能させてゆく社会基盤を整備するというこの未曾有の難題にとっては,このプロジェクトを進めるリーダーシップのあり方と並んで,この改革に対する国民の支持が重要になる。

しかし,この体制転換もすでに革命後4年も経た頃には,「ショック療法」が約束した民主主義と市場経済の幸福な結合という初期の神話はすでに打ち砕かれていた。1990年代前半の社会意識に最も特徴的な点は,経済改革に対する支持の低下であり,議会制民主主義の諸制度に対する不信の増大であり,未来志向的な社会的合意の喪失である。逆に,改革の成果への失望のなかで,徐々に明らかになってきているのは,この転換における「変化の中の連続性」としての共産主義支配の負の遺産の大きさなのである。

革命後のポーランド政治の混乱の決定的な要因は,民主政の確立を妨げるこ

の共産主義支配の負の遺産とそれに起因するポスト共産主義政治の特質にある。むろん，移行の初期段階で制定された過渡的な制度的装置（「円卓会議」合意の構造，大統領直接選挙制の導入，選挙制度）および政治的行為主体の長期的な戦略と目標（西側型の政党システムを上から創出しようとする政治エリートの理論先行の試み）といった移行期の政治的術策の次元の問題も指摘できる。しかし，それ以上に現在明らかになったのは，この移行を規定している構造的・歴史的制約としての旧体制から引き継いだ「政治的意味空間」の影響力なのである。それは，きわめて捉えにくい次元ではあるが，旧体制から継承した政治的正統化の特異な形態や政治的論議の固有の特徴といった「政治的意味空間」を構成する政治文化的な要因の問題である[13]。

というのも，移行期に特徴的な頻繁な選挙のサイクルは，政治的な分岐と政治的シンボルをめぐる闘争を激化させるだけではなく，有権者が現政府を罰するという「振り子効果（pendular effect）」（オドンネル＝シュミッター）を典型的に示す。共産党政府の惨敗によって「連帯」主導政府への道が切り拓かれた1989年6月総選挙に始まり，「ティミンスキ現象」の前にマゾヴィエツキ首相が敗北し，「連帯」主導政府の退陣に追い込まれた1990年11月の大統領選挙，現職のベレツキ首相が属する自由民主会議（KLD）が敗北し，旧共産党勢力（民主左翼同盟）が躍進した1991年10月総選挙に至るまで，有権者は「左翼もしくは右翼の現職者を，彼らが経済問題の不手際とみなすものについて罰する[14]」という「振り子効果」を示している。この背景には，共産主義支配の時代の「開発独裁」型の正統化形態——経済的実績を正統性に転化させる——が遺産として引き継がれ，ポスト共産主義政府の改革努力が，民主主義的価値への支持によってではなく経済的な実績のみによって判断されるという事情がある。

また，こうした選挙結果にみられる政治的行為主体の深刻な断片化と政治的スペクトラムの歪みは，国家機構を統治するネオリベラル派の政治エリートの自律性とそのシンボル的性格に由来する。西側型の多元主義的な政党システムを上からつくり直そうとする彼らの試みは，「ポスト連帯」の政治エリートの内部分裂を引き起こしたが，このプロセスはそれ以上に「トップ・ダウン式の党

構造」——政治エリートによる全国レヴェルの政党政治の独占と地方のグラス・ルーツの政治の真空状態——をつくりだした。ポーランドの移行期の混乱を引き起こしている根本的な問題は，共産主義支配と「連帯」運動の双方の遺産である「社会民主主義的な下部構造」と国家を統治する政治エリートとの間が分断されており，新しく登場してきた政治的行為主体が「社会民主主義的な政治空間」を利用できないという点にある[15]。

(2) 93年9月総選挙と「ポスト連帯」右翼の自滅

共産主義支配の時代に，イデオロギーの外観のうえで「共産主義」と「社会主義」が相互交換的に定義されてきた結果として，ポスト共産主義時代には，少しでも「左翼」を連想させるものはすべて，共産主義支配へのアレルギーから激しい否定的なレッテルづけの対象となった。そのため，当初「社会民主主義的な政治空間」に訴えようとした新たな政党（ポーランド社会党，「労働連帯」，社会民主運動=ブヤクの新党）はすべて，先の選挙で完敗した。その結果として，新しい政治的行為主体がこの空間を利用できないでいる間に，社会民主主義政党に転身した旧共産党勢力=民主左翼同盟（SLD）が，国民の不満を背景にこの空間を占拠する兆候が現れてきていた。いくつもの世論調査の結果からも示されてはいたが[16]，このことが1993年9月総選挙の最大の特徴となった。

前回選挙が生みだした小党乱立状況を回避するために，「5％条項」を導入して実施されたこの選挙[17]では，議会に進出した政党は6政党に限定された。その意味では，所期の目的は達成されたとも言えるが，改革推進のための安定多数派の形成という点では否定的な結果に終わった。というのも，前回選挙では108議席を得たにすぎない「ポスト共産主義」勢力の民主左翼同盟と農民党が今回は改憲ラインに迫る303議席を獲得し圧勝したからである。選挙結果をみておくと（表6-1，表6-2，および図6-1，を参照），第1党からそれぞれ民主左翼同盟SLD（得票率20.4％，議席数171），農民党PSL（15.4％，132議席），民主同盟UD（10.6％，74議席），勤労同盟UP（7.3％，41議席），独立ポーランド連盟KPN（5.8％，22議席），改革支持無党派ブロックBBWR（5.4％，16議席）とな

表6-1 ポーランド主要政党 (1993・9)

	政　党	議席数+	指　導　者	政　策　の　指　向	支　持　層++
ポ ス ト 連 合	◇民主同盟 (UD) Unia Demokratyczna	56	*T. マグダイェンツキ H. スホツカ J. クーロン	中道、親市場、「調整的介入」 市民的自由 「社会的保守派」と「リベラル左派」	高学歴・高所得者層 西部地域 25-34歳の層
	自由民主会議 (KLD) Kongres Liberalno-Demokratyczny	50	*D. トゥスク J. ベレツキ	経済的レッセフェール、急速な私有化、世俗的、市民的自由	高学歴層
	◆「祖国」カトリック選挙委員会 ("Ojczyzna") ・キリスト教国民連合 (ZChN) ・ポーランド協議会 (KP) 保守党 (PK) キリスト教民主党 (PChD) キリスト教農民連合 (SLCh)	44 28	*W. フシャノフスキ *A. ハル *P. ウラチコフスキ *Y. シリシュ	カトリック民族派 新党 (1992・9)、民主同盟より独立	65歳以上の層 南東部地域
ス ト 連 合 反 与 党	◇改革支持無党派ブロック (BBWR)	—	(L. ワレサー非公式) *A. オレホフスキ	新党 (1993・7)、改革支持派の結集　事実上のワレサ党	
	中道連合―ポーランド同盟 (PC-ZP)	24	*J. カチンスキ J. バリス	中道右派、キリスト教民主主義、経済的介入プラス急速な私有化、非共産化	
	共和国連合 (KdR) Koalicja dla Rzeczpospolitej	17	*J. オルシェレフスキ A. マチェレヴィチ	新党 (中道連合より分離)、中道右派、非共産化	
	◆「連帯」労組 (NSZZ "S")	26	*M. クシャクレフスキ	労働者の生活擁護、福祉国家指向	中西部地域出身層 55-64歳の層
常 野 党	◇勤労同盟 (UP) Unia Pracy	6	*R. ブガイ Z. ブヤク	新党 (1992・6)、前「労働連帯」左派、平等主義指向　急速な私有化批判	職業訓練校出身層 西部地域、男性層
	ポーランド農民党―農民同盟 (PSL-PL)	19	*G. ヤノフスキ J. シリシュ	親市場、しかし農業部門への介入、親教会	

第6章 ポスト共産主義の政治経済学　179

ポスト共産主義	旧衛星党	△ポーランド農民党 (PSL) Polskie Stronnictwo Ludowe	49	*W. パヴラク	親市場、しかし農業部門への介入、世俗的（キリスト教教育）	中西部地域、低所得者層 55歳以上の層
	旧統一労働者党	△民主左翼同盟 (SLD) Sojusz Lewicy Demokratycznej ・社会民主主義 (SdPR) ・全国労働組合協議会 (OPZZ) ・社会党 (PPS) など8勢力	58	*W. チモシェヴィチ A. クファシニェフスキ L. ミレル	混合経済 国家による社会サービスの提供 世俗的	高学歴層 職業訓練校出身層 平均的所得層 高所得層
	独立系	■現実政策同盟 (UPR) Unia Polityki Realnej	3	*J. コルヴィン＝ミケ	新党、右派	
		□独立ポーランド連盟 (KPN) Konfederacja Polski Niepodległej	46	*L. モチュルスキ K. クルル	経済的介入、強力な法と秩序 国家による社会サービス、反ソ連	クラクフとカトヴィツェ地域、男性層 高校卒以下の教育層
	その他	□自己防衛 ("Samoobrona")	—	*A. レペル	新党、デマゴギー的急進政党 失業者層の救済、旧共産党強行派	
		*X党 (Partia "X")	0	*S. ティミンスキ	デマゴギー的政党、反ユダヤ主義	
		*少数民族政党 ・ドイツ人少数派 (MN)	7	*H. クルル	ドイツ人居住地域の利益擁護	上シレジア地域

【略号】
◇◆「ポスト連帯」諸党
△▲「ポスト共産主義」諸党
□■独立系
◇△□○　1993・9 総選挙で議席を得た政党
◆▲■●　5％条項（政党連合の場合は8％）を越えられなかった政党
*　各政党の代表者
+　議席は1993・5の時点
++　支持層は、1993・5の時点での世論調査 (MOR) に基づく
出典：*RFE/RL Research Report* Vol. 2, No. 36 (1993), pp. 1–21. をもとに作成。

表6-2 ポーランド国会下院選挙結果（1993・9・19）

政　　　　党	得票率	議席数	議席率
民 主 左 翼 同 盟（SLD）	20.41	171	37.17
ポーランド農民党（PSL）	15.40	132	28.70
民 主 同 盟（UD）	10.59	74	16.09
勤 労 同 盟（UP）	7.28	41	8.91
独立ポーランド連盟（KPN）	5.77	22	4.78
改革支持無党派ブロック（BBWR）	5.41	16	3.48
そ　の　他	—	4	0.87
合　　　計		460	100.00

出典：*Gazeta Wyborcza*, 1993. 9. 25-26. をもとに作成。

図6-1 ポーランドの政治的亀裂と政党競合（1993・9）

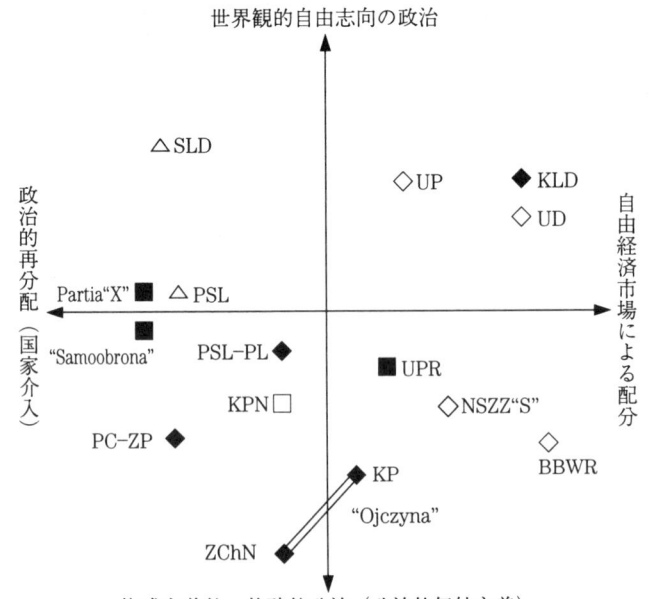

世界観的自由志向の政治

政治的再分配（国家介入）　　　　　　　　　　　　　　　自由経済市場による配分

△SLD
◇UP　　◆KLD
◇UD
Partia"X"■　△PSL
"Samoobrona"　PSL-PL◆
　　　　　　　　　　■UPR
　　　　　　KPN□　　◇NSZZ"S"
PC-ZP◆　　　　　　　　◇BBWR
　　　　　◆KP
　　　　　"Ojczyna"
ZChN

権威主義的・特殊的政治（政治的伝統主義）

出典：*Cazeta Wyborcza*, 1993. 8. 14-15. をもとに作成。

り，少数民族政党であるドイツ人少数派に4議席が与えられた[18]。

「ポスト連帯」政権の与党であった改革推進派の民主同盟はほぼ前回選挙並みであったものの，同じくキリスト教国民連合ZChNと自由民主会議KLDは5％条項をクリアできず議席をすべて失った。また「ポスト連帯」諸党のなかでは，中道連合PCおよび「連帯」労組NSZZ"S"も議席をすべて失ったものの，スホツカ政権の改革政策を厳しく批判した勤労同盟（前「労働連帯」のブヤクの新党）が41議席を得て第4党につけた点が注目される。ワレサ大統領支持の新党である改革支持無党派ブロックはかろうじて5％条項をクリアできたにすぎなかった。民族派の独立ポーランド連盟も同様である。

この選挙結果で最も注目されるのは，むろん「ポスト共産主義」勢力が国会に大きく進出した点である。1989年6月の「円卓会議」合意に基づく準自由選挙の結果とほぼ同様の，3分の2の多数派を占めたのは皮肉な結果といえる[19]。しかしながらこの動向は，必ずしも共産主義勢力の復活という次元の問題ではない。すでにみたように，この4年間にわたって推進されてきた急速な市場化・民営化政策に対する社会的弱者の批判票が，それまで空白であった「社会民主主義的な政治空間」を独占した「ポスト共産主義」諸党に流れたとみるべきであろう。共産党継承政党の社会民主党も，衛星政党であった統一農民党継承政党の農民党も，すでに指導者も一新し，綱領も改めており，旧体制への回帰を志向する可能性は少ない。この点を選挙結果のより詳しい分析から検証しておこう。

今回の選挙で，民主左翼同盟と農民党という2つの旧共産党勢力が政権に復帰すると共に，旧「連帯」勢力がほぼ完敗したことは明白な結果である。1989年9月の「連帯」主導政権成立以後次々と分裂を続けてきた「連帯」勢力であったが，その基盤に位置する独立自治労組「連帯」が下院議席を失い議会外勢力化したことで，1980年8月「連帯」結成以来の民主化運動のサイクルは一巡し，象徴的にも現実政治への影響力の点でも「連帯」は最終的に解体した。

しかし，この「連帯」解体期の民衆のアイデンティティの側面から選挙結果を分析したA. スモラルが指摘するように[20]，旧共産党勢力の強化と議席数の

増大は「やや人の目を欺くものであり」, 実のところは, この選挙結果は「左翼の台頭ではなく右翼の崩壊」という側面が強い[21]。「ポスト連帯」の右翼政党全体 (キリスト教国民連合, 保守党, キリスト教民主党, およびキリスト教農民党の連合体であるカトリック選挙委員会「祖国」,「中道」連合など) では30％以上の得票率を獲得していたにもかかわらず, これらの政党は1議席も獲得することができなかった。党派主義, 絶え間ない論争, 教条的思考に縛られて明確な代替案を提出できず, 無名の周辺的な小集団へと分化したために, 自滅してしまったと言えよう。

その背景には, 教会, 教会系報道機関と同盟したこれら右翼政党が, 西欧型の世俗化という幽霊におびえ, マスメディアへの検閲, 公立学校における宗教教育, 制限的な反堕胎法などの要求を通じて公共生活を圧迫した事実がある。ここに民衆が旧共産党系諸党が掲げた「教会と国家の分離」を魅力的に受け取った原因があった。「右翼は教会と自らを一体化し, 中道諸派 (特に民主同盟) は教会と世論のはざまで揺れているなかで, 左翼の旧共産主義者たちだけが, 唯一信頼できる砦――大衆の大部分が感じている, 聖職者に国を乗っ取られるという脅威からの防壁――となった。有権者の共産党後継政党への接近は, ポーランド人のあいだに高まりつつある反教権主義によって説明することができよう[22]。」

教会の権威が失墜しただけではなく,「連帯」運動に集約されていた集合的アイデンティティの喪失が「政治」への無関心をもたらし, 結果的に消極的な「左翼への逃走」を導いた点も指摘できる。マクロ経済指標では経済は好転してきているとはいえ, 民衆はその「成功」の果実を享受するどころではなく, 急激な変化のなかで「これまでの人生を通じて慣れ親しんできた周りの世界が崩れ落ちる[23]」不安におののいている。自由社会の不平等に対する驚きは, 平等主義的な過去へのノスタルジアを引き起こす。社会民主主義政党に転身した旧共産党勢力＝民主左翼同盟 (SLD) が, 国民の不満を背景にこれまで空白であった「社会民主主義的な政治空間」を占拠した背景には, こうした「連帯」解体期の民衆のアイデンティティの危機があった。

(3) 「ポスト共産主義」政権の方向性

ところで，こうした「ポスト共産主義」勢力の抬頭は，「ポスト連帯」勢力が推進したネオリベラル的な改革路線の方向性を迷走に導いたのであろうか。

その後の「ポスト共産主義」政権の成立過程をみると，事実上のワレサ党である改革支持無党派ブロックが予想外に低迷した結果として，ワレサ大統領の政治的影響力が低下し——地位の象徴化——，「ポスト共産主義」政党2党のイニシアティヴのもとに新政権が成立した。第1党の座を占めた民主左翼同盟は旧共産党につながる28の政党・組織の連合体（中心には社会民主党と全国労働組合協議会＝OPZZが位置する）であり，綱領的には社会民主主義路線を主張している。指導者のA.クファシニェフスキは「影の首相」("prime minister without portfolio")としての地位を選び，首相職は農民党の指導者W.パヴラクに譲り，民主左翼同盟と農民党の連立政権を形成した。当初政権に加わるとみられた勤労同盟は閣外協力にとどまり，前与党の民主同盟は「ポスト共産主義」政党との連立を拒否し，野党になった。

また，「ポスト連帯」政権のスホツカ内閣を不信任した「連帯」労組は下院議席を失い，議会外反対勢力として活動せざるを得なくなった。これによって「連帯」の政治的解体は完全に終了し，ワレサの影響力の低下と共に「連帯」労組との亀裂をもたらした歴代の「ポスト連帯」政権が推進した改革路線には一定のブレーキがかかった。しかしパヴラク首相が所信表明演説で「徹底した改革が必要だが，国民のための改革でなければならない」と強調したように，「ポスト共産主義」政権の路線も「人間の顔をした市場経済」であり，これまでの改革路線を基本的には継承することが前提となっている。マクロ経済指標は好転してきているとはいえ，この〔1993年9月〕時点で失業者が283万人（失業率15.4％）にも及ぶ状況では，失業対策（雇用創出）を政府の最優先課題とする「実務内閣」に徹すると主張せざるを得なかったからである。IMFがスホツカ政府の改革政策を強く支持したように，改革・民営化の継続はポーランドにとって所与の条件となっている[24]。

では，「ポスト共産主義」政権の成立はポーランドの対外政策にどのような

影響を及ぼしたのであろうか。民主左翼同盟と農民党が合意した連立政権樹立に関する協定のなかに含まれている「対外政策に関する付属文書[25]」を見ると，新政府の最優先議題としてポーランド共和国の主権と安全保障を掲げ，ポーランドのNATO（北大西洋条約機構）への早期加盟を主張している。同文書は，欧州の効果的な集団安全保障体制の確立を目的とするNATO改革に大きな関心を示すと共に，すべての東欧諸国と平行して会談を行うことの必要性を指摘している。また，ロシア，ウクライナ，ベラルーシ，リトアニアとの友好関係の樹立を強調し，ビシェグラード協力の発展への支持を表明している。さらに，EC統合を通じたポーランド経済利益の尊重を要求し，ポーランドのECへの早期加盟を確認している。「ポスト共産主義」政権も，NATOとECへの早期加盟は外交政策上の最優先課題として前政権の路線を継承しているわけである。

　こうしたポーランドの動向は，前年末のロシア総選挙における自由民主党（ジリノフスキーを党首とする右翼民族主義政党）の抬頭に代表される旧ソ連諸国の動向ともあいまって，ポスト共産主義諸国の政治的混乱を示していることは，否定すべくもない。ただし，ポスト共産主義諸国の政治的混乱といっても，ペレストロイカから始まった旧ソ連諸国の政治的混乱と，「連帯」運動を通じて東欧革命を先導したポーランドの政治的混乱とでは，「共産主義勢力の復権」の動向として単純にくくれない異なる次元の問題が含まれている点は，あらためて確認しておきたい。ポーランドの場合，復古の可能性は実際にはない。次回の選挙では，「振り子効果」のために政権政党が敗北する可能性がきわめて高い。その意味では，1993年9月選挙の結果は「開かれた社会の諸条件とそれが課す厳しい選択への，苦痛に満ちた適合の過程の最終段階[26]」というスモラルの評価が妥当と言えよう。

4　世界システムにおける東中欧の民主化

　1993年10月以来政権の座についた「ポスト共産主義」勢力は，社会民主主義的な勢力と自称しながらも，政権の座について実際に採った政策は，基本的

には「ポスト連帯」政権のそれと類似したものになった。この「ポスト共産主義」勢力がなぜネオリベラルな政策を採用したのかという問題の検討は今後の課題ではあるが[27]，ここでは暫定的に，ポスト共産主義の体制転換の論理を東中欧を取り巻く国際政治経済環境のなかで検討することから，この課題に若干の検討を加えてみたい。

世界システム論的な視座からこのポスト共産主義の体制転換の論理を検討した場合，この転換の原初的条件として以下の点が指摘できる。ポーランドの社会学者J. スタニシキスによれば[28]，「旧東側ブロックがいま世界システムとの関係を再構築しようとしている」点こそが，このポスト共産主義の体制転換の本質なのである[29]。それは，換言すれば，1970年代から1980年代にかけての東中欧諸国が置かれていた「半周辺的『二重の従属』」状況からの脱却のプロセスということでもある[30]。この脱却のプロセスは，(1)「ポスト共産主義の周辺資本主義」(Post-Communist Peripheral Capitalism: PCPC) の制度化，および(2)「脆弱な国家」の形成，として捉えられる[31]。

ここで言う「半周辺的『二重の従属』」状況とは，世界システム内部において旧東側ブロックが占めていた構造的位置であり，ソヴィエト帝国という「中心」(Center) への従属だけではなく，資本主義世界経済の「中核」(Core) への従属という「二重の従属」のことを指している。言うならば，「このような二重性も過去の共産主義時代の遺産であり，次の2つのレヴェルでの相互依存関係に特徴がある。第1に，ブロック全体としての世界資本主義システムにおける相互依存，そして第2に，ブロック（コメコン）そのものの内部において政治的に強いられる経済的相互依存である[32]。」したがって，この依存関係は，ソ連による政治的支配とコメコンへの従属から脱したポスト共産主義の局面においては，全面的に世界システムに対する開放と従属として現れるのである。

この場合，東欧革命後のポスト共産主義の体制転換を進めるうえで，非共産主義勢力にせよ共産主義後継勢力にせよ，一定の政策選択の幅はあるものの，基本的な方向性は所与の条件によって規定されていたと言える[33]。つまり，社会民主主義的な平等主義政策を採る財源を欠く「脆弱な国家[34]」と，世界経済

システム(資本主義世界経済)および欧州統合プロセスへの編入とを所与の条件とする以上,東中欧(とくにショック療法を早々と採用したポーランド)の場合,ポスト共産主義の体制転換の基本枠組は,かなりのところ旧体制の遺産と国際環境によって構造的に規定されていた。むろん民営化政策の実施については,漸進主義的なアプローチを採ったハンガリーと急進主義的なアプローチを採ったポーランドの相違はあるものの,体制転換の初期条件がこの転換の論理を大きく規定しているのだ。

スタニシキスが「ポスト共産主義の周辺資本主義」(以下PCPCと略称)の制度化ダイナミクスとして理論化しているところによれば,この制度化には戦略的次元と構造的次元があり,この制度化は(1)「径路依存性」(path dependency),(2)「周辺的資本形成の論理」,および(3)「地域的効果」の3つの変数の複合体として捉えられる[35]。

「径路依存性」とは,文化的な文脈(文化とマクロ社会変動)と共産主義からの脱出の型のことである。東中欧の移行の場合では,「紛争の表出,大衆動員,そして『円卓会議』による象徴的な突破(breakthrough)」であり,その後の体制転換では「経済改革に先行する政治改革,上からの構成主義的な政治,そして民衆運動を動員解除する上からの試み」をパターン化している[36]。

「周辺的資本形成の論理」とは,グローバル化の枠組における「ポスト共産主義的資本形成」の問題であり,世界経済システムの(半)周辺部に位置する東中欧の移行の場合では,旧体制の政治エリートであるノメンクラトゥラ層が市場経済化と民営化のプロセスで経済エリートとして影響力を行使し,「政治的資本主義」あるいは「ノメンクラトゥラ資本主義」を形成する論理のことである。そこでは,「転換(所有権の改正,世界システムへの参画)を開始し国際的金融機関からの融資を取り付ける」プロセスで,国際的金融機関が協定を結びうる国家機関に中央権力が移行する[37]。

「地域的効果」とは,東中欧の独自性の問題であり,民主化の波が同時代に進行している東アジア,ラテンアメリカなどとの比較のための基準である。同一地域内での経済的ギャップのあるなしなどによって民主化・市場経済化の波

図6-2 ポスト共産主義の制度化の政治

径路依存性：文化，および共産主義からの脱出の型

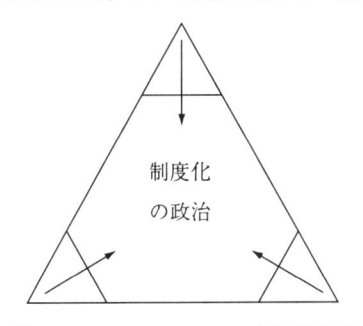

```
           │
           ▼
        ╱＼
       ╱  ＼
      ╱ 制度化 ＼
     ╱ の政治  ＼
    ╱＿＿＿＿＿＿＿＿＼
   ↙              ↘
地域的効果      周辺的資本形成の論理
```

出典：Staniszkis, *Post-communist Peripheral Capitalism (PCPC)*, p. 32.

及効果が現れる[38]。

この3つの変数の関係は，図式的には図6-2のように示される。そのため，「径路依存性」と「地域的効果」との双方のインパクトが，ポスト共産主義社会の制度化のパターンを異なるものにする[39]。しかし基本的には，「脆弱な国家」と結びついた「ポスト共産主義の周辺資本主義＝PCPC」の制度化をもたらしている。つまり，この「制度化の政治こそがポスト共産主義諸国のすべての政治の最も重要な次元を示して」おり，「逆説的に，こうした政治は，伝統的な政治諸制度（たとえば，議会あるいは政党）の領域と統制の外側にあり」ながら，伝統的な政治諸制度の政治の重要性を奪い，政治的「決定の脱政治化とテクノクラシー化」をもたらしている。この危険性は民主化の装いをとりながら民主主義を無視する方向に発展していくことにある[40]。

前節でみてきたポーランド政治の事例においても，1995年の大統領選でワレサが破れ，共産党後継政党である社会民主党のA. クファシニェフスキが大統領の座につき名実共に「ポスト共産主義」政権の時代に入っているが，予想されたほどの政策の転換はない。ここでも問題は，「国際化されたコーポラティズム

国家」のもとで人びとが社会の構成員であるよりも、国家の構成員である方向に進み、市民社会化の停滞と初期の原子化（社会的バラバラ状態）をナショナリズムと政治的原理主義（「新伝統主義」）で埋めていく点にある[41]。国家と社会の統一および排他的な疑似アイデンティティが神話に基づいて形成される国民国家・民族国家の論理と、「国際化されたコーポラティズム国家」が進める「ポスト共産主義の周辺資本主義＝PCPC」の制度化の論理は、大きく矛盾している。ポスト共産主義の体制転換は、資本主義への「民主主義的な」移行形態を発見できるかという世界史的な課題を解決する正念場にある。

1) 本章は以下の論文の続編である。川原彰「半周辺地域における〈民主化〉の位相——世界システム論的視座からみた1989年革命」『杏林社会科学研究』（杏林大学）第11巻第2号（1995年9月），54-71ページ〔本書第5章〕。
2) 「ポスト共産主義」概念は，かなり多義的な意味で使用されるので最低限の了解事項を確認しておきたい。最も広義の意味では，共産主義体制からの脱却の局面を含めた意味で使用され，具体的には，ポーランド「連帯」運動が登場し，ソ連圏諸国で共産主義体制に挑戦する「対抗ヘゲモニー」の組織化が現実のものとなった1980年前後から東欧革命を経て現在に至る動向を指す。現在では，比較的狭義の意味で使用され，東欧革命後の体制転換の局面を指す。本章では，この意味で使用する場合が多い。また，東中欧では「旧共産党後継」という意味で「ポスト共産主義」概念が使用されることもある。本章では，この意味で使用される場合にはカギ括弧をつけてある。詳しくは，川原彰編『ポスト共産主義の政治学』三嶺書房，1993年，を参照されたい。
3) 大野健一『市場移行戦略——新経済体制の創造と日本の知的支援』有斐閣，1996年，48ページ。
4) ポーランドの体制転換プログラムの概要については，とりあえず，Jan Winiecki, "The Polish Transition Programme: Underpinnings, Results, Interpretations," *Soviet Studies*, Vol. 44, No. 5 (1992), pp. 809-835. を参照されたい。J. サックス自身の分析については，Jeffrey Sachs, *Poland's Jump to the Market Economy* (Cambridge: MIT Press, 1993). を参照されたい。
5) A. ナゴースキー（工藤幸雄監訳）『新しい東欧——ポスト共産主義の世界』共同通信社，1994年。
6) Claus Offe, "Capitalism by Democratic Design?: Democratic Theory Facing the

Triple Transition in East Central Europe," *Social Research*, Vol. 58,No. 4 (1991), pp. 865-892. 水谷驍・川原彰訳「民主主義的に設計される資本主義?——中・東欧の三重の移行に直面する民主主義理論」,川原彰編『ポスト共産主義の政治学』,83-116ページ。
7) S. P. ハンチントン (坪郷實・中道寿一・薮野祐三訳)『第三の波——20世紀後半の民主化』三嶺書房,1995年。なお,同書の問題点については,川原彰「書評:S. P. ハントントン著『第三の波』」『週刊読書人』1996年1月12日号,4ページ〔本書第Ⅰ部コラム,82-83ページ〕,を参照されたい。
8) 川原彰編『ポスト共産主義の政治学』,91ページ。
9) 同書,92-93ページ。
10) 同書,92-114ページ。
11) 「ポスト連帯」期に至るポーランドの政治構造ならびに政治過程については,川原彰『東中欧の民主化の構造——1989年革命と比較政治研究の新展開』有信堂,1993年,を参照されたい。
12) 「政治的資本主義」の形成については,Jadwiga Staniszkis, *The Dynamics of the Breakthrough in Eastern Europe: The Polish Experience* (Berkeley:University of California Press,1991). を参照されたい。
13) Grzegorz Ekiert, "Peculiarities of Post-Communist Politics: The Case of Poland," *Studies in Comparative Communism*, Vol. 25, No. 4 (1992), pp. 341-361. 水谷驍・川原彰訳「ポスト共産主義時代の政治の特質——ポーランドの場合」,川原彰編『ポスト共産主義の政治学』,117-161ページ。
14) G. O'Donnell and P. Schmitter, *Transitions from Authoritarian Rulu: Tentative Conclusions about Uncertain Democracies* (Baltimore: The Johns Hopkins University Press, 1986). 真柄秀子・井戸正伸訳『民主化の比較政治学』未来社,1986年,156ページ。
15) 川原彰編『ポスト共産主義の政治学』,138-139ページ。
16) たとえば,*Rzeczpospolita*, No. 220 (1993. 9. 20),を参照されたい。
17) 1993年選挙法については,伊東孝之編『東欧政治ハンドブック——議会と政党を中心に』日本国際問題研究所,1995年,30ページ。
18) 1993年9月選挙の分析については,Frances Millard, "The Polish Parliamentary Election of September,1993," *Communist and Post-Communist Studies*, Vol. 27, No. 3 (1994), pp. 295-313. が詳しい。
19) *Gazeta Wyborcza*, 1993. 9. 24.
20) Aleksander Smolar, "The Dissolution of Solidarity," *Journal of Democracy*, Vol.

5, No. 1 (1994), pp. 70-84. 川原彰訳「『連帯』の解体」,『季刊　Ｑｕｏ』12号 (1994年7月), 7-24ページ。
21) 同論文, 14-16ページ。
22) 同論文, 20ページ。
23) 同論文, 22ページ。
24) REF / RL Research Report, Vol. 2, No. 36-40. (1993) の記事に基づく。
25) ラジオ・プレス『東欧ファイル』1993年9-10月。
26) 『季刊　Ｑｕｏ』12号, 24ページ。
27) この課題を直接扱ったものとして, 伊東孝之「ポスト共産主義とネオリベラリズム——旧ソ連東欧諸国における民主化の一側面」日本政治学会研究大会分科会「市場経済化と民主主義の定着」における報告ペーパー (1996年10月6日), 1-42ページ, がある。
28) Jadwiga Staniszkis, "Continuity and Change in Post-Communist Europe," 千葉大学国際シンポジウム「東欧社会の新展開と欧州統合」報告ペーパー (1992年10月6日), 柴理子訳「ポスト共産主義ヨーロッパの連続性と変化」, 下村由一・南塚信吾編『東欧革命と欧州統合』彩流社, 1993年,123-161ページ。さらに詳しくは, Staniszkis, op.cit. を参照されたい。
29) 下村・南塚編『東欧革命と欧州統合』, 130ページ。
30) この観点は, Jozsef Böröcz, "Dual dependency and property vacuum: Social change on the state socialist semiperiphery," Theory and Society, Vol. 21, No. 1 (1992), pp. 77-104. に詳しい。
31) Jadwiga Staniszkis, "Post-Communist Peripheral Capitalism (PCPC): the Politics of Institutionalization," in Minagawa Shugo & Ieda Osamu, eds., Socio-Economic Dimensions of the Changes in the Slavic-Eurasian World (Sapporo: Slavic Reserch Center, 1996), pp. 27-90.
32) 下村・南塚編『東欧革命と欧州統合』, 130ページ。
33) Philippe C.Schmitter, "The Influence of the International Context upon the Choice of National Institutions and Policies in Neo-Democracies," in Laurence Whitehead. ed., The International Dimensions of Democratization:Europe and the Americas (New York: Oxford University Press, 1996).
34) この概念については, Ken Jowitt, New World Disorder: The Leninist Extinction (Berkeley: University of California Press, 1992). を参照されたい。
35) Staniszkis, "Post-Communist Peripheral Capitalism (PCPC)," p. 31.
36) Ibid., pp. 32-49.

37) *Ibid.*, pp. 49-77.
38) *Ibid.*, p. 77.
39) *Ibid.*, p.31.
40) *Ibid.*, pp. 77-78.
41) 下村・南塚編『東欧革命と欧州統合』, 131-132ページ。

> column

アンドルー・ナゴースキー著
『新しい東欧』
―― ポスト共産主義の世界 ――

工藤幸雄監訳

(共同通信社／2,800円)

「前人未到の道」をルポルタージュ

　世界をゆるがした89年東欧革命からすでに5年，ソ連崩壊のきっかけとなった91年8月のクーデター未遂事件からもすでに3年が過ぎ去った。共産党体制からの非暴力的脱却の先に民主政治と市場経済の実現を求めた「革命」は，旧体制からの離脱を経て現在は重層的なポスト共産主義の体制転換のプロセスを経験している。

　いうならば，ポーランド，ハンガリーを先導役に進行したこの「革命」は，旧ソ連，旧ユーゴスラヴィアといった連邦国家の解体にまで至ったことによって，政治システム，経済システム，国家形成原理の三次元にわたる，世界市場でも未知の次元の同時的・重層的な体制転換に至っている。

　一党制から民主政への移行，指令経済から市場経済への移行，共産主義国家の解体後の国家の再編成という前例のない困難な「三重の移行」は，民主主義への幻滅と権威主義支配への誘惑を呼び起こす危険性をはらんでいる。しかし，ジャーナリズムの報道を含め，わが国では旧ソ連・東欧圏に関する関心はすっかり熱が冷めてしまったかのようである。ポスト共産主義の体制転換はどこへ向かっているのかという最大の問題についても，基本的な情報不足に悩んでいるのが現状であろう。

　本書は，このポスト共産主義の新しい東欧――ポーランド，ハンガリー，チェコ共和国，スロヴァキア――の「前人未到の道」を現地取材したルポルタージュであり，革命後の情報の空白を埋めて余りない。ポーランド系米国人であり，『ニューズウィーク』誌の東欧常駐特派員でもある著者は，政治改革・経済改革から，個人的な慣習・考え方・芸術と文化・環境問題にまで及ぶ生活のあらゆる局面に取材し，「地図なき原野を突き進もうとする国々の苦痛に満ちた再生の光景」を冷静にしかも温かく再現している。

　第1章から第3章までは，ポーランド「連帯」運動を中心に「民主的反対派」の活動家が東欧革命によって権力の座についていく「民主政への移行」をめぐる

諸問題が，第4章から第8章では，革命後の市場経済化，環境，マス・メディア，教会，欧州統合をめぐる諸問題が論じられる。豊富な取材によるエピソードのつづれ織りのなかにポスト共産主義の体制転換の全体像を浮かび上がらせる著者の力量が印象的である。

　本書の第1の特色は，原題が『自由の誕生』であるように，「反体制運動が勝利をおさめた陰には，今世紀の重要な創造的知性の達成と呼べるものが存在する」点をしっかりと把握している点にある。ハヴェルやミフニクなどの反対派の理論家の「発想の力」が共産体制からの非暴力的な脱却をもたらすという東欧革命の最も本質的な部分の記述が説得力をもって描かれているからこそ，革命後に反体制派活動家が権力を担う政治家に転身し，泥沼の権力闘争のなかでかつての精神的権威を失っていくポスト共産主義の困難性がいっそう鮮やかに浮かび上がる。

　著者も指摘するように，ポスト共産主義の世界で「目下，進行中の変貌の帰結に関しては，先決済みのものはいっさい存在しない」。だが，あくまでも新しい東欧には復古の可能性はない。ワレサの言う「民主主義の速修過程」の困難性を認めつつも，本書を読んで再発見したのは，逆説的ではあるが，ヨーロッパへの回帰を求める中・東欧諸国の人びとの新しいアイデンティティにみられる「頼もしい面」であった。

〔エコノミスト・1994年12月6日掲載〕

▶ column ◀

ティナ・ローゼンバーグ著
『過去と闘う国々』
——共産主義のトラウマをどう生きるか——
平野和子訳
（新曜社／4,300円）

真の民主主義を築くために——共産主義支配の後遺症を明らかに

　ユーゴスラヴィアに対する北大西洋条約機構（NATO）軍の空爆が行われている最中に本書を一読して，あらためて東欧革命10周年の意味を考えさせられた。本書は，東欧の民主化革命を先導し，NATO加盟が許されたチェコとポーランド，および西ドイツに「吸収」された東ドイツなど，東欧諸国のなかでも相対的に民主化が順調に進行し，ヨーロッパに回帰したと考えられている諸国を素材に，共

産主義支配の後遺症を明らかにしたルポルタージュである。

マス・メディアのニュース報道などからはわかりにくい，共産主義体制下の「悪」に立ち向かう人間の複雑な心理的メカニズムに迫っている点が，本書をきわめて興味深いものにしている。「現代の一大道徳ドラマ」の主人公は，チェコの反体制派の一人，ポーランドの共産主義の指導者，および東ドイツの国境警備兵と秘密警察の情報提供者といった異なるタイプの人々である。「恥ずべき過去と共謀した自らの個人体験」を書き直して，民主主義に適応する人々の問題は，新生民主主義諸国の政治文化を求める闘いなのである。

「過去を支配するものは未来を支配する」——オーウェルは『1984年』のなかで，全体主義支配の根幹にある「リアリティ・コントロール」の恐怖について描いた。本書の物語は二つの問題を提起する。一つは，全体主義体制に対する人間の対応の仕方であり，もう一つは，民主化後にそうした過去の対応を「浄化」する仕方である。反体制運動のリーダーとして民主化に貢献しながら，若い一時期の秘密警察とのかかわりが露見して「浄化」された国会議員ズカル。戒厳令を施行して「連帯」を弾圧しながら，民主化後に大統領に就任したヤルゼルスキ将軍。壁を越えようとした逃亡者を命令通りに射殺して裁判にかけられたベルリンの壁の元警備兵たち。彼らの過去を裁くことは，民主主義の文化を築く試金石となる。しかし，共産主義時代の罪を浄化する基準はあいまいなままである。

著者は，ラテンアメリカの独裁制の遺産を取材した経験から，二つの地域における典型的な国家犯罪の本質を比較する。ラテンアメリカの場合，チリのピノチェト将軍が元首としての国家犯罪を裁かれようとしているように，国家犯罪の首謀者が明確である。しかし東欧の場合，国家の抑圧は共産主義支配に構造化されており体制の礎となっていた。著者の言うように，「東欧の独裁制は犯罪的な政権であったのに対して，ラテンアメリカのそれは犯罪者たちの政権」であったと言えよう。そのために，共産主義の負の遺産として明らかになっているのは，国家権力の濫用と市民権・人権の侵害であり，民族主義へと向かう歴史的な病理なのである。

多くの場合，全体主義的な共産主義から民主体制への漸進的な移行には，グレイ・ゾーンがつきまとう。民主化を先導した国ほど，円卓会議方式の民主化に見られるように，旧体制との妥協がその移行の中心にあるからである。その引きずった過去を社会が権力によって裁くことが，再び抑圧的な社会形成に向かう危険性は常につきまとう。本書は「国家がその過去にいかに向き合うかという政策を決めることが，真の民主主義を築く中心課題である」という真理を，歴史の深層から浮かび上がらせてくれる好著である。

〔週刊読書人・1999年5月21日掲載〕

第IV部
比較民主化論

第7章　民主化理論と民主化以後の諸様相
——ポスト共産主義の体制転換と「国家性」問題——

1　民主政への移行とその確立

　1980年代は「民主化」の時代としてまだ我われの記憶に新しい。70年代半ばの南ヨーロッパ諸国に始まり，80年代に入ってラテンアメリカ諸国，一部の東アジア諸国（韓国，台湾，フィリピン等）で進展した権威主義体制から民主政への「移行」(transition) は，80年代末の中部・東部ヨーロッパ諸国の民主化革命において頂点に達したと言えよう。この民主化の動きは，90年代に入っても旧ソ連で爆発し，また南アジア，中東およびアフリカでも一部の国でその胎動がみられる。

　米国の著名な政治学者 S. ハンチントン (Samuel P. Huntington) が民主化の「第三の波」と名づけたこうした民主政への移行の同時性は，確かに民主主義の地球規模への空間的な拡大を示している[1]。15年あまりの間にほぼ40カ国の国が民主化したことは，世界史的にも特筆に値する出来事といってよかろう。しかし90年代に入って，共産主義体制から脱したはずの旧ソ連諸国の権威主義化に示されるように，第三の波はかつてほどの勢いを失いつつある。ここに民主化以後の民主政の「確立」(consolidation) をめぐる問題状況がある。

　本章は，この民主化以後の民主政の「確立」をめぐる問題状況を，とくにポスト共産主義のヨーロッパ諸国（いわゆる中欧諸国）の体制転換とそれを捉える理論的視座の問題に焦点をあて，検討するものである。東欧革命以来すでに10年近くに及ぶポスト共産主義の体制転換プロセスを経験している今日の段階から，「比較民主化」論的な視座の功罪を検討してみたい。むろん，この民主化以後の問題を捉える視座を積極的に提示するのは困難な課題であるが，そうした

作業に向けた試論として読んでいただければ幸いである[2]。

2 トランジション学派と「第三の波」論

民主化の「第三の波」論は,ここ数年来「文明の衝突[3]」論で世界的に大きな論争を引きおこしたハンチントンが,東欧革命直後の1991年に発表した「比較民主化」論の集大成とも言うべき問題作である。ハンチントンは1968年に発表した『変革期社会の政治秩序[4]』以来,政治変動の一般理論を精力的に展開してきたが,この『第三の波――20世紀後半の民主化』では一転して1970年代中葉の南欧諸国で始まり1989年の東欧をクライマックスとする,民主化の「第三の波」に対象を限定している。つまり,同書はこの民主化の波が「なぜ,どのようにして起り,そして,どのような直接的結果をもたらしたかについて[5]」の説明を試み,この民主化の波のゆくえを展望するものである。

ハンチントンをはじめ多くの比較政治学者の関心は,1960年代までは主として民主主義的政治秩序の安定条件の追求という機能論的問題関心にあった[6]。戦間期の民主体制の崩壊とファシズム体制の成立の経験がまだ生々しい記憶としてあったからであろう。しかし,1970年のD. ラストウ (Dankwart A. Rustow) の論文「民主政への移行 (Transitions to Democracy)[7]」を嚆矢とする民主化研究は,いまだに民主化していない国々の人々にとって切実な「民主政はどのようにして登場するのか」という発生論的な問題関心にあらためて眼をむけさせた。こうした問題関心の転換は,言うならば「コロンブスの卵」のようなものであった。

ラストウの問題提起を受けて以来,「民主政への移行」研究はR. ダール (Robert Dahl) の「ポリアーキー (polyarchy)」論[8]を基礎に,J. リンス (Juan J. Linz) によって移行研究の理論的枠組が整備された[9]。さらに,1980年代に入ってA. ステパン (Alfred C. Stepan),Ph. シュミッター (Philippe C. Schmitter),G. オドンネル (Guillermo O'Donnell) に代表される移行 (トランジション) 学派の手によって「民主化の比較政治学」は全面的に開花する[10]。その過程で民主化

の比較政治学は，従来の構造的＝長期的要因を重視するアプローチ（蓋然性主義）から，アクターの短期的な戦略をより重視するアプローチ（可能性主義）へと方法論的に展開し，対象も南ヨーロッパ，ラテンアメリカなどの具体的な民主化分析に焦点が絞られていく[11]。

1980年代を代表する「権威主義支配からの移行」研究プロジェクトが，「実現されるかもしれぬ最良の結果——政治的民主主義への移行の成功を最もよく促すアクターの戦略と組み合わせ——を探究すること[12]」を目指したように，近年のアクター中心主義的なアプローチは，実際の民主化の動向と密接な関係をもっている。というのも，1970年代中葉のスペインの民主化の事例——フランコ体制からの非暴力的脱却と民主政への移行——に関する分析は，スペインの体制変動の現実を単に説明しただけではなく，同時進行的に1980年代前半のラテンアメリカの民主化などに対して実践的にも大きな影響を与えた。このようにアクターの戦略を重視する「民主化の比較政治学」は，対象と手法が分かちがたく結びついているため，一種の「民主化マニュアル」の様相を帯びているとも言えよう[13]。

その意味では，『第三の波』はハンチントン自身が1980年代末になってこうしたトランジション学派の議論を全面的に受容し，旧ソ連・東欧圏の民主化をふまえて「比較民主化」論的な視座を再整理し，さらに「民主化推進者へのガイドライン」まで提示した作品としてことのほか印象深い。ここで「印象深い」と言うのも，『第三の波』がハンチントンのこれまでの比較政治学的研究とは一線を画すものになっているからである。1950年代から60年代にかけての比較政治学の形成期に展開された「政治発展」論が，その「発展」モデルの西欧的偏向ゆえに破綻していくなかで，ハンチントンが常に比較政治学の第一線で活躍できた[14]のは，「彼が『発展』や『民主化』でなく，ひたすら実効的統治の『制度化』の有無に注目してきたから[15]」であった。

そのハンチントンがあらためて「民主化」の問題に取り組むにあたって，彼は『第三の波』で新しいアプローチを試みている。このハンチントン独自の民主化論が一般的に「比較民主化」論の主流派の議論を形成し，また近年の民主

化論のイメージを提供しているきらいがあるため,ハンチントンのこの新しいアプローチについて若干の考察を加えておきたい。

ハンチントン自身が「序文」で以下のように述べている。「この研究は,アプローチの点で,私の他の著作とかなり異なっている。私は他の著作では……重要な変数間の諸関係について一般化ないし理論化しようとした。こうした諸関係についての命題は,一般的に,時間を超えた真理として提示した。しかしながら,本書では,一般化は,1970年代および1980年代の別個の諸事象に限定されている。まさに本書の一つのキー・ポイントは,第三の波の民主化とそれ以前の波の民主化とは異なっているという点である。[16]」こうした「一定期間内に生じた特定の体制移行群を説明し分析しようとする[17]」彼のアプローチは,確かにトランジション学派の議論を全面的に受容し,東ヨーロッパの民主化の経験をふまえて「比較民主化」論的な視座を再整理し,さらに「民主化推進者へのガイドライン」さえ提示している。

このハンチントンの議論の価値は,なによりも「第三の波」の民主化とされる世界35カ国の民主化事例を縦横無尽に駆使して,そこに共通する問題点を明確にしていく点にある。たとえば,第三の波は「カトリックの波」であるとし,1960年代前半のカトリック教会の変化(第二ヴァティカン公会議)からスペイン,ブラジル,フィリピン,ポーランドなどの民主化を説明していく箇所[18]などには,『第三の波』のアプローチの成果が示されている。自身が述べるように,「民主化の一般的プロセスを注意深く読み取ることでも,また,個々の国の民主化を記述することでもない」このアプローチは,「法則定立的でもなければ,個別(事例研究)的でもない[19]」独自のスタンスをとっている。

確かに,可能な限り多くの事例を参照しているので,個別的な事例の分析だけからは出てこない思いがけない新鮮な洞察が提示される点に,『第三の波』の一番の魅力がある。そこで問題になるのは,どうしても民主化事例として35例を選びだし,独自の分類を加えるその基準である。ここで『第三の波』の議論の中心にあるハンチントンの試みを検討してみよう(表7-1)。

シュンペーター流の手続き的な民主主義概念(最小限の民主主義の定義)を採

表7-1 権威主義体制と自由化／民主化プロセス（1974-90年）の類型化

自由化・民主化へのプロセス	一党体制	個人独裁体制	軍事体制	人種的寡頭体制
trans-formation 変 革	(Taiwan) Hungary (Mexico) (USSR) Bulgaria	Spain India Chile	Turkey Brazil Peru Ecuador Guatemala Nigeria* Pakistan Sudan*	
16	5	3	8	
Trans-Placement 転 換	Poland Czechoslovakia Nicaragua Mongolia	(Nepal)	Uruguay Bolivia Honduras El Salvador Korea	(South Africa)
11	4	1	5	1
Replace-ment 転 覆	East Germany	Portugal Philippines Rumania	Greece Argentina	
6	1	3	2	
介 入	Grenada		(Panama)	
2	1		1	
Totals 35	11	7	16	1

注：民主化の主要な基準は，開かれた，競争的で，充分に参加可能な，公正に管理された選挙を通じて政府が選出されるという点にある。
（ ）は，1990年までにかなり自由化されたが，民主化に至っていない国を示す。
＊は，権威主義に逆戻りした国を示す。
出典：Samuel P. Huntington, *The Third Wave : Democratization in the Late Twentieth Century* (Norman : University of Oklahoma Press, 1991). p. 113. に一部説明を加筆。

用しているハンチントンの分類と事例の当てはめでは,当然のことながらそこで採用される事例の数は多くなる。この民主主義の定義をめぐる問題がトランジション学派との最大の相違なのであるが,ここでの問題はなによりも移行過程の様式に関する分析にある。この点ではハンチントンはトランジション学派に学んでいるため,この分類の特徴は政治指導者(アクター)が選択した行動を重視するところにある。つまり,体制(政府)側と反対派(反対勢力)側双方のアクターの力学が比較民主化論の中心主題となる。ハンチントンもこの観点から移行過程を「変革」(transformation),「転換」(transplacement),「転覆」(replacement)に3区分している。

　ハンチントンの定義によれば,「変革」(transformation)が「権力をもつエリート達が民主主義の実現を率先して進めた」事例である。また,「転換」(transplacement)は「民主化がほとんど政府と反対派グループによる共同行為から生じた」事例であり,「転覆」(replacement)は「反対派グループが民主主義実現のリーダーシップを取ったときであり,また,権威主義体制が崩壊ないし瓦解した」事例である,とされる[20]。こうしたカテゴリーの区分線——とくに「変革」と「転換」の区分線——は,ハンチントンが認めるように,曖昧であり,相対的な特徴を示す程度にしか役立たない。事例の数を増やせばどうしても民主化事例の分析が表面的になるためである[21]。

　その意味でハンチントンの「第三の波」論の価値は,1970年代および1980年代の民主化に関するトランジション学派の諸研究を「集大成」し,「第三の波」と名づけた一連の民主化を総合的に把握する視座を提出した点にあるとも言えるが,しかし問題はその網羅主義的な分類枠組から民主化諸事例の本質的な要素がこぼれ落ちていく点にある。つまり,ハンチントンの枠組は,非民主体制の分類と移行の様式の関係を説明する際の概念上の複雑な問題を見過ごしているため——この問題の検討がトランジション学派の一連の研究の貢献であったが——,平板な枠組のなかに地域のうえでも移行の時期のうえでも異なる事例を当てはめる結果になっている[22]。

　トランジション学派の諸研究が各地域の事例(南ヨーロッパとラテンアメリカの

民主化）の研究から抽出した概念と理論を使用して，それに続く他の地域の事例（中部・東部ヨーロッパなど）との比較可能性を追求することで視座を拡張していこうとしている[23]のに対して，ハンチントンの研究は「事後的な」閉じた視座から「第三の波」の民主化全般の説明を包括的に試みている点で，方法論的に1970年代の比較政治学の水準にとどまっていると言わざるを得ない。むろん，1990年代に入って「民主化」と「民主主義」のテーマが世界的に政治学の主流となっていった契機として，ハンチントンが「民主化」研究に乗りだした『第三の波』が果たした大きな役割を否定するものではない。

3　民主化プロセスの再検討

では，こうした「第三の波」の民主化論的な視座は，逆に東欧の民主化革命とその後のポスト共産主義の体制転換の特質を捉えるうえで，どのように寄与するのであろうか。前節ではハンチントンの「第三の波」の民主化論について検討を加えたが，本節では逆に中部・東部ヨーロッパ諸国における民主政への移行とその確立（ポスト共産主義の体制転換）を理解するにあたって，「第三の波」の民主化論的な視座から再整理することを試みる。ハンチントンによる「第三の波」の民主化論の枠組は，民主化の動向の全般的な特徴を示すには有益なので，鳥瞰図的な視点から徐々にポスト共産主義の民主化プロセスの具体的な諸相に焦点をあてていくことにする。

ハンチントン流に非民主体制から民主体制への一群の体制移行を「民主化の波」とすると，近代世界において生じた民主化の波の後には常に揺り戻しの波が伴った。アメリカ合衆国・イギリス・フランス・ドイツなど先進国が民主化した「第一の波」の後に，戦間期のヨーロッパではファシズム体制の台頭によって「民主体制の崩壊」が生じた。そしてドイツ・イタリア・日本などの枢軸国が第2次大戦の敗戦後に連合国の占領下で民主化し，中南米の一部や植民地支配を脱したアジアの一部が民主化した「第二の波」の後にも，中南米やアジアで「権威主義体制」への揺り戻しの波が伴った[24]。

そして，すでにみたように，民主化の「第三の波」とは，1970年代半ばの南ヨーロッパ諸国の民主化が各地域に飛び火してグローバルに民主化革命が進行し，1989年の東欧革命でその頂点を迎えていくという見方であるが，これはモデルとなる体制移行のパターンが踏襲されて地球大に「拡大」していくプロセスを示している[25]。本章の主題である「第三の波」の民主化以後の問題を考える前提として，民主化の具体的な諸相をみておく必要がある。

というのも，近年のトランジション学派の研究が明らかにしたように，民主化研究におけるアクター中心アプローチ——民主政への移行の核心を成すのは政治的術策であり，民主化の成功は構造的条件によるというよりもむしろ政治的意思の結果であるとする——には主意主義的偏向があり，これからの民主化理論は移行を構造的・歴史的制約の枠組内に置き，旧体制から引き継いだ政治制度的空間の影響を考慮する必要があるからである[26]。また，民主化プロセスにおける「移行」と「確立」の関係に着目するならば，民主政の「確立」プロセスに対して民主政への「移行」の径路（path）が制約を加える点は，あくまでも強調される。端的に言うならば，「政治過程を形成する構造的要因について歴史的に根拠づけられたさらに具体的な理解が必要である[27]」ということになる。

そこで，制度的民主主義（ポリアーキー）実現の様式をハンチントン流の民主化の波と組み合わせて整理したR. ディックス（Robert H. Dix）の枠組[28]を参考にして（表7-2），「第三の波」の民主化全般の特質をまず民主化プロセスの側面からみていきたい。

ディックスは，民主化プロセスを5つのパターンに分類し，A＝独立国家内部の漸進的過程，B＝旧体制の崩壊あるいは革命的転換，C＝軍事的征服，D＝従属国家内部の漸進的過程，E＝民族独立闘争，のそれぞれの径路によって，これまでの3つの波を整理している[29]。この表から明確なのは，「第三の波」がほぼAとBの径路に集中していることである。このことは，「第三の波」の民主化が基本的に国家の枠組を前提にした民主化であるということを示している。

次に，「第三の波」の民主化プロセスに着目するならば，スペイン（1977年）

表7-2 民主主義の公式開始(その1)

公式開始の様相 (mode of inauguration)

	A	B	C	D	E	Total
\multicolumn{7}{c}{第一の波 (1848-1931)}
成功例	7 Switzerland (1878) Norway (1898) Denmark (1915) Netherlands (1917) U. Kingdom (1918) Sweden (1918) Belgium (1919)	1 France (1875)	0	3 Canada (1867) Australia (1901) New Zealand (1907)	3 United States (1865) Finland (1919) Ireland (1931)	14
失敗例	3 Uruguay (1918) Italy (1919) Yugoslavia (1919)	4 France (1848) Germany (1919) Poland (1919) Spain (1931)	0	0	0	7
\multicolumn{7}{c}{第二の波 (1942-1968)}
成功例	2 Costa Rica (1949) Malaysia (1957)	2 Colombia (1958) Venezuela (1959)	4 Austria (1945) Italy (1946) Japan (1947) Germany (1949)	4 Trinidad (1962) Jamaica (1962) Botswana (1966) Mauritius (1968)	2 India (1947) Israel (1948)	14
失敗例	7 Uruguay (1942) Cuba (1944) Argentina (1946) Turkey (1950) Panama (1956) Chile (1958) Turkey (1961)	1 Greece (1946)	0	5 Lebanon (1946) Philippines (1946) Myanmar (1948) Sri Lanka (1948) Nigeria (1960)	1 Indonesia (1950)	14

表7-2 民主主義の公式開始（その2）

第三の波（1973-1991）

成功例	9	8	0	1	0	18
	Spain (1977)	Greece (1974)		Papua New Guinea (1975)		
	Ecuador (1979)	Portugal (1978)				
	Peru (1980)	Dominican Rep. (1975)				
	Honduras (1982)	Bolivia (1982)				
	Turkey (1983)	Argentina (1983)				
	Brazil (1985)	Philippines (1986)				
	Uruguay (1985)	S. Korea (1988)				
	Hungary (1989)	Czechoslovakia (1989)				
	Poland (1989)					
失敗例	2	0	0	0	0	2
	Turkey (1973)					
	Nigeria (1979)					
Totals:						
成功例	18	11	4	8	5	46
失敗例	12	5	0	5	1	23
	30	16	4	13	6	69

Sources: See Arthur S. Banks, ed., *Political Handbook of the World, 1991* (Binghamton, N. Y.: CSA Publications, State University of New York, 1991); Robert A. Dahl, *Political Oppositions in Western Europe* (New Haven : Yale University Press. 1966); Robert A. Dahl, *Polyarchy* (New Haven : Yale University Press. 1971); Larry Diamond. Juan J. Linz, and Seymour Martin Lipset, ed., *Democracy in Developing Countries*, 4 vols. (Boulder: Lynne Rienner, 1989-91); *Encyclopedia Americana* (Danbury Conn : Grolier, 1988); *Encyclopedia Brittanica* (Chicago : William Benton, 1973); R. Bruce McColm, ed., *Freedom in the World : Political Rights and Civil Liberties, 1991-1992* (New York : Freedom House, 1992); Tatu Vanhanen, *The Emergence of Democracy : A Comparative Study of 119 States, 1850-1979* (Helsinki : The Finnish Society of Sciences and Letters, 1984); and Tatu Vanhanen, *The Process of Democratization : A Comparative Study of 147 States, 1980-88* (New York: Crane Russak, 1990).

出典：Robert H. Dix, "History and Democracy Revisited," *Comparative Politics*, Vol. 27, No. 1 (1994), p. 97. を一部修正。

からペルー（1980年），ブラジル（1985年）を経てポーランド（1989年），ハンガリー（1989年）に至る民主化には一定のパターンがみてとれる。これは「協定に基づく移行」(pacted transition) と言われるもので，権威主義体制内部の改革派指導部（軍部を含む）と反対派勢力の穏健派との妥協に基づく移行協定（パクト）を機軸に進める非暴力的な「漸進的な民主化」の径路である。この民主化パターンは，スペインのフランコ体制からの脱却と民主体制の確立の経験をモデル化したものであり，スペイン・モデルとして民主化の「第三の波」に圧倒的な影響を与えた[30]。

他方，民主化の「第三の波」にはギリシア（1974年），ポルトガル（1975年）からアルゼンチン（1983年），フィリピン（1986年），韓国（1988年）を経てチェコスロバキア（1989年）に至るもうひとつの民主化パターンがある。これは体制移行のなかでも「クーデタ」あるいは「革命」の類であり，権威主義体制（多くの場合，軍事政権）の急速な瓦解と民主体制への革命的転換の径路である。ポルトガル・モデルと呼ばれ，前記の民主化パターンに比べると体制変動の期間が短期であるのが特徴である。また「革命」といっても，社会勢力の圧力によるあくまでも非暴力的な旧体制の瓦解を示している[31]。

もともと民主化の「第三の波」は，1970年代の南ヨーロッパ諸国（ポルトガル，スペイン，ギリシア），80年代前半のラテンアメリカ諸国（アルゼンチン，ブラジル，ウルグアイなど），80年代後半の東アジア諸国（フィリピン，韓国など）の3つのグループに，1989年の東ヨーロッパ諸国（ハンガリー，ポーランド，チェコスロバキアなど）を加えた，グローバルな民主化の動向を指し示すカテゴリーである。この4つの地域の民主化事例をもとに，そこに民主的移行をめぐる比較研究を展開するというのが，「第三の波」の民主化論の基本的な指向性である[32]。

したがって，先のいずれの民主化パターンにせよ，権威主義体制の危機と民主化への動向を「第三の波」として捉えられるのは，そうした諸事例を通じてそこに共通の構造的要因があるからである。まず全般的な特徴として，もともと戦後世界では民主主義が普遍的な正統性を確立しているために，権威主義体制が正統性を得るには「開発独裁」型の実利的正当性に頼らざるを得ない側面

がある。しかしこうした一連の政治体制危機と民主化が世界システムにおける「半周辺」的位置にある地域で同時的に発生したように，経済発展によって都市の中間層（民主化勢力）が成長し，石油ショック等による経済的業績の低下によって実利的正当性を提供できなくなった時期（債務危機）に，権威主義体制の崩壊と民主体制への移行が実現している[33]。さらに，この民主化が宗教的にカトリックの影響力が強い地域で同時的に発生している点では，第三の波は「カトリックの波」ということもできる。

　そのため，民主化以後の問題はこうした構造的要因に強く規定されるが，さらに民主主義それ自体の問題をも表面化させている。権威主義から民主政への移行の局面では，民衆の民主主義原理への信頼が最高度に達する。それは新しく誕生した民主政権が直面する経済的・社会的・政治的危機に対して有効かつ迅速に対応してくれるという民衆の期待を高めるということでもある。しかし，民主化運動が民主政という現実の制度に「実現」したとき，理念の政治は次第に利益の政治にすり変わる。厳しい経済状況，政党の離合集散，社会的不平等――この現実の前に民衆の不満は政府に向かい，当初の期待は幻滅と欲求不満に転じる。政治参加を保証する政治過程の変革や底辺社会の社会・経済状態を改善できない民主政への幻滅は，民主主義そのものへの不信に向かうのは必然である

　これは，言うならば〈民主化の論理〉が〈民主政の論理〉にとって代わられるということである。体制移行に伴う混乱が，新たに構築された民主政の自己変革能力（self-transformability）に不安を投げかけている点に，民主化以後の新たな問題が登場している[34]。こうした混乱は制度的民主主義が抱える原理的緊張とそれに伴う脆弱性を示しているからである。この原理的緊張は，民主主義の正統化の様式（共通善＝公益の追求）の確保と個別利害の表出・集約（システムの機能＝政治過程）の効率性との緊張関係にかかわっている[35]。

　こうした民主主義の確立期のジレンマは，第三の波の民主化プロセスの特質とその不確実性の産物でもある。先にこの移行プロセスを「漸進的民主化モデル（スペイン・モデル）」と「革命的転換モデル（ポルトガル・モデル）」に分類し

たが，前者の場合，比較的旧体制（軍事政権）の指導部のヘゲモニーが温存される結果となり，反対派エリートとの間の寡頭制支配に陥りやすい。ブラジルやポーランドなどでも市民社会は動員解除されたために民衆の政治的組織化は不充分であり，民主化後には交渉＝協定自体が単なる「変革の儀礼」ではなかったのかという疑念さえ生まれている[36)]。

　後者の場合は，本来的には旧体制との断絶の度合いが強まるはずであるが，フィリピンや韓国の民主化の場合をみても，権威主義体制の打倒を求める膨大な数の民衆が広場や街路にあふれたたために「革命」のイメージが強いものの，その民主化革命は結果的には政治権力の組み替えにしかすぎなかった。つまり，この体制変動には権威主義体制の制度化の限界を民主政による正統性確保によって超えていく側面（上からの民主化）が強く，民主化後の政治主体になっていく反体制運動の組織化の側面（下からの民主化）が弱かったからである[37)]。

　いずれにせよ第三の波の民主化は，政治社会の次元の変革にとどまっており，社会・経済的な次元の変革には必ずしも至っていない。社会経済的正義は「市場」にゆだねられ，民主主義は制度に収斂している。世界システムのなかで，ラテンアメリカと中部・東部ヨーロッパでは，IMFが推奨する「ネオ・リベラリズム[38)]」が席巻し，東アジアでは「開発主義[39)]」（国家＝政府主導の資本主義）が勝利を収めたかのようである。その場合の民主化以後の体制は，社会経済的な解放を求める「永久革命としての民主主義ではなく，資本主義国家のヘゲモニーが市民社会に貫徹する[40)]」民主主義とならざるを得ない。社会・経済的諸問題が解決されるだろうと期待した民衆からみれば，「裏切られた」民主化ということになる。

4　ポスト共産主義の体制転換の独自性

　民主化理論は1990年代に入って，権威主義支配からの移行の様相（modes）を民主政の確立の問題と展望に結びつける方向に展開している。通常「径路依存分析」(path dependency analysis) と呼ばれるこの手法は，もともと南ヨーロッ

パとラテンアメリカの民主化の比較研究において展開されたものであるが[41],近年では東ヨーロッパの民主化をこの比較研究に組み込もうとする試みが行われている[42]。

たとえば,G. ムンクとC. レフの研究[43]の場合でも,「移行の様相が新しい体制の確立に影響を及ぼすのみならず,その移行が民主政への移行なのか,それとも民主政以外の何らかの体制への移行なのかを識別する助けにもなる[44]」点が強調されている。彼らの論点は「移行の様相は移行後の体制と政治の型を支配するが,それは移行の様相によってエリート競合のパターン,移行期に作られる制度上のルール,および重要なアクターの新しいゲームのルールの受容もしくは拒否が影響を受けるからだ[45]」という点にある。そこで,彼らはラテンアメリカと東ヨーロッパの事例を比較し,(1) アクターの変革戦略と (2) 変革にかかわったアクターのアイデンティティの2つの観点から,7カ国の移行の様式に関する類型化を試みている(図7-1)。

東ヨーロッパの事例として取りあげられている4カ国は,ポーランドが「取引 (transaction) による改革」,ハンガリーが「脱出 (extrication) による改革」,チェコスロバキアが「断絶 (ruptura) による改革」,そしてブルガリアが「上からの革命」とそれぞれ識別されている[46]。ブルガリアの事例を除いて,東中欧の3カ国の事例が「変革にかかわったアクターのアイデンティティ」の軸に関してはすべて融合型に分類されているため,結局は「アクターの変革戦略」の軸に関して調整型のポーランドと対決型のチェコスロバキアとの間に融合型のハンガリーを配置するしかない結果となっている。

こうした東ヨーロッパの体制移行の比較検討を行う余裕はないが,ここではさしあたり「径路依存分析」が前提にしているラテンアメリカと東ヨーロッパの事例間の比較可能性を検討しておきたい。

すでにみてきた「第三の波」の民主化論がそうであったように,トランジション学派の研究は,1970年代の南ヨーロッパの民主化の事例を中心に,基本的には ① 権威主義体制の危機と崩壊の分析,② 政治的民主政への移行の径路の分析,③ ポスト権威主義の民主政の確立の分析を主題に展開している[47]。なか

図7-1 移行の諸様相：ラテンアメリカと東ヨーロッパの7つの事例

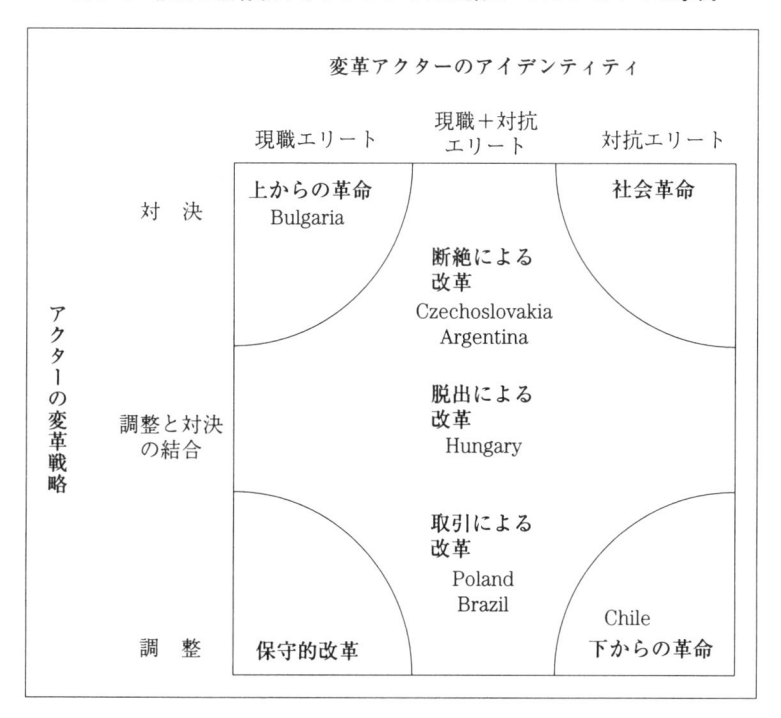

```
                    変革アクターのアイデンティティ

                              現職＋対抗
              現職エリート      エリート      対抗エリート

      対 決    上からの革命                    社会革命
              Bulgaria

                            断絶による
ア                          改革
ク                          Czechoslovakia
タ                          Argentina
ー
の
変    調整と対決              脱出による
革    の結合                  改革
戦                          Hungary
略
                            取引による
                            改革
                            Poland
                            Brazil
                                          Chile
      調 整    保守的改革                     下からの革命
```

出典：Gerardo L. Munck and Carol Skalnik Leff, "Modes of Transition and Democratization : South America and Eastern Europe in Comparative Perspective," *Comparative Politics,* Vol. 29, No. 3 (1997), p. 346.

でも，トランジション学派の研究が有効性を示したのは，②の政治的民主政への移行の径路の分析であった。というのも，トランジション学派の研究の最大の眼目は，体制変動プロセスにおいて，旧体制（「第三の波」の場合には，ほぼ権威主義体制）の危機と崩壊の政治力学と，新しい民主政の形成の政治力学とを分析的には識別し，旧体制内部に誕生した民主政の核（アクター）が，母親の子宮内部で育っていくように成長し，民主主義システムを形成していく点に着目する[48]ところにあったからである。

オドンネルとシュミッターが1980年代の研究で理論化した民主化プロセス

は，たとえば次のようなものであった。まず権威主義体制の支配層である権力エリートがハト派とタカ派に分裂する。ハト派，つまり改革派は権威主義体制の危機を民主主義へのコミットメントによって乗り切ろうとする試みに踏みだす。つまり自由化宣言を行い，政治的オープニングが開始される。自由化の進行のなかで，反対勢力の側も穏健派と急進派に分裂する。政府ハト派が反対勢力の穏健派に接触を試みる。クーデタの危険性が浮上すると共に，市民社会が復活する。市民社会の全面的な圧力によって政治社会の重要性が高まる。政府ハト派と反対勢力の穏健派との移行協定（パクト）を契機に民主化が実現する[49]。

オドンネルとシュミッターは，南ヨーロッパとラテンアメリカの事例からこうした民主化シナリオを描いていたが，1989年の東欧革命を目撃したトランジション学派の研究者が，こうした民主化シナリオから東ヨーロッパの民主化の事例を理解しようとしたことは無理もない。その場合に，こうした視座が最も有効性を発揮するのは，言うまでもなく短期的な「移行」過程の比較分析である。東ヨーロッパの民主化を先導したポーランドとハンガリーの事例が共にスペインの「協定に基づく移行」をモデルにしていたため，円卓会議方式の民主化過程の分析にはトランジション学派の分析枠組が応用された。移行過程のアクターに着目し，一連の民主化プロセスをアクターの戦略と選択から説明していく方法は，体制移行期の分析には有効性が高い[50]。

たとえばポーランドの体制移行期にあたる1989年1月から1990年12月までの民主化プロセスは次のようになる。共産党内改革派の抬頭，共産党体制の危機，反対勢力穏健派の抬頭，危機克服協定の要請，円卓会議の実施と政治経済改革合意，制限付き自由選挙の実施と反対勢力の全面的勝利，非共産党政権の成立，共産党の解散——。こうした民主化プロセスはアクター重視のトランジション学派の比較民主化研究の枠組に組み込まれる[51]。先のムンクとレフの研究の場合にも，ポーランドの事例はブラジルの事例との共通性が指摘されている。「取引による改革」というカテゴリーに分類しているのは，むろん民主化プロセスにおける移行協定に注目しているからである。

しかしながら，ポーランドが先導した東ヨーロッパの民主化革命は，革命後

にこれまで想定していた移行理論では対応できない事態へと進行したのである。ポーランドにおける共産党体制からの非暴力的な脱却の道は，ポーランドが中・東欧諸国のなかでは例外的に民族／エスニシティ問題を相対的に抱えていなかった[52]ことから，対ソ独立的なナショナルな革命としての側面を強くもっていた[53]。ところが，共産党体制の崩壊はハンガリー，東ドイツ，チェコスロバキア，ブルガリア，ルーマニアへと連鎖的に拡大し，事態は「ベルリンの壁」の崩壊に象徴される東西冷戦構造の解体，そしてついには1991年末のソ連邦の解体にまで一挙に突き進んだことで，移行問題の次元は一変したのである。

「ポスト共産主義[54]」の体制転換の論理は，これまでの比較民主化論の視座では捉えきれない独自性を明らかにしている。C. オッフェ（Claus Offe）が指摘するように[55]，ポスト共産主義の体制転換は，2つの点でこれまでの民主化と異なる特徴を示している[56]。第1に，いわゆる「第三の波」の民主化の事例においては，基本的に領土的一体性と国家組織が維持されているし，国民的移動も生じていない。それに対して，「第三の波」の民主化のクライマックスと想定されている中部・東部ヨーロッパの場合には，民主化の単位となる政治共同体そのもの，つまり「国家」の枠組自体の再編成の次元で体制転換が進行している。

第2に，「第三の波」の民主化の事例において，移行プロセスは「政府の形式と国家と社会の間の法的な関係の問題」という意味で，政治・憲法上の問題であった。ところがポスト共産主義の体制転換に際しては，共産主義時代の国家所有制度そのものの変更という意味で経済改革の問題が緊急の問題となる。民主化を推進しながら市場経済と企業家階級を創設する――「民主主義的に設計される資本主義？」――という未曾有の問題である。南ヨーロッパやラテンアメリカの民主化の場合には，むろんこうした国家所有制度の変更が問題になることはない。

以上の点から，共産党体制からの非暴力的脱却の先に民主政治と市場経済の実現を求めた1989年の「革命」は，旧体制からの離脱を経て，90年代には重層的なポスト共産主義の体制転換へと展開したと言えよう。換言すれば，ポー

ランドを先導役に進行したこの「革命」は,旧ソ連,旧ユーゴスラビアといった連邦国家の解体にまで至ったことによって,政治システム,経済システム,国家形成原理の三次元にわたる,世界史上でも未知の次元の同時的・重層的な体制転換に至ったのである。一党制から民主政への移行,指令経済から市場経済への移行,共産主義国家の解体後の国家の再編成という前例のない困難な「三重の移行」(triple transition)は,必ずしも同時には解決が困難な諸課題を,にもかかわらず同時に解決を図らざるを得ないというディレンマを内包している[57]。

政治システムと経済システムにおける転換が,その単位としての政治共同体を前提としているのに対して,共産主義国家の解体後の国家の再編成という課題は,「国家と国民のための境界線の決定と,この境界線の欧州国家秩序の枠組内での強化[58]」の問題として現れている。そのため,「三重の移行」は,戦後期のこれまでの体制変動とは異なり,すでに民主化や市場経済化の単位としての政治共同体そのものの変革という国家間システムの変革にもかかわった次元で進行している。こうしたナショナル・アイデンティティと国家の一体性の保持をめぐる「国家性」(stateness)問題[59]の登場が,ポスト共産主義の民主政の確立をめぐる新たな理論的視座を要請している。

5 ポスト共産主義の民主化の問題領域

ポスト共産主義の体制転換に伴う民主主義の問題は,(1)民主主義に対する脅威としての民族主義と原理主義の問題群に関わると同時に,(2)民主主義それ自体の内部にある問題にかかわっていることが自覚されるようになった[60]。冷戦構造が崩壊し,民主主義が外側に全体主義的共産主義の脅威を設定することで自己正当化が図れなくなった以上,民族主義や原理主義といった人間のアイデンティティにかかわる宗教・文化的な要因が,民主主義に対する大きな脅威として浮上してきた。さらに冷戦構造が保証していた戦後デモクラシーの安定条件が崩壊していくなかで,民主主義それ自体の原理的な問題も明らかになって

いる[61]。

　こうしてポスト共産主義の民主化の問題は，体制変動としての移行の問題が移行を制約している構造的な問題と重なり合っていることを明らかにした[62]。それは「政治的『民主主義』への移行と社会経済的分野の『ネオリベラル改革』がラグを持って起こったラテンアメリカ諸国の場合と異なり，原理的に二重の『移行』が重なる[63]」からである。そのためポスト共産主義の民主化の問題を論じるにあたっては，移行過程自体の政治力学的分析と「民主主義」の性格や原理の問題とを統合していく必要がある[64]。それはさらに，「移行」過程の分析から「確立」過程の分析に力点がシフトしていくにつれて，体制転換の構造的分析を行うマクロな視点を確立していくことに通じよう。

　ここでは，今後の議論のために，ポスト共産主義の民主化の問題領域を「三重の移行」の次元に即して確認して，結びに代えることにしたい。第1に，経済システムの転換と民主化については，政治経済学的な視点がどうしても必要となる。ポスト共産主義の経済改革の2つの柱は，価格制度改革（規制廃止と，ソフトな予算制約による永久的な補助金交付システムの廃止）と所有制度改革（私有化）にある[65]が，こうした改革がもたらす結果（失業とインフレ）を政党システムの形成といった民主主義の制度化の問題と関連づける視座が求められている[66]。

　第2に「国家性」問題と民主化については，まずポスト共産主義の民主化プロセスにおいてエスノ政治が問題となる政治力学を理論化する必要がある。なぜ南ヨーロッパとラテンアメリカの場合には民主化に伴って国家の解体が起きず，旧ソ連・東欧の場合には起きたのか。ユーゴスラヴィア・ソ連・チェコスロバキアの解体は，国家間システムそのものの再編成の問題に突き進んでいったが，民主化と市場経済化の単位そのものが解体した事例として民主化理論にも重大な挑戦となっている。リンスとステパンは「国家性」問題を政治的アイデンティティの形成の問題と関連させて論じている[67]が，この問題は国家の解体が起きていない場合にもエスノ政治の問題として重要である[68]。

　第3に，民主主義のシステム上の問題を解明する必要がある。体制転換期には，民主主義の正統化の様式と個別利害の表出・集約の効率性との原理上の緊

張関係が,民主化後の立憲民主制の存続能力をめぐって高まる。移行期の民主化の論理では,正統化の様式がシンボルとしても高い価値をもつのに対して,確立期の民主政の論理では,環境の激変に対応し得る政治体制の統治能力が最も重視されるからである。民主政治にはいずれの論理も欠かすことができないものの,現実政治の次元において両立させるのはきわめて困難な課題である。ポスト共産主義諸国の民主主義を中心に議論されている「大統領民主制」と「議会民主制」の関係をめぐる実際的な議論[69]も,この原理的な緊張関係の反映である。

最後に,民主主義を追求しながら,ポスト共産主義の体制転換プロセスで生みだされる現実の民主政が,理念としての民主主義にどこまで近づいているのかを常に検証する必要がある。今日の民主主義のグローバルな普及は,経済発展の論理の前に民主主義を制度的に限定するという倒錯に陥る危険性に満ちあふれている。その倒錯を再逆転させて,あくまでも市民の自己決定に基づいた制度的民主政を実現するという意味での〈民主主義の深化〉を追求していく道を選択することは,すぐれて価値的な選択の問題となる。その意味では,民主主義の制度的次元と社会的次元とを結合しようとする民主化プロジェクトの存在こそが,今後の民主政「確立」の鍵であり,そうしたプロジェクトの可能性に即して民主主義の普遍的な価値を再発見していくところに,民主化理論の課題もある[70]。

1) Samuel P. Huntington, *The Third Wave: Democratization in the Late Twentieth Century* (Norman: University of Oklahoma Press, 1991). 坪郷實・中道寿一・藪野祐三訳『第三の波――20世紀後半の民主化』三嶺書房,1995年。
2) こうした作業の前提として,川原彰『比較政治学の構想と方法』三嶺書房,1997年,がある。なお本章は,川原彰「民主化以後」『世界』臨時増刊「世界を読むキーワード4」1997年4月,196-199ページ,をもとに全面的に加筆修正したものであることをお断りしておきたい。
3) Samuel P.Huntington, "The Clash of Civilization?," *Foreign Affairs*, Vol. 72, No. 3 (1993), pp. 22-49.

第 7 章　民主化理論と民主化以後の諸様相　*217*

4) Samuel P. Huntington, *Political Order in Changing Societies* (New Haven: Yale University Press, 1968). 内山秀夫訳『変革期社会の政治秩序』(上・下) サイマル出版会, 1972 年。
5) Huntington, *The Third Wave*, p. xiii. 邦訳, vii ページ。
6) 民主化以後の構造的次元への関心から再評価されている, Seymour Martin Lipset, *Political Man: The Social Bases of Politics* (Baltimore: Johns Hopkins University Press, expanded and updated edition, 1981) などの研究がその代表である。
7) Dankwart A.Rustow, "Transitions to Democracy: Toward a Dynamic Model," *Comparative Politics*, Vol. 2, No. 3 (1970), pp. 337-363. またこの論文の影響については, Lisa Anderson, "Introduction to Transition to Democracy: A Special Issue in Memory of Dankwart A.Rustow," *Comparative Politics*, Vol. 29, No. 3 (1997), pp. 253-261. を参照。
8) Robert A. Dahl, *Polyarchy: Participation and Opposition* (New Haven: Yale University Press, 1971). 高畠通敏・前田脩訳『ポリアーキー』三一書房, 1981 年。
9) Juan J.Linz, "The Transition from Authoritarian Regimes to Democratic Political Systems and the Problems of Consolidation of Political Democracy" (Paper Presented at the International Political Science Association Tokyo Round Table, March-April 1982).
10) Guillermo O'Donnell, Philippe C. Schmitter, and Laurence Whitehead, eds., *Transitions from Authoritarian Rule: Prospects for Democracy* (Baltimore: The Johns Hopkins University Press, 1986) 〔本書第Ⅳ部の日本語版として, 真柄秀子・井戸正伸訳『民主化の比較政治学』未来社, 1986 年, がある。〕.; Alfred C. Stepan, *Rethinking Military Politics: Brazil and the Southern Cone* (New Jersey: Princeton University Press, 1988), 堀坂浩太郎訳『ポスト権威主義——ラテンアメリカ・スペインの民主化と軍部』同文舘, 1989 年, などに代表される。
11) シュミッター／オドンネル「本書を読まれる日本の方々への序文」, 同『民主化の比較政治学』19 ページ。
12) 同書, 19 ページ。
13) 藤原帰一「『民主化』の政治経済学——東アジアにおける体制変動」東京大学社会科学研究所編『現代日本社会　第 3 巻　国際比較 [二]』東京大学出版会, 1992 年所収, 354 ページ。
14) ハンチントンは, 1950 年代以来, ①政軍関係, ②アメリカ政治, ③比較政治の各分野で比較的保守的な立場から常に話題作を発表し続けている。
15) 藤原帰一「政治変動の諸様相」, 矢野暢編『講座・東南アジア学　第 7 巻　東南

アジアの政治』弘文堂,1992年所収,231ページ。
16) Huntington, *The Third Wave*, p. xiv. 邦訳,viii ページ。
17) *Ibid.*, p.xiii. 邦訳,vii ページ。
18) *Ibid.*, pp. 72-85. 邦訳,72-84 ページ。
19) *Ibid.*, p. xiii. 邦訳,vii ページ。
20) *Ibid.*, pp. 109-163. 邦訳,107-158 ページ。
21) 「第三の波」の民主化論を詳細に検討としたものとして,以下の議論が有益である。出岡直也「『第三の波』の『民主主義への移行』の特徴——政治学の支配的分析モデルからの一考察」『法学』(東北大学)第59巻第6号(1996年1月),239-273ページ。出岡氏は,「変革」と「転換」の区分の問題以上に,特に「転覆」型に関する考察の有効性に疑問を提起している(244-249ページ)。また,「第三の波」をめぐる理論動向については以下が詳しい。Doh Chull Shin, "On The Third Wave of Democratization: A Synthesis and Evaluation of Recent Theory and Research (Review Article)," *World Politics*, Vol. 47, No. 1 (1994), pp. 135-170.
22) Gerardo L. Munck, "Democratic Transitions in Comparative Perspective (Review Article)," *Comparative Politics*, Vol. 26, No. 3 (1994), pp. 360-361.
23) 以下の研究が代表的なものである。Terry Lynn Karl and Philippe C. Schmitter, "Modes of Transition in Latin America, Southern and Eastern Europe," *International Social Science Journal*, No. 128 (1991), pp. 269-284.; Scott Mainwaring, Guillermo O'Donnell, and J.Samuel Valenzuela, eds., *Issues in Democratic Consolidation: The New South American Democracies in Comparative Perspective* (South Bend: University of Notre Dame Press, 1992); Daniel V. Friedheim, "Bringing Society Back into Democratic Transition Theory after 1989: Pact Making and Regime Collapse," *East European Politics and Societies*, Vol. 7, No. 3 (1993), pp. 482-512.; Juan J. Linz and Alfred Stepan, *Problems of Democratic Transition and Consolidation: Southern Europe, South America, and Post-Communist Europe* (Baltimore: Johns Hopkins University Press, 1996).
24) Huntington, *The Third Wave*, pp. 13-21. 邦訳,12-20 ページ。
25) *Ibid.*, pp. 31-46. 邦訳,31-46 ページ。
26) Grzegorz Ekiert, "Peculiarities of Post-Communist Politics: The Case of Poland," *Studies in Comparative Communism*, Vol. 25, No. 4 (1992), pp. 341-361. 水谷驍・川原彰訳「ポスト共産主義時代の政治の特質——ポーランドの場合」川原彰編著『ポスト共産主義の政治学』三嶺書房,1993年,117-161 ページ。
27) 同書,123 ページ。

第7章 民主化理論と民主化以後の諸様相　*219*

28) Robert H. Dix, "History and Democracy Revisited," *Comparative Politics*, Vol. 27, No. 1 (1994), pp. 91-105.
29) *Ibid.*, p. 97. なお，旧ソ連圏諸国のような場合，厳密には共産党体制からの脱却がソ連の支配からの脱却の側面ももつが，1989年の時点ではすでに制限主権論（ブレジネフ・ドクトリン）が廃棄されていたという意味ではDに当てはまらない。
30) スペイン・モデルを比較政治的視点から分析したものとして，若松隆「体制移行の政治過程——スペインの事例を中心に」犬童一男ほか編『戦後デモクラシーの変容』岩波書店，1991年所収，153-191ページ，を参照されたい。また，スペイン・モデルがポーランドの民主化運動に与えた影響については，以下が詳しい。Adam Michnik, *Aniol Demokracji: Zbiór esejów Adama Michnika*, A. ミフニク（川原彰・武井摩利・水谷驍編訳）『民主主義の天使——ポーランド・自由の苦き味』同文舘，1995年，第1章およびエピローグ。
31) ポルトガル・モデルを比較政治的視点から分析したものとして，Kenneth Maxwell, "Regime Overthrow and the Prospects for Democratic Transition in Portugal," in Guillermo O'Donnell, Philippe C. Schmitter, and Laurence Whitehead, eds., *Transitions from Authoritarian Rule: Southern Europe* (Baltimore: The Johns Hopkins University Press, 1986), pp. 109-137. また，ポルトガル・モデルをラテンアメリカおよび東アジアの民主化と比較検討したものとして以下がある。Nancy Bermeo, "Myths of Moderation: Confrontation and Conflict during Democratic Transitions," *Comparative Politics*, Vol. 29, No. 3 (1997), pp. 305-322.
32) Huntington, *The Third Wave*, pp. 21-26. 邦訳，20-25ページ。
33) 本書第5章，153-156ページ。こうした政治経済学的な分析については，Stephen Haggard and Robert Kaufman, *The Political Economy of Democratic Transitions* (Princeton: Princeton University Press, 1995). を参照。
34) S. N. Eisenstadt, "The Breakdown of Communist Regimes and the Vicissitudes of Modernity," *Daedalus*, Vol. 121, No. 2 (1992), pp. 21-41.
35) 全般的な問題については，とりあえず，Larry Diamond, "Three Paradoxes of Democracy," in Larry Diamond & Marc F. Plattner eds., *The Global Resurgence of Democracy* (Baltimore: The Johns Hopkins University Press, second edition, 1996), pp. 111-123. を参照。
36) ブラジルとポーランドの事例に関して，それぞれ以下が有益な分析を提供している。ジョゼ・アルヴァロ・モイゼス（大串和雄訳）「民主主義定着過程の試練——ブラジルの経験」坂本義和・大串和雄編『地球民主主義の条件——下からの民主化をめざして』同文舘，1991年所収，147-167ページ，および，ヤドヴィガ・スタニ

シュキス（柴理子訳）「ポスト共産主義ヨーロッパの連続性と変化」下村由一・南塚信吾編『東欧革命と欧州統合』彩流社, 1993年所収, 123-161ページ。

37) 藤原「『民主化』の政治経済学」350-352ページ。

38) ネオリベラリズムに基づく経済改革の問題性については，以下が詳しい。大野健一『市場移行戦略――新経済体制の創造と日本の知的支援』有斐閣, 1996年。

39) 東アジアの「開発主義」については，村上泰亮『反古典の政治経済学』（上・下）中央公論社, 1992年, が刺激的な議論を展開している。

40) 藤原「『民主化』の政治経済学」353ページ。

41) 代表的な研究として以下のものがある。Terry Lynn Karl, "Dilemmas of Democratization in Latin America," *Comparative Politics*, Vol. 23, No.1 (1990), pp. 1-21.

42) 注23）を参照されたい。

43) Gerardo L. Munck and Carol Skalnik Leff, "Modes of Transition and Democratization: South America and Eastern Europe in Comparative Perspective," *Comparative Politics*, Vol. 29, No. 3 (1997), pp. 343-362.

44) *Ibid.*, p. 344.

45) *Ibid.*, p. 345.

46) *Ibid.*, pp. 345-357.

47) Linz, "The Transition from Authoritarian Regimes to Democratic Political Systems and the Problems of Consolidation of Political Democracy," p. 5.; Huntington, *The Third Wave*, p. 35. 邦訳, 35ページ。

48) Linz, *op.cit.*,p.22.

49) Guillermo O'Donnell, Philippe C. Schmitter, and Laurence Whitehead, eds., *Transitions from Authoritarian Rule: Tentative Conclusion about Uncertain Democracies* (Baltimore: The Johns Hopkins University Press, 1986). 真柄秀子・井戸正伸訳『民主化の比較政治学』未来社, 1986年。この枠組の詳細な検討については，以下を参照されたい。Nancy Bermeo, "Rethinking Regime Change (Review Article)," *Comparative Politics*, Vol. 22, No. 3 (1990), pp. 359-377.

50) 川原彰『東中欧の民主化の構造――1989年革命と比較政治研究の新展開』有信堂, 1993年, Ⅱ部を参照。

51) Grzegorz Ekiert, "Democratization Processes in East Central Europe: A Theoretical Reconsideration," *British Journal of Political Science*, Vol. 21, No. 3 (1991), pp. 285-313. および，川原編『ポスト共産主義の政治学』117-161ページ，を参照。

52) 戦間期には多民族国家であったポーランドの人口構成が戦後に純粋化したのは，むろんドイツ占領下におけるユダヤ人大量虐殺（ホロコースト）と戦後の領土変更

(およびそれに伴う住民送還)の結果であることを忘れるべきではない。
53) 川原『東中欧の民主化の構造』第一章を参照。
54) 「ポスト共産主義」概念はかなり多義的な意味で使用されるので、最低限の了解事項を確認しておきたい。最も広義の意味では、共産主義体制からの脱却の局面を含めた意味で使用され、具体的には、ポーランド「連帯」運動が登場し、ソ連圏諸国で共産主義体制に挑戦する「対抗ヘゲモニー」の組織化が現実のものとなった1980年前後から東欧革命を経て現在に至る動向を指す。現在では、比較的狭義の意味で使用され、東欧革命後の体制転換の局面を指す。厳密に区分することは困難であるが、本章では主に後者の意味で使用している
55) Claus Offe, "Capitalism by Democratic Design?: Democratic Theory Facing the Triple Transition in East Central Europe," *Social Research*, Vol. 58, No. 4 (1991), pp. 865-892. 水谷驍・川原彰訳「民主主義的に設計される資本主義?——中・東欧の三重の移行に直面する民主主義理論」川原編『ポスト共産主義の政治学』83-116ページ。
56) 川原編『ポスト共産主義の政治学』87-88ページ。
57) 同書, 92-114ページ。
58) 同書, 92ページ。
59) 「国家性」問題の概要については、とりあえず以下を参照されたい。Juan J. Linz and Alfred Stepan, "Political Identities and Electoral Sequences: Spain, the Soviet Union, and Yugoslavia," *Daedalus*, Vol. 121, No. 2 (1992), pp. 123-139.; Linz and Stepan, *Problems of Democratic Transition and Consolidation: Southern Europe, South America, and Post-Communist Europe*.
60) ミフニク『民主主義の天使』239-240ページ。
61) こうした近年の民主化理論の潮流については、とりあえず以下を参照されたい。Diamond & Plattner eds. *The Global Resurgence of Democracy*, second edition. また, 90年代に入って創刊された *Journal of Democracy* 誌上において主要な議論のフォーラムが形成されている。上記の論文集も、その成果である。
62) この問題の概要については、以下が詳しい。Bruce Parrott, "Perspectives on Postcommunist Democratization," in Karen Dawisha and Bruce Parrott, eds., *The Consolidation in East-Central Europe* (Cambridge: Cambridge University Press, 1997), pp. 1-39.
63) 出岡「『第三の波』の『民主主義への移行』の特徴」263ページ。
64) こうした方向性については、川原『東中欧の民主化の構造』を参照。
65) 川原編『ポスト共産主義の政治学』104ページ。

66) ポスト共産主義の体制転換に対する,政治経済学的視点をもりこんだ新しいマクロ・アプローチの展開については,宮澤秀爾「市場経済・民主主義への体制転換の一般理論——財産権アプローチに基づく政治クリーヴィジ形成のマクロ・モデル」『レヴァイアサン』臨時増刊号（1998年1月),114-132ページ,を参照されたい。
67) 注59)を参照されたい。
68) 近年,移行プロセスと経済改革のパターンをエスノ政治と関連づける試みも現れてきている。Milada Anna Vachudova and Tim Snyder, "Are Transitions Transitory?: Two Types of Political Change in Eastern Europe since 1989, *East European Politics and Societies*, Vol. 11, No. 1 (1997), pp.1-35. まだ初歩的な段階ではあるが,「三重の移行」の力学を整理する「理念型」を提示している点で今後の議論の方向性を示唆している。ただし,こうした「理念型」の妥当性の判断は,その政治力学の具体的な分析を通じてしか意味がないので,その検討は別の機会に譲りたい。
69) 詳しくは,以下を参照。Diamond & Plattner eds. *The Global Resurgence of Democracy*, second edition. のⅡ部に収録された論稿,および,中道寿一「議会制民主主義と大統領制民主主義」内山秀夫・薬師寺泰蔵編『グローバル・デモクラシーの政治世界』有信堂,1997年所収,194-211ページ。
70) こうした方向での民主主義論の展開は,以下で議論されている。川原彰「重層化する民主主義の問題領域」内山・薬師寺編『グローバル・デモクラシーの政治世界』3-15ページ,および本書第Ⅴ部。

第8章 「中欧」の再発見と欧州統合
―― EU東方拡大と統一ドイツ ――

1 統合ヨーロッパの東の境界

「中欧」(Central Europe) とは，あまり聞きなれない言葉かもしれない。1989年までは「東欧」(ヨーロッパの共産主義諸国) という概念で括られてきたポーランド，ハンガリー，チェコスロバキア (1993年にチェコとスロバキアに分離) といった国々は，現在では「中欧」という概念のもとに語られている。こうした「中欧」諸国は，統合ヨーロッパの東方拡大の対象地域だという意味で，EU拡大・NATO拡大と絡んだヨーロッパ統合の政治的課題であるばかりではない。さらに，グローバル化の波にあらわれる統合ヨーロッパの東の境界はどこまでなのかという，「ヨーロッパ・アイデンティティ」にかかわる最重要の課題を提起する結果にもなっている。この章では，こうした「中欧」の再発見をめぐる歴史的ドラマを振り返るとともに，統一ドイツがイニシアティブをとるEUの東方拡大問題を検討することから，統合ヨーロッパの東側の境界線上に位置する地域がかかえる諸問題を浮かびあがらせてみたい。

2 「中欧」概念の再発見

もともと「中欧」(Mittereuropa) とは，ロシア・スラヴ世界を意味する「東欧」に対して，一般的にドイツ・ハプスブルク帝国の影響下にある世界を総称する概念であった。第1次世界大戦中のドイツ帝国が進める東方拡大のスローガンとして用いられ，さらにナチス・ドイツによる「第三帝国」の野望と結びついた概念であったこの「中欧」概念は，大ドイツ主義的な文脈で語られてい

224　第Ⅳ部　比較民主化論

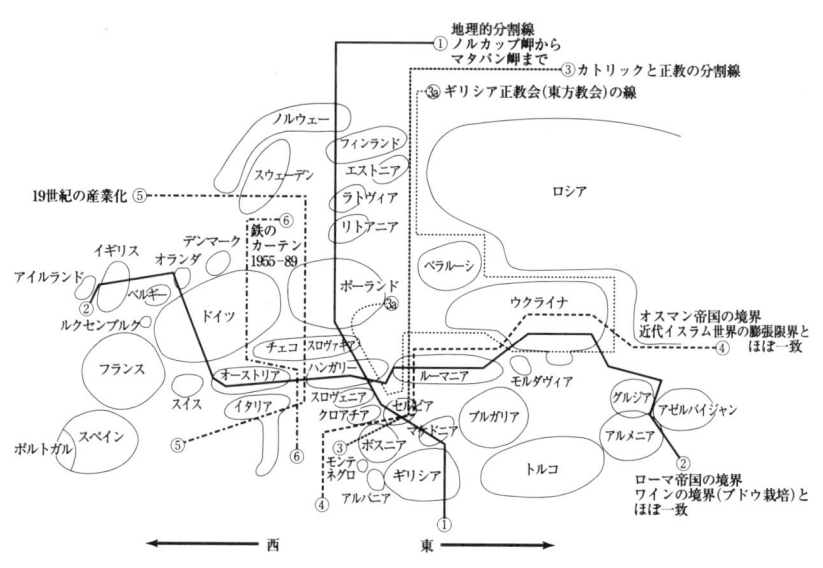

図8-1　ヨーロッパの東西断層線

出典：ノーマン・ディビス『ヨーロッパ』Ⅰ, 共同通信社, 59ページ。

た。著名なF. ナイマンの『ミッテルオイローパ（中欧）』（1915年）は，ベルリンからバグダートまでの汎ゲルマン主義的な「中欧」概念であり，そのままヒトラーの「レーベンスラウム（生存圏）」論につながっている。こうしたドイツ帝国の記憶と結びついた「中欧」構想が，ドイツ帝国の支配によって蹂躙されたこの地域の人びとに不人気の概念であったことは言うまでもない。

　ところが，第2次世界大戦後にナチス・ドイツの占領から「解放」された中欧諸国が共産圏に組み込まれ，政治的な「東欧」（Communist Europe）概念が使用されるようになったため，従来の「中欧」と「東欧」との区分は曖昧になった。ソ連によって共産主義化された国々が「東欧」諸国と呼ばれるようになった冷戦構造の文脈のもとでは，鉄のカーテンによって東西に分断されたヨーロッパは「西欧」諸国に限定され，ソ連によって「誘拐された西欧」諸国は，いつのまにかソ連圏諸国としての「東欧」衛星諸国と認識され，西側の人びとか

らはいつしか忘れ去られていってしまった。

　この「中欧」概念が新しい意味を帯びて登場するのは、1980年代である。チェコ出身の亡命作家ミラン・クンデラは、「中欧の悲劇」について次のように述べた。「1945年を境に、この〔東西〕ふたつのヨーロッパの境界線は数百キロ西側に移動し、自分を常に西欧人とみなしていた幾つかの民族は、ある日、目を覚ますと、自分たちが東側にいることに気がついたのである。」そのために、戦後のヨーロッパには西欧と東欧の状況以外に、「地理的に中央部にありながら文化的には西、政治的には東に位置する、もっとも複雑なヨーロッパの地域の状況」が生まれた。この「不条理な歴史」からの脱却を求めるチェコ人やハンガリー人の願望が込められたひとつの文化的・地理的概念こそが、現在用いられている「中欧」概念の原型なのである（図8-1参照）。

3　20世紀文化の発信地

　20世紀の初頭、この地域は政治的な脆弱性にもかかわらず文化の偉大な中心地であり、この面でのウィーンの重要性は広く知られているところである。しかし、このオーストリアの首都の創造性は、ハプスブルク帝国内外のコミュニケーション網に支えられていた。ウィーン、プラハ、ブタペシュト、クラクフといった旧帝国内の古都は、ワルシャワ、パリ、ベルリンなどのコスモポリタンな都市と結びつき、「中欧」という独自の文化圏をつくり出していた。

　中欧の知的指導者たちが共有する夢は、中欧という「最小限の空間に最大限の多様性」を実現し、諸民族のヨーロッパの縮図になることであった。19世紀のチェコの歴史学者パラツキーからチェコスロバキア初代大統領になるマサリクへと共有されている構想は、諸民族が共存しうる場としての「中欧」という「原ヨーロッパ的な小ヨーロッパ」への熱い想いに支えられていた。ハプスブルク帝国崩壊前後でその構想に相違はあるものの、「最大限の空間に最小限の多様性」しか許容しないロシアほど、「中欧と、その多様性への情熱に無縁なものはなかった」のである。したがって中欧の政治文化は、ソ連の共産主義のような

一元的な国家構成原理とはもともと相容れず，ここに大国の政治的意図に翻弄される「中欧の悲劇」の原因があった。

　しかし，こうした不条理な歴史にもかかわらず，中欧は20世紀の思想的・芸術的革命の発信地となった地域である。ユダヤ的知性に育まれたコスモポリタンな文化からは，ウィーン，プラハ，ブタペシュトを拠点に活躍する天才が排出された。相対性理論によって物理学に革命を起こしたアルベルト・アインシュタイン，精神分析学を開拓したジークムント・フロイト，12音技法を展開したアーノルト・シェーンベルク，『特性のない男』を著したローベルト・ムージル，『変身』などの不条理の文学を確立したフランツ・カフカ，西欧マルクス主義の代表者ジョルジュ・ルカーチなどが著名なところであろうか。それに構造主義思想を生んだプラハ言語学サークル，不条理演劇の先駆をなしたポーランドのゴンブローヴィチやシュルツなどの作家，現象学を生み出したエドムント・フッサールを加えてもよいだろう。

　では，最小限の空間に最大限の多様性を実現しようと求める中欧の諸民族をつないでいる「実存的な体験」とは何であろうか。クンデラはこれを「存在を選ぶか，無を選ぶかの選択，言い換えれば，みずからの真正な民族の生命を守るか，より大きな民族に同化してしまうかの選択を迫られた民族の体験」だと，端的に述べている。したがって，中欧の「統一性を定義し，決定するのは，政治的国境ではなく（その線は，いつも侵略や征服，占領などによって押しつけられる不当なものである），共通の大きな状況」なのである。つまり，境界線は常に想像上のものであり可変的であるのに対して，「その境界の内部においては，同じ記憶，同じ体験，同じ伝統的共同体が存続している」のである。

　このように実存的なレヴェルからみるならば，「中欧」とは「ロシアとドイツの間にはさまれた，小民族から成る不安定な地域」として定義できる。この場合の「小民族」とは存在の危うさを自覚している民族である。かつてW. ベンヤミンが「歴史の天使」として形象化させたような，廃墟から立ちあがり過去を向きつつも未来に追いやられていくような「敗者たちの歴史」を担っている小民族の歴史は，勝者の「歴史」に対する「深い不信の念にもとづく固有の

世界観」をもっている。だからこそ,中欧の「文化の独自性の源泉は,まさに,この『歴史』に幻滅した体験に由来する」のだ。このように,中欧のアイデンティティは「文化」領域に強く反映されているため,先に挙げたアイデンティティが致命的な脅威にさらされるとき,文化的生命力は市民社会を結集する力になり,民主化運動を支える。これがバーツラフ・ハヴェルのいう「権力なき者の力」である。

4 ヤルタ体制下の民主化運動

　中欧諸国の民主化運動の歴史は,こうした「中欧」の再発見の問題と密接にかかわっている。「誘拐された西欧」は,戦後40年以上の歳月をかけて自らの力で「ヨーロッパへの回帰」を果たした。この問題を考えるうえでも,「東欧」の解体,「中欧」の再発見の道を簡単にふり返ってみたい。

　戦間期にナチス・ドイツによるファシズム支配に蹂躙された中欧地域は,第2次大戦末期,ソ連の軍事力によって「解放」された。中欧諸国の戦後のあり方は,米英ソの巨頭会談で話し合われた。いわゆるヤルタ会談である。この会談では民主的政府の樹立がうたわれたが,具体的な事項については3大国の間に多くの不一致が残された。結果的に,戦後ソ連が中欧諸国を自国の勢力圏に組み入れたため,このヨーロッパの東西分断体制が「ヤルタ体制」と呼ばれることになった。

　このヤルタ体制下で,ポーランド,チェコスロバキア,ハンガリーなどの中欧諸国に対して,政治,社会,経済,文化全般に及ぶ党＝国家の一元的支配を原理とするスターリン体制が導入された。これが戦後の中欧の政治主題を決定した。クンデラが「誘拐された西欧」と表現したように,中欧の民主化の歴史は,国内体制の民主化としてもソ連圏内部での従属構造の民主化としても,二重の意味でソ連の支配からの自立の過程であった。

　1956年2月のソ連共産党20回大会におけるスターリン批判（フルシチョフの秘密報告）を契機に,ソ連圏諸国で非スターリン化の流れが始まった。中欧諸国

では，大規模な民主化運動が12年周期で繰り返された。民主化の第1ラウンドは，ハンガリー動乱である。1956年暮れ，改革派のナジ政権は民衆革命の圧力によって国内民主化とソ連圏からの離脱を大胆に試みたが，ソ連の軍事介入によって抑圧された。

民主化の第2ラウンドは，12年後の1968年にチェコスロバキアで起こった。ドプチェク政権による上からの改革に民衆が呼応した民主化運動は，「プラハの春」として著名である。共産党自らが社会的多元主義を導入しようと試みたこの「人間の顔をした社会主義」の実験は，開始からわずか8カ月間で再びソ連の軍事介入によって抑圧された。

こうした2度の軍事介入によって，ハンガリーもチェコスロバキアも「正常化」されたが，見方を変えれば，これはもはや戦車の力によってしか中欧の共産主義体制を維持できないことを示していた。中欧の民主化の第3ラウンドは，12年後の1980年に始まったポーランド「連帯」革命へと舞台を移す。ハヴェルを中心として署名された「憲章77」（チェコ知識人による民主化運動）に鼓舞されたポーランドの「社会自衛委員会」の活動家は，市民社会の再生による民主化を求めた。

1980年8月に誕生した独立・自治労組「連帯」は，1カ月後にはワレサを委員長とし，950万人に及ぶ加盟員を誇る巨大な民主化運動に成長していた。これはソ連圏で初の共産党支配に対抗する反対派組織の誕生を示すものであった。この運動を恐れたソ連は，今回は軍事介入こそ断念したものの，ポーランド政府に圧力をかけ翌年12月に戒厳令を施行させた。これにより「連帯」は非合法化され地下活動を余儀なくされる。

しかし1989年4月の円卓会議合意で再び合法化された「連帯」は，6月の総選挙での圧勝を契機に，9月についに政権に到達した。これがいわゆる1989年東欧革命の幕開けとなった。こうした「連帯」復活の背景には，ソ連のゴルバチョフ書記長が進めたペレストロイカ政策による新思考外交の推進があった。これまで中欧諸国の民主化の障害になってきた制約が取り払われ，各国が独自の路線をとることが可能になったからである。

ソ連，ポーランドと並び改革政策を進めていたハンガリーのグロース政権は，民主化政策の一環として，1989年夏から非公式に対オーストリア国境を開放し，東ドイツ市民がハンガリー経由で西側に脱出するのを助けた。これによってベルリンの壁は意味を失い，同年11月に崩壊した。ここにヤルタの桎梏は取り払われたのである。

5 EU東方拡大と統一ドイツ

　1989年東欧革命による「誘拐された西欧」諸国のヨーロッパ回帰は，1992年のマーストリヒト条約合意に向けて統合の深化を進めていたヨーロッパ統合が，所詮西ヨーロッパだけの統合であることを白日のもとにさらした。ユーラシア大陸の最西端に位置する「ヨーロッパ半島」（エンツェンスベルガー）の場合，北，西，南の境界は海によって画定されている。しかし東側だけは，ユーラシア大陸の中央部に向けて開かれているため，ヤルタ体制のもとでは，「鉄のカーテン」によって画定されていたにすぎなかった。1989年秋のベルリンの壁崩壊に象徴されるヤルタの終焉は，ヨーロッパ統合を進めてきた西欧にとっても，東への拡大という未曾有の難問に直面することを意味していた。

　壁の崩壊によって，統合ヨーロッパの理念は，西ヨーロッパだけでなくヨーロッパ全域に普遍的に拡張されるべき構想となった。それは，具体的な中・東欧諸国のEU加盟問題をめぐって，統一ヨーロッパの東側境界の確定という大問題につながった。これはヨーロッパという大きな単位の「想像のされかた」が拡散していくことにつながる。

　1990年のドイツ統一，1991年のソ連解体，1992年のユーゴスラヴィア解体から内戦へという一連の出来事は，ヨーロッパ統合の推進力にかかわる大きな地政学的・地政文化的な変化をもたらした。人口8,000万人を超える欧州大国ドイツの登場は，独＝仏関係を中心に統合を進めてきた統一ヨーロッパの力の中心が大きく東にシフトすることを意味した。しかもナチス・ドイツ時代の過去の反省から，政治的なリーダーシップをフランスに委ね，黒衣に徹してきた

西ドイツとは異なり，統一ドイツは東方への拡大を積極的に推進している。1996年5月に国際共同研究の一環としてこの問題についてドイツで面接調査（章末に資料として掲載）をした折に，国防省の高官や財界団体のリーダーが口をそろえてドイツの東方拡大を，ドイツの「ミッション」として語り始めていたことはまだ記憶に新しい。

しかし，この東方拡大は，中欧諸国を先頭にバルト3国，CIS諸国，バルカン諸国への拡大が想定されている。この場合の中欧諸国とは狭義の意味では，「ヴィシェグラード諸国」と呼ばれるポーランド，チェコ，スロバキア，ハンガリーの4カ国を指す。さらに広義の中欧諸国になると，「中欧イニシアティブ」に加盟する地域を指し，旧東欧，バルト3国，バルカン，さらにウクライナ，ベラルーシ，新ユーゴを含む17カ国を示す。これは通常は中・東欧（Central and Eastern Europe）と呼ばれる地域である。こうした東方への拡大を進めるヨーロッパは，その内部に「繁栄し安定するヨーロッパ（西ヨーロッパ）」を中心とした旧来のヨーロッパ・イメージと，ドイツを中心に東方拡大を進める新しいヨーロッパ・イメージとの間に位置する，複数の競合するヨーロッパ像を含みこんでいる。

しかもこの中・東欧地域には旧ユーゴ地域のようなエスニック紛争に発展したエスノナショナリズムの波が押し寄せている。民主化によってエスニック・マイノリティの諸要求が政治的な要求に直結し，しかもその最大の要求が旧連邦国家からの分離要求になる場合（国家性問題）が多いため，こうしたエスニック・マイノリティの自治権の保障による共生の実現は中・東欧地域の安定にとって死活的な問題となっている。通貨統合によって，この地域へのドイツの経済的影響力が急速に強まっていくなかで，狭義の中欧諸国（ポーランド，チェコ，ハンガリー）は2004年5月のEU加盟へ向けて，国内外に少数民族問題等の問題を抱えつつも，地域協力を図りながら，ヨーロッパ統合プロセスに組み込まれつつある（図8-2，および表8-1参照）。

問題は，EU拡大ラインの東側の境界線上に位置する諸民族に集中的に起きている。羽場久浭子氏の研究によれば，カルパチア・ウクライナ（ウクライナ西

第8章 「中欧」の再発見と欧州統合 *231*

図8-2 拡大EU地図

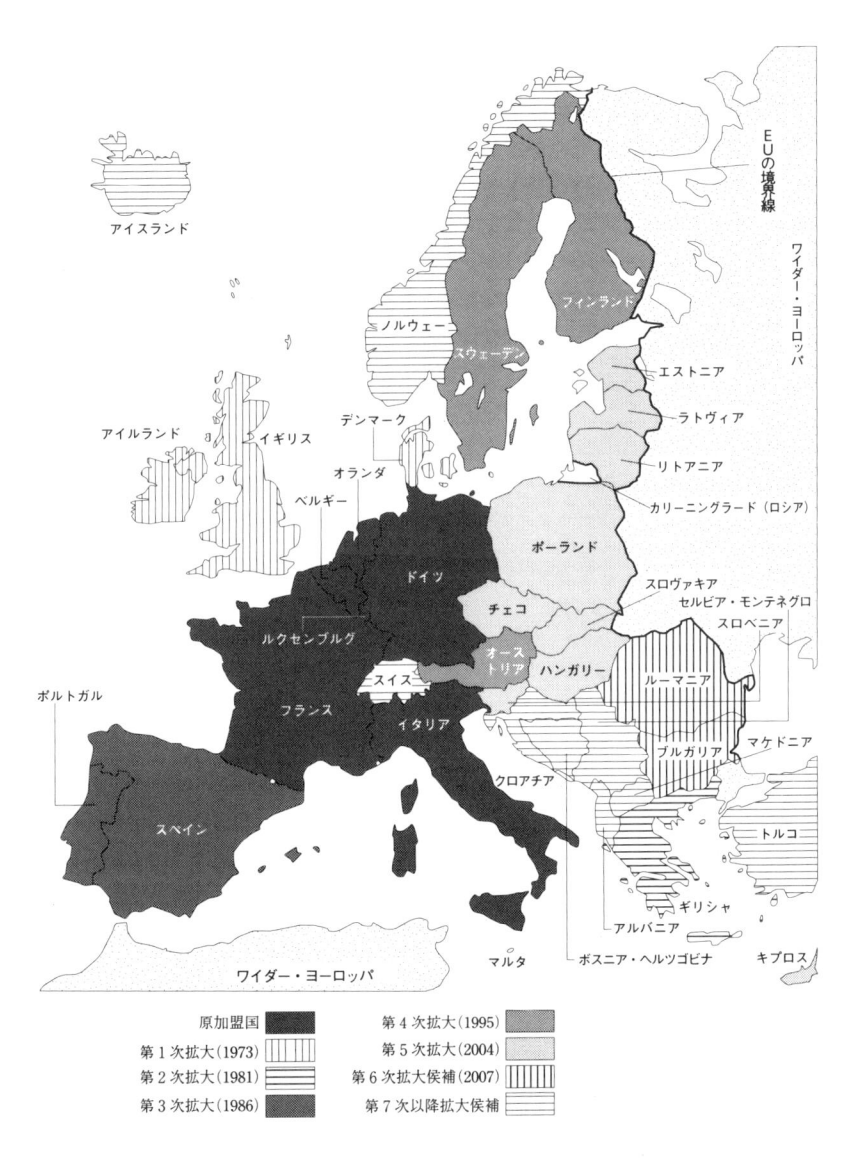

出典：羽場久浘子『拡大ヨーロッパの挑戦』中公新書，2004年，viページ。

表8-1　EU 加盟国の基礎データ

	国　名	面　積 (1,000平方キロ)	人　口 (100万人)	加　盟	GDP (100万ドル)	1人当りのGDP (ドル)
元加盟15カ国	アイルランド	70	3.79	1973年	122,023	31,208
	イギリス	243	59.50	1973年	1,556,582	26,351
	イタリア	301	57.53		1,187,123	20,653
	オーストリア	84	8.10	1995年	205,975	25,398
	オランダ	42	15.86		419,480	26,103
	ギリシャ	132	10.01	1981年	133,353	12,156
	スウェーデン	450	8.87	1995年	240,508	27,115
	スペイン	506	39.47	1986年	656,800	16,027
	デンマーク	43	5.34	1973年	172,460	32,236
	ドイツ	357	82.02		1,990,943	24,159
	フィンランド	338	5.18	1995年	131,808	25,348
	フランス	552	58.89		1,434,717	23,972
	ベルギー	31	10.25		245,293	23,815
	ポルトガル	92	10.01	1986年	121,962	12,136
	ルクセンブルク	3	0.44		21,128	46,951
	合計	3244	375.26	[加盟申請]	8,640,155	平均24,909
新規加盟10カ国	エストニア	45	1.39	1995年	6,504	4,853
	キプロス	9	0.76	1990年	10,146	12,682
	スロヴァキア	49	5.40	1995年	24,187	4,479
	スロヴェニア	20	1.99	1996年	21,960	11,035
	チェコ	79	10.27	1996年	73,562	7,177
	ハンガリー	93	9.97	1994年	65,842	6,637
	ポーランド	323	38.61	1994年	188,998	4,894
	マルタ	0.32	0.39	1990年	3,566	10,021
	ラトヴィア	65	2.43	1995年	8,378	3,596
	リトアニア	65	3.69	1995年	13,793	3,975
	合計	748	74.90		354,139	平均6,050
	EU25カ国合計	3947	448.73		9,050,587	平均18,255
加盟候補国	ルーマニア	24	22.46	1995年	45,749	2,045
	ブルガリア	11	8.21	1995年	15,563	1,896
	トルコ	77	64.33	1987年	183,119	2,621
	クロアチア	57	4.50	2003年	19,534	4,340

面積：国連人口統計年鑑第50集（1998年数値）　　人口：国連統計資料（2000年央推計）
GDPと1人当りGDP：国際貿易投資研究所「国際比較統計データベース」http://www.iti.or.jp/
（2002年数値より試算、ただしクロアチアのみ2001年の統計），ハンガリー新聞 Népszabadság,2003. aprilis 10.
出典：羽場久浘子『拡大ヨーロッパの挑戦』中公新書，2004年，vii ページ．

部),ユーゴスラヴィアのヴォイヴォディナなど「ユーロリージョン」(予防外交としての地域協力)が展開している地域は,ロマ(ジプシー)問題をはじめ,少数民族問題が集中的に現れている地域である。グローバル化によりますますヨーロッパ統合の境界の内外での所得格差が拡大していくなかで,こうした問題はEUの東方拡大への障害となろう。そのためにも,ヨーロッパの再編は,東方を緩やかに取り込みつつ,拡大された政治共同体の統合の深化を図るという困難な統合プロセスにならざるを得ないのである。

6 中欧はいずこへ

1989年の秋,プラハのヴァーツラフ広場にあった次のような落書きが有名になった。「ポーランド10年,ハンガリー10ヶ月,東ドイツ10週間,そしてチェコ10日間(さらにルーマニア10時間)。」確かに,チェコスロバキアでは,ハヴェルが結成した「市民フォーラム」が呼びかけた街頭デモの圧力によって,短期間に政権が崩壊した。これが「ビロード革命」と呼ばれる所以である。プラハの春の指導者ドプチェクが復権し,ヴァーツラフ広場を埋める群集を壇上から抱きしめるポーズをとった光景は,ベルリンの壁崩壊の光景と並んで,1989年の民主化革命の記憶として語り伝えられている。

あの革命がすでに「伝説」と化すに充分な時が流れた。革命半年前まで獄中にあった反体制活動家ハヴェルが1989年暮れにはプラハ城の主となっていた。そして,ポスト共産主義の厳しい体制転換プロセスの渦中で,チェコとスロバキアは「ビロード離婚」した。中欧諸国のヨーロッパへの復帰は,NATO加盟を経て,21世紀初頭にはEU加盟へと進んでいる。そして中欧の民主化革命を象徴する存在であったハベル大統領が,2002年暮れにプラハ城を去った。

[参 考 文 献]

M. クンデラ（里見達郎訳）「誘拐された西欧――あるいは中央ヨーロッパの悲劇」『ユリイカ』1991年2月号。

宮島喬・羽場久浘子編『ヨーロッパ統合のゆくえ――民族・地域・国家』人文書院，2001年。

J. ロスチャイルド（羽場久浘子・水谷驍訳）『現代東欧史――多様性への回帰』共同通信社，1999年。

佐々木隆生・中村研一編『ヨーロッパ統合の脱神話化――ポスト・マーストリヒトの政治経済学』ミネルヴァ書房，1994年。

植田隆子編『現代ヨーロッパの国際政治』岩波書店，2003年。

羽場久浘子『拡大ヨーロッパの挑戦――アメリカに並ぶ多元的パワーとなるか』中央公論新社，2004年。

第8章 「中欧」の再発見と欧州統合　*235*

《資料》「欧州統合と統一ドイツに関する面接調査」(1996年5月4-10日)

　本調査は1993年から1995年までの3年間,中央大学社会科学研究所の特別プロジェクトとして行われた国際共同研究の成果の一部である。イギリス,フランス,イタリアの各グループとともに西欧班を構成するドイツ・グループ(星野智,川原彰,中島康予)は,1996年5月4日から10日まで,ヴェルナー・カンペッター博士(フリードリッヒ・エーベルト研究所研究員)の協力により「ヨーロッパ統合におけるドイツの役割」について,外務省,国防省,財務省,独経団連,独労働総同盟,SPD,CDU,緑の党,ヨーロッパ研究所などのそれぞれの担当者に面接調査を実施した。

　面接に協力していただいた方々は,以下の通りである。
　①Hans Heinrich Weise 博士(国防省政策顧問スタッフ副局長)
　②Wilhelm Schönfelder 博士(外務省欧州局局長)
　③G. Michael Röeskau 氏(財務省国際財務・金融局副局長)
　④Bernhard Welschke 氏(経団連欧州政策課)
　⑤Frank Hantke 氏(労働総同盟国際課課長)
　⑥Klaus Suchanek 氏(SPD＝社会民主党,シュレスヴィッヒ・
　　　　　　　　　　　　ホルシュタイン州連邦・欧州局欧州政策分析担当)
　⑦Albert Statz 博士(緑の党,欧州政策調整担当)
　⑧Barbara Lippert 氏(ヨーロッパ政治研究所副所長)
　この8人以外にも,Georg Birgelen 博士(CDU＝キリスト教民主党,欧州議会議員 Elmar Brok 顧問),および Rainer Hubner 氏(Capital 誌編集者)に面談したが,時間の関係等で質問表にそった面接調査ができなかったため,記録に残せなかった。

　1996年は,結果的に通貨統合の推進とEUの東方への拡大に向けて,統一ドイツがきわめて積極的な政策をとる転機となる年となった。東方拡大への強い意欲と,それにもかかわらずEUへの主権委譲については慎重な姿勢が,面接調査の結果から浮かび上がる。全体的に,ヨーロッパ統合におけるドイツの役割の決定的な重要性について強調されているが,統合を主導するフランスをつねに意識していることが印象深かった。同様な調査は,イギリス,フランス,イタリアについても実施されている。完全な調査結果については,イタリアの部分しか公表されていないが,イギリス,フランスについても調査結果に基づいた論文が発表されている。こうした調査結果を含む国際共同研究の全貌は,高柳先男編『ヨーロッパ統合と日欧関係──国際共同研究Ⅰ』『ヨーロッパ新秩序と民族問題──国際共同研究Ⅱ』(共に中央大学出版部,1998年)で知ることができる。

　面接調査の質問表と8名の面接結果は,以下に掲げる。

[質問項目]

1. 貴機関とEU
1-1) EU統合に対して，これまでとってきた戦略・プログラム・政策はどのようなものか？
1-2) 現時点までのEU統合をどう評価するか？
1-3) EUの将来の展望――21世紀にむけたEU統合の可能性は？ 進展，停滞，あるいは後退？

2. ドイツとEU
2-1) ドイツはEU統合にどのような役割を果たしてきたか，またこれから果たすのか？ EUの東欧への拡大に関して，ドイツはどのような態度をとるのか？ たんなる経済連合から政治連合へと深化するEUについてはどうか？
2-2) ドイツでのEU統合を推進する勢力，反対する勢力はどこか（連邦主義運動，政党，官僚，あるいは他の勢力）？
2-3) 統合プロセスをめぐる他のEUメンバー（とくにイギリスとフランス）の役割と意思をどのようにみているのか？

3. 主要な争点
3-1) 国民国家の運命――ヨーロッパ統合プロセスは国家主権にどのような影響を与えるか？ ヨーロッパ統合はナショナリズムとナショナル・アイデンティティの低下をもたらすか？
3-2) 安全保障――どのような制度・枠組が安全保障問題について重要な役割を果たすか？ どのような改革あるいはリストラが必要か，NATOの東への拡大，WEUの強化，それ以外に？
3-3) 人口移動――（人口移動の自由を認めた）シェンゲン協定締結後，国境での入国管理にどのような変化がおきたか？ EU域外の人々には排他的になるのか？ 難民受け入れは難しくなるのか？
3-4) 社会政策――年金，福祉などの社会政策に関して，貴機関およびドイツではどのような変化・変更がおきたか？
3-5) EUと世界――21世紀にむけてEUは世界のなかで指導的な地位を果たせるか？

4. 1996年のEU

4-1) 1996年のIGC（政府間会議）にどのような姿勢でのぞむのか？
4-2) EU統合のプロセスは民主的か？ もし民主的でないなら，どのような制度改革が必要か？
4-3) EUにとって望ましい政治形態とは？ 連邦（フェデレーション），国家連合（コンフェデレーション）それとも？

5. 日本—EU関係

5-1) EU統合の進展プロセスで日本との関係はどうなるか？
5-2) 現在の日本—EU関係の問題点はなにか？ 問題解決のためには，なにがなされるべきか？
5-3) EU域内における日本企業の現地化を成功と評価するか？ 評価する場合は成功の原因は？ 評価しない場合はその問題点は？
5-4) 途上国に対する開発援助の分野で，日本とEUはどのような協力が可能か？

① **Hans-Heinrich Weise 博士**
国防省政策顧問スタッフ副局長
1996年5月6日(月) 10:00-11:30 @ 国防省（ボン）

[Introduction]
＊直接，政策決定過程にかかわり，国防大臣にアドバイスする立場にある。欧州統合政策が主要な問題の1つになっている。
＊欧州統合過程は歴史的な transformation の過程。
常にプラグマティックなアプローチをとっている。
この5・6年の条件の変化，アクターの拡大，条件枠組の総体的変化に対して，将来におけるEUのコンセプトなどの点で，これに何度も何度も適応していかなければならない。
＊欧州の平和と安全に関するわれわれの理解
条件の根本的変化——軍事力の東西バランスがなくなった現在，キーワードは，欧州の枠組のなかの軍事力のバランスの，さらなる安定，充分な経済成長，民主主義と人権の発展である。軍事力は欧州の安定を実体的に保障することで欧州統合の拡大に貢献しうる。軍事力の役割は軍事的争点ではなく，総体的な政治的争点になっている。将来の欧州の行方は政治・経済・安全保障・軍事にわたる諸要素をまとめてゆく，その過程にかかっている。こうした理解に基づき，security と political structure の2つの構成要素，すなわち，① North-Atlantic line の発展（拡大），②

European unification と European Union の発展を追求する。この2つの構成要素は相互に密接に結びついており，これらを関連づけて考えていかなければならない。
＊われわれは，東欧の人びとが，西に参加することを決定したと確信している。東欧は政治的・経済的理由から，欧州統合の積極的な発展に組み入れられることを望んでいる。また安全保障の点では，かれらは，EUが狭義の安全保障を目下のところ与えてくれないことを知っている。
＊2つの構成要素について
(1) NATO developement
　将来における安全保障の構造について，NATOが支配的役割を果たすと考えている。現在，NATOの改革の過程にあり，一方で，その将来における課題について合衆国と協議しているが，他方で，より欧州に特殊な次元の問題があり，将来は，European commandos, European contol, European forces のもとで行動することができる。
(2) European political unification process
　政治的・経済的・社会的・法的な側面において，欧州がさらに統合されたら，グローバルなプレーヤーになり，欧州の利益を追求するために，ある種の政治的かつ安全保障における capability，軍事的な capability が必要になる。
現在，われわれはマーストリヒト条約が定めた，共通外交安全保障政策の基本的なコンセプトを発展させ，EUのなかに将来におけるそのメカニズムを確立する過程にある，あるいは，そのような意志をもっている。この過程で問題になっているのは，一方で，政治過程に military capability をリンクさせること，他方で，非常に古い歴史をもつ組織＝WEUをどうするかという点である。
　WEUは，これまで，旧ソ連の圧力に対して capability をもつことができず，NATOに依存しなければならなかった。しかしわれわれの理解によれば，今後は，基本的に，EUの military arm になるべきである。これまで東欧においてNATOは欧州の capabilities（＝WEU）よりも大きかったが，WEUがEUの military leg and pillar の方向に発展することは，長期的に，欧州の structure と capabilities の活性化・再活性化に資するだろう。この過程は，現在のEU加盟国のみならず，将来の加盟国，すなわち拡大問題・加盟の基準にかかわる。

［質問票への回答］
1. 国防省とEU
1-1）　2）EUの政治的次元の必要性。経済・通貨同盟を前進させてきたが，それにとどまらず，EUは政治同盟・政治システムによってサポートされ，共通政策，共通アプローチ，共同体が一致した communality アプローチをとることを必要としてい

る。他の領域における類似性がないかぎり,長期的に通貨システムを維持することはできない。われわれの目的は,経済・通貨同盟は,政治同盟,とりわけ,防衛・軍事の次元まで拡大された,外交・安全保障同盟によって補完されなければならないということにある。われわれの欧州構想の哲学は,あらゆる加盟国が出来る限り共通アプローチをとることだが,これは,単一の欧州国家という意味での欧州合衆国,超国家組織であることを意味しない。これは非現実的でもある。欧州は長期的にも国民国家によって構成され,ナショナル・レベルにおいて国民国家が直接責任をもつ領域をのぞいて,national competence が可能な限り共通アプローチに委ねられるということ。国民国家は国際システムにおいて法的基礎として存続し,他面において,他の領域において,共同体が一致したアプローチをとるということ。

とくに軍事面をみて非常に明確になるのは,この枠組のなかで,各国が軍事力の利用決定について主権を保持しつづけているということ。automatism をも意味しない。欧州統合は欧州軍へは結びついていないし,欧州組織における決定過程は,各国が軍事行動に参加することを強制してはいない。各国軍の協力,合同のための,欧州規模のWEUのような組織,もっと大きな範囲をカバーする組織,大西洋をカバーする組織を必要としている。

ドイツ要因(ドイツ問題)が,緊密な独仏協力関係を尊重したという点で,統合の過程,統合へのアプローチにおいて,キー・ファクターであった。各国ごとに統合に対して異なるパースペクティブをもっている(中立国,フィンランド,ポーランドに言及)。東中欧の統合は,西の安定化の拡大に成功するというパースペクティブをドイツはもつ。ドイツが欧州を支配することなど望んではいない。ドイツ統一は,その第1日目から,renationalization の始まりではなく,欧州化の過程。東欧に関しても,ナショナリズム的アプローチをとらず,欧州の共通アプローチを見出すことをめざす。ドイツを,その地政学的位置から切り離すことはできないし,(東の隣国の安定からも切り離すことができない)という単純な問題も。これまでの45年間の成功物語に基づいて,東欧の統合もEUのすべての加盟国にとって共通の問題にする必要がある。欧州の安定と安全保障は,この成功物語の前進を追求しようとつとめることにかかっていると皆が理解している(NATOやEUの拡大が無原則に行われるとはだれも思っていない)。したがって,東欧の隣国をNATOとEUに統合することにおけるドイツの特殊利益は,NATOとEUの他の加盟各国の一般利益でもある。

3. 主要な争点および 4. 1996年のEU

4-1), 3-2)

国防省としてはとくに共通外交・安全保障政策に焦点をあわせている。政府間会議において，対外行動に，より大きな能力をあたえること。EUが，国際ステージで，平和と安定に影響をあたえ，役割を果たすことが今日必要とされている。EUは，第1に，対外行動について協同して分析し準備することができなければならないし，第2に，行動をとる能力を発達させなければならないし，第3に，対外行動を，高度に妥当なかたちで履行しなければならない。さらに，安全保障の包括的概念について詳述すれば，NATOは依然として安全保障の第1の手段であり，集団的自衛への保障であり続けるし，欧州の全体としての安全保障において基本的役割を果たすだろう。他方において，military prize management および armament の領域における，より緊密な欧州協力を促進するために，欧州にその能力を賦与する方向へ導くよう努めなければならない。したがって，WEUとEUとの関係を強化しなければならないし，WEUは同盟の発展に組み込まれた部分にならなければならない。WEUのEUへの段階的統合を支持。これをプラグマティックに前進させる。政府間会議が成功すれば，その結果として，WEUがいわゆるピータースバーク・タスクス―humanitarian peace keeping in other crisis management option―を，政治同盟の利益のために果たすことになるだろう。

WEUは防衛組織だが，ブリュッセル条約のために，その目的達成の手段を行使するために必要なすべての構造・組織を，NATOに委譲することになっている。この点は今後も変わらないだろう。(とくにフランスが態度を変更しない限り変わらない)。WEUは欧州諸国にとって，協議・意思決定の政治的組織・政治的枠組であり，WEUの政治的レヴェルでの決定を実施に移す組織で常にあり続けたし，将来もそうだろう。したがって，WEUは防衛・軍事組織にはならず，軍事・防衛領域の協力の政治的枠組，とくに，軍事分野でのナショナルな努力に集中する枠組，つまり，national influence のより良い協力，財政的・産業的リソースの，競争力の高い，より良い活用のための防衛協力・武器協力を提供する枠組になる。

われわれは現在，重大な軍事的脅威を受けていない。ロシアは，ヨーロッパに対抗して大規模な軍事作戦を展開する能力をもっていない。他方で，欧州のいたるところで危機の可能性のある範囲も少なくなっている。もし，必要なら，合衆国の実体的支援を求めることなく，欧州がこの種の危機を処理することができるのは明らか。将来は，合衆国が「われわれが参加しなくても，ある使命を実施することができるにちがいない」と言うこともある。NATOのなかであらゆることを，そして，ヨーロッパの地位を上昇させる枠組を発展させる必要がある。アメリカ政府は「よろしい，われわれは危機管理作戦には参加しない。問題は，あなた方が効率的な軍事的枠組をどのように構築するかだ」と言う。この作業が，ピータースバーク・タ

スクスのような限定された軍事活動を，実行しうる能力を欧州がもっともつように
すること。NATO改革のかなり大きな部分を占めている問題。アメリカは，安全保
障の欧州次元がより目に見えるようになることに関心をもっているし，ヨーロッパ
は，NATOが，必要であればアメリカ抜きで，しかしアメリカの同意を得て，行動
することができるようになることに関心をもっている。

5. 日本—EU関係

EUにおける安全保障面での状況変化は，より緊密なEUと日本との協力の1つの
基礎を提供する。共同体のより高いレベルで，EUの共通外交安全保障政策や，日本
や他の各国との同盟政策による，必要性の増したしかも出来る限り可能な何らかの
協力が要請されるような，核兵器の管理，安全保障，テロリズムなどの安全保障に
関する共通のリスクの問題に世界規模で各国が直面。

通貨同盟の収斂基準について

政府の立場は，延期には賛成ではない。ドイツ統一の際の経験と同様の努力が必
要。通貨同盟は欧州統合の——安全保障面ではないが——キー・ファクターである。
安全保障面について説明すれば，欧州が，新しい安全保障組織をもつ基本的必要は
なく，これは，欧州がEuropeansによりidentifiableなNATOプロセスの一部を構
成しているのと同様，European processでもある。

通貨統合の問題は，政府間会議の議題ではないが，財政問題とのからみで，安全
保障政策とも関連がある。しかし，欧州において安全保障のメタ組織をもつという
ことは，金銭の問題ではなく，すでに入手可能なものをどのようにコーディネイト
していくかという問題。

---

② Wilhelm Shönfelder 博士
外務省欧州局局長
1996年5月9日(木) 15:30-16:30 @ 外務省（ボン）

1. 外務省とEU
1-1) 45年間の連邦政府の政策・戦略が，外務省の戦略。親ヨーロッパ，欧州統合
に賛成。なかでもドイツは統合に積極的だった。「大国であるにもかかわらず」では
なく，大国であるからこそ統合政策を45年にわたって追求してきた。
1-2) 最大の成功を収めた歴史。ドイツの歴史上，欧州の歴史上，かつてない長期

の平和を享受。ドイツの歴史としてみれば、欧州において敵国を見いだすことはもうできない。50年におよぶ平和、経済成長、個人所得の未曾有の増大など、欧州統合の歴史は大成功の物語（サクセス・ストーリー）。また統合の過程がドイツの統一を可能にしたのかもしれない。もし統合がなければ統一は非常に困難だった。三重に——平和、経済成長、ドイツ統一——ポジティブな評価。

1-3) これからの3～4年に行われる全ての決定が、21世紀の欧州全体の政治的・経済的・軍事的将来にとって重要。欧州単一通貨、東欧への拡大、西欧の欧州への統合＝military union、財政システムの改革、共通農業政策の改革、構造政策などの問題があり、開始されたばかりの政府間会議における大きなチャプターとして、①共通外交安全保障政策、②司法・共通内務政策、③制度改革、④より透明性を高め民主主義的であること、補完性原理（の明確化）、の4つがある。これらの全ての争点が2000年までのアジェンダで、21世紀までに決定がなされる。

通貨同盟延期の可能性については、通貨同盟が統合の鍵となる要素であり、第3段階にもし成功すれば、統合の他の要素も、これまでより容易になるだろうが、もし失敗すれば、統合の過程は危機に陥ると考えられるから、各国の政治的意志は非常に固い。失敗したときに何が起こるかは誰も予想することができないが、たとえばヘルツォーク大統領は数カ月前の欧州議会で、失敗による renationalization の危険を指摘している。カレンダー・基準・参加国の「魔法の三角形」のうち、カレンダー・基準を尊重し、4～6カ国で始めるか、カレンダー・基準を緩和し、10～15カ国で始めるという2つの選択肢。第2の選択肢は長い時間を要する。われわれの選択は明確で、カレンダー・基準を尊重する、したがって自動的に限定された国で始めるということ。

2. ドイツとEU

2-1) 既に言及したが、繰り返すと、ドイツは最も大きい国のなかの1つであり、また、最も統合主義的な国の1つ。ここで言及すべき点は2つ。第1は、いわゆる「国益 national interest」というものは存在しない、ということ。ドイツの利益とパートナーの利益とは多かれ少なかれ同一で、いわゆる「国益」は欧州の文脈のなかで追求できる。たとえば、ウクライナに対する、チェルノブイリ問題に対する、ドイツの利益、フランスの利益、デンマークの利益は同一。もちろんEU内におけるドイツの国益と、EUの外部との関係におけるドイツの国益とは異なる。前者については当然ドイツは国益をもっている。しかし、後者については、わずかの例外（対合衆国、北アフリカ）を除いてますます重要でなくなっている。

第2は、統合の過程におけるドイツの役割は、フランスの役割と切り離して考え

られないという点。ドイツとフランスはいわば政治的双生児。ボンとパリのあいだで合意が成立すれば，ただちに欧州レヴェルでの合意が得られる可能性があるが，ボン―パリの合意がなければ，欧州レヴェルでは不可能。

2-2）　あらゆる政治勢力，政党・組合・企業・財界団体のあいだで，統合はわれわれにとって良いことだという政治的合意がある。PDS だけが統合に反対しているが，主要な役割を果たすことはない。

2-3）　政府間会議では交渉ラインが存在。すなわち，一方に，イギリス，他方に，14 加盟国。14 加盟国はさらなる統合を望んでいるが，イギリスはそうではない。政府間会議は満場一致主義をとっているのでイギリスはリソースをもっている。イギリスの状況が選挙後変わるかどうか分からないが，ともあれ，政府間会議は既に始まっており，イギリスはこれ以上の統合に乗り気ではなく，デンマークも同様の状態にある。

3. 主要な争点

3-1）　ナショナリズムの衰退についてはイエス，ナショナル・アイデンティティについてはノー。政治的スペクトルのなかのラディカルな部分を除いて，ナショナリズムは欧州においては存在しない。ドイツはドイツ（人），フランスはフランス（人），イタリアはイタリア（人）としてとどまる。単一の欧州の文化・伝統・歴史というものを持ったことはないということが重要。農業政策，通商政策全般――たとえば日本との関係において――，単一通貨（通貨政策）について主権というものは存在しない。にもかかわらず，共通の土台の上で差異を認めていくだろうから，いつの日か United States of Europe，1 つの連邦になるとは思っていない。

3-2）　安全保障のキー・ファクターは，NATO であり続ける。現在，加盟国やロシアとの関係など，NATO の将来について議論している最中で，今日，この点について述べるのは難しいが，一方で，欧州の他の諸国（東欧諸国）の加盟についてはロシアの拒否権行使にあう可能性があり，他方において，新しい亀裂をつくることには利益を見いだすことはできないから，ロシアと調整をはかっていかなければならない。今後，全欧州と北米を包括する安全保障ネットワークが出来上がると，日本とその安全保障にも影響がある。

　WEU が EU のなかに統合され，何が可能かということについて誰も分からないが，遠くない将来において WEU が EU の防衛の柱になることを望んでいる。しかし，それは NATO のなかにおいてであり，NATO のコンテクストは常に存在しつづけるにちがいない。

3-3）　移民問題は大きな問題の 1 つ。欧州には世界中からの移民が存在し，ドイツ

は東欧や南欧からの移民，フランス・スペイン・ポルトガルでは北アフリカからの合法・不法移民があり，各国は同じような移民問題に直面している。ドイツ・フランス・ベネルクス諸国間の国境コントロールがないので，共通のビザ政策が必要。もちろんシェンゲン協定の実施についてフランスに問題があるのは知っているが。

3-4) 社会政策について，あらゆる国においてミニマム・スタンダードが必要である。あらゆる国が非常に高水準の社会政策を維持することは財政的に困難であり，また誰がその財政的負担をするのかという問題が生じるので，ミニマム・アプローチを採用。

3-5) 指導的役割を果たすことを望んでいる。既に通商分野では役割を果たしている——最近ではWTOの交渉——。これまでEUでの防衛的能力 competence を欠いていたので，軍事的能力 capability に基づく役割を果たすことはなかったが，今後は多くの変化があり得るだろうし，全てが今後数年になされる決定にかかっている。

4. 1996年のEU

4-1) 4つのチャプターについては，1-3)で言及済み。

（個人的意見だが）政府間会議で，欧州理事会の投票権についての妥協は可能。可能性は3つ。① 何も変わらない，しかし，これには期待していない。② double majority のシナリオ。148条は維持して，同時に，second necessarily majority of the people of Europe を挿入。現在の特定多数決は欧州の people の少なくとも58％をカバーしていることを自動的に意味している。③ 148条に民主主義的な要素を挿入する。（大国の票数を増やすことをフランスなどは期待しているが，小国はこれを望んでいない）。特定多数決の適用領域の拡大については皆が好意的だが，どの領域を対象にするのかという段になると意見が分かれ，「こちらが対象にしてほしくないところに触れなければ，そちらの触れてほしくないところも触れない」といった調子。現段階で予測をするのは難しい。

4-2) わずかながら民主的なコントロールを既に行っているが，透明性を高くすること，補完性原理など，民主的なコントロールをする必要がある。ブリュッセルでの決定が直接，各国国民，ドイツに影響を及ぼしている。わたしですら，ブリュッセルでエキスパートによってどのように決定が下されているのかを全て把握しているわけではない。通常はその決定の内容は良いものであるけれど，その責任の所在が不明確。欧州議会により多くのパワーと権利を与えることを求めて，現実に闘っている理由はそこにある。しかし，そこには困難な問題がある。（専門的・技術的に理解されたことに関して）欧州統合の過程を people に戻すことが必要だという側面があると言うことはできる。

4-3) 誰もこの点について答えることはできない。統合の最終目標がどこにあるのかと尋ねても1つの答えを見いだすことはできない。1つの言語，文化をもった United States of Europe が不可能であることは確か。

5. 日本―EU関係

5-1) 特に最初の拡大以来，巨大市場の出現，グローバル・スケールでの大きな経済力など，経済スケールでの影響が最も大きい。このことは一般的に言って日本の輸出増の可能性を意味する。この市場が今後30カ国にまで拡大されれば，将来の日欧関係はポジティブなものになる。

5-2) もちろん通商問題はあるけれども，大きな問題はないと思う。EUサイドからは，日本との緊密な政治関係を望んでいる。なぜなら，中国では経済成長が続いており中国が巨大な経済力をもち，この経済力が軍事力の強大さに結びついていくわけで，中国や東南アジアで今後何が起こるかを見ていかなければならないから。

5-3) 問題はなく，非常に成功している。日本企業はEUへの投資を望んでいるし，新しい投資を歓迎。

5-4) どのような可能性があるかわからないが，協力は困難を伴う。EUの内部の加盟各国間ですら，たとえば欧州開発基金 European Developement Fund の二国間レート bilateral rate を調整することは難しい。したがって，EUと日本とで協力を調整していくことは，practical な観点からすると非常に困難。

③ G. Michael Röskau 氏

財務省国際財務・金融局副局長
1996年5月8日(水)　15:00-16:30 @ 連邦財務省（ボン）

Economic and Monetary Union 担当なので，その経験にそった回答。

［質問票］

1. 財務省とEU

1-1) 統合の過程をサポート。主要な関心は経済・通貨同盟で，この課題を負っている。

1-2) 統合の過程は前進（進行）中の過程。経済・通貨同盟がそうだが，一つの決定から次の決定過程へ進んでいく。問題は，この過程に参加する人数の増加にある。ドイツ国民は，より緊密な統合に好意的な意見をもっている。マーストリヒト条約

の当時，通貨主権の領域へ第一歩をしるし，しかも他の領域，とくに司法および内務分野，共通外交安全保障政策へも統合が拡大されるだろうと期待していた。確かにこれらの領域での進展は，今年の政府間会議で始まったし，ドイツ政府は，これらの領域でのさらなる前進を追求している。経済・通貨同盟は，これらの他の領域の問題とリンクしており，もし後者の領域での前進がなければ，ドイツの人びとは，統合が経済通貨同盟に焦点が絞られているという意見をもつようになるだろう。このような意味で，ドイツ政府は，経済・通貨同盟以外の領域での前進に特別の関心をもっている。

2. ドイツとEU

2-1) 統合の3本柱のうち経済領域での統合は進展したが，他の領域での統合は低レヴェルにとどまっている。ドイツの人びとが残りの柱での前進を望んでいることは既に述べたとおりで，この点が重要。ドイツは確実に東欧への拡大を主唱しているし，その点に利害をもっている。問題は，拡大の財政的負担をどのようにするかということで，そのある部分は現在のEUの財政支出レヴェルで賄うことができるだろう。

2-2) 州レヴェルでも連邦レヴェルでも大半は統合に好意的。経済統合は雇用主によって擁護され，政治統合は政治サークル，政党によって擁護されている。ドイツでは欧州懐疑主義を見いだすことはできず，ドイツは統合の過程で主要な役割を果たしてきた。統合に反対する右翼・極右などはあるが，これは全体からみれば，マージナル，マイナーなものにすぎず，これは制度化されていない。

2-3) フランスはドイツの考え方と非常に近いものをもっている。もし（文化的な）違いを探すとすれば，フランスの国民国家としての長い歴史のために，たとえば欧州警察など，主権の放棄にかかわる領域について問題が生ずるという点。しかし，ドイツ・フランス両国は統合を前進させなければならないという点では意見が一致しており，この前進のエンジンになることが期待されている。

イギリスがこれまで統合の推進力にならなかったのは，イギリスの世論は統合について意見が対立しているからで，この世論の対立の原因は，一つにはポピュリスト的な見方の情報提供がされてきたことにある。現実には可能であったのに，積極的な態度をとらず，イギリスが統合寄りの決定をとってこなかった。たとえば経済領域で，ドイツは，フランスとよりもイギリスと意見が近いことが時にあるので，イギリスのこのような立場を残念に思っている。

3. 主要な争点

3-1) people の協力の negative なアプローチとしてのナショナリズムが衰退することを望んでいる。確かに失業問題のために右翼の政党のナショナリズム的アプローチがあるが、これは低い水準にとどまっている。ナショナリズムの役割はますます小さくなると考えている。ドイツは、ナショナル・アイデンティティの問題に答えるのに難しい立場にある。フランス的な意味よりも広い意味でのナショナル・アイデンティティはドイツの national state のためには必要だろうが、街で人に尋ねたら、ネーションよりもリージョン、ヨーロッパ統合の方が重要だと答えるだろう。現在は state に代わる entity が存在しないが、国際レヴェル・欧州レヴェルで役割を果たす、state よりも大きい entity が必要だという感じをもっている。ドイツの連邦制と同様な構造は欧州にはないし、連邦主義（連邦制）的アプローチをドイツは採用していない。EU は association of states のような類の性格をもっている。ナショナル・アイデンティティは、ある役割を果たし続けていくだろう。

3-2) NATO の拡大は EU の拡大とある程度リンクすると言う人がいるが、対ロシアあるいは旧ソ連関係からして、このリンクは必要でもないし、不可避であるわけではないと私には思われる。たとえばポーランドの EU 加盟と NATO 拡大を結びつける必要は必ずしもない。（東欧の）国内の社会保障システムや失業問題が移民問題と関係があり、労働市場の競争の問題が起こるだろうが、私たちは、そのような移民を非難することはできない。私たちにできることは、東欧諸国の経済水準を改善することだけ。

3-3) tricky question！ 政府間会議では共通司法・内務政策が議題になっている。全ての欧州諸国が、ヴィザ・旅行（移動）、移民、難民——たとえば旧ユーゴから——などの領域において共通政策を持つべきだろう。ノルウェーをどうするか、日本のような先進工業国からの人たちはどうするか、他の第三国から来た人たちはどうするか、といった問題があるが、これらは表面的なこと。

3-4) イギリスは社会政策の領域での EU 協力に参加していない。ヨーロッパ全域にわたる general standard が必要だとわたしには思われる。加盟各国が国内でどのような政策をとるかが問題で、それは各国の finaincial capabilities に左右される。欧州レヴェルでの最低賃金、同一賃金を擁護することは、各国によって状況が異なるので不可能。たとえばポルトガルにドイツと同一の賃金を課したら、ポルトガルの企業の生産は立ちゆかなくなる。社会保障や労働者の権利など、社会政策領域でのある程度の協力は必要だろうが、各国の相違に応じた、社会政策領域での多くの柔軟性が求められていると考える。

3-5) 21世紀に欧州は単一の国家になるわけではないから、単一の entity としての指導的役割を果たすことは難しい。より積極的な指導的役割を果たすとしたら、そ

の可能性は，通貨の領域にある。現在のドイツ・マルクが欧州において果たしている役割はドイツ経済だけを基礎にしているわけだが，他の主要国の経済に基づく Single Currency は，もっとグローバルなレヴェルで，これまでよりも大きな役割を果たすことになるだろう。外交政策の領域での役割については，通貨・金融領域とは大きく異なっている。

4. 1996年のEU

4-1) 私がかかわっている単一通貨と予算（財政）問題は政府間会議の議題にはならないだろう。私たちにとって重要なのは，①外交・安全保障政策の分野でのさらなる有効な協力，②司法・内務政策，③欧州委員会および欧州理事会における，より迅速な決定のための，政策決定構造の改革である。

4-2) もちろん民主主義の問題がある。欧州理事会は，加盟各国の people によって選出された政府によって構成されており，（各国政府の）正統性については疑いがない。欧州議会のより明確な役割について言えば，欧州議会が，今現在政府が欧州理事会の協力のなかで可能になっているような，ドイツの利益を守る立場に立つかどうかわからない。欧州議会の権限強化について全体的には良いことだが，通貨同盟に関する私の経験からする個人的な意見を言えば，非常に技術的な問題について議論しなければならないとき，あるいは高度に政治的な決定過程を経る必要があるとき，その役割を欧州議会が引き継ぐことができないのではないか。

4-3) 既に述べたように一種独特のアソシエーション suigeniris association 。おそらく法的な問題になるのだろうが，他の国際組織よりは緊密な組織であるが連邦 federation ではまだない。

5. 日本—EU関係

5-1) 日本の輸出超過になっているわけだが，通商政策については既に integrated policy をEUは持っており，この点については完全に準備が出来ており，今後変更するべきではないだろう。むしろ変わるべきは monetary cooperation の領域で，大国はもちろん小国も，欧州は今よりも日本とイーブンな関係に立つだろう。今後，ユーロ・円・ドルがどのような役割を果たすのかに関心がある。

5-2) 通商関係で問題があることは知っているが，欧米関係でも欧日関係でも以前より対立は少なくなっている。ドイツと日本はあらゆる保護主義に反対するべきであるという点で意見が一致している。G7などの，よりグローバルな領域での日欧の協力関係は非常に良好である。対ロシア関係の改善について日本が慎重であることは理解しているが，対ロ関係についての欧州の感じ方とは異なっている。

5-3) 日本企業製品は欧州市場において成功している。投資，日本企業進出にともなう雇用創出については常に歓迎する。日独のビジネス・カルチャーは異なっているが，日本はこの点での統合に成功しており，問題はないように思う。むしろフランス企業の投資よりも日本企業の投資の方が好ましい。なぜならフランス企業の方が閉鎖的だという評判があるが，日本企業についてはこのような風評を聞かないので。

5-4) 途上国援助の義務について自覚している。たとえば東南アジアで，私たちがどうすべきかについて日本がサジェスチョンを与えてくれることはなく，むしろ日本だけで援助をしているのではないか。もちろん全体的なアプローチとしてのODA，債務国問題など，OECDやG7の議題になっており，この領域での独日の考え方は非常に近いし，国際組織への財政的貢献は大きい。

〔通貨統合〕
● ドイツ・マルク放棄に対する反対について
国際社会への再統合――経済のみならず政治においても――の経験をもっている。マルクには，ある程度ナショナル・シンボルという側面があり，慎重論が強いかもしれない。しかし，第2次世界大戦後，マルクのそれまでの価値を失うという経験もしている。ドイツの公的アクターの大半――ビジネス，銀行，組合，連邦議会の主要政党――は通貨同盟に賛成。SPDが通貨統合延期の戦略を構想，批判的アプローチを採用しようとしたが，それは失敗に終わった。メディアをみていれば，その現実性を疑う者はなく，それに対する準備を進めている。マーストリヒト条約にそった基準・タイムテーブルが尊重されなければならない。社会的ファクターを基準に含めようとする提案・試みに対しては，そのチャンスはなく，成長・投資・雇用創出などの積極面を説明する一方，基準の技術的な側面について政治領域で既に議論をしている。

④ Bernard Welscheke 氏
独経団連（BDI）欧州政策課
1996年5月7日（火） 10:00-12:00＠BDIビル（ケルン）

1. BDI と EU
1-1) 欧州問題は経済活動のあらゆる領域に関連。ナショナル・レヴェルでの行政手続きの60％が，欧州レヴェルでの手続きやガイドライン，指令 directives と関係づけられている。1992年の域内市場の成立以来，BDIの利害にかかわる問題が，ブ

リュッセル，ストラスブール，欧州議会――ますます重要な役割を果たすようになっている――で関心をもたれている。情報収集の必要性が増しており，とくに通商政策・環境政策・税政策などの争点に注意を払っている。BDIの多くのメンバーの声を組織し，ブリュッセルに届ける。

（統合の）最初から，統合の深化，単一市場プログラム，マーストリヒト条約に賛成だったし，統合の経済的側面と政治的側面とのバランスをとらなければならないと考えてきた。たとえ，ドイツや欧州が重大な構造的変化と問題の時代を迎えているとしても，欧州が競争力ある地位を占めるためには重要であると考えて，単一市場プログラムには熱心に取り組んできた。単一市場には何も良いことはないという世論もあるけれども。グローバル・レヴェルでの競争力ゲームのための欧州レヴェルでの必要なリストラなどを行ってきた。今後も欧州統合には非常に積極的であり続け，統合の深化のためのいくつかの政策をサポート。どのように東欧との関係を構築していくか，排除ではなく，共に歩もうという方針で。

1-2) 非常にポジティブ。統合は，排除や要塞化にはつながらない。EU内部のみならず他の地域にも巨大市場を提供。統合が今後も継続されることを望んでおり，統合にかかわる問題のいくつかは政府間会議で解決されるだろうし，他の問題は，多様な能力 competence，多様な程度の統合のレヴェルの問題，補完性原理の問題でなければならない。重要な原則は，必ずしも全ての領域・争点での調和 harmonisation が必要であるわけではない。リージョナル・レヴェル，ナショナル・レヴェルで充分という場合もある。たとえば，試験の手続き testing procedure の基準のように，全てのルールをヨーロッパ化しようとするのは誤り。もちろん，企業間の利害の対立はあり，国によって考え方も異なっているが，共通の手続きを策定することを利用していく。

1-3) 補完性原理を尊重するようなさらなる統合を望んでいる。政府間会議が，政策決定手続きの多数決方式に関する具体的メッセージ，安全保障，移民問題を含む何らかの結果を出すことを信じている。出来うるかぎり早い拡大を望むとともに，現在困難な状況にある（東欧の）諸国が単一市場の競争に備えうる選択を望む。

2. ドイツとEU

2-1) 産業界のみならず政府も積極的に取り組んできた。産業界は統合促進のために主要な役割を果たしてきたし，政府も建設的な役割を果たしてきた。通商政策分野では，保護主義的・防衛的共同体を望んでおらず，たとえば，共通農業政策改革に関して，主要なフランスの反対勢力に打ち勝つための努力を（コール首相がフランスとの関係ゆえに慎重であったが，産業界は）行った。目下，南の国のみならず

欧州委員会委員のなかにも支持者を見出している欧州雇用契約の提案に関して言えば,「欧州統合が,われわれのためになすことができる,雇用のためになすことができる」と考えるのはミスリーディング。欧州レヴェルでの雇用対策をできうるかぎり講じるべきだ。域内市場における労働の真の自由移動のために,失業問題についてEU内部での equal treatment を提供するためのルールをつくることが重要だとは考えない。産業・リージョン・国,雇用者の活動とビジネスの状況（条件）のニーズに,フレキシブルな対応のできない,あるグループの雇用者に雇用を提供する欧州レヴェルでのメカニズムを創出しようとする際の難しさについても,われわれは警告したい。これは,雇用増を望む個々の貢献に責任を負う,企業を含む全ての者の,補完性原理の問題であることは明らか。ドイツやスカンジナビア諸国のようなマーストリヒト条約にある契約に基づく変化 contractual change 。これが,きたるべき変化に対する挑戦を克服するためのわれわれの姿勢の一端。

東欧への支出が,われわれにとっての主要な争点の1つ。東欧諸国の全貿易の50％以上が対ドイツのもの,EUの対東欧の全貿易輸出の50％,欧州の東欧への対外直接投資の50％以上がドイツから,という事実をみるならば,経済上の利益はかなり強くなっている。(貿易障壁を低くし,最初にテラスを低くし,それから改革をということで,低賃金で,しかも環境基準がドイツよりも厳しくないとしても,いわゆる煙突産業,鉄鋼業,繊維産業,いくつかの産業を含む東欧の会社 associations と,欧州協定に則った) 契約に基づく協定をすでに締結している。にもかかわらず,拡大には非常にポジティブ。拡大にあたっては,リーズナブルな段階を経ること,西ヨーロッパ諸国なら準備しうるような競争の影響を強く受ける段階に一飛びに入ることのないように望んでいる。なぜなら,単一市場内で競争的でありうるし,防衛的であることを望んでいないから。第2段階として,これらの国にも単一市場のルールを適用する。対EU関係のみならず,東欧諸国間の関係においても,この第2段階を設定することが必要。また,東欧の国が同時に加盟するというのではなく,その順位について判断することも必要。拡大については,プラグマティックかつ現実的なアプローチをとる。フランス・イギリス・オーストリアなど隣国との交渉も重要。

2-2) 統合のあり方によって,これを促進したり妨げたりするわけで,正しい統合には賛成ということ。たとえば欧州雇用契約（やバイオテクノロジー）の例のように,ある種のことについてBDIは阻止しようとしており,そのためのロビー活動を組織している。しかし,ロビー活動の組織は常に容易であるとはかぎらない。なぜなら,他の加盟国の声,ナショナル・パースペクティブと,BDIが発展させようとしているヨーロピアン・パースペクティブとの齟齬,BDI内部の不一致があるから。

2-3) 社会政策（産業政策）をのぞいて，英仏は基本哲学の点から，統合過程において主要な役割を果たしてきた。もちろん，これらの国の産業界は政府と常に同じ考えをもっているわけではないが。ドイツでも産業界と政府とのあいだに不一致があるが，イギリス・フランスほどではない。ドイツの産業界は，社会民主党や自由民主党とも接触を重ね，拡大，非防衛的EU，将来における市場指向的な統合の発展などの基本的政策問題について同じ観点に立つ。それに対して，英仏では，意見の対立がみられることがある。フランス産業界の貿易政策・産業政策についての考え方は，ドイツとは異なっており，ドイツの方がグローバルなものの見方をしている。しかし，フランス・イギリスがどのような動きをするのかを観察すると同時に，フランス産業界（CNPF）とBDIとが意見を交換し，共通の立場に立つことができるよう，定期的に話し合いの場をもっている。

3. 主要な争点

3-1) ドイツ企業はその大小を問わず，ますます統合への展望をもつようになってきた。もちろんドイツの企業だと自分たちのことを考えているのだが，単一市場における欧州企業でもある。われわれにとって理想的なのは補完性原理。関心をもっていることは，ブリュッセルから発せられる指令 directives がここでどのように，（ドイツ）固有のやり方で実施されるのかということ。ブリュッセルで役割を果たし続けていくうちに，企業にとってのナショナル・アイデンティティの重要性・意義は減少してゆくだろう。EUでも東欧でもアジアでも，協同した行動を展開する上で，ナショナル・アイデンティティは重要であるかもしれないが，中心を占める事柄ではない。

3-2) 政治統合を望んでいる。NATOの拡大問題とEU加盟は切り離して考えるべき。（東欧における）信頼と機会が減少することは望んでいない。

3-3) 産業界にとって移民問題は重要。労働の自由移動を含む，域内市場の自由の基礎を掘り崩すべきではない。すぐにではないにしても，投資者にとって重要なのは，犯罪コントロールをいかにして行うことができるかということを含んだ解決策の提示。政府間会議で何らかの解決策が示されることを望んでいる。非ヨーロッパ人が排外され，これに厳格な政策が適用されることを望まない。

3-4) 今後ドイツにおいて議論になる。欧州雇用契約については既述の通り。社会政策を破壊する必要はないが，節約・改革する必要はある。ドイツに限らず，ほとんどのEU加盟国，とくにフランスも，経済・通貨同盟の実現を含む，さらなる統合の深化のために努力している。ドイツのGNPの社会政策関連支出が50％と，割合が高すぎ，ドイツの労働コスト・社会コストは非常に高くなっている。

3-5) 世界貿易においてEUは主要な役割を果たしうる。そのためには，今以上に声を1つにして発言しなければならない。NATO，安全保障問題の点からみても，さらなる統合が望まれる。ますますグローバル化する必要のある防衛・外交問題において，ナショナル・アイデンティティは次第に過去のものとなり，あまり配慮されることはなくなるだろう。ビジネスの観点からも，安全保障の観点からも，アメリカが一方的な（片務的な）関係を発展させることは良いことではないけれども，日本とアメリカが，動揺する flexous のではなく，開放的な構造になるべきだろう。

4. 1996年のEU

4-1) より効率的な決定手続きの提案，投票手続きの改革は，たとえば，税制のように，主権に抵触するとして反対している人たちがいるように，難しい問題を惹起。単純多数決方式を適用する領域を多くしすぎるというのではなく，1つの国あるいは小国のブロック政策にあうことのないように特定多数決方式をとることが解決策になるかもしれない。

　また，EUや欧州委員会の jurisdiction については，たとえば，エネルギー政策や観光政策に関する1章をマーストリヒト条約のなかに入れる必要はないと思う。失業問題に関する章を入れることは，BDIの重要な闘いの領域で，他の組織と話し合い，競争力の観点から，つまり競争力が，雇用増の前提条件であるという観点から扱うべきとの考えを押し出そうとつとめており，ドイツ政府はこの点をよく理解し，その前線に立っている。しかし（ドイツ政府が）他国との関係において難しい立場にあることも事実。

4-2) 欧州議会がますます重要な役割を果たすべきで，そのための協力手続き，決定手続き過程が今は認められている。（問題は，過去のわれわれの経験に照らして慎重にならざるを得ないということ。欧州議会が，いくつかの領域で共同決定に参加するべきではあるが。）この領域での制度改革はささやかなものにとどまるだろう。

4-3) ドイツは連邦制の経験をもっており，ナショナル・レヴェルではこの構造をみていかなければならないが，（欧州レヴェルについては）産業界として特別の意見はない。外交政策上・政治上の観点からは興味深いが，まだこの点に焦点を合わせる時期ではない。

5. 日本—EU関係

5-1) 日本側からすれば，統合はすでにビジネス・チャンスを提供する徹底的な努力をするに至っている。（投資や自動車輸出台数規制の例のように，EUは開放的でないかもしれないと多くの日本企業は考えているだろうが），日本企業は域内市場プ

ログラムを利用している。日本とEUの関係はますます重要な役割を果たし続けるだろうし，欧州委員会は，日本におけるわれわれの利害を代表して，日本に対してEUとしての政策を追求することが，ときに非常にうまく作用することがわかってきた。統合が成功すれば，日本はさらなる投資を期待できる。日本企業が依然として参加に非常に慎重な拡大についても，この領域でも，できる限りアクティブな投資者になることを望んでいる。

5-2) 日本市場の閉鎖性が問題。ダンピング手続きのようなテーマを扱っていた時代が終わってはいないが，議論も，以前ほど激しくなく，論争も少なくなり，通商組織内でも，2国間協議のレヴェルでも，より建設的な解決の方向に向かっている。

5-3) 成功している。成功の原因は，日本が，成功のためにできるだけ良い場所をさがし，単一市場をよく研究している（依然としてナショナルな慣習的観点から単一市場をみていたのに対して，外国の投資者として，最初はネットワークもなく，コストもかかっただろうが，新しい新鮮な観点から，単一市場の新しい決定方式を観察し，日本企業のネットワーク，JETROなどを利用しながら生産・流通システムを構築している）からである。

5-4) 日本サイドからは非常に具体的な試みがある。たとえば，欧州企業も参加可能な，コンソーシアムを含むファイナンス・ジョイント・プロジェクト。これは非常に良い政策だろうと思う。ビジネスの観点から言わせていただくなら，われわれには，企業はプロジェクトを求めて競争するのだから，この種の政策のインパクト・可能性を過大評価すべきではないという傾向がある。それはEUと日本の関係においてのみならず，他の地域，国においても同様（具体例：東欧諸国とトルコのビジネス関係に関する協議）。

⑤ Frank HANTKE 氏

独労働総同盟（Deutscher Gewerkschaftsbund: DGB）国際課課長
1996年5月8日（水）　10:00-12:00 @ DGB本部（デュッセルドルフ）

[Introduction] ← 質問項目1に対する回答

・欧州労連（The European Trade Union Confederation: EUTC）
(1) 構成：1973年2月8日に設立され，DGBは17のオリジナルメンバーの1つ。現在の加盟組合は57で，EU加盟国は，もちろんのこと，トルコ・ノルウェー・スイスなどの非加盟国の組合もEUTCのメンバーになっている。1996年1月現在，EU

加盟国からは35, 東中欧から9メンバーが参加。
(2) 課題
　欧州統合は, 経済的統合への第一歩をしるしたが, 社会的・政治統合への方向へは, まだ進んでいない。people の観点からするとわれわれは多くの問題を抱えている。経済統合 economic union と社会統合 social union とのバランスが必要。
① Directive for European Works Councils
German Works Council はドイツ国内で同一条件を保障しているが, 欧州全体に発展している企業の内部には, この事実はあてはまらない。(資本にとって有利な) 労働条件のある国への生産拠点の移動が行われている現在, 欧州レヴェルで同様のシステム, Works Council の権利が保障されることが必要。欧州レヴェルでの共同決定 codetermination システムの必要。
② Directive for Parental Leave
14カ国による社会憲章 Social Charter によれば, 社会的パートナー＝労使は欧州レヴェルでの命令 directives を直接要求することができる。労使関係において労働がより大きな力を得るために闘っており, それはわれわれにとって非常に重要なこと。
・DGB の欧州における活動
① 2国間 bilateral の交渉には多くの問題があるので, 今年ブリュッセルにオフィスを開設。
② DGB は 10 の Interregional Trade Union Council のメンバー。この Council は 20年以上前に結成。region 間を移動する労働者の, 欧州統合に伴う日常的・具体的問題の解決にあたる。Interregional Trade Union Council のいくつはブリュッセルにオフィスをもっている。
③ DGB とその加盟組合は European Works Council の100を超えるメンバーのトレイニングを組織
・東中欧への拡大について
(1) 基本的考え方
　拡大は, 平和と繁栄を享受する欧州への大きなチャンス。しかし, 社会保障を含むあらゆる領域の政策, 産業構造 (たとえば農業の占める割合) が, 欧州の2つの部分で異なっており, 拡大によってどのような問題が生じるか簡単に想像することができる。ドイツは統一の経験をもっており, 急速な調和 harmonisation を行ったわけだが, 調和の過程は多くの困難を伴うだろう。全体的な考え方としては, 国によって経済的条件, 労使関係が全く異なっているので, 政治的な基礎に立ったEUへの加盟については早期に, しかし, EU市場への移行過程は10年あるいは15年, ときにはそれ以上を要する場合もあるだろう。

(2) 具体的戦略

加盟交渉の早期開始を支持。欧州委員会が『白書』のなかで述べているように，一歩一歩，経済的・社会的調和を進めていく必要がある。

現在，東欧の組合とともに，よりよい社会的・経済的条件を求めて闘っている。その一方で西欧における，よりよい社会関係を築くためにも闘う。社会・経済政策の深化と東欧への拡大の両方を必要としている。

1990年以降，すでに旧コメコン諸国との関係を築いてきており，欧州の東部分が共同市場に組み込まれることは useful であると人びとは考えている。将来の加盟国が，すでに西欧で得ている労働組合の権利を獲得することが重要であり，必要であると考えている。このレヴェルでの調和も必要と言える。

・1996年の政府間会議について ← 質問項目4

(1) 政府間会議の意義：拡大にともなう規則・法の変化，決定手続きの変更をしなければならないが，これを進めるためには，全てを妨げるイギリスにおける政権交代を，大半の国が望んでいる。

(2) DGBの要求

① 政策決定の単純化，特定多数決とくに欧州議会の強化が欧州の民主主義のために必要。

② マーストリヒト条約修正の社会的次元

 (i) 基本的社会権についての1章を条約のなかに挿入し——社会憲章（Protocol）ではなく——，市民のみならず労働組合の権利が保障されることがわれわれにとって重要。もちろんドイツの観点も重要だが，現在は欧州の全ての国の労働組合の観点，具体的にはソーシャル・ダイアログの拡大と強化を求めていく。（ドイツで得ているのと同様の権利を）欧州レヴェルでも要求。

 (ii) 完全雇用：すでにマーストリヒト条約のなかに謳われているものの，各国政府は，この点をより明確にするよう要求している。各国政府は欧州レヴェルでの雇用問題に関するワーキング・グループをつくっているが，これは財政問題を扱うものであって，雇用問題のため（という積極的意味づけが与えられているわけ）ではない。雇用，革新，新しい雇用の創造のためのEUを必要としている。

③ 単一通貨 Single Currency：輸出国ドイツはすでにイタリア・スペインとのあいだで（不当に）低い為替レートに苦しめられている。企業ももちろん組合もこの問題解決を追求。しかし，1999年に基準をクリアし，単一通貨に加わるために予算を削減し，しかもその対象が社会政策になっていることが組合にとっては大問題で，ドイツのみならずフランスなど他の国々でも同様の問題に直面している。

［質問項目］——未答分あるいは補足
1. DGB と EU
1-3) EU の将来
福祉国家のドイツ・モデル，アメリカ・モデル，日本モデル
政府も組合も，ドイツのシステムを破壊することはできないと考えており，それはこのシステムがネガティブではなくポジティブな性格をもっているから。アジア・リージョンやアメリカ・リージョンの低レヴェルのものを目指してはいない。より近代的な social welfare system が必要で，破壊ではなく，変化を求めて闘う。
技術革新，新しい製品，高い品質，社会保障をわれわれは必要としている。ドイツ企業は世界市場における優位を失っているが，今後は，欧州レヴェルにおいて科学技術革新でのファンド，財政的措置が必要。
特殊ヨーロッパ的な方向での競争力をめざす。
・拡大について
ドイツ統一の経験からすれば，西欧諸国の労働者は拡大によって雇用を失うことはないだろう。長期的には拡大によって各国は利益——共通の利益をもっており——を得る。
政治的には欧州の平和のために拡大は必要であるが，それにとどまらず長期的な経済的アドバンテージがあるから。もちろん西側と東側とでは利害を異にしている部分もあり，これを調和させ，架橋する責任を持っており，拡大後もこのために闘わなければならない。

2. ドイツと EU
2-1) 拡大について政府も全体的に同様な見解をもっている。政府の公式見解ではポジティブ。現在，多くの経済問題を抱えており，多くの時間を要することは確か。
2-2) 拡大に対して反対しているグループはないが，具体的には「ちょっと待て，もう少し時間がいる」と言う。もちろんいくつかのナショナリスト・グループはあるが。
2-3) EUTC に加盟した新メンバーとともに，拡大問題についてのワーキング・グループ——東欧からは全メンバー，西欧からは独・仏・伊——で議論した経験から言うと，ドイツはフランス・イタリアよりも（東欧への）拡大に関心がある。東欧への拡大は，フランス・イタリアが望んでいる地中海地域への拡大と抵触し，そこにコンフリクトがある。もし拡大しても，拡大地域は拠出する資金がないから，選択肢は2つ。もっとたくさん払うか，これまでとちがうやり方で分配するか。たとえば構造基金で，多くの西欧地域ではこれ以上の資金を必要としないだろう。

共同決定方式は欧州レヴェルでも機能する。東欧への拡大は労働組合の力を増す機会だと捉えている。15年前に何が現実的なものであったかを考えれば，これが現実的な考え方。社会的なパートナーシップ，社会福祉システムを失うことはできない。

3. 主要な争点

3-1)　(個人的な見解だが) ナショナリズムから脱することを望んでいる。たとえばドイツ・ポーランド・チェコとのあいだに interregional council があるが，それぞれが失業など共通の問題に悩んでいることを知り，偏見をなくしていくことが可能になった。統合がナショナリズムからの解放に役立ってほしい。

経済的な側面では，そのグローバル化によってナショナル・アイデンティティを失っている。たとえばスペインは加盟前から経済的なナショナル・アイデンティティは小さくなっていた。世界中で——日本でも——アメリカ式消費様式の画一化が進行。多かれ少なかれナショナル・アイデンティティは失われていくだろうが，それは，統合によるものではない。

3-2)　(個人的見解) NATO や WEU などの軍事的組織が大きな役割を果たすのは好まない。NATO の即時拡大の必要を感じない。むしろ新しい同盟形態が，将来の EU メンバーである東欧諸国のみならずロシアとのあいだにも必要で，この地域での同盟が軍事的なものである必要はない。この点について議論をしたことはないが，多くの DGB の人達は同じような見解を持っていると思う。

3-3)　移民問題の領域の専門家ではないが，シュンゲン協定と移民政策の変化のあいだには関係があるのだろう。拡大によって生じるのは移民問題とは言えない。それは EU 加盟国間の問題だから。言うなれば新しいカテゴリーの「移民」で，他国へ移動する権利を有している。したがって，われわれはこの点について 10～15 年かけて交渉を重ねていくことになる。東欧からの経済的移民に対しては反対だが，それは，雇用とより充実した社会保障システムが東欧にあれば，人びとはそこにとどまるのだから，そのために闘うという趣旨。

3-4)　今後 100 年にわたって社会福祉システムが存続することを望む。もちろん，伝統的システムの近代化は必要だが，それは破壊ではない。戦後のケインズ主義的福祉国家は終わったのではなく，基本的な思想は維持し，部分によって変えていったり，新しい問題に対処するということ。雇用主や勤労者も共通の利害をもっている。新しい方法・レヴェルの問題。既に高度の高いところを飛行しているときにエンジンを止めることはできない。その高度を維持するためには強力なエンジンが必要。連帯の問題で政治的意志の問題ではない。最近 5・6 年のあいだ企業は儲けているのにそれを勤労者に与えることを拒否してきた。しかし社会的パートナーの一方

が力を失えば将来的には双方の力をそぐことになる。

3-5) 「指導的役割」の意味による。現在，生産・生活・社会的福祉国家のシステムの近代化に取り組んでいるところ。ヨーロッパ・アジア・日本・アメリカのあいだの「競争」の新しい考え方が，各地域間のより良い関係のために必要。

4. 既答（DGB principles for the revision of the Maastricht Treaty on European Union 参照）

4-3) 私の世代にとっては，United States of Europe の市民でありたい。この点については議論の余地がない。既に他国の人びとの関係を築いてきており，national point of view をもっていない。もちろん第2次世界大戦（を経験した）世代は別の観点に立つだろうし，さまざまな偏見もある。性急に決定を下すべきではなく，人びとの考え方，心情が変わるにつれ――また変わらなければならない――，決定を積み重ねていくことになる。

5. 日本―EU 関係

5-1) 今後10～20年のあいだ，日欧関係に大きな変化はないだろう。日本などとの貿易がドイツにとっては必要。

5-2) この問題に答えようとすると，政府と同様の見解になってしまうかもしれない。しかし日欧関係に多くの問題があるわけではない。「長時間働き，ストライキはない。あの素晴らしい日本の労働者を見ろ」とよく言われ，このような competition thinking には反対だが，今は日本もアメリカも欧州もそれぞれの行き方に問題を抱えている。日米欧の経済「戦争」といった類の考え方には反対で，むしろ，それぞれの地域の組合とのあいだに関係を築いてきており，将来もそれを発展させていきたい。

5-3) 日本製品と日本企業は成功を収めている。日本企業のジョント・ベンチャーも成功を収めており，ドイツは同じような機会を日本で求めている。日本市場は多かれ少なかれ閉鎖的。

5-4) 生産システム，経済の問題はすでに世界大の問題になっており，労働組合レヴェルでの緊密な関係を日本とのあいだに築いて，新しい思考を育てていかなければならない。

⑥ **Klaus Suchanek 氏**
SPD＝社会民主党, シュレスヴィッヒ・ホルシュタイン州連邦・欧州局欧州政策分析担当
1996年5月9日(木) 13:00-15:10 @ エーベルト研究所（ボン）

1. SPDとEU

1-1) ヨーロッパ統合に対して，SPDは基本的に積極的である。統合の目的は，SPDの基本的哲学にかなっている。それぞれの国家の主権よりもヨーロッパの主権が必要である。以前からの国民国家は歴史的存在としてあるので，ヨーロッパ主権の実現は困難である。したがって，主権の分配のバランスをとるのが難しい。

* 補完性原理（the principle of subsidiarity）が重要。州レヴェルとナショナル・レヴェルの機能的分割性の問題。ドイツでは，環境問題は州の責任。ゴミを捨てる場所は地方の問題。

1-2) ヨーロッパ統合は政府間会議でもナショナル・インタレストが強くなって難しくなってきている。EUが大きくなるとともに決定作成過程が困難になる。小国の投票権を確保しなければならないが，そのバランスをとることは難しい。

* グローバル化に対しては，SPDはヨーロッパ統合の深化を考えている。制度的次元だけではなく，具体的次元（基本権，雇用政策など）で深化させる。

1-3) EU内部で国民国家の力を強くすることには反対。EUの拡大について，原則的には賛成。EUの基本的実体を保持するのに時間がいるが，基本的に拡大はよい。ナショナル・アイデンティティのルールも必要なため，長い時間のなかで解決をはかる。ドイツ国内の失業問題も大きい。

2. ドイツとEU

2-1) 戦後のヨーロッパ統合は，西ヨーロッパだけの統合だった。現在の東への拡大は，歴史的にも政治的にも倫理的にも大きな課題である。（この拡大にはドイツの財政負担が大きい。本当の議論はドイツの東への拡大）

* ドイツには州政府と中央政府との対立がある。州政府はSPDの力が大きい。州（Land）は財政コントロールをしたい。この関係は，ヨーロッパ―中央政府―州政府―SPDとなる。

* ブリュッセルでの情報収集によれば，ドイツとフランスが「柔軟性のある緊密化」を形成したい。投票の比重についても独仏は拒否権がほしい。しかし他国は大国の強大化を懸念。

2-2) 経済状態が悪化し，ナショナリスティックな問題が表に出て，コミュニティの問題は小さくなる。そうしたなかで，ドイツ連邦政府が他の政府との交渉を報道するときにどうしても勝ち負け的な報道になってしまい，市民が右派的な考えに影響されてしまう。政治的リーダーシップはヨーロッパ統合に積極的であり，労働組合や政党（とくに緑の党）はとくにそうである。

2-3) イギリス労働党政権が誕生すると，親ヨーロッパ的になる。イギリスはアメリカとの関係を重視し，ヨーロッパの外に位置する。イギリスはこれまでヨーロッパ統合の障害になってきた。そのため，独＝仏の友好関係が大きくなってきた。具体的問題に対しては両国の違いがあるものの，政府レヴェルまでで解決し，政党レヴェルや世論のレヴェルでは公には議論しない。

3. 主要な争点

3-1) SPDの考えからすると，ナショナリズムはよくない。しかし，ナショナル・アイデンティティは重要である。また，ヨーロッパ・アイデンティティも重要である。人にとって故郷は必要不可欠。ローカルなもの，比較的小さい共同体を保存する必要がある。

3-2) 1989年以来，政治の大変動が進行するなかで，安全保障にはさまざまな考えがありうる。まだ東と西のブロックという二分法が残っている。安全保障にはネットワークが必要。NATO，OSCE，WEUの緊密なネットワークが重要。そのためにも，新しい「平和」の概念が必要である。各国の協力や金融支援によって構成される平和であって，軍事的平和ではない。

3-3) 複雑な問題。EUの域内と域外が貧困ラインになる。EU域外の隣国との協力，援助が必要。サイレント・マイグレーション（把握できない人の移動）は解決が困難。移民政策のコストの分配の問題。大量の移民の流入が各国の労働市場に影響する問題が解決可能かどうかは，意識的に政府間会議の議題にしている。EUの締約に人種差別主義，外国人排斥主義の禁止をいれてある。

3-4) ドイツでは経済システムと社会システムの再構築を行っていて，ヨーロッパ統合にも影響を与えている。福祉システムの維持は困難だが，基本的要素の保護は重要。「ヨーロッパ社会モデル」を示す必要。グローバル化と情報社会化から生まれた新しい企業文化は民主主義と共存できるか。資本が社会の決定権を得ても，民主主義的な正統性がない。SPDは「ヨーロッパ社会モデル」を求めて基本的な対話を続けている。

3-5) SPDは国連とOECDに対して積極的な態度をとっている。世界は相互依存的ネットワークのなかで，かつて影響力を行使した大国も力を失うことに悩んでい

4. 1996年のEU

4-1) EUを経済連合だけでなく，政治的・社会的連合にしたい。ヨーロッパの社会党の見解でも，メンバー国のパワー・バランスを考えると，15から17にメンバー国を増やすとEUのcapabilityをどの程度保障できるのかが未知数。これは政府間会議では解決できない問題であり，先のばしになろう。

4-2) 民主主義的な要素の強化が必要。欧州議会の機能強化が民主化として必要。各国の議会の役割も変化せざるをえない。

4-3) 統合過程の先に何が生まれるのかはわからない。一定の目的や形をめざしているのではない。

5. 日本—EU関係

(時間切れのため，省略)

---

⑦ Albert STATZ 博士
緑の党，欧州政策調整担当
1996年5月7日(火) 16:30-18:30 @ エーベルト研究所(ボン)

1. 緑の党とEU

1-1) 2) 西独の「緑の党」は欧州統合に取り組んできた長い歴史をもつ。83年にはドイツ連邦議会で，84年には欧州議会で議席を獲得。「緑の党」は草の根運動，左翼の運動に起源があるので，当初は，統合に対してさまざまな意見をもっていた。政権担当その他の問題に関して，グラスルーツ・アプローチ，原則論的アプローチと，プラグマティックで現実主義的なアプローチとのあいだの矛盾があった。80年代には非常に重要だったこの矛盾もやがて取り除かれ，欧州統合については改革アプローチを採用。一般的・総体的には，西ヨーロッパにおける平和への貢献，経済の国際化ゆえの経済的必要性の点から，統合に対してポジティブ。他方で，資本制市場経済，この市場経済のエコロジカル・コストに対する多くの批判を行う。同時に，このような資本制市場経済の一部として社会の利益に反する統合に反対してこれに厳しい批判を加えてきた。このように，「緑の党」は統合を事実として捉え，しかし，統合を変化させなければならないという改革アプローチをとってきたのである。2年前の欧州議会議員選挙の際のプログラムもこのような枠組において策定さ

れた。EUの変化のための戦略とは，より民主的で，より社会的で，よりエコロジカルになるということ。現在の問題は，どのようにして変化させるかということ。

　第1に，より民主的なコントロールのもとの統合，欧州議会における政治集団・政党の影響力の増大をめざす。統合の第2・第3の柱である，共通外交安全保障政策，共通司法政策は，欧州レヴェルでも，ナショナル・レヴェルでも議会のコントロールの対象になっていない。

　第2は，生産様式に関する問題で，資本制市場，市場経済の，エコロジー・生活条件に対するネガティブな帰結に関する問題で，欧州がエコロジーを主要な要素として含む生産様式を担うことが必要で，域内市場や産業政策に対する「緑の党」のアプローチもこの考え方による。

　第3は，ナショナル・レヴェルおよび超国家レヴェルで，1000万人の失業問題に反対する。近い将来において欧州は共通社会政策をもつことはないから。大部分の努力はナショナル・レヴェルでなされるべき。経済通貨同盟の例をとっても，失業は少なくとも金融安定・財政政策にとっても重要なファクターであるはず。

　第4は，欧州のあらゆる軍隊・軍事組織における civilian power に賛成。古典的な意味での経済政策・外交政策，外交政策としての人権政策はEUの大きな利点。しかし，大多数の「緑の党」党員は，EUのあらゆる軍事組織，軍事組織としてのWEUを共通外交安全保障政策に組み込むことに反対。

　もう1点，東欧（およびCIS）との関係について付け加えれば，ソビエト・ブロックの崩壊後の市場経済，改革プロセスは非常に困難で，平和，国際的・社会的正義，民主主義の理由から，EUは特別の責任を負う。拡大と同時に，EUの改革，具体的には，共通農業政策とともに構造基金の改革，域内市場——競争政策，国の補助金面——の改革が必要。拡大とEUの構造改革がなければ機能しない。政治的・経済的理由からロシアに対してEUは支出することはできない。欧州の安全保障に対して「緑の党」は，EUでも拡大EUでも安定のアンカーはないと展望している。対決ではなく，汎ヨーロッパ——全ヨーロッパ・アプローチをとるための安全保障と発展の組織が必要。

1-3), 3-1) いかなる種類の統合，いかなるモデルの統合をもつのか，もち得るのか，もつべきなのか。強力な超国家構造をもつ，ヨーロッパ合衆国，連邦主義的アプローチなのか，それとも域内市場に基礎をもつゆるやかな協力，超国家法に基づく協調政策 coordication policy，しかし，EUが国民国家に代わる意味をもたない形なのか。また，「緑の党」はいかなる形態のナショナリズムにもショーヴィニズムにも反対。

　EUにおけるドイツの支配の問題について述べると，ドイツには独自の外交政策の

原則がある。英仏に加えて，ドイツは欧州のヘゲモニー・パワーであり，その比重は大きく，その経済力による支配の危険があることを知っている。ドイツ外交の伝統は，外交政策の軍事的構成要素は，西側世界においてNATOに組み込まれ，軍事的影響力についてナショナリスティックなアプローチをとってこなかった。軍事的のみならず政治的な抑制は，欧州統合から多くの利益を得た。このことは，第2次世界大戦における日本と同様の歴史を顧みても，ドイツにとって良いこと。ドイツはこの種の支配的パワーになることを望んでおらず，ドイツがそのパワーとともに組み込まれ，そこでコントロールされる超国家的統合に賛成（コールは，この伝統の上に立っている）。

他方，国民国家は，欧州レヴェルで現実に民主主義が存在しない限り，民主的決定とコントロールの空間である。われわれは，あらゆる点において，スーパーナショナリティに反対。ナショナル・レヴェルで何がなされるべきで，スーパーナショナル・レヴェルで何がなされるべきかが問題。たとえば環境問題の最小限の規制はスーパーナショナル・レヴェルで，より厳格で進歩的な規制はナショナル・レヴェルで。共通外交安全保障政策では，軍事的ではなく，civilian foreign policyに関しては，スーパーナョナルな要素をもった非常に緊密な協力に賛成。しかし，どんな国も，民主的コントロールに関して低い水準をおしつけられてはならない。たとえば，欧州警察は，データ・コントロールや法的手続きに関してドイツにとり危険。スーパーナショナルな統合には賛成だが，当面は，国民国家は乗り越えられないし，政治的マヌーヴァの余地を国民国家の枠組のなかで保持しなければならない。ナショナル・レヴェルで失うものはスーパーナショナル・レヴェルで回復される必要があるが，これが，現在はうまくいっていない。

過度の統合は，民主的コントロール，通貨安定，社会正義の喪失を意味し，ナショナリズムをひきおこすことがあり得る。経済通貨同盟にみられる，ある種のマルク・ショーヴィニズム，「ピザ・マルク」といった表現。われわれはマーストリヒト条約に反対。「緑の党」は，オルターナティブとしてのスーパーナショナルな統合には賛成だが，域内市場や共通外交安全保障政策面での規制の機能的必要性など，統合の次のステップの期待の微妙なバランスをみていかなければならない。東欧での拡大過程でのナショナリズムの問題も生ずる。「統合対ナショナリズム」を語るときも，（ナショナリズムの）もっと多様で明確な意味に依拠する必要がある。

2. ドイツとEU

2-1）政治同盟については，より民主的なコントロール，より民主的な同盟を望む。「同盟union」という単語の意味が言葉によって異なり，曖昧。英語では非常にゆる

やか，ドイツ語では集権的。
2-2）　ドイツには欧州統合について広範な社会的コンセンサスがある。社会科学者は70年代の合意が，マーストリヒト条約以降衰退しているとみているようだが，ドイツにはあてはまらない。むしろ他の国で衰退。進行中の統合において，（どの社会勢力が統合に賛成で，どの勢力が反対かに答えるのは難しく）問題はデリケート。東独の旧共産党や極右勢力をのぞいて，キリスト教民主党の非常に保守的な者でさえ，ナショナルな政治的マヌーヴァを残した上でなら，統合には反対していない。つまり，統合の程度や種類による。連邦主義運動はドイツではそれほど強くない。労働組合は，深刻化する失業問題を前に，経済通貨同盟に反対ではないが，タイムテーブルや条件が，失業や経済問題と闘う上で良いのかどうか躊躇している。官僚は統合を1つの現実として扱う。
2-3）　統合の過程に関してイギリスは懐疑主義的。イギリスの保守党と労働党との違いは社会政策をのぞいて，スーパーナショナルな構造などについて，あまり大きくない。労働党が政権について，EUのより積極的な改革政策を形成するかもしれない。フランスの右派政党，たとえば伝統的ゴーリストは統合に懐疑的。

3. 主要な争点

3-1）　（上述参照）ドイツの政治学では，Staatlichkeit という独特の政治システム，form of governance を表現する言葉があるが，欧州レヴェルでどのようなタイプの政治システムをもつのかわからない。ドイツの政治システムと似ているものでもないし，従来の国家間の同盟とも異なる。→4-3）
3-2）　軍縮と外交政策のアプローチを優先。変化のための戦略を追求。しかし，このことは80年代に「緑の党」で議論になったNATOからの脱退を意味しない。実力行使には慎重であるべき，平和維持・調停の civilian form をもつべき。EUは現在まで，civilian であるし，今後もそのように試みるべき。欧州の軍事化をまねくので，EUのなんらかの軍事的柱になり得るWEUには反対。NATOは中・長期的にはOSCEにとって代わられ，統合の構造に左右され，欧州全体のアプローチのなかでの，平和維持の civilian form という意味をもつだろう。しかし，「緑の党」内部でも，たとえば，旧ユーゴの平和維持について意見が分かれており，「緑の党」の3分の2はドイツの参加に反対だった。現在までのところ，大多数はNATOの拡大に反対だが，今後1・2年は少数派にとどまるかもしれないが，連邦レヴェルでの社会民主党との連合政権を射程に入れると，NATOその他の争点で，プラクティカルな，可能な政策を構築しなければならないという非常に難しい問題もある。
3-3）　移民問題はポスト・フォーディズム段階の変化，資本と保守勢力の very

delivered strategy に原因がある。一方で，新たな種類の競争社会に適合し，連帯の衰退した，新しい形態の経済・社会。他方で，福祉国家・社会政策の危機。① 移民に依存するかどうかにかかわらず，社会システムを構築しなければならない，② もし，移民をを受け入れるとすれば（移民の存在を前提とするなら）人びとが移民を社会福祉にとっての問題としてみるかどうかという，2つの問題が存在。以前よりも人びとは確かな考えをもてなくなり，今は移民を社会福祉に対する危険の種とみなしている。「緑の党」は，とくに亡命については，国境を閉ざすことには常に反対，基本法第16条改正にも厳しく反対。なぜなら，ナショナリズム・人種差別主義，排外主義的感情をこれが求めているから。基本的人権の観点から亡命問題捉える。

シェンゲン協定について――共通司法政策，国境コントロールの最近の動きに沿った保守政権の姿勢を批判。

3-4)（既に回答）

3-5)「指導的役割」の意味にもよる。より安全で，より社会的なEU（日本が指導的役割を果たすのを望んでいる）。

4. 1996年のEU

4-1) 政府間会議については資料参照（欧州の「緑の党」連盟 federation の一般的方針とドイツの「緑の党」の欧州議会議員選挙のためのプログラム）。EUの制度改革について要約すると，より実際的なコントロールに賛成。共同体の第1の柱のための手続きを第2・第3の柱にも適用すべき――欧州議会，伝統的な欧州裁判所によるコントロール。長い議論や交渉の期間を経て，共同体に加盟するのだから，この過程の最初から，文化や市民権の異なる東欧やアフリカ諸国が政府間会議にオブザーバーとして参加することができるようにするべき。

4-2) 既に回答

4-3) 既に回答。specific kind of governance and specific type of entity が発展しつつある。

5. 日本―EU関係

5-1) 2) 日欧関係について回答することをためらう。ヨーロッパ，アメリカ，アジアの三極対立を想定することは，この3つをばらばらにすることはできないのだから，ナンセンス。日本の競争力の，いわゆる「危険」というものは，ビジネスマンや経済学者・政治学者のあいだのトピックではあるかもしれないが，一般の人びと，世論のトピックではない。つまり人によって印象が異なる。［東アジア，NIESがドイツの社会保障システムを破壊しているというのは議会での論争ではなく，メディ

アを介しての論争——カンペッター] 日本は以前ほど大きくはないが確かに経済的パワーの1つとして残るだろう。また低賃金ゆえに競争力のある東アジアを利用する日本・韓国・香港・シンガポールは, とくに東欧や北アフリカにおいてその存在を示すだろう。

5-4) 社会民主党や第三世界問題, 発展援助にかかわる組織などでの議論は「主要な問題は, 援助することではなく, 南から北への労働力移転という国際的構造の問題である」というように変わってきている。どのような類の世界経済が, punishment の安定の危機, 移民, 環境問題を処理することができるかが, 主要な問題。より理論的・政治的議論が必要。第三世界に競争の余地・手段をあたえること, 自立 autarchy という意味, ナショナル・リージョナルな意味で分権化された経済, 南のリージョン間の協力関係が主要問題。

⑧ Barbara LIPPERT 氏
ヨーロッパ政治研究所副所長
1996年5月7日（火） 14 : 00-16 : 00 @ ヨーロッパ政治研究所（ボン）

1. 研究所とEU
1-1) 2) 研究活動。統合におけるキー・アンサーが何なのか, 統合の多様な道のり, 様々な速度をとる統合, 加盟各国間の相違など, 統合の将来像のシナリオ。最近では, 現在の, 関連各国の錯綜する利害や戦略, 拡大に関する様々な展望に基づく新しい考え方も登場しており, きわめて興味深い時期を迎えている。

1-3) 6カ国が段階的に統合を進め, 同じような行動パターンをとってきた時代と異なり, political entity として活動する際に, ずっと多くの問題を抱える複雑な政治的アクター, 制度・機能面への挑戦者となるばかりか, people に支えられ, かつ, 影響をあたえるアクターとなるだろうし, 次の統合に進む前に people の支持が必要であり, あらゆる問題について国民投票を求める傾向がみられる。しかし, 国民国家間の非常に錯綜した関係に代わる, 他の（欧州統合以外の）オルターナティブが見いだせないということを people に納得させることはますます難しくなっている。

2. ドイツとEU
2-1) ドイツ政府も主要政党も, 拡大を急ぐことに賛成。同時に, 共通農業政策, 欧州同盟のプログラムに固有のリソース（財源）に関する改革という大きな問題があることを認識している。マーストリヒト条約にある constitutional court の最も大

きな到達点は，将来の拡大について（政府に対して）より民主的な諸制度，より民主的な発展によるべきだと求めることができる点にある。この点について政府と主要政党は，どのようにして，より民主的な制度に変えていくか，より影響力のある制度に変えていくかという作業（が必要だという点に）について合意が形成されていると多くはみている。

ドイツには，統合の将来について様々なタイプの方向性があり，政治勢力間で意見の一致していない点もある。制度問題に関して，欧州議会にこれまで以上に権力をあたえるべきか否か，閣僚理事会に，これまで以上に多数決方式を導入することが必要かどうか，が争点になっている。たとえば「緑」は多数決方式の拡大に賛成。また，欧州委員会がこれまで通りの権力を保持すべきかどうか，（統合の）第3の柱にシフトするべきかどうかが問題になっている。

政府と野党とのあいだの大きな対立の第1は，基本権 fundamental rights についてで，3つの主要野党は，基本権に関する章を条約に入れることに賛成。第2は，（非常に重要な問題だが，安全保障政策への）多数決方式の拡大についてで，政府はより効率的な同盟実現のために賛成。WEUとEUの提携に政府は賛成だが，2ないし3の野党は多かれ少なかれ反対。なぜなら第1の手段として軍事力を現実に用いないならば，安全保障をいっそう進めることはできないから。共通外交政策，軍事問題のアイデンティフィケーション，環境政策，人権政策などについても意見の不一致がある。第3は，政府間会議の議題ではないが，経済・通貨同盟の後のステップについて。失業に関する章を条約に入れる点についていくつかの政党は合意しているが，ドイツ政府の公式見解はこれを望んでいない。

2-2）この問題について解答するのは難しい。一般的に言って，統合の深化に賛成だとはいっても，問題によって政党間には対立がある。

2-3）イギリス問題は，常に関心の対象の1つ。政府間会議に関するイギリスの白書は，マーストリヒト条約の地位を保持しつづけることを望んでいることを示している。次の選挙の結果によって慎ましやかな変化が起こるかどうか。それによってはドイツとイギリスとの新しい同盟関係を結ぶこともありうる。フランスとドイツとの共同提言がすでに行われてきたが，これはスペインのゴンザレスにまで及んだ。

拡大問題についてドイツとイギリスとのあいだには，ある理解がある。現在，拡大に伴う財政問題について議論がもたれているが，これは非常に悪いタイミングで行われている。なぜなら，ドイツ国内では，国内の社会保障システムをどのように改革するかなどの問題を抱えており，拡大の経済的・財政的インパクトに対する関心が向けられているから。イギリスは，貿易の拡大の好機であるから，また統合に関する根本的な問題を伴う，統合の深化を妨げることができるという理由で拡大

に賛成。フランスとのあいだには，たとえば，農民の抵抗ゆえに拡大問題について意見が分かれる。拡大をめぐる南北間対立があり，この点については議論が始まったばかり。

3. 主要な争点

3-1) 大国と小国とのあいだの力の均衡をどのように保つかという問題も発生。(国民)国家が共同体のなかに統合されるのではなく，共同体の一部として国家が生き残ることが賭けられている。もちろん問題は，超国家共同体の政策決定が，国家のそれのようなものを形成しうるかどうかにある。大半の国はEUに対して合理的な態度をとっている。

3-2) 伝統的な安全保障問題に関しては，NATOが主要な役割を果たすだろう。ドイツ政府は，NATOの東欧への拡大について賛成の立場をとっている。また，NATOの役割拡大は，WEUの役割の強化を将来伴うべきだと考えている。問題は，WEU・EU間の関係にどのようにアプローチするかということ。政府は，1998年に具体化するWEU条約として，両者の関係をどう位置づけるか。タイムテーブル，WEUの独立予算，WEUの役割強化，と同時に，NATO抜きでWEUが果たす役割などの問題がそこにはある。だが安全保障は，伝統的な概念にとどまらず，環境問題・経済問題・移民問題などの他の安全保障上のイシューを射程に入れなければならない。

3-3) シェンゲン協定は，共通の国境コントロール，共通の統合政策への，差異を認めた統合 differnciated integration の例。この協定には，たとえばフランスの例が示すように，適用除外がある。現在，シェンゲン協定を同盟の第3の柱に組み込むための，いくつかの提案が行われているが，ドイツ政府と政党は，共通の移民政策，共通の国境コントロール政策の構築に賛成（それがなければ東欧からの移民を除外しなければならない）。政府間会議の先行きは，フランスなど他の加盟国の出方によるので不明。

3-4) 回答なし。

3-5) 少なくとも経済問題とCFSPについては，すでに，EUは重要な役割を果たしているのは確か。

しかしCFSPに何が期待されているのかを言うのは困難（当面は，共通の立場に立つというのではなく，どのような方法で，各国の，依然としてナショナルな決定が，共通安全保障政策について満場一致で決定するに至るまでEUが協力して作業をするか）。EUが国境を越えてますます影響力を発揮するべきであるという理解は，世界大でパートナーを得ることを期待している。なぜなら，現実に，たとえばフラ

ンスが世界で役割を果たすといった，国民国家が果たす類の役割に対するオルターナティブがないから。また，ドイツでは新しい外交政策について，EUの枠組のなかで集合的に共通のアプローチをとるパートナーを探すという選択肢があるとの議論がある。

　経済的インパクトをみれば，シヴィリアン・パワーとしてのEUは，パワーであると考えるのが常であったし，現にそうだが，EUが1つの集合的アクターとして，それ自体，存在を示し行動するには，いくつかの問題もある。しかし，現在は，ヨーロッパの内部で，EUのために，東欧・中欧，ロシアに対して，特定の責任をもつオリジナルなプレイヤーとしての，新しい，いくつかのオプションが登場している。ロシアはEUが政治権力として存在することを望んでいない。NATOの東欧への拡大問題に対するロシアの態度は（EUとは）異なる。グローバル・プレイヤーとして，他のグローバル・プレイヤーに対する対抗権力になりうるEUは，アメリカとのあいだで新しい理解に達するかどうかは予想のできない要素。EUは純粋なシヴィリアン・パワー秩序から，外交政策の，よりミックスしたタイプのプレイヤーに，鍵となる問題についてco-groupという理想を組織する方へシフトするとの決定をすべきと考える。

4. 1996年のEU
4-1) 2) 手続き面からみると，欧州議会と閣僚理事会のあいだの手続きは，域内統合の枠組のなかで，統合が民主化の方向へ大きくシフト。このことは，大半の政府に影響をあたえ，共同決定手続き co-decision procedure を用いる領域を拡大することを受け入れることに。同様に，共同決定のために，多数決方式を適用する領域を拡大する点に，ドイツを含む大半の政府は賛成。人民の視点から，手続き面で，ヨーロッパが民主的でないとの不満が向けられているのは，ドイツ人が，連邦議会と連邦参議院の手続きが民主的かどうかなどと誰も問わないのは，誰も民主的だとは思っていないけれども，そのシステムを信頼しており，この信頼が合意形成を可能にしているのだが，それと同じようなことが，EUレヴェルでは妨げられているから。現在，EUは，常に市民に対する責任をもつよう，ナショナル・レヴェルよりもはるかに大きなプレッシャーを受けている。民主主義の問題は，たとえばフランスのように，統合の過程におけるナショナル・レヴェルの議会の地位に左右されると考えているような国もある（市場統合の手続きでは，リージョンの新しい制度を創設するということは問題にならなかった。リージョンにかかわる諸制度について関心をもっている者も）。しかし，ドイツの一貫した考え方は，ナショナル・レヴェルの議会に対して，ブリュッセルの政策決定過程に優先し，（欧州議会と閣僚理事会を）コ

ントロールする権力をもっと賦与することに賛成。

4-3) 70年代,80年代,キリスト教民主党と,いくつかの社会民主党は,ヨーロッパ合衆国構想,連邦制という将来展望に好意的だった。だが,いまや,これらの政党は,連邦制か国家連合かを云々することなく,手続き,政策などの帰結を詳述するというふうになっている。興味深いのは,ドイツでは,憲法裁判所の決定直後から,このような態度変化が起こったということ。たとえば,フランス社会党が連邦構想にずっと慎重で,いま野党としてようやくはじめて連邦という概念を用いているように,当該の国民国家の地位によって,国民国家とEUとの一般的関係について対処の仕方も異なる。

5. 日本—EU 関係
(率直に言って日欧関係について研究をしているわけではなく,他のインタヴュー相手の方が適切な回答をすることができるだろう。)

《追記》 本面接調査の実施にあたっては,全面的にヴェルナー・カンペッター博士(フリードリッヒ・エーベルト研究所研究員)のコーディネートのお世話になっている。また面接調査の記録をテープから起こす作業は,中島康予氏(中央大学教授)に担当していただいた。記して心より謝意を表したい。ただし,文責が川原にあることは言うまでもない。

```
塩川伸明著
『現存した社会主義』
——リヴァイアサンの素顔——
(勁草書房／7,500円)
```

社会主義理解のための冒険的試論——新旧両世代の間にいかに橋を架けるか

　ここに「冒険的試論」と銘打つ大変な労作が現れた。700頁にも及ぶ本書で議論されているのは，20世紀という時代に「現存した社会主義」の諸相であり，それを知的に理解しようとした社会科学的な試みの全貌である。社会主義にこだわるこうした試みは，一見「時代後れ」に思われるかもしれない。著者もその点は百も承知で，意図的に「『最新流行の』理論の摂取だけではなく，むしろ『古典的な』議論の再検討にかなりのウェイトをおい」て，社会主義論を回避する近年の風潮に対して「ささやかな抗議」を試み，そうした作業を媒介として社会科学の「新しい視野を拓こう」とした点を強調している。

　しかし，本書は決して近年の理論的傾向を軽視しているわけではなく，比較民主化論をはじめ，体制移行に関する理論的著作を貪欲なまでに摂取してもいる。社会主義の歴史的研究を専門にする著者が，ここまで広範な理論的著作に「あえて」取り組んだ理由は，東欧革命以降の安易な社会主義幻滅・忘却・否定論の横行に対する著者なりの反発があるのであろう。評者が本書の意図を高く評価するのも，「『古典的な』議論にどっぷりと浸ったことのある旧世代と，それをほとんど知らずに『最新流行の』議論の世界のみに生きている新世代との間に，何とかして橋を架けたいという［著者の］願い」に深く共感するからである。

　評者のように著者よりも十年下の世代に属し，70年代後半のポーランドで生まれた「社会防衛委員会」が「連帯」運動へと展開していくダイナミクスに関心をひかれ，社会主義下の対抗ヘゲモニーの形成の側にラディカル・デモクラシーの可能性を見ていた「新世代」にしてみれば，権威主義化した「現存した社会主義」の民主化の局面を，比較民主化論の視座から検討するのは，ある意味で当然の成り行きであった。脱社会主義のプロセスは，世界システムにおける半周辺部としての南欧や中南米における権威主義体制からの脱却プロセスと比較することによって，理解が一層深まるからである。

　こうした理論的理解は，欧米の理論を対象に単に当てはめているのではなく，様々な地域の具体的な動向から抽出されたローカルな理論や概念の有効性を，脱

社会主義のプロセスに適用しているわけである。その点では，著者と方法的には共通の指向性をもっている。相違点は，社会主義へのコミットの差であろう。新世代は，民主主義にコミットしているため，問題関心が異なる。だからこそ，「現存した社会主義」の諸相を，あくまでもその共通性・個別性・変容・解体・脱社会主義という諸契機に即して論じた上で，さらにその歴史的位置づけまでを単独で論じるという著者の試みは，まさに「冒険的試み」であるし，超人的な知的努力として受け止めた。

著者の言によれば，本書はこれからの専門研究にとっての「一つの序章」にすぎないそうであるから，こうした方向でのさらなる成果を期待したい。また，脱社会主義の体制転換プロセスの研究領域は，新旧両世代のアプローチが対話するフォーラムになりうる領域である。著者の架橋の試みを無にしないためにも，この領域の研究のアクチュアリティによって新旧両世代のアプローチが競い合うことが望まれる。社会主義に関心をもつ人にとってだけではなく，実証的な地域研究と比較論的な理論研究との関係に関心をもつ人にとっても魅力的な本である。

〔週刊読書人・2000年1月21日掲載〕

---

column

岩田昌征著
『社会主義崩壊から多民族戦争へ』
―― エッセイ・世紀末のメガカオス ――

(御茶の水書房／3,400円)

「知的な冒険」に誘う――メガカオスの世界で必要とされる認識力

一読して，知的な「ジェトコースター」に乗ったような感覚を味わった。社会主義研究に影響を及ぼした著者の原体験，ポーランドや旧ユーゴスラヴィアの街での体験といったミクロ次元から，現代の社会主義認識に関する高度に理論的なマクロ次元の作品が次々と現れ，最初は著者の議論の行く先が見えなくてかなり戸惑う。しかし読み進むうちに，副題に「エッセイ」と名づけられているように，まさに「世紀末のメガカオス」の真っ只中を著者に導かれて「知的な冒険」をする興奮につつまれるのだ。

その冒険は，著者の言では「20世紀最後の16年と21世紀初の2年，ヨーロッパ東南部に危機，殺戮，流血，そして混沌の三角波の荒れ狂う中で思想的に溺れ死

にしそうになりながら，どうにか無事に自分の思考にたどりつきつつある者のさ さやかな記録」ということになる。著者の熱心な読者であれば，本書の第一部 「社会主義の崩壊」の議論が，『現代社会主義の新地平』(1983年) と『凡人たちの 社会主義』(1985年) に接続していることが即座に察せられる。その意味では，本 書で初めて著者に接する若い読者は，第二部「多民族戦争」から入った方が読み やすいのかもしれない。

　社会主義論の理論的な検討に関心がある者は，第一部の「社会主義認識の方法 的反省」を一読すれば，著者の社会主義研究がいかに知的に誠実な態度で行われ ているかが理解できよう。K. ポランニーの経済人類学を応用した著者独自の「ト リアーデ」(交換—市場，再分配—計画，互酬—協議) 論の枠組から，「社会主義」 を位置づける時，「社会主義が資本主義の影としてこれからも存在せざるを得ない」 という著者の主張が説得力をもつ。資本主義と社会主義は「共棲関係」にあるた め，後者が失われると「凡人たちに確実に不幸がやってくる」ことになるのだ。

　第二部「多民族戦争」では，「カトリック社会の宗教的連帯感がもたらした旧ユ ーゴスラヴィア多民族戦争像の歪曲化と偏向性」が具体的に論じられる。つまり， 多民族戦争のきっかけになり，セルビアのミロシェヴィチを国際社会の「悪玉」 に仕立て上げていく1991年のスロヴェニアの独立宣言と十日間戦争の背景を探る ことで，著者は，教皇庁と統一ドイツ，そしてアメリカの思惑によって翻弄され る旧ユーゴスラヴィアの「紛争」像を詳細に明らかにしていく。そこで浮かび上 がってくるのは，欧米の「市民」社会的価値観が国際世論を支配し，セルビアの 「常民」社会を抑圧する構図である。

　著者は先進国の「市民」的認識が「市民帝国主義的要素や情報覇権主義的側面 に全く無批判的」になってしまう「偏向性」を問題にする。そこでは，市民主義 の盲点を自覚し，「『市民』と常民の接合の妙，両者間の馴合いに堕することのな い関係の構図がノングローバルに各民族の内部で，各文明圏の内部で生成される」 方向が追求される。カトリック，正教，イスラムという三大宗教＝文明が混生す る旧連邦国家ユーゴスラヴィアの解体をめぐる政治力学に対する「認識力」こそ が，9・11後の「メガカオス」の世界で必要とされる「認識力」にとっても重要 な試金石となっていることが強く示唆されている。

〔週刊読書人・2003年9月19日掲載〕

第Ⅴ部
民主主義理論

第9章 ラディカル・デモクラシーと
グローバル・デモクラシー
―― 重層化する民主主義の問題領域[1]――

> 「デモクラシーを，領土的な国家に閉じこめられた政治的なゲットーにしないためには，現代における資本や労働や偶然性のグローバル化に見合う形で，〈政治〉を同様にグローバル化する必要がある。」
> ―― W. E. コノリー『アイデンティティ／差異[2]』

1 活性化する民主主義論

　近年，デモクラシーをめぐる議論が活性化している。かつて冷戦構造のもとで民主主義の普遍的権威が2つの体制間で争われ，しかも西側諸国では自由民主政（リベラル・デモクラシー）の正統性が保障されていたかぎりでは，デモクラシーをめぐる議論にはどこか沈滞したムードがつきまとっていた。しかし，1980年代末の東欧の民主化革命が切り拓いた世界秩序の変動は，民主政治をめぐる問題状況を一変させ，民主主義論の世界的な活性化を招いたのである。世紀間移行期の世界秩序の変動期にあって，「我々は民主主義なしでやっていくことはできないが，民主主義はその伝統的形態においてますます破綻しつつあり，それゆえ短期的にも長期的にも根本的な改革が必要[3]」だという事実に直面させられているからである。

　こうした民主主義論の新しい展開は，これまでのリベラル・デモクラシー論の再検討のみならず，ラディカル・デモクラシー論の再検討をも要請している。「人民（市民，民衆，デモス）による統治」というラディカル・デモクラシー論の基本原理が最も歓迎されている時期[4]に，「地域的・地球的な相互連結性の圧

力と過程」によって，国民国家と密接に結びついて発展してきた近・現代の民主主義の形態の有効性が挑戦にさらされているからである[5]。そのため，現在の世界秩序の変動という文脈においてラディカル・デモクラシーを追求しようとする試みは，民主主義の思想と実現のための新しいアジェンダを提起する方向に展開している[6]。

「グローバル・デモクラシー（地球民主主義）論」と呼ばれる民主主義論のこうした展開[7]は，一国民主主義として展開されてきた近・現代の制度化された民主主義（ナショナル・デモクラシー）に対して，民主政治の《ローカルな次元》（マイノリティの政治参加，市民社会の自己組織化など）と《グローバルな次元》（地球市民社会の形成，グローバル・ガバナンスなど）をとりわけ強調している。ここで問題となっている一国民主主義から地球民主主義へのデモクラシーの深化と拡大は，一国単位の民主化の空間的な拡大（民主化の第三の波）の側面のみならず，国家の枠組を越えた政治共同体（グローバルな次元）ならびに国家に対抗する生活空間（ローカルな次元）それぞれへの民主主義原理の浸透の側面をも含んでいる。

本章は，こうした民主主義のグローバル化が創りだす民主主義の新しい次元の問題領域を確定するとともに，そこにあらためて民主主義の原理的な諸問題を再発見していく「自己反省的な」試みとして構成される。具体的には，民主主義理論の現代的文脈を，東欧革命を中心とした世界政治の構造変動のなかで整理し，ラディカル・デモクラシー論からグローバル・デモクラシー論への展開に即して，重層化する民主主義の問題領域を確定してみたい。

2 東欧の民主化とラディカル・デモクラシー

1989年の東欧革命は単に一地域の革命にとどまるものではなく，「世界戦争」と「共産主義革命」を主題としてきた20世紀そのもののフィナーレを飾る「最後の革命」（A. ミフニク）として，世紀間の世界秩序に決定的なインパクトを与えている。90年代以後の世界秩序の構造変動を促している「冷戦構造の終焉」

と「全地球的民主化」という2つの巨大な出来事は，言うまでもなく中・東欧の民主化革命に端を発したソ連ブロックの崩壊と密接に結びついている。しかし，冷戦構造の終結と地球規模の民主化が約束した世紀末世界は，必ずしも当初予想されたような平和な世界ではあり得なかった。

当初こそF. フクヤマ流の「自由民主主義の究極的勝利」が喧伝されたものの，湾岸戦争・旧ユーゴ紛争に象徴されるその後の世界の大混乱は，「新世界無秩序」(P. ルルーシュ) の時代であるとか，「文明の衝突」(S. P. ハンチントン) の時代であるとかいう「荒廃した予言」に一種のリアリティを与えているようにもみえる。しかもポスト共産主義の移行国のその後の現状をみれば，「勝利を収めた」のは西側先進国流の「自由民主主義」(リベラルな資本主義) ではなく，東アジアの経済発展を支える「開発主義」(国家＝政府主導の資本主義) であったこともまた明らかになりつつある[8]。

この背景には，東欧革命における「民主化のパラドクス」がある。つまり，共産主義支配に対抗する民主化運動の局面が「勝利」を遂げ，その結果として民主的移行の局面が終了し，民主政の「確立」という制度化の局面に入ると，デモクラシーをめぐる問題は一変する。「市民社会」をシンボルにした革命 (民主化運動) 期の〈モラルの政治〉は次第に退き，市民社会が動員解除された後に，日常 (制度運用) 期の〈利益の政治〉を中心としたエリート民主制の論理が浮上してくるのである。そこでは，「デモスによる支配」という民主主義の正統化原理は，形成された制度的民主主義に吸収されてしまい，制度化された民主主義の問題解決能力 (統治能力) がクローズアップされる[9]。

この東欧革命における「民主化のパラドクス」については，すでに別の機会に分析したことがあるので[10]，ここでは東欧の民主化とラディカル・デモクラシーとの関係についてだけ簡単に述べておきたい。ポーランド「連帯」運動の指導的理論家であるA. ミフニクは，東欧革命後のJ. ハバーマスとの対談 (1993年) において，社会主義から残された遺産として「ラディカル・デモクラシー」を挙げている[11]。ミフニクらポーランドの「民主的反対派」が展開し，独立自治労働組合「連帯」運動の指針となった独自の「市民社会」論こそ，現代のラ

ディカル・デモクラシーのゆくえを見事に照らしだしていた。この東の市民社会論が，南（第三世界）の民主化運動に大きな影響力を及ぼしただけでなく，西（先進諸国）の民主化運動と政治理論にも少なからぬ影響力を及ぼした所以である[12]。

確かに，実現された東欧革命での「民主化」の成果は，かなりのところまで「国家権力の民主化」の次元に限定される結果となった。しかし，もともと「連帯」が追求した民主化モデルは，国家権力の次元の既成の政治に対抗する，市民社会の次元での「オルターナティブな政治」——言うならば「社会・民主」としての政治であり，その意味で「反政治」——の可能性を示した点にその画期的な意義があった。この「反政治的政治」は，市民社会のイニシアティブに基づく「連帯」運動の民主化プロジェクトにおいて追求され，独自の民主化モデルを提供した。端的に言うならば，このモデルは市民社会の民主化が国家権力の民主化に影響を及ぼす形で全ポーランドの民主的改革を志向するという意味での「浸透性」を前提にしたモデルであり，またそれは市民社会と国家のそれぞれの領域の民主化を同時に進めるという意味では，「二重の民主化」のモデルを構成していたとも言えよう[13]。

実際の民主化運動のなかで追求されたこのモデルは，「民主主義的な自律性」を実現しうる国家と市民社会の可能性を模索していた点で，「反政治的第三の道」の可能性という1980年代の民主主義理論の課題をはからずも提示することになった。ここで言う「反政治的第三の道」とは，国家権力の次元での既成の政治に対抗する市民社会の次元での政治を追求するという意味で，それは「反政治的」であり，また市場原理を中心に構成される市民社会でも，国家至上主義を中心に構成される市民社会でもないオルターナティヴを追求するという意味で，「第三の道」的なのである。実際に，強力な政治的公共圏を基礎にした市民社会の民主主義的なポテンシャル（潜勢力）の追求は，《自己限定的で，ラディカルなデモクラシー》の問題領域を鮮やかに示していた[14]。

3 民主主義論の問題構成の再編
―― 東欧革命の後に ――

　この自己限定的で，ラディカルなデモクラシーをめぐる問題を「近代性＝モダニティ」との関連でみるならば，これまでラディカル・デモクラシーを主張してきた「共産主義的デモクラシー」と，ここで言う自己限定的な市民社会論としての「ラディカル・デモクラシー」との違いが明確になる。

　東欧革命が，その《究極目的》として「どこにもない場所＝ユートピア」を求めたのではない点は，ミフニクなどが強調するところである。「連帯」革命当初には「自治共和国」構想にみられるような長期的目標も提起されてはいたが，それも近・現代の「ユートピア計画」の思想とは一線を画しており，最終的にはせいぜい「ヨーロッパ並みの正常さ」――政治的・市民的自由，民主政，民族のアイデンティティ――を求めたにすぎない，と主張されている[15]。しかし，ソ連ブロックに属していた東欧諸国の場合，「近代の政治的プロジェクト」の一環として革命のユートピアを追求した共産党体制が，革命後につくりあげたものこそが「逆ユートピア」――全体主義権力による市民社会の全面的抑圧――であった以上，そうした「正常さ」の追求そのものが「革命」的意味を帯びざるを得なかった。この点にこそ，「革命」の現代的意味の発見があったし，民主化の新しい次元としての「市民社会」の再発見があった[16]。

　とはいえ，ポーランド「連帯」が切り拓いた革命は，ハンガリー，東ドイツ，チェコスロバキア，ブルガリア，ルーマニアへと連鎖的に拡大し，「ベルリンの壁」の崩壊に象徴される東西冷戦構造の解体，そしてついにはソ連邦の解体という事態にまで一挙に突き進んだ。共産党体制からの非暴力的脱却の先に民主政治と市場経済の実現を求めたこの革命は，旧体制からの離脱を経て，1990年代には重層的なポスト共産主義の体制転換プロセスへと展開した。端的に言うならば，ポーランドを先導役に進行したこの「革命」は，旧ソ連，旧ユーゴスラヴィアといった連邦国家の解体にまで至ったことによって，政治システム，

経済システム，国家形成原理の三次元にわたる，世界史上でも未知の次元の同時的・重層的な体制転換に至ったのである。

一党制から民主政への移行，指令経済から市場経済への移行，共産主義国家の解体後の国家の再編成という前例のない困難な「三重の移行」は，民主主義への幻滅と権威主義支配への誘惑を呼び起こす危険性に満ちあふれている。とくに，共産主義国家の解体後の国家の再編成は，「国家と国民のための境界線の決定と，この境界線の欧州国家秩序の枠組内での強化」の問題として現れているため，こうした体制転換は，国家の枠組を前提とした戦後期の体制変動とは異なり，すでに民主化や市場経済化の単位としての政治共同体そのものの変革という，国家間システムの変革にもかかわった次元で進行している[17]。こうしたナショナル・アイデンティティと国家の一体性の保持をめぐる「国家性」(stateness) 問題の登場は，一方でエスノナショナリズムの高揚と深く結びつき，また一方で，ヨーロッパ統合としてのEUの動きと連動して，国民国家のあり方を相対化していく方向で，デモクラシーとナショナリズムあるいは連邦主義との関係を問題化していると言えよう[18]。

その場合に，ポスト共産主義の体制転換に伴う民主主義の問題は，民主主義に対する脅威としての民族主義と原理主義の問題群にかかわると同時に，民主主義それ自体の内部にある問題にかかわっていることが自覚されるようになった。冷戦構造が崩壊し，民主主義が外側に全体主義的共産主義の脅威を設定することで自己正当化が図れなくなった以上，民族主義や原理主義といった人間のアイデンティティにかかわる宗教・文化的な要因が民主主義に対する大きな脅威として浮上してきた。さらに冷戦構造が保証していた戦後デモクラシーの安定条件が崩壊していくなかで，自由民主主義それ自体の原理的な問題も明らかになっている。この原理的問題は，民主主義の正統化の様式（共通善＝公益の追求）の確保と，個別利害の表出・集約（システムの機能＝政治過程）の効率性との緊張関係にかかわっている[19]。

4　グローバル・デモクラシーの政治理論に向けて

　現在のデモクラシーが直面している問題を理論的に整理するとすれば，シュンペーター流のエリート的民主主義（制度的民主政の統治能力重視）の論理と，ルソー流の永久革命的民主主義（市民の自己決定という正統性重視）の論理との関係づけの問題であると思われる。むろんこの問題は近代の政治的プロジェクトが内包していた民主主義の基本的なパラドクスを示している。近代に結びついたリベラリズムとデモクラシーの理論的再検討を行う試み——リベラリズムとデモクラシーのいずれが根源的な価値であるのかをめぐる論争——は，この問題のコロラリーであり，ラディカル・デモクラシー論は言うまでもなく自由や多元性の要素を民主主義原理そのものに内在した価値として捉える理論的指向性を示している[20]。

　この文脈において，H. アレントの革命論の論点の重要性が浮かび上がる[21]。アレント自身が，革命期の政治における「憲法制定権力」(pouvoir constituant) を，日常期の政治の中心に位置する「制定された権力」(pouvoir constitue) のなかに保持していく方法を原理的に解決しているわけでは必ずしもない[22]。アレントは，アメリカ独立革命における「自由の構成」としての「共和政における新しい立憲主義的権力の構成」を高く評価していたにすぎない。しかし，デモクラシーの契機よりリベラリズムの契機の方が強調されやすい文脈においては，「ラディカルな革命」の精神（直接民主主義の伝統）を「保守的な革命」（連邦主義，権力分立制，抑制と均衡の原則といった制度論的な貢献）のなかに多少とも保持し，自由民主政モデルの限界を乗り越えていく視点を示したアレントの問題提起は重要な意義をもつ。

ただし東欧革命後の民主主義論の問題は，単に国民国家規模の政治共同体内部の「直接民主政（ポピュリズム）」の原理と「代議共和政（マディソン主義）」の原理との緊張関係の問題なのではない。現代の民主主義論のフロンティアは，一国民主主義として展開されてきた近・現代の制度化された民主主義（ナショナ

ル・デモクラシー）の相対化につれて，デモクラシーの《ローカルな次元》と《グローバルな次元》の重層性の領域にかかわってきている。近・現代の民主政の展開は，政治的単位としての国民国家に対応したものであったが，必ずしも民主政にとって国民国家が最適な単位というわけではない。周知のように，近代化・産業化を効率的に推進し得る共同体として近代に再編成された国民国家の規模に適応するために，近代の民主主義理論は代議政原理を媒介に変容を遂げたにすぎない[23]。

　世紀間移行期の世界秩序の変動は，旧共産主義の連邦国家の解体とその再編成に伴い，国連システム・国家間システム・地球市民社会・底辺社会などの重層的な政治空間を創出しつつある[24]。そのため，こうしたグローバル化とローカル化が重層的に進行する政治空間において，先のアレントの問題提起があらためて重大な意味をもつことになる。そこでは，国民国家を超えた「国際統合の進展や自治化や分離独立など，共同体の境界の変更やメンバーシップのあり方の変動を含め，およそ政治共同体を形成する権力[25]」としての「共同体形成権力」(constituent power) ——アレントのいう「憲法制定権力」のグローバル版——が，「グローバル・デモクラシー」を構成する根源的な力として位置づけられよう。

　すでに人類の生存そのものが政治の最重要な課題として意識され，「グローバル・コモンズ（地球大の共有地）」の住人として人口爆発・地球環境破壊・構造的暴力といった全地球的な問題群を解決していく必要性が叫ばれる時，国民国家という政治単位とその単位から構成される国家間システムを前提にした民主主義論は，その有効性を喪失していかざるを得ないであろう。近年の「グローバリゼーション」をめぐる議論が注目しているように，民主政に圧力を及ぼしているこのグローバリゼーションには２つの側面がある。１つは「政治的・経済的・社会的活動の連鎖が世界的規模の範囲になりつつある」という点であり，もう１つは「国家と社会の内部，そしてそれらの間の相互作用や相互連結性が強化されてきている」という点である[26]。

　こうした地球システムにおける多層的政治空間にあっては，たとえば，ロー

カルな次元でのエスニック・マイノリティの承認などの問題は，ナショナルな次元での国家の統合の問題やグローバルな次元での世界秩序の再編と直接リンクしている。こうした政治空間に対応した民主主義論にとっては，様々なレヴェルの「決定単位の間の正統性をめぐる競争」が主題となる。自治体などのローカルな単位における自己決定（近年の日本でも行われている住民投票の試みなど）の意義の高まりや，国境を越えて活動するNGO・NPOがつくりだす国際社会への影響力（「国境なき医師団」や「アムネスティ・インターナショナル」などの活動）の増大は，（地球）市民社会における公共圏の形成を示すと共に，《重層化したデモクラシー》の到来を告げていよう[27]。

　D. ヘルドが提起した「民主的自律性」の原理に基づく民主主義論が注目されるのは，こうしたデモクラシーの重層化に向けた文脈においてである。ヘルドは政治的領域を「市民社会」の次元にまで拡張し，自律性の原理を基に民主主義理論の課題を市民社会領域と国家領域との「二重の民主化」に設定した[28]。それは，ポーランド「連帯」運動を中心とした東欧の民主化問題に刺激されて，近・現代の民主主義理論のアポリアである自由民主政モデルと根源的民主政モデル（とくにルソー的な人民主権論に遡る「ラディカル・デモクラシー」論）とのジレンマの解決を図る理論を展開したからである[29]。ヘルドが言うように，市民社会領域における「不平等の変革を中心に据えた政治秩序こそ，長期的には正統性を保持し続け得る」以上，「自律性の原理は，二重の民主化過程を媒介として具体化されてはじめて，こうした秩序の基盤となり得る[30]」のである。

　問題は，こうしたデモクラシーの市民社会領域への《深化》を，一国的な政治単位からグローバルな政治単位への《拡大》と同時に進めていくところにある。「民主政の，とりわけ民主的自律性のモデルの意味は，一連の地方的・地域的・地球的規模の重層的構造や過程と結びつけて再考されなければならない[31]」ところまで，問題は進んでいる。ヘルドは，これからの民主主義的な政治秩序のシナリオを「国民・地域・地球的ネットワークを横断するかたちで民主政を広げ，その深化を期さんとする方向」で描いた。その具体的なシナリオは「世界市民を基盤に民主的自律性を強化」していく過程という意味で「コスモポリタ

ン・デモクラシー」と呼ばれる[32]。

　重層化するデモクラシーの問題領域は——こうしたヘルドのシナリオの方向で構想するにせよ，そうでないにせよ——，「グローバル・デモクラシー」を構想する次元にかかわっている。デモクラシーの所在地は，モダーンの時代に都市国家から国民国家へと移行したが，デモクラシーは再び国民国家から地球社会（国際共同体）への移行を果たす時代を迎えている。この新しい政治単位において，デモクラシーを最大化し得る民主主義理論はまだ発見されていない。世界秩序の変動期には，常に理論は現実よりも遅れる。グローバル・デモクラシーの政治理論は，「古いものの断片をかき集めてできあがった集大成」の域を脱する「根源的な」民主主義理論として提出されるべきであり，これからの政治理論の重要なアジェンダの1つは，このグローバル・デモクラシーの政治秩序を描くことにこそある。

5　グローバル・デモクラシーの3つのモデル

　ここでは，さしあたり近年のグローバル・デモクラシーの政治理論の諸潮流のなかに，ヘルドのコスモポリタン・デモクラシー論を位置づけ，グローバル・デモクラシーの政治理論が抱える困難な課題を明確にしておこう。

　言うまでもなく，グローバル・デモクラシーの政治理論を展開するうえでの最大の難点は，グローバル・デモクラシーが実態的な制度としては存在していないという点にある。そのためグローバル・デモクラシーについてのディスコースは，確立され安定した制度について語るのではなく，多様な形で展開されている理論的・実践的な試みを可能性として評価し，その動向を暫定的に「グローバル・デモクラシー」をめぐる主題として語ることが必要とされている。その意味で，グローバル・デモクラシーに関する興味深い議論は，既存の政治理論の枠組のなかでは生まれそうにない。

　したがって，グローバル・デモクラシーについて具体的に語るには，「国家以外のグローバルな枠組の中で，どのような民主主義が構成されうるのか，ま

た構成される必要があるのか，その場合の政治的な枠組や主体はどのようなものでありうるのかという問題」にあらためて取り組まざるを得ない。こうした規範的な問題に取り組むためには，これまで一国単位で構成されてきた民主主義理論（政治理論）と，主に国家間システムに焦点を当ててきた国際政治理論（国際政治学）の「相互無視状況」を打開し，少なくとも共有され始めたアジェンダとしての《グローバル・デモクラシーの問題領域》を新しいパースペクティブから理論化していく方向が必要とされよう。そのことは，「国家以外の政治的な空間・公共性を担う組織形態の可能性」を議論するための政治理論の語り口を発見していく作業にもつながる[33]。

そこで以下では，ヘルドと共にグローバル・デモクラシーの政治理論を積極的に展開している A. マッグルーの整理[34]を参考に，グローバル・デモクラシーの3つのモデルの思想的潮流と理論的特徴を確認しておきたい。マッグルーが指摘するように，世界秩序とグローバル・ガバナンスを民主化すれば，「民主政治の核心にある自己統治の倫理を再生させる手段」が約束されるだけでなく，「徐々に国民国家間の領域やそれを超越した領域やその下位領域で活動するようになっている進歩的な社会諸勢力の民主的な活力を活用する手段」もが約束されるからである。しかし，こうしたグローバルな民主化のプロジェクトを推進するにあたっては，その前提として「『国境を越えるデモクラシー』に関する規範的なヴィジョン」が要請される[35]。

そのため，今日展開されているグローバル・デモクラシー論が共有する特徴の方を先に挙げると，以下の5点，すなわち(1)グローバリゼーションが自由民主政の諸条件を変質させている点，(2)民主政治の拡大と深化にコミットしている点，(3)世界政府という考えを拒絶している点，(4)グローバル・ガバナンスのための新しい民主的制度が必要だと考えている点，(5)政治思想・政治理念が政治的実践を具体化すると確信している点，が指摘できる[36]。先に述べたように，グローバル・デモクラシー論は，民主主義理論と国際政治理論が交錯する複合的な問題領域とならざるを得ない点に，その困難さがあるが，しかし近年の民主主義理論と国際政治理論の展開は，グローバル・デモクラシーの問題

領域をめぐって，少なくとも「アジェンダの共有」は可能になりつつある[37]。

したがって，ここでは近年提出されているグローバル・デモクラシーの具体的なモデルに即して，その理論的課題と展望を概観してみたい。近年のグローバル・デモクラシーの政治理論の諸潮流は，マッグルーの整理にしたがうならば[38]，異なる規範的原則に基づく次の3つの民主的世界秩序のモデルに「理念型」として概念化できる。

(I) 「ガバナンス＝共治」に基づくネイバーフッド民主主義論（地球リーダーシップを求める自由民主主義論の系譜の「リベラルな国際主義」）
(II) グローバルな市民社会に基づくラディカルで強力な民主主義論（直接民主主義・市民的共和主義の系譜の「ラディカル・コミュニタリアニズム」）
(III) 「民主的自律性」の原理に基づくコスモポリタン民主主義論（世界市民を基盤にした民主的自律性の系譜の「コスモポリタン・デモクラシー」）

この3つのモデルの特徴を整理し，それを要約すると表9-1のようになる。

(I)の「ネイバーフッド民主主義」論は，国際政治学・国際関係論・平和研究の視点から主張されている考えであり，国連システムを中心に「グローバル・ガバナンス」の改革を目指すモデルである。この考えは，グローバル・ガバナンス委員会の報告書『グローバル・ネイバーフッド〔邦訳名「地球リーダーシップ」〕[39]』(1995年)において全面的に展開されている。グローバリゼーションを「近年の世界経済活動の変貌した様相」のみならず，「麻薬取引，テロリズム，核物質の移送などの，あまり好ましくない動き」の地球規模での展開として捉える同書では，グローバル・レヴェルでのガバナンスを主題にすることで，マネーや情報が国境を越えて動くことに対する政府の管理力の弱体化に対抗していくヴィジョンを提起している。

ここで言う「ガバナンス」とは，「個人と機関，私と公とが，共通の問題に取り組む多くの方法の集まり」であり，「相反する，あるいは多様な利害関係の調整をしたり，協力的な行動をとる継続的なプロセス」を示す。そして，とく

表9-1 グローバル・デモクラシーのモデル：要約と比較

	リベラルな国際主義	ラディカルなコミュニタリアニズム	コスモポリタン・デモクラシー
誰が統治すべきか？	国際レジームや国際組織に責任をもつ諸政府を通じた人民	自治的共同社会を通じた人民	コスモポリタン法に服する国家，自発的結社，国際組織を通じた人民
グローバル・ガバナンスの形態は？	Polyarchy 主権を共有する多元的かつ断片的システム	Demarchy 主権を欠く機能的・民主的ガバナンス	Heterarchy コスモポリタンな民主主義法に服する分割的権威システム
主な行為者／手段，民主化のプロセス	加速する相互依存，より民主的で協調的なグローバル・ガバナンスの形態の創出における権力の主要な行為主体の自己利益	新しい社会運動，切迫した地球・環境・経済危機	立憲的・制度的再構築，グローバリゼーション，リージョナリゼーション，新しい社会運動，切迫した地球の危機の強まり
民主主義思想の伝統	自由民主主義理論——多元主義・防禦的民主主義・社会民主主義・改良主義	直接民主主義・参加民主主義・市民的共和主義・社会主義的民主主義	自由民主主義理論・多元主義・発展的民主主義・参加民主主義・市民的共和主義
グローバル・ガバナンスの倫理	「共通の諸権利と共有された責任」	「人道的統治」	「民主的自律」
政治転換の様式	グローバル・ガバナンスの改善	グローバル・ガバナンスのオルターナティブな構造	グローバル・ガバナンスの再構築

出典：McGrew, ed., *The Transformation of Democracy?* (Cambridge: Polity Press, 1996), p.254.

にグローバル・レヴェルでのガバナンスは，「これまで基本的には政府間の関係とみなされてきたが，現在では非政府組織（NGO），市民運動，多国籍企業，および地球規模の資本市場まで含む」ものとされ，さらに「これらと双方向に作用しあう」マスメディアを含めた「グローバルな市民社会」の各エージェントのイニシアティブにも着目している。さらに同書は，全世界的な「市民社会フォーラム」の開催から，国連総会を補完する審議機関としての「人民の議会」

の設置を展望している[40]。こうした方向性は，R. フォークらのグローバル・デモクラシー論にも共有されている[41]。

次に，(Ⅱ)のグローバルな市民社会に基づく「ラディカルで強力な民主主義」論は，政治理論（政治哲学），民主主義論の視点から主張されている考えであり，新しい社会運動などの社会諸勢力を中心にグローバル・ガバナンスのオルターナティブな構造を目指すモデルである。直接民主主義・市民的共和主義の系譜の「ラディカル・コミュニタリアニズム」であり，ピープルの連帯を基盤とする「越境する参加民主主義 (transborder participatory democracy)」を志向している。換言すれば，ラディカル・デモクラシーの理論をさらに国境を越えた領域に適用し，グローバルなレヴェルで「世界秩序の民主化に関する『下からの』理論」を構築する指向性といえる。

この考えは，例えばB. バーバーの強力な民主主義論のグローバル版とも言うべき研究『ジハード対マックワールド[42]』(1995年) に典型的にみられる。冷戦終結後，世界中で噴出する地域主義・民族主義の波である「ジハード」と，急速にグローバル化する市場経済の波を象徴する「マックワールド」。いずれも「市民社会を避け，民主的な市民権を軽視し，それにかわる民主的な制度を求めようとしない」。そして「市民社会がなければ市民は存在しえず，したがって意味のある民主主義は存在しえない」以上，ジハードとマックワールドが敵対しながらも共存している世界で，本当に危機に瀕しているのはグローバルな民主主義なのである。バーバーは，ジハードとマックワールドの反民主主義的な傾向に対してグローバルな市民社会に根ざした民主主義を対抗させる[43]。こうした方向性は，M. ウォルツァーらのグローバルな市民社会論にもみられる[44]。

最後に，(Ⅲ)の「民主的自律性」の原理に基づく「コスモポリタン民主主義」論は，ヘルドの民主主義論の視点から提起されている考えであり，世界市民を基盤にした民主的自律性に基づいてグローバル・ガバナンスの再構築を目指すモデルである。このコスモポリタン民主主義のモデルは，「地上から国家能力の縮小そのものを求めるのではな」く，「国民国家レヴェルにおける民主的制度の必要な補完物として，地域的・地球的レヴェルで，こうした民主的制度を強化

し，発展させようとする」考え方である。この立場は，必然的にグローバルなレヴェルでの「新しい制度の樹立」につながる。それは「新しい民主的制度の形式をどのように編成するかということのみならず，原理的には，地域的・地球的レヴェルでの決定作成に市民が広く参加し得るにはどのような方法があり得るか」というアジェンダを追求することでもある。

　ヘルドの議論は，ウェストファリア・モデル（国家主権の絶対性）とも国連憲章モデル（国家間システムの拡張）とも区別される，グローバル・デモクラシーのモデルの可能性を最大限に引き出すことを試みている。そのため，ヘルドは民主政の可能性を「一定の地理的領域においてのみならず，より広範な国際的共同社会にあっても」追求するために，国際的な民主的諸制度や諸機関の枠組の拡大と結びつける。つまり地球議会で採択される民主的法によって形成され制限された，多様で重複する権力諸センターのシステムとして構想する[45]。この制度的提案の具体的な内容については，ここで論じる紙幅の余裕はないが，政治理論の観点からすれば，このモデルがナショナル，トランスナショナル，インターナショナルの各レヴェルでの権力の場を，その境界を越えてコスモポリタン民主主義へと統合している点に，グローバル・デモクラシーのモデルとしての一定の可能性をみることができる。

6　ラディカル・デモクラシーの課題と展望

　最後に，ラディカル・デモクラシーの課題と展望に若干言及して，結語に代えたい。

　すでにみてきたように，デモクラシーの理論が「グローバル化の帰結，および民主主義と主権をもつ国民国家との歴史的な一致の融解[46]」を探究せざるを得ない——その意味で，民主主義理論が国際関係理論と密接な関係をもたざるを得ない——現代では，ラディカル・ポリティックスの追求は必然的にグローバル・デモクラシーの理論を要請する。先にみた3つのモデルのなかでも，リベラルな国際主義は別にしても，ラディカルなコミュニタリアニズムとコスモ

ポリタン・デモクラシーのモデルがいずれもラディカル・ポリティックスの動向と密接にかかわっているのは偶然ではない。

まだ規範的なレヴェルでしか構想し得ないグローバル・デモクラシーの各モデルについて、ここでその規範的なヴィジョンを擁護する実際的な契機を探るならば、次の5つの主要な動向が挙げられよう[47]。

(1) ヨーロッパ（あるいは北大西洋）における「安全保障共同体」の形成
(2) エコロジー・平和・女性・人権などを主題にした新しい社会運動の成長
(3) 中南米・東欧・南アフリカに象徴される1980年代の民主化の波の拡大
(4) 核拡散・環境汚染・金融システムに示される「グローバル・リスク社会」の抬頭
(5) 国連システムの改革（民主化）に関する政治的議論の高まり

こうした世紀間移行期の「現実世界」の変化をラディカル・デモクラシーの理論の視座から「自己反省的」に再構成していく場合に、はじめて自由民主政モデルの限界を乗り越えていく「グローバル・デモクラシー」のモデルの必要性が認識されるのである。

しかし、グローバルな政治の現在は、国民国家の政治空間の意味が相対的に低下してきているだけに、一方で民族・宗教・文化といった人間のアイデンティティに深くかかわる非合理的な感情のもつ危険性が強く意識されてきている。グローバルな政治空間の形成は、「地球市民社会」の形成であると同時に、異なる民族共同体間の摩擦を生みかねないプロセスでもある[48]。ローカルなアイデンティティを一挙にコスモポリタンなアイデンティティにつなぐわけにはいかない。そのため、今日のラディカルなデモクラシーの追求は、われわれの共同社会が「人々の集合的アイデンティティを再定義」し、しかも「新しい政治的境界線を作り上げていく」という「闘争的多元主義」(C. ムフ) の条件のもとで行わなければならないという困難な課題なのである[49]。それだからこそ、グローバル・デモクラシーの政治理論は、非西欧世界を含む世界共同体においてこの課題に取り組むという空前の試みとして、21世紀の政治理論の最大の課題の1つとなるであろう。

第9章　ラディカル・デモクラシーとグローバル・デモクラシー　*293*

1) 本章は，1998年10月の日本政治学会研究大会（於同志社大学）における報告原稿に加筆修正を加えたものである。司会・共同報告者・討論者としてコメントを頂戴した，中道寿一，ダグラス・ラミス，千葉眞，高畠通敏，姜尚中の各先生方，および草稿の段階でラディカルな批評をしてくれた中井愛子さん（中央大学大学院）に感謝申し上げたい。
2) William E. Connolly, *Identity/Difference: Democratic Negotiations of Political Paradox* (Ithaca: Cornell University Press, 1991). 杉田敦・齋藤純一・権左武志訳『アイデンティティ／差異——他者性の政治』岩波書店，1998年，399ページ。
3) David Held, "Democracy and the New International Order," in Daniele Archibugi and David Held, eds., *Cosmopolitan Democracy: An Agenda For a New World Order* (Cambridge: Polity Press, 1995), pp. 96-97. 三輪博樹訳「民主主義と新国際秩序」『レヴァイアサン』木鐸社，1996年冬号，146-147ページ。
4) 「市民政治」再興の歴史的文脈については，とりあえず以下を参照されたい。中村研一「世界政治と市民」『平和研究』第20号，1996年6月，6-21ページ。
5) この問題状況については，以下が詳しい。David Held, ed., *Prospects for Democracy: North, South, East, West* (Cambridge: Polity Press, 1993).
6) cf. David Held, *Democracy and the Global Order: From the Modern State to Cosmopolitan Governance* (Cambridge: Polity Press, 1995). 佐々木寛ほか訳『デモクラシーと世界秩序』NTT出版，2002年。なお，本書の紹介論文として，田口富久治「D. ヘルドのコスモポリタン民主主義論」『立命館法学』245号（1996年1月），34-69ページ，が有益である。
7) この理論動向については，佐々木寛「『グローバル・デモクラシー』論の構成とその課題——D. ヘルドの理論をめぐって」『立教法学』48号（1998年2月），142-182ページ，が詳しい。
8) ポスト共産主義の移行国の現状については，とりあえず，伊東孝之「体制転換とデモクラシー」，内山・薬師寺編『グローバル・デモクラシーの政治世界』所収，110-126ページ，を参照されたい。「開発主義」については，村上泰亮『反古典の政治経済学（上・下）』中央公論社，1992年，および東京大学社会科学研究所編『20世紀システム 4 開発主義』東京大学出版会，1998年，が詳しい。
9) 川原彰編『ポスト共産主義の政治学』三嶺書房，1993年，第4章，を参照されたい。
10) 川原彰『東中欧の民主化の構造——1989年革命と比較政治研究の新展開』有信堂，1993年。
11) Adam Michnik, *Aniol Demokracji: Zbiól esejów Adam Michnika*. 川原彰・武井

摩利・水谷驍編訳『民主主義の天使――ポーランド・自由の苦き味』同文舘, 1995年, 181ページ。
12) cf. Jean L. Cohen and Andrew Arato, *Civil Society and Political Theory* (Cambridge, MA: MIT Press, 1992), Chapter Ⅰ.
13) このモデルについては, 川原『東中欧の民主化の構造』第1章および第7章, を参照されたい。
14) ここで言う「ラディカル・デモクラシー」とは, デモクラシーの社会・経済的次元に着目した捉え方であり, デモクラシーの根源性を意味している。あらためて繰り返すまでもなく, デモクラシー (demokratia) の根元的意味である「デモス=市民/民衆」の「クラティア=権力/統治」にさかのぼってみれば, デモクラシーは本質的に制度化され得ない部分を残している。「人民の支配=治者と被治者の一致」という逆説を本質的に内包した〈原理〉としてのデモクラシーは, 現実にはデモクラシーの〈制度化〉の力学とそれを統御する〈運動〉の力学との間で「民主化のプロセス」としてのみ形成される (永久革命としての民主主義)。したがって, 手続き的な民主主義に還元できないデモクラシーの根源的な次元での〈共同性〉が, 「連帯」の民主化モデルとしての「反政治的第三の道」に現れていたのである。
15) ミフニク『民主主義の天使』206-207ページ。
16) その意味で, 現代東欧革命はそのインパクトにおいては充分に「革命」の名に値するものであったが, 「革命のユートピア」を拒絶し非暴力的な方法に徹した点で, その方法は近代市民革命と大きく異なっていた。この違いは, 「近代性」の内実そのものをあらためて問い直すということでもある。東欧民主化革命によって, 共産主義体制のイデオロギーに体現されていた「近代性」の主要な要素としての「ジャコバン主義的要素」そのものが問い直される現在, 進歩と保守などの政治的枠組は相対化され, 「革命」の意味自体も劇的に転換した。
17) 川原編『ポスト共産主義の政治学』83-116ページ。
18) 民主的移行と民主化後の諸問題については, 以下で詳細に検討されているのであわせて参照して頂きたい。川原彰「民主化理論と民主化以後の諸様相」, 富田広士・横手慎二編『地域研究と現代の国家』慶應義塾大学出版会, 1998年, 345-374ページ〔本書第7章〕。
19) S. N. Eisenstadt, "The Breakdown of Communist Regimes and Vicissitudes of Modernity," *Daedalus*, Vol. 121, No.2 (1992), pp. 21-41.
20) 千葉眞『ラディカル・デモクラシーの地平』新評論, 1995年。
21) Hannah Arendt, *On Revolution* (New York: Penguin Books, 1976). 志水速雄訳『革命について』筑摩書房, 1995年。

22) 川原編『ポスト共産主義の政治学』63ページ。
23) 詳しくは，川原彰「民主主義の政治秩序」，内山秀夫編『講座政治学Ⅰ・政治理論』三嶺書房，1999年，31-71ページを参照されたい。
24) この問題は，世界政治（グローバル・ポリティックス）論的な指向性をもった国際政治学の中心的な主題となっている。とりあえず，武者小路公秀『転換期の国際政治』岩波書店，1996年，を参照されたい。
25) 中村，前掲論文，19ページ。
26) Held, "Democracy and the New International Order," in Archibugi and Held, eds., *Cosmopolitan Democracy*, p. 100. 邦訳，149ページ。
27) 杉田敦「デモクラシーの重層化へ」，内山・薬師寺編『グローバル・デモクラシーの政治世界』所収，181-191ページ。
28) David Held, *Models of Democracy: Second Edition* (Cambridge: Polity Press, 1996). 中谷義和訳『民主政の諸類型』御茶の水書房，1998年，399-409ページ。
29) 川原『東中欧の民主化の構造』第7章，を参照されたい。
30) Held, *op. cit.* 同訳書，421ページ。
31) *Ibid.* 同訳書，424ページ。
32) *Ibid.* 同訳書，445-452ページ，さらに詳しくは，以下を参照されたい。Held, *Democracy and the Global Order*.
33) 遠藤誠治「グローバル・デモクラシーの理論と展望」，日本国際政治学会1998年度春季研究大会報告（於東洋英和女学院大学）。
34) Anthony McGrew, "Democracy beyond Borders?: Globalization and the Reconstruction of Democratic Theory and Practice," McGrew, ed., *The Transformation of Democracy?* (Cambridge: Polity Press, 1996), pp. 231-266.
35) *Ibid.*, p. 241.
36) *Ibid.*, pp. 241-242.
37) とくに(5)の問題は，政治学・政治理論の問題だけではなく，近年，R. コックスや S. ギルらの国際政治学者によって「グラムシ的パースペクティブ」が国際政治学に導入され，知的・道徳的ヘゲモニーとしての「構造的権力」の問題が取り上げられるに及んで，国際政治理論の問題ともなってきている。
38) McGrew, *op. cit.*, pp. 241-254.
39) The Commission on Global Governance, *Our Global Neibourhood* (Oxford University Press, 1995). 京都フォーラム監訳『地球リーダーシップ』NHK出版，1995年。
40) *Ibid.* 同訳書，第1章および第5章。
41) cf. Richard Falk, "Liberalism at the global level: the last of the independent com-

missions?," *Millennium*, Vol. 24, No. 3(1995), pp. 563-578.
42) Benjamin R. Barber, *Jihad vs. McWorld:How Globalism and Tribarism are Reshaping the World* (Ballatine Books, 1995). 鈴木主税訳『ジハード対マックワールド』三田出版会, 1997年。
43) *Ibid.* 同訳書, 第19章。
44) cf. Michael Walzer, ed., *Toward a Global Civil Society* (Oxford: Berghahn Books, 1995). 越智敏夫ほか訳『グローバルな市民社会に向かって』日本経済評論社, 2001年。
45) 詳しくは, Held, *Democracy and the Global Order* を参照のこと。
46) McGrew, *op. cit.*, p. 262.
47) *Ibid.*, pp. 258-261.
48) ナショナル・アイデンティティの問題については, Anthony Smith, *National Identity* (London: Penguin Books, 1991). 高柳先男訳『ナショナリズムの生命力』晶文社, 1998年, が詳しい。
49) 以下を参照されたい。Chantal Mouffe, *The Return of the Political* (London: Verso, 1993). 千葉眞ほか訳『政治的なるものの再興』日本経済評論社, 1998年。

第10章　グローバル・デモクラシーの政治理論序説
—— S. ウォーリンの Fugitive Democracy 論を手がかりに ——

1　What Time Is It ?

　1997年にインターネット雑誌に発表された,「What Time Is It ?」という論文において, シェルドン・ウォーリン (Sheldon Wolin) は「我らの時代」の政治理論の課題について興味深い議論を行った[1]。チャップリンの映画「独裁者」のなかの登場人物の台詞を想起させるタイトルのこの論文は, ジェフリー・アイザックの論文「政治理論の奇妙な沈黙」(1995年)[2]に触発されて書かれたものである。ここでウォーリンは, 1989年東欧革命の経験を「政治理論」の観点から捉えることが困難である理由を政治理論の側から明らかにし, 90年代以後の現代世界における政治理論という企ての困難性を,「政治的時間」と「経済的・文化的時間」との間に存在する「テンポのずれ」から論じた。

　アイザックは,「新しい形態の民主主義的シチズンシップと新しい形態の権威主義的反動の可能性」を示唆する, 共産主義体制の崩壊と東中欧の異論派運動の意義を理論化できないアメリカの政治理論家を批判した[3]。それに対してウォーリンは, 1989年の出来事の意義に関して, アイザックと見解を異にしつつも,「連帯」や憲章77が生み出した思想を理論化することの重要性には同意していた。しかしウォーリンが問題にするのは, 政治理論を支えている「政治的感受性」の問題であり, こうした感受性が分裂している現代にあっては,「今日の政治理論の何が間違っているのか」というアイザック流の問いではなく,「政治理論は, 現在なぜ困難なのか」という本質的な問いの問題がより重要であることを指摘する[4]。

　政治理論が, 熟慮のテンポとしての「政治的時間」によって支配されると考

えるウォーリンは，この熟慮のテンポと，革新や変動としての経済や民衆文化のテンポの違いに着目し，経済的・文化的時間の速い速度が，政治的時間の緩やかな速度（熟慮のテンポ）と調和しないために，現代の民主主義をめぐる政治的ディスコースが説得力をもちにくい点を強調する。ウォーリンは言う。「〔政治〕理論は困難に陥っているが，それは理論がローカルで限定されたものを要求しているのに対して，権力の構造は——政治, 経済, 文化のいずれにせよ——ナショナルでグローバルだからである。」そしてまさに，「内部を理論化するためには，外部を理論化しなくてはならない」のである[5]。

本章は，グローバル化と再帰（自省）的近代化が進行する90年代の世界にあって，デモス（demos）というまとまりに基礎を置く民主主義が揺らぎ，境界線を越える民主主義の必要性が高まっている要請をふまえ，《グローバルな市民社会／公共圏の生成とポストナショナルな民主主義》を求めるための前提条件を検討するものである。具体的には，ウォーリンのFugitive Democracy論の理論的構成とその批判的検討を手がかりにして，《境界線を越え，新たにデモスを生成・再編していく民主主義の構想》を求めていくための政治理論の要件を考えてみたい。

2 共産主義体制の崩壊とモダニティの変容

1989年の東欧における共産主義体制の崩壊とそれに伴う冷戦構造の崩壊は，90年代以後の世界秩序の巨大な構造変動をもたらしているが，同時に現代の民主主義理論の動向に対しても大きな影響を与えた[6]。共産主義体制の正統性原理を支えていたマルクス・レーニン主義型の共産主義の魅力が失墜し，そのために西側の民主的立憲主義体制の正統性原理であるリベラル・デモクラシーに原理的に対抗しうるプロジェクトが失われたかに見えた。しかし，グローバル資本主義が世界を制覇し，リベラル・デモクラシーの原理的正統性がほぼ世界的に承認されるにつれて，かえって民主主義原理それ自体の意味とその構成要素に関する合意が失われるに至った。

こうした混乱の背景には，これまで外部的な対抗イデオロギーの存在によって消極的に自己を定義してきたリベラル・デモクラシーの原理が，ついにそうした外部的な敵を失い，自ら「再帰的に」自己を定義しなくてはならなくなったという事情がある。つまり，リベラル・デモクラシーの原理は，今日の世界では民主的立憲主義体制として制度化されている。しかし皮肉なことに，民主主義・自由主義・立憲主義という本来異なる原理が歴史的な経過のなかで合体し，近代のプロジェクトの枠内でリベラル・デモクラシーの原理に基づく民主的立憲主義体制という形で制度化されたことの意味が，かえって今日の方が明確になってきているのではなかろうか。民主主義を《再帰的》に自己定義していかざるを得ない状況は，結果として制度的な民主主義には還元できない「ラディカル・デモクラシー」(radical democracy) の問題[7]を浮上させたのである。

　この問題はすでに，東欧の民主化プロセスのなかに現れていた[8]。S. N. アイゼンシュタットに従って[9]「政治理論」の観点から整理するならば，それはおおよそ以下の3つの問題に集約されよう。

　まず，第1に《「市民社会」の生成によるラディカルな民主主義の契機》の問題がある。1989年東欧革命と近・現代の「大革命」との共通性として，民衆の蜂起が権力中枢内部での対立と結びついた点以外に，「市民社会」や「自由」といったシンボルを駆使して原理的な抵抗の要素を訴えた知識人の役割が大きい点が挙げられる。しかし東欧革命の場合には，過去の「大革命」との相違点の方がより重要となる。もちろん歴史的な時代の違いから，革命によって崩壊した旧体制やその経済構造の性格，および革命の担い手等が異なるのは当然であるが，東欧革命において特筆すべき点は革命が非暴力的に行われ，暴力の神聖化がみられない点である[10]。

　旧支配層が暴力に訴えずに権力の座を退いたために，体制変動が統治構造を根本的に変革することなく，既存の政治制度や憲法の枠内で起こった。このことは，革命におけるユートピア的要素やジャコバン的要素を欠いているという意味で，民主化運動が「反政治」(G. コンラッド) 的性格を帯びていたことを示している[11]。東欧革命をリードしたポーランドの「連帯」運動にみられるよう

に，民主化運動を指導した知識人たちは支配権力を奪うことを「自制」し，市民社会領域に新しい対抗的な公共圏を生み出すことで漸進的に共産主義体制からの脱却を求めたからである[12]。この「市民社会の自己組織化」という民主化の潜勢力が，ラディカルな民主主義の契機として強いインパクトを与えたのである。

　第2に，《ポスト共産主義諸国における民主的立憲主義体制の制度化の困難性》という問題がある。この問題に関しても実際の体制変動プロセスを比較政治学的にみると，民主化と市場経済化と国家の再編成という3つの次元の変動が同時に進行する問題として把握できるが[13]，ここではあくまでも「政治理論」の視点からみていきたい。共産党一党支配によって全体主義化されていた旧体制は産業化された社会を形成したが，その正統化原理である一党支配の論理は，モダニティの発展をゆがめ多元主義的要素を排除していた。そのため東欧革命には，そうしたモダニティのゆがみに対する反抗という側面がみられた。民主主義という主題からするならば，中枢の脱カリスマ化，ユートピア的・伝道的ヴィジョンの弱体化，および日常の私的領域のミクロ政治化という点で，東欧革命の評価と西側の現代思想における「ポストモダン」の流行との間には，ある種のパラレルな関係が存在する[14]。

　だからこそ，経済崩壊や民族紛争と結びついた東欧革命後の民主的立憲主義体制を制度化する困難性は，「モダニティそれ自体に内在する問題，緊張」なのであり，「モダニティのプロジェクト全体に潜在する脆弱性」を示すことになる[15]。近代の政治プロセス自体に内在する緊張関係，すなわち集約的政策と政治的共通善との緊張，異なる利害の表出・集約と異なる共通善概念の表出・集約との緊張，日常的政治と革命的政治との緊張が，政治的対立の表面に現れる。国家の正統な活動範囲，権力の中心構造，市民社会の様々なセクターの中枢へのアクセスの程度，セクター間の結びつき，市民社会と国家との結びつき，および様々な社会セクターに拡大された権利の形態などの変化が促進されるのである[16]。

　最後に，《モダニティのプロジェクトと民主主義体制の自己変革能力の問題》がある。東欧における民主化後の変動の状況において，「様々な正統化の形

態間の対立や異なる近代政治プロセスの局面間の対立が先鋭化」するにつれて，とくに具体的な集約利益の表出が共通善概念の表明と密接に関係するような領域において，民主的立憲主義体制の緊張は高まりその安定化が求められることになる[17]。そのためには，原理的に以下の問題に取り組むことが必要とされる[18]。

Ⅰ　システムの機能を掘り崩さずに，共通善に関する異なった見解が競合できるような共通な枠組をいかにして作り出すのかという問題（民主主義体制を受け入れる共通基盤の性質の問題）
Ⅱ　抵抗を取り込み，政治的なものの境界を再定義し，体制の正統性の基盤を変化させるような能力の問題（民主主義体制の自己変革能力の問題）

　東欧の場合，共産主義体制崩壊の初期段階では，新生民主主義体制の自己変革能力が示されていたが，困難な「三重の移行」プロセスに伴う混乱がこうした能力を麻痺させている。このことは，「モダニティの問題性に，つまりモダニティの偉大な歴史的文化的プロジェクトに備わる脆弱性に重要な光を投げかけている[19]」といえよう。

3　グローバル化と民主主義の再定義

　こうしたモダニティをめぐる問題性は，グローバル化と民主主義の再定義の文脈においてさらに展開する必要がある。「グローバル化」をめぐる議論が90年代に入って世界的に沸騰したのは，冷戦終結に伴い東側ブロックが解体し，ポスト共産主義諸国が雪崩を打って市場経済化を志向したことによって，資本主義的な経済秩序が地球大に連結したためである。ここでは，「グローバル化」の定義をめぐる論争には深入りしないで，暫定的にアンソニー・ギデンズの以下の定義に従いたい。

　「グローバル化は，経済現象だけでないし，それどころか本来的に経済現

象ではない。またグローバル化を『世界システム』の出現と同一視するべきではない。グローバル化は実際には時間と空間の変容に付随する。わたしは，グローバル化を，《隔たりのある作用》と定義づけ，近年のグローバル化の強まりを，地球規模の即時的コミュニケーション手段や大量輸送手段の出現と結びつけてとらえている。グローバル化は，たんに大規模システムの創出と関係するだけではなく，社会的経験のローカルな脈絡の変容や，さらにまた個人的脈絡の変容とも関係している[20]。」

ギデンズは，このようにグローバル化を「単一の過程ではなく，いくつかの過程の複雑な混成であり，これらの過程は，しばしば互いに矛盾する形で作用し，対立や分裂，新たなかたちの階層分化を生み出す[21]」と考えている。そのため，グローバル化の帰結として以下の3つの問題を指摘する。1つ目は，対立関係にあるグローバル化の影響と直接に結びついた「ローカル・ナショナリズムの復活や，ローカル・アイデンティティの強調」であり，2つ目は，伝統がその位置づけを変えていくような「《ポスト伝統的社会秩序》の出現」であり，これは《原理主義》の抬頭の背景になっている。3つ目は，知識と統制との関係の混乱を引き起こしている「《社会的再帰性》の拡がり」である[22]。

ここでギデンズのいう「再帰性」(self-reflectivity) とは，地球規模に及ぶ「活動条件についての情報を，その活動が何の活動であるのかを常に検討し評価しなおすための手段として活用すること」をいう[23]。政治の領域で言うならば既存の政治機構に対する不信のみならず，政治の再構築に対する要求は，こうした社会的再帰性の増大の現れなのである。つまり，社会的再帰性が発達しただけでなく，人為的リスクが地球的規模で増大し，混乱と不確実性が支配する「暴走する世界」に直面している今日の状況のもとでは，もはや左派や右派といったイデオロギーの区分には意味がなくなる[24]。新しい政治の課題は地球規模の人為リスクを管理する問題であり，そのためにはラディカルな政治を再構築する必要がある，ということになる。

ギデンズがそのための枠組として提示するのは，《損なわれた連帯性》の修

復,《ライフスタイルの政治》と《生成力のある政治》,《福祉国家の再考》と福祉の再構築,《対話型民主制 (dialogical democracies)》と《暴力》の対決といったアジェンダである。すなわちグローバル化と再帰性という2つの過程が民主化に向かう圧力を生み出し,それによって——原理主義によって占領される可能性はあるものの——グローバルな「対話空間」が生み出される可能性に向かっている[25]。

　ギデンズのいう「対話型民主制」が,「リベラル民主制の拡大ではないし,リベラル民主制の補完物でさえもない」と自己定義されているように,対話型民主制は「グローバル化や社会的再帰性という脈略のなかに位置づけた場合,リベラル民主制という政治形態の領域内で《民主制の民主化》を鼓舞する」方向を志向している[26]。そして,この《民主制の民主化》が進行する領域として重視されているのは, (1)《個人生活》の活動領域 (親密圏), (2) 新しい社会運動と自助グループ (サブ政治), (3) 組織の場 (巨大企業や官僚制組織), (4) グローバル秩序, である[27]。

　ギデンズがこうした民主主義論を展開するにあたって,「熟議民主主義 (deliberative democracy)」論,新しい市民社会論,民主主義と信頼に関する議論,「コスモポリタン民主主義 (cosmopolitan democracy)」論など[28] を参照しているように,「再帰的近代化」プロセスにおける民主主義の問題は,リベラル・デモクラシーに還元できない民主主義の諸要素を評価する方向に進んでいる。こうした方向性を総称して,「ラディカル・デモクラシー」と言うわけであるが,そのバリエーションは理論家ごとに数多くある。

　ここでは,「グローバル化による《社会空間》と《政治空間》の乖離は民主主義をどう変えるか」という本章の基本的な問題関心にそった形で,ラディカル・デモクラシーの1つのバリエーションであるウォーリンの Fugitive Democracy 論に焦点を当て,再帰的な民主主義論の可能性を探ってみたい。

4 S. ウォーリンと Fugitive Democracy

　シェルドン・ウォーリンは, 1990 年代に入って Fugitive Democracy 論[29]を発表した。これは 1980 年代以来のポストモダニストによる政治理論への挑戦と 1980 年代の東欧における民主化運動の経験をふまえて, 民主主義そのものを再考したものである。具体的には, ポーランドの「連帯」運動に示されている, 共産主義国家に対抗しうる「市民社会」の力と, そこで新しく生成・再編されたデモス (demos) の問題に刺激を受けたウォーリンが, あらためて 90 年代の「境界」(boundary) を越える民主主義の可能性を考慮に入れて, 民主主義を再定義したものである。

　60 年代に行動科学主義的政治学の科学信仰に対抗して「政治理論」という古典的な企てを擁護してきたウォーリンであるが, 70 年代以降その最大の論敵はミッシェル・フーコーに代表されるポストモダニストであった[30]。ウォーリンはフーコーの政治学の性格を「政治の脱中心化」をもたらす「言説構造」を中心にみていた。政治を権力ないしは強制力の諸関係と同義であるとするフーコーの主張は, ウォーリンからすれば「政治的なもの」(the political) と「政治」(politics) とを混同しているためだとされた。ウォーリンは, 共通善 (common ends) を破壊してしまうような形で権力を用いるフーコーの知と権力の考え方を否定し, ウォーリンの視座からするならば「認識論上のディレンマ」に陥ったフーコーを媒介にして, 政治理論の再帰的な次元を回復しようと試みたのである[31]。

　ウォーリンは, Fugitive Democracy 論の冒頭であらためて以下のように「政治的なもの」と「政治」の違いを確認し, その上で民主主義のプロジェクトを定義する[32]。

- **政治的なもの**——公的な熟慮を通じて集合的な力が集団 (collectivity) の福利を促進あるいは保護するために用いられる場合に, 多様性によって構成される自由な社会が, それにもかかわらず共同性 (commonality) の諸契機を享受しうるという思想。エピソー

ド的で稀なもの。
- ・政治―――――集団の公的権威に有用な資源へのアクセスをめぐって，主に組織化された不平等な社会的力による，正統化された公的な競争。絶え間がなく，終わりのないもの。
- ・民主主義―――数ある「政治的なもの」のなかのひとつの型であるが，固有のものである。統治の「形態」や「経験主義」によって特徴づけられる政治の型ではなく，普通の市民の政治的な潜勢力，すなわち共通関心の自己発見および共通関心を実現する行動様式の自己発見を通して，政治的存在へとなっていく可能性に関係するプロジェクト。

このように，ウォーリンは民主主義を近代国家の代議制民主主義のような統治の一形態や利益の配分をめぐる通常の政治過程としてみるのではなく，民主主義をあくまでもデモスとしての市民が属する共通世界の諸問題を発見し，共同して解決しようとする行為を通して「政治的存在」となる不断のプロセスとして捉えようとしている。こうした定義は，すでにハンナ・アレントの「理論的生活」の意味を論じた論文のなかで，理論家のラディカリズムに固有な特質を，「たいがいの人が通常政治であると受け止めているものが実際はまったく政治ではないという主張」に求めている点に明確に表れている[33]。ウォーリンのいう「政治的なもの」はいうならば「政治的存在」なのであり，古代ギリシア以来あらゆる時代において政治理論の課題とは，政治的なものを再考することなのである[34]。

もともとウォーリンは『政治とヴィジョン』(1960年)[35] において，古代ギリシア以来の西欧政治思想史の流れを「政治的なもの」の衰退として捉えていた。とりわけ，組織化が進行した20世紀の現代社会では，政治そのものが社会のなかに吸収される「政治の昇華」へと行きついていく動向に抗して，ウォーリンは「埋没した伝統」を喚起した。この埋没した伝統こそ，「権力闘争が抑制され，さらに共通の目的である正義，平等，文化的諸価値を促進させることが可能となるような政治の諸条件を構成しようとする試み」としての「政治的なも

の」であり，その核心には共同性が存在している[36]。したがって，ウォーリンの枠組でも，本来「政治的なもの」と「政治」とは一致するものなのであるが，「政治」が利益の配分等に還元される現代では，あえて「政治的なもの」を再興させる必要が出てくるのである。

とくにアメリカ史の文脈では，ウォーリンの批判の対象は「新しい三位一体」を構成する資本主義，国家官僚機構，近代科学に向けられる。この三要素に共通する特徴は，いずれも社会の構成員の同意に依存することが少ないという点である。ウォーリンの「ポストモダン・ポリティクス」像の核心には，政治体（Political Body）の「経済政体」（Economic Polity）への変質がある[37]。そこでは80年代のアメリカで進行した「権力の自己正統化的な無限増殖プロセス」とも言うべき国家のシステム化（脱中心化的集権化）が中心主題となる。こうした国家の「経済政体」への変質は，もはや国家の権力基盤が政治的な共同体にあるのではなく，テクノロジーに支えられた政治経済体制にあるというウォーリンの認識を示している[38]。

この認識からウォーリンが「システム」に対抗する政治理論の企てとして戦略的に構成しているのが，「政治的なもの」の再興である。Fugitive Democracy論はこの文脈のなかで「政治的なもの」の特殊な一形式であるラディカルな民主主義のエピソード性＝移ろいやすさをあえて強調することで，国家の領域性を越える民主主義を生み出す力の根源を論じる。その場合にウォーリンは，ポストモダニストが一貫して提起してきた「民主主義と境界性」の問題を再考する。換言するならば，近代国家という境界に拘束されてきた民主主義（ナショナル・デモクラシー）を，グローバル化する90年代以後の世界に向けて，国境という境界線を越える民主主義（トランスナショナル・デモクラシー）へと転換させるための準備作業として，民主主義の再定義を試みたものがFugitive Democracy論なのである。

ウォーリンはこの「民主主義と境界性」の問題を考察するにあたって，ウィリアム・E. コノリー（William E. Connolly）の以下のような問題提起を受けている。

「デモクラシーを，領土的な国家に閉じこめられた政治的なゲットーにしないためには，現代における資本や労働や偶然性のグローバル化に見合う形で，政治を同様にグローバル化する必要がある。そうした政治のグローバル化においては，多くの活動者の政治的なエネルギーや忠誠が，彼らが住み（もし幸運なら）そこで投票している国家に限定されることはないであろう。……ことによると，民主化は必ず領土的な空間そのものにおいて制度化されなければならないという要求が，この領域での創造的な思考の限界をもたらしているのかもしれない。今日，集合的なアイデンティティを閉塞させる圧力の一部を生んでいるのは，グローバルな時間と政治的な場との間のこうした不均衡にどう対応しても，それ自体が民主的な政治の将来を掘り崩すことになりかねないという不安なのかもしれない[39]。」

コノリーのこの問題提起の背景にあるのは，「現代の学問的な言説において，民主的な『政治学者』と『国際関係学者』とは，互いに語り合うべきことをほとんど持たないのが普通である」とされるような両者のディスコミュニケーションの状況である。コノリーは「こうした学問上の分業を再攪乱することは，時代の要請である」とし，「グローバルな諸争点の非領土的な民主化の政治によって領土的なデモクラシー構造を補完し，またそれに挑戦すること」が現代において必要である，と宣言した[40]。

ウォーリンはこうした問題提起を受けて，境界性を「封じ込めのメタファー」として捉えるが，封じ込める対象は民主主義であり，決定的な境界は憲法（constitution）だと考えている[41]。ひとたび制定された憲法は立憲民主主義体制を構成するが，市民の政治活動を規制することは民主主義そのものに限界を与えることになる。そのため，革命と民主主義の関係を再考したウォーリンによれば，革命がデモスを活性化し境界線を破壊することはあくまでも重要なため，民主主義にあっては政治的なものがどこに位置づけられるかが問題なのではなく，政治的なものがいかに経験されるのかが問題となる[42]。革命期に市民は政治的な存在となるが，革命によってもたらされた民主主義は，革命が終わり制

度化が進行するとその過剰な部分が排除され,制度に限定されてしまう。

したがって,「政治的なものは,その形態と性質において,特殊化され,規制され,管理のもとにおかれる[43]。」すなわち,制度化は民主主義の弱体化を示している。だからこそ,ウォーリンは民主主義がひとつの形態にとどまらず,瞬間的で移ろいやすい存在だと考える。こうした特徴をもった民主主義を,現代の国家存在によって刷新しようとするのは無意味であり,ウォーリンにとってはあくまでも,普通の個人がいかなる時も,共同性の新しい文化的パターンを創っていくことの重要性を Fugitive Democracy に込めている。この Fugitive Democracy のエピソードとして言及されるのが,アメリカ史においては独立革命,奴隷廃止運動,公民権運動,反戦・反核・環境運動等であるが,ウォーリンに大きなインパクトを与えたのは1980年代のポーランド「連帯」運動である。そこでは,多様な潮流の人びとが共同性をつくりあげ,「自制的」に民主化運動を進めたからである[44]。

5 共通なものの政治と生成の政治との緊張

W. コノリーは「シェルドン・ウォーリンと政治的なものの変容」という副題をもつ『民主主義とヴィジョン』(2001年)[45] を編集し,冒頭の「政治とヴィジョン」のなかでウォーリンの Fugitive Democracy 論について周到な検討を加えた[46]。コノリーは,ウォーリンの『政治とヴィジョン』における政治的なものと共同性との関係,およびウォーリンの行動科学的政治学の「方法主義」に対する批判にみられる叙事詩的政治理論(暗黙の政治的知識)の擁護を検討したうえで,ウォーリンの Fugitive Democracy 論について論じる。

コノリーが注目するのは,ウォーリンが暗黙の政治的知識を重視し,そうした「暗黙知」を伝統的な政治教育と結びつける際に,意志あるいは熟慮を重視する単なる熟慮民主主義者が見逃しがちな「自我の技法」とミクロ政治的な実践を視野に入れていく可能性である[47]。政治教育とミクロ政治との間の本質的な連関性を追求しているコノリーからみれば,「ウォーリンによる暗黙知と政治

教育との間の関係性への強調はまた，こうした自我の技法と彼が称賛する実践との間の関係性の探求も要請」することになる[48]。

しかしコノリーによれば，「ウォーリンのように，暗黙知を存在の固有な目的へと関連づけるようなやり方には，厳格な制限がある」のであり，「暗黙知の役割に対するウォーリンの取組みが，存在の深遠な多元性に対する彼の無宗教的な評価と結びつくとき，ウォーリンは確立された共通性と生成する政治との間の本質的な緊張を，政治的なものの概念へと挿入する方向へと引き寄せられている」ことになる。そのためウォーリンの著作においては徐々に「政治的なものにおけるこうした本質的な緊張へと明示的に接近する人びとのみが，生成・差異・多様性の領域に関心を払うかのように論ずる」傾向が出てくる[49]。

いずれにせよウォーリンの言う暗黙知には信仰と形而上学が内包されているため，近年のウォーリンの認識は，形而上学が埋葬された時代として後期近代を捉える人びと（R. ドゥオーキン，J. ロールズ，R. ローティー，J. ハバーマス等）との不和を招き，逆に批判的な形而上学的志向性を政治の暗黙的次元と関係づける人びと（M. フーコー，J. バトラー，Ch. テイラー，F. ダルマイヤー等）との潜在的な対話の可能性を拓くのである[50]。それだけでなく政治生活における暗黙の次元に関するウォーリンの深遠な認識は，もはや「政治理論家」と「政治科学者」との分業状況を克服し，比較政治学や国際政治学と伝統的政治理論との潜在的な対話の可能性をも拓いている。

だからこそ，ウォーリンが『政治とヴィジョン』において先送りした「政治的なもの」をあらためて90年代の民主主義論の文脈で論じた Fugitive Democracy 論が検討に値する価値をもつことを，コノリーは強調する。すでに引用した「政治的なもの」「政治」および「民主主義」のウォーリン独自の定義は，これまでのウォーリンの思想との連続性を示している。しかしながら，こうした連続性を確保しつつも，Fugitive Democracy 論は90年代の政治的文脈において，ある種の「失望のムード」に覆われている。それは「政治的なものがその中心性を維持する一方で，本質的にエピソード的」だとされているからである[51]。後期近代において政治的なものは，エピソード的表出に限定される

民主主義的なエネルギーと密接に結びついている。

ウォーリンが民主主義的なエネルギーの障害だと考えているのは、グローバル市場の力、立憲主義体制の枠、およびポストモダン的政治文化である[52]。ここでコノリーが問題にしているのは、ポストモダン的な差異の重視によって共通のニーズのための民主的行動に対する障壁が生まれてしまうと考えるウォーリンの認識である。ウォーリンは多様性が存在する前提条件と共通なものの政治との結びつきを定式化しているが、コノリーに言わせれば、ウォーリンの定式化は「皮肉なことに」ポストモダニストの定式化と、重点の置き所は異なるものの、きわめて類似しているのである[53]。

ウォーリンの定式化では、民主主義が移ろいやすく (fugitive) 散発的であるのは、「民主主義の自発性がある程度の不確実性と不確定性を、政治的なものという操作的な政治に変換している」からだとされる[54]。コノリーによれば、民主主義が乗り越えなければならない障壁はいくつもあるが、「共通なものそのものを強調することが、民主主義の政治的拡大を妨げる原因となる」場合も往々にしてみられる。そこで周辺化されてしまう異議申し立ての運動を、ポストモダニストは様々なやり方で再定義しようと試みている。したがって「確立した共通なものの政治と生成の政治との間の本質的な緊張関係が、共通なものを変化させ多元化させる」ところに最大のポイントがあり、この本質的な緊張関係をウォーリンが認める限りにおいて、ポストモダニストはウォーリンを支持することになる[55]。

コノリーが言うように、「共通なものの両義性は……政治的なものそのものがもつ単純化できない両義性である」ため、「共通なものの資源が、秩序の包摂を広げるために利用される」場合もあるし、逆に「創造的マイノリティが、共通なもののなかにある要素に逆らい、それらを取り払わなければならない」場合もある。実際にはこの2つの傾向は、同時に絡み合っている。政治的なものはきわめて重要であるが、「今や不純で本質的に両義的なもののように見え始めている」。したがって「ウォーリンは、非常に深い洞察をもって民主主義に移ろいやすい (fugitive) という特徴を付与している」が、その「移ろいやすいとい

う特徴の一部をなすのが,政治的なものの不純さと両義性」なのである[56]。

そこでコノリーは,ウォーリンのFugitive Democracy論の定式化における最大の問題を以下の疑問に集約している。すなわち「集合的,多元主義的で,また多元化しつつある文化において民主主義が周期的に熱狂する」ためには,まず「何よりも第1に共通なものの感覚の共有を必要とする」という立場をとるのか,それとも「必要とされる集団を形成しようと努める多様で相互依存的な人びととの間における,寛大な関与のエートスによる交渉」を重視する立場をとるのか,という問題である[57]。コノリーは,ウォーリンのFugitive Democracy論に対する疑問のほとんどが,この問題のバリエーションであるとみている。

たとえば,ウォーリンが「政治的なものの消失」を論じる際に,彼が政治の基礎もしくは目標としての「ネイション」に対して異論を述べる際には「消失」の方にアクセントが置かれている。しかし「今や,政治的なものは移ろいやすい(fugitive)エネルギーによって作り出されているのであって,必ずしも人びとによってすでに表明された共通の目的を表現するものではない」場合が多い。この視点が彼が言うところのポストモダニストとウォーリンとの距離を縮めているのだが,またウォーリンが「政治的なもの」に関する自身の理解とポストモダニストの見解を対比する際には,ウォーリンは「共通なもののより一般的な定式化」の方に引き寄せられる[58]。

コノリーは,このウォーリンのぐらつきの原因をウォーリンの「関心事における見事な緊張」に求めている。というのも,「民主主義に対する重要な異種の諸要素が,相互依存と緊張の両方の関係において成立しているために」,この緊張は民主主義を論じるあらゆる者にとって避けられない緊張なのである。したがって,コノリーらのポストモダニズムの理論家がウォーリンから学ぶ最大のポイントは,「民主主義の脆弱性が少なくとも2つの方向を示している」ことなのである。つまりそれは,「歴史的に形成された共同性は,経済上の平等化に抗するためにも,また多様性の正しい評価を抑制するためにも,その両方向でしばしば機能する」ことを示しているのである[59]。

その場合にコノリーが強調するのは,それがなければ「教育的および経済的

な包摂の政治を危うくする」ような「複合的な相違を貫通する尊敬と包摂のエートス」である。こうした「多様な人びとの間の寛大な関与の精神」を追求することで，コノリーは，「教育的，経済的，生態的，および参加的な包摂のための一般的条件を支え，また宗教的信条，エスニシティ，道徳の源泉，性的関係の様式，およびジェンダーの実践の区分ごとに人びとが意見を異にしうる多次元的な多元主義を尊重するための最良の機会を提供し」ようとする。さらにそうしたエートスは「現存する多元主義のパターンと多元化の政治との間の繰り返される緊張」を，政治に積極的に取り込むことを可能にする，とされる[60]。

コノリーの論点は，「積極的な多元性のエートスと，社会的および経済的な不平等の縮小とは，いずれもが相互依存的であり，またそれ自体が価値あるものであるために，一方の不在が他方の実現に対する障害を引き起こす」という連関性である。しかし現実の世界では両者の要素にはトレードオフの関係があり，一方を追求するともう一方が失われる傾向にあるため，両者の相互依存関係は「両者間の必然的な緊張」によって成り立っている。換言すれば，両者は「民主主義の構成要素として共存し，相互依存と緊張という関係において成立している」ことになる[61]。

以上が今日の民主主義論における最大の鍵となる論点であり，ウォーリンのFugitive Democracy論が強調する民主主義の移ろいやすい性格は，様々な異論があるにせよ，これからの民主主義論の基本的な枠組を構成しているといえよう。こうしたコノリーの評価は，この半世紀にわたって叙事詩的な政治理論としての民主主義論を展開してきたウォーリンの知的営為の核心を鋭く捉えている。近年の民主主義論における重要な論点の一つである「境界線を越えるデモクラシー」をめぐる議論を進展させるためにも，先に論じた民主主義の構成要素における相互依存と緊張の問題は，グローバル化と再帰性という現代世界の条件のもとでさらに検討を加える必要がある。

6 Fugitive Democracy を越えて

　ここでは，コノリーの検討に続いて，『民主主義とヴィジョン』に収録されている論文のなかからとくに本章の視角からみて重要だと考えられるニコラス・クセノス[62]，ジョージ・ケイティヴ[63]，フレッド・ダルマイヤー[64]，ステファン・ホワイト[65]，アレイ・ボトウィニック[66]の論文をみていきたい。

　クセノスは後期のウォーリンが，脱中心化，ローカリズム，抵抗，および多様性という考え方を強調し始めたことに注目し，後期ウォーリンの主題を「新しい価値の創造」に向かう集合的アクターとしてのデモスの問題として捉えている。もともとウォーリンは「政治的なもの」を共同性の観点から定義しているが，Fugitive Democracy 論にみられるようなラディカル・デモクラシーにおける政治的なものについては，とくに「共同性の新しい文化的パターンの創出」の問題として，共同性を新しい価値の創造と結びつけて定義している。クセノスは，民主的な力の源泉が「諸集団を架橋する共同体」に由来することに着目し，現代ではそうしたデモスの力がどのような契機で表出するのかという点に関心を寄せている[67]。

　そして Fugitive Democracy の経験としてウォーリンが着目した1989年の東欧の経験を再考する。とくに憲章77の中心メンバーとしてチェコスロバキアの民主化運動を担ってきたヴァーツラフ・ハヴェルらが創設した「市民フォーラム」に焦点をあて，この「純粋な」政治形態が正統化の構造を欠きつつも，背後に存在したデモスの裏づけによって民主的であるという「革命期」特有の問題を論じる。それはT. アッシュが『マジック・ランタン』で論じたような，「アドホックに発生しつつ，特定の目的に向けた情熱をもち，その目的が達成されると消滅するような組織化」のあり方である。この革命は劇的な形でデモスの力を証明したが，ハヴェルの大統領就任に伴い，Fugitive Democracy の経験は「政治」に道を譲った[68]。

　こうした「民主的再生の逸脱しがちなエネルギーと，それらを保護するよう

に企図された制度的デザインとの間の緊張」に焦点をあてたクセノスに対して，ケイティヴは，ウォーリンが重視したデモスの逸脱しがちな再生と，「ミッシェル・フーコーによる『従属させられた知の氾濫』との間に類似性」がある点に着目している。いずれもが，組織化された高度資本主義社会においては「反抗的な契機」のみがあり得るとのペシミズムを表明しているからである。ケイティヴによれば，Fugitive Democracy は政治の契機というよりも政治的なものの契機である。その意味で，ウォーリンの革命観は，「真に政治的な関係を自発的に創造し，調和的な政治形態やシステムを設立することでそれを永続化させた」点を評価する H. アレントの革命観よりも，「混乱や爆発それ自体を目的としている」G. ソレルの革命観に接近するようになっているとされる[69]。

ケイティヴの批判のポイントは，ウォーリンの Fugitive Democracy は「民主主義的ではなく，単なる民衆的 (demotic)」になっているのではないかという点である。つまり，ウォーリンの言う Fugitive Democracy が「既存の秩序に挑戦するエピソード，瞬間，事件としてしかありえない」という意味で，ソレルの「労働者ゼネスト」のような反エリート主義に接近しており，「文化的変動」に妥協してしまっているのではないか，という問題である。ケイティヴはさらにウォーリンの Fugitive Democracy が「民衆の怒り」(demotic rage) に支えられている点を問題にする。Fugitive Democracy が単なる民衆の怒りに接近するならば，それは破壊的なものに近づき「途方もなく愚かなアイデンティティの政治や原理主義的宗教，あるいはネオファシズム」に陥る危険性がある。ケイティヴが懸念しているのは，Fugitive Democracy がマルクスの希望のような方向性をもたないために，ソレル的なものになり，「民主主義の創造のエネルギーが，再び破壊へと向けられる」点なのである[70]。

それに対して，「政治的概念としての民主主義の特徴は，論争可能性」だと考えるダルマイヤーは，近代以降の民主主義の歴史的展開に即して，ウォーリンの Fugitive Democracy 論を位置づける。それは，民主主義が近年ではほぼ世界的に承認されたために，かえってその意味と構成的な特徴が混乱し，民主主義をめぐる論争がラディカル・デモクラシーの登場によって，より複雑になっ

ているからである。ポストモダンの文脈にあっては，人民あるいは民衆による支配とは Fugitive Democracy に接近する。ダルマイヤーによれば，今日の民主主義理論の課題は，主権や集合的アイデンティティに関係しない方法で，しかも市場自由主義や新自由主義を特権化せずに，民衆による支配を再考また再概念化することである[71]。

ポストモダン的議論を行う政治理論家にとっては，（民族や階級という概念は言うまでもなく）人民あるいは民衆というマクロ主体概念を脱構築し，根源的な非共同性を強調することで民主主義を混沌のなかに導き入れる。ダルマイヤーは，ラディカル・デモクラシーについてのシャンタル・ムフの見解を承認したが，それはマクロ主体概念の脱構築が単に人間主体（human agency）を消し去ることを意味するのではない。それは，「人民」あるいは「民衆」という主体を固定的で静態的に捉えるのではなく，むしろ進行中の自己変革の表象として捉える視点である。ラディカルで多元的な民主主義とは，自己矛盾のない民主主義的主体の肯定と否定の両方を要求する，自己変形的な民主主義なのである[72]。

この点で民主主義的な企てにおける変形可能な性質（苦難，搾取，支配という具体的な経験に起因する）を強調するウォーリンの Fugitive Democracy 論は，ラディカル・デモクラシーの文脈で捉えられている。普通の人びとが「民主主義的な自由と平等を可能にしてきた不平等な権力の形式」を議論することによって，「政治的なものの再興」を求めるウォーリンの志向性は，ダルマイヤーの見解では，民主主義の政治を「下からの」草の根的パースペクティヴから検討する必要性を強調したメルロ・ポンティの議論と共鳴するものとして捉えられる[73]。

同じく，ホワイトは政治的なものの概念をラディカル・デモクラシーによるものと，ポスト構造主義／ポストモダンによるものとに識別し，ウォーリンの Fugitive Democracy 論を独自に位置づけている。ホワイトは，ウォーリンが導入した政治的なものの一般概念と，政治的なものの特定のラディカル・デモクラシー的な概念との間の区別を重視する。ホワイトによれば，ウォーリンによるラディカル・デモクラシー概念の特殊性は，ポーランドにおける「連帯」運動にみられた「政治的なもの」の特殊性と結びついている。それは，ウォーリ

ンの「共通なもの」を基盤にした運動と結びついた「政治的なもの」の概念が，革命的変動の状況に主に適合するからである[74]。

ただしホワイトによれば，ウォーリンのラディカル・デモクラシーおよび「政治的なもの」の限界は，第1にそれが，明確で安定した標的あるいは敵となるような不公正という比較的一元的な源泉を想定していること，また第2にそれが，連帯に向けた認識上の，感情的な変容に至らせるような強度の苦痛を想定していること，に求められる。後期近代における政治的現実において，ウォーリンの描いたデモスのような人びとすべてにまで，物質的な剥奪が及ぶ場合は少ない。多くの場合，不公正やその敵は複雑かつ多面的であるので，ウォーリンの「政治的なもの」の論理で容易に考察されるものではない。その点で，アメリカ合衆国における様々な不公正の事例を考慮すると，ウォーリンのラディカル・デモクラシーが充分な規範的な枠組を提供するかどうかは，疑問視されている[75]。

それに対して，ホワイトはコノリーの「アイデンティティ／差異」のダイナミクスの分析を，ウォーリンのデモス論と対置させる。というのも，今日の西欧民主主義諸国においては，中間層はエリートでもデモスでもなく，そのためウォーリンのように彼らを潜在的な仲間として考えるわけにはいかない。コノリーは，そうした中間層も周縁の側から現状に挑戦するものとして認識する必要を認めている。コノリーが「民主主義的寛容のエートス」を強調するのは，彼が後期近代世界において涵養すべき適切な感受性としての「批判的応答」の可能性の必要を説いているからである。ホワイトは，寛容のエートスを形成するミクロな実践の積み重ねの結果である感受性の涵養が，後期近代の民主主義における「認識」として適切だと考えるコノリーに賛同している。しかし同時に，ウォーリン的なエートスもコノリー的なものと並んで必要となるという指摘も忘れていない[76]。

最後に，ボトウィニックはウォーリンの言う「政治理論」における理論の性質を検討し，ウォーリンの理論がまさに理論化の営みについての理論である点を明らかにする。ウォーリンは，フーコーの政治理論が政治と政治的なものを

融合してしまっている点を批判し，政治的なものの問題が権力の偏在を否定することではなく，共通の目的を破壊してしまうような形で権力を用いることを否定することにある点を論じる。そしてフーコーに関する論文において採用された批判装置を精巧につくりあげていくなかで，ウォーリンは「政治的なもの」と「政治」との区分を明確にした[77]。

　ボトウィニックの解釈によれば，Fugitive Democracy 論におけるウォーリンの上記の二分法は次のようになる。すなわち，「政治」とは政治プロセスのことであり，具体的には「政治アリーナにおける持続的で特有な取引」を示す。それに対して，「政治的なもの」とは，「手続き的取引が政治的価値の——政治的実体の——かたちを生み出すように形成される仕方」を言う。つまり，政治とは政治的実践の領域を示す一方で，政治的なものとは政治理論の領域を示すことになる。その場合にボトウィニックが注目しているのは，ウォーリンが政治的実践の進むべき道と政治理論の進むべき道をそれぞれ別々のものとして捉え，双方の道が合流するのは「稀」であり「エピソード的」にすぎない，と考えている点である。そこから最終的に，Fugitive Democracy 論において，ウォーリンは政治理論に内在する限界を「民主主義」という語そのものに変換している，との結論が導かれている[78]。

7　民主主義とヴィジョン

　ウォーリンの Fugitive Democracy 論は，あらためて「共通なものの感覚の共有」と「寛大な関与のエートスによる交渉」との間の，つまり「確立した共通なものの政治」と「生成の政治」との間の緊張関係が，現代のデモス（決定主体）をめぐるアジェンダへと収斂していることを教えてくれる。新しく生成される「市民社会」（必ずしもネーションや国家に拘束されない）が，自己限定的に「公共圏」を表出する潜勢力を積極的に評価し（東中欧の民主化運動の政治理論的教訓），しかもグローバル化によって，社会空間が境界線に囲まれた空間というアナロジーではもはや語れなくなった現代の世界にあって，あくまでも民主主

義に基づく政治空間を追求しようとする者は，ウォーリンの Fugitive Democracy 論から多くの示唆を受けるであろう。

　そして，この境界線を越える民主主義の政治理論の模索は，グローバル・デモクラシーの政治理論を構想する不可欠の作業である。近年提出されているグローバル・デモクラシーの政治理論は，特にD. ヘルドやA. マッグルーらが展開する「コスモポリタン・デモクラシー」論を中心に，グローバルなレヴェルでの「新しい制度の樹立」を求める方向に展開している[79]。その場合にも，こうした政治理論の根底にはグローバルな政治空間における決定主体としてのデモスを定義する問題がなによりも重要になる。その場合に，どうしても論点は，「人びとに『原初的な絆』や『歴史的連続性』を感じさせるネーションという『想像の共同体』を越えて，新たな政治共同体やデモスを創ることができるのか[80]」という点に集中しがちである。だが，ここに議論の落とし穴がある。

　ウォーリンが「What Time Is It?」で論じたように，グローバル化による時空間の急速な変容は，経済的・文化的時間の速い速度と適切に調和できない政治的時間の緩やかな速度の問題を浮かび上がらせている。これは，政治的時間が基本的に「熟慮のテンポ」に基づいており，この熟慮に民主政治の本質があるため，グローバル化は本来的に民主主義の危機をもたらす側面をもっているからである。この危機に対処するためには，「もはや境界線によって囲まれた閉じた政治空間の再編成や代表の再定式化だけでは，問題に有効に対応できない。[81]」そのためには，あくまでも「揺らぎから生じる，市民の実効的な参加のポテンシャルを最大化させ，新たにデモスを生成・再編してゆくデモクラシー＝民主化の構想」と「市民が自らの言葉を持つ政治の担い手として遇される空間を形成する実践」が必要なのである[82]。

　こうした方向から「熟議民主主義」(Deliberative Democracy) 論を展開するジョン・ドライゼックは，熟議の場として公式の制度（議会や裁判所など）だけでなく，対抗的な社会運動を含む市民社会や公共圏を重視している[83]。言うまでもなく，こうした市民社会／公共圏はネーションや国家という境界線に拘束されるものではない。しかしここでも，問題は熟議民主主義を担うデモスの内実

である。市民とデモスの関係にずれが生じることを承認すれば、政治的・社会的統合の契機が揺らいでしまう[84]。もちろんドライゼックの熟議民主主義の考え方は、この揺らぎを積極的に利用して「境界線を越える民主主義」の可能性を探っているのではあるが、半面、それでは民主主義の危機を招く可能性を排除できない。

換言すれば、「境界線を越える民主主義」と「〈帝国〉」（M. ハート＆A. ネグリ）は同じメダルの裏表の関係にある[85]。ハートとネグリのいう〈帝国〉とは、「フレキシブルなヒエラルキーの内部で諸々の混成的アイデンティティを管理運用しながら、まさに一種の差異のポリティクスをとおして、支配力を行使」する主権のあり方と、「空間の生産においていま起こっている同時代的な変容」を説明する枠組である[86]。そこで彼らは「アイデンティティと差異性の境界を越えた主体という構想」を「マルチチュード」（群集＝数多性）という概念で語っている。「マルチチュード」とは、人民・大衆・暴民という概念とも区別され、「能動的な社会的行為主体」としての「活動する多数多様性」であるとされる[87]。彼ら自身もこの概念が不充分であることを自覚しているが、こうした能動的な行為主体を「理解すること自体が、すでに政治的組織化の問いと分かちがたく結びついている」[88]のであって、グローバル・デモクラシーの政治理論も、こうした問いからしか始まらないのである。

1) Sheldon Wolin, "What Time Is It?," *Theory & Event* Vol. 1, No. 1 (January 1997): http://muse.jhu.edu/journals/theory_&_event/toc/archive.html#1.1.
2) Jeffrey Isaac, "The Strange Silence of Political Theory", *Political Theory*, Vol. 23, No. 4 (1995), pp. 636-688.
3) *Ibid.*, p. 649.
4) Wolin, "What Time Is It?", p. 2.
5) *Ibid.*, pp. 5-6.
6) この民主主義理論の動向については、とりあえず以下を参照されたい。April Carter and Geoffrey Stokes, eds., *Democratic Theory Today* (Cambridge: Polity Press, 2002).

7) ラディカル・デモクラシーをめぐる議論の概要については,以下が詳しい。千葉眞『ラディカル・デモクラシーの地平――自由・差異・共通善』新評論,1995年。
8) 詳しくは,以下を参照されたい。川原彰「ラディカル・デモクラシーとグローバル・デモクラシー――重層化する民主主義の問題領域」,日本政治学会編『年報政治学1999・20世紀の政治学』岩波書店,2000年,167-180ページ〔本書第9章〕。
9) S. N. Eisenstadt," The Breakdown of Communist Regimes and Vicissitudes of Modernity," *Daedalus*, Vol. 121, No. 2 (1992), pp. 21-41.
10) *Ibid.*, p. 24.
11) *Ibid.*, p. 26.
12) 詳しくは,以下を参照されたい。川原彰『東中欧の民主化の構造――1989年革命と比較政治研究の新展開』有信堂,1993年。
13) 川原彰編『ポスト共産主義の政治学』三嶺書房,1993年,第3章,を参照されたい。
14) Eisenstadt, "The Breakdown of Communist Regimes and Vicissitudes of Modernity," p. 34.
15) *Ibid.*, p. 35.
16) *Ibid.*, p. 35.
17) *Ibid.*, p. 37.
18) *Ibid.*, p. 38.
19) *Ibid.*, p. 39.
20) Anthony Giddens, *Beyond Left and Right: The Future of Radical Politics* (Cambridge: Polity Press, 1994). 松尾精文・立松隆介訳『左派右派を超えて――ラディカルな政治の未来像』而立書房,2002年,15ページ。
21) *Ibid.* 同訳書,16ページ。
22) *Ibid.* 同訳書,16-19ページ。
23) *Ibid.* 同訳書,114ページ。
24) *Ibid.* 同訳書,14,19,70ページ。
25) *Ibid.* 同訳書,24-34,168-169ページ。
26) *Ibid.* 同訳書,146-147ページ。
27) *Ibid.* 同訳書,151-160ページ。
28) こうした理論の概要については,以下を参照されたい。Carter and Stokes, *Democratic Theory Today*.
29) Sheldon Wolin, "Fugitive Democracy" in Seyla Benhabib, ed., *Democracy and Difference: Contesting the Boundaries of the Political* (New Jersey: Princeton University Press, 1996), pp. 31-45.

30) 1980年代のウォーリンの思想については，以下を参照されたい。川出良枝「『政治的なるもの』とその運命——80年代のラディカル・デモクラシー」『創文』299号（1989年5月），および，森政稔「シェルドン・ウォーリンの政治理論と『脱近代』の政治——『政治学批判』によせて」『社会科学研究』第41巻第2号（1989年）。
31) Sheldon Wolin, *Political Theory: Trends and Goals and Other Essays*. 千葉眞・中村孝文・斎藤眞訳『政治学批判』みすず書房，1988年，第6章。
32) Wolin, "Fugitive Democracy," p. 31.
33) Wolin, *Political Theory*.『政治学批判』，第5章，207ページ。
34) *Ibid*., 同訳書，210ページ。
35) Sheldon Wolin, *Politics and Vision* (London: George Allen & Unwin Ltd., 1960). 福田歓一ほか訳『西欧政治思想史』福村出版，1994年。
36) Wolin, *Political Theory*.『政治学批判』，第6章，253ページ。
37) Sheldon Wolin, "Democracy and the Welfare State: The Political and Theoretical Connections Between Staatsräson and Wohlfahrtsstaatsräson," *Political Theory*, Vol. 15, No. 4 (1987), pp. 467-500.
38) 川崎修「『政治的なるもの』の変容」『法哲学年報・法的思考の現在』有斐閣，1991年，79-80ページ。
39) William E. Connolly, *Identity / Difference: Democratic Negotiations of Political Paradox* (Ithaca: Cornell University Press, 1991). 杉田敦・齋藤純一・権左武志訳『アイデンティティ／差異——他者性の政治』岩波書店，1998年，399-401ページ。
40) *Ibid*., 同訳書，402-403ページ。
41) Wolin, "Fugitive Democracy," pp. 32-33.
42) *Ibid*., p. 38.
43) *Ibid*., p. 39.
44) *Ibid*., p. 44.
45) Aryeh Botwinick and William E. Connolly, eds., *Democracy and Vision: Sheldon Wolin and the Vicissitudes of the Political* (New Jersey: Princeton University Press, 2001).
46) William E. Connolly, "Politics and Vision." in Botwinick and Connolly, eds., *Democracy and Vision*, pp. 3-22.
47) *Ibid*., pp. 11-12.
48) *Ibid*., p. 12.
49) *Ibid*., p. 12.
50) *Ibid*., pp. 12-13.

第Ⅴ部　民主主義理論

51) *Ibid.*, pp. 13-14.
52) Wolin, "Fugitive Democracy," pp. 32-35.
53) Connolly, "Politics and Vision," p. 15.
54) *Ibid.*, pp. 15-16.
55) *Ibid.*, p. 16.
56) *Ibid.*, p. 16.
57) *Ibid.*, p. 17.
58) *Ibid.*, p. 17.
59) *Ibid.*, pp. 17-18.
60) *Ibid.*, p. 18.
61) *Ibid.*, p. 18.
62) Nicholas Xenos, "Momentary Democracy," in Botwinick and Connolly, eds., *Democracy and Vision*, pp. 25-38.
63) George Kateb, "Wolin as a Critic of Democracy," in Botwinick and Connolly, eds., *Democracy and Vision*, pp. 39-57.
64) Fred Dallmayr, "Beyond Fugitive Democracy: Some Modern and Postmodern Reflections," in Botwinick and Connolly, eds., *Democracy and Vision*, pp. 58-78.
65) Stephen K. White, "Three Conceptions of the Political: The Real World of Late Modern Democracy," in Botwinick and Connolly, eds., *Democracy and Vision*, pp. 173-192.
66) Aryeh Botwinick, "Wolin and Oakeshott: Similarity in Difference," in Botwinick and Connolly, eds., *Democracy and Vision*, pp. 118-137.
67) Xenos, "Momentary Democracy," pp. 32-34.
68) *Ibid.*, pp. 34-36.
69) Kateb, "Wolin as a Critic of Democracy," p. 40.
70) *Ibid.*, pp. 40-56.
71) Dallmayr, "Beyond Fugitive Democracy," pp. 58-59.
72) *Ibid.*, pp. 70-74.
73) *Ibid.*, pp. 74-75.
74) White, "Three Conceptions of the Political," pp. 174-177.
75) *Ibid.*, pp. 178-179.
76) *Ibid.*, pp. 179-183.
77) Botwinick, "Wolin and Oakeshott," pp. 131-133.
78) *Ibid.*, pp. 133-134.

79) グローバル・デモクラシーの理論の動向については,とりあえず以下を参照されたい。川原「ラディカル・デモクラシーとグローバル・デモクラシー」,175-179ページ。

80) 山崎望「境界線を越える民主主義? ――ドライゼックの熟議民主主義論」『創文』447号（2002年10月）,12ページ。

81) 同,12ページ。

82) 同,14ページ。

83) Jhon S. Dryzek, *Deliberative Democracy and Beyond: Liberals, Critics, Contestations* (Oxford: Oxford University Press, 2000) pp. 115-139.

84) 山崎「境界線を越える民主主義?」,14ページ。

85) 同,14ページ。

86) Michael Hardt and Thomas Dumm, "Sovereignty, Multitudes, Absolute Democracy : A Discussion between Michael Hardt and Thomas Dumm about Hardt and Negri's *Empire*," *Theory & Event* Vol. 4, No. 3 (2000). 水嶋一憲訳「主権,マルティテュード,絶対的なデモクラシー――『〈帝国〉』をめぐる討議」『現代思想』第29巻第8号（2001年7月）,106ページ。

87) *Ibid.*, 同,112-113ページ。

88) *Ibid.*, 同,113ページ。

> column

アンソニー・ギデンズ著
『左派右派を超えて』
――ラディカルな政治の未来像――

松尾精文・立松隆介訳

（而立書房／3,800円）

ギデンズ理論の集大成——対話型民主化の現実的な可能性を模索

『社会理論の最前線』に代表されるギデンズの初期の著作は難解をもって定評があったが，『第三の道』などの近年の著書は逆に簡潔すぎて物足りない憾みがあった。本書は，『近代とはいかなる時代か？』『親密性の変容』『国民国家と暴力』などのエッセンスを集約し，冷戦終結に伴うグローバル化時代の政治・社会理論の方向性を提示したギデンズ理論の集大成とも言うべき力作である。というのも，ギデンズ自身の研究プランに即して言うならば，1985年の「資本主義と社会主義との間に」の構想を，1989年の東欧革命とそれに続くソヴィエト連邦の崩壊という劇的な事態を踏まえて，新たに「政治的にラディカルであることの意味は何か」という視点から再構成したものだからである。

タイトルの『左派右派を超えて』に示されるように，「再帰性」（地球規模に及ぶ活動条件についての情報を，その活動が何の活動であるのかを常に検討し評価し直すための手段として活用することをいう）が発達した今日の状況のもとでは，「左派と右派の明確な区分はまったく存在しない」というのが著者の確信である。ここで著者の言う「左派」とは福祉国家も含めた広義の社会主義であり，「右派」とは保守主義と区別されるネオリベラリズムである。いずれもが陳腐化したのは，人為的リスクが地球規模で増大し，混乱と不確実性が支配する「暴走する世界」に直面して，政治の課題がこうしたリスクの管理の問題になったためである。

そこで著者がラディカルな政治を再構築するための枠組として提示するのが，《損なわれた連帯性》の修復，《ライフスタイルの政治》と《生成力のある政治》，《福祉国家の再考》と福祉の再構築，《対話型民主制》と《暴力》の対決といったアジェンダである。すなわちグローバル化と再帰性という二つの過程が民主化に向かう圧力を生み出し，それによって——原理主義によって占領される可能性はあるものの——グローバルな「対話空間」が生みだされる可能性に著者は賭けている。

著者の議論のなかで特に興味深いのは，個人生活の民主化の可能性を今日の政

治改革の重要な側面だと捉えている点である。たとえば先進国における摂食障害の増加がたんに「スリムな身体の強調だけでなく，食習慣が多様な食糧の選択によって形成されるという事実から生じている」と指摘するように，グローバル化の影響作用がそれを受ける人びとによって再帰的に秩序づけし直されるため，自己のアイデンティティだけでなく，身体でさえも再帰的，自己自覚的な企てになる。こうした「完全なポスト伝統的社会を生きる最初の世代」の日常生活の経験を，グローバルなコスモポリタン的秩序の形成と結びつけて論じる視点は，きわめて刺激的である。

本書はこれまでの政治・社会理論が往々にして回避してきた「私たちはいかにして生きるべきか」の問いに対して，「社会や環境の修繕を建設的に生きることの価値とどのように結びつけることが可能かを，率直に公の場で協議する」方向から立ち向かっている。その意味で価値観の衝突を暴力の行使によって解決しようとする21世紀の世界にあって，「にもかかわらず」対話型民主化の現実的な可能性を模索する本書は，我われを勇気づけてくれる。

〔週刊読書人・2003年2月15日掲載〕

---

column

進藤榮一著
『脱グローバリズムの世界像』
——同時代史を読み解く——

（日本経済評論社／1,800円）

21世紀世界への道を示す——国境を越えた市民と民衆の目線から

「理論」という言葉は，もともと使者として赴いた旅先での知見を伝える行為にその語源があると言われる。本書に示される数多くの知見も，著者の旅の経験と密接に結びついている。自己の原風景から始まる「非極」の世界への激しい想い，旅先での「驚き」を認識衝動の基盤に，「非極の世界像」に基づく国際政治理論を構築していく同時代分析の鋭さは，すでに1988年に公刊された『非極の世界像』（筑摩書房）で充分に示されていた。本書は，1979年から1988年までの国際政治の動向分析であった前著の続編であり，「アメリカ流グローバリズムを脱却することにこそ，私たちの21世紀世界が始まる」という著者のメッセージがそこに込められている。

「世界の重心は周辺部にこそある」との名言を，1980年に藤田省三氏より伺ったことがある。イラン革命，ソ連のアフガニスタン侵攻，韓国光州事件，ポーランド「連帯」革命と続く周辺部の同時代的な政治体制危機は，1979-80年に起きた。こうした出来事がその後の世界にどれほど大きな影響を与えたのかは，現在から見ればあまりにも明白である。しかし当時は，こうした出来事に何か新しい意味の予兆を感じつつも，その構造変動の意味を理論化するには程遠く，ソ連脅威論の跋扈に歯痒い想いをかみしめるばかりだった。

1980年代に研究者の卵として，冷戦構造を内側から崩していく革命・民主化運動に焦点をあてて周辺部の紛争構造を検証したいと悪戦苦闘していた評者自身にとっても，『非極の世界像』との出会いは大いなる励みとなった。冷戦構造という「常識」は90年代には「非常識」と化した。そして冷戦後世界においては，グローバル化とグローバリズムという名のもとにアメリカ一極覇権主義（そして北朝鮮脅威論や日米同盟基軸論）が無批判に「常識」として語られている。その背後にあるのは，アメリカの権力エリートに典型的な極中心の単純な世界像である。著者はメキシコからルワンダ，ソウルからジャカルタ，ロンドンからプラハまで旅を続けながら，本書においてもそうした常識を非常識に変えていく契機を発見し，あくまでも「国境を越えた市民と民衆の目線からグローバリズムからの脱却」を説く世界像を提出している。

この世界像こそ，「ゼロサム・ゲームのクラウゼヴィッツ的世界像から，公共空間と連携の可能性を説くハンナ・アレント流の，ウィンウィン・ゲームの世界像への転換」を示している。本書では，北欧やカナダで生まれつつある「社会的安全保障」論に寄り添いつつ，グローバル化時代の安全保障がもはや軍事力による国家安全保障でなく，内なる社会の安定と安全（社会的セイフティネットと社会的アイデンティティの確保）を図る安全保障に依拠する必要性が説得的に提示される。その時，「自らの中に他者性を見出し，他者と連携し共生できる『共通公共空間』」を地球大に実現していく「私たちの21世紀世界」への道筋が鮮やかに浮かび上がってくるのだ。9・11の衝撃を経て，本書に示される世界像の重要性はますます高まっている。

〔週刊読書人・2003年5月9日掲載〕

あ と が き

　1994年9月に北海道大学のキャンパスで本章の構想をたてから，完成にこぎつけるまでに思いがけず10年以上の歳月が流れてしまった。当初の予定では4年間ぐらいで完成させるつもりだったのだから，われながらあきれ果ててしまう。1997年あたりには出版計画も進み，目次の構想までできあがっていながら，諸般の事情で棚上げにしてしまった。一つの大きな事情は，1996年4月に移籍した新しい職場に適応し，研究態勢を確立するプロセスに予想以上のエネルギーを割かれてしまったからだ。政治学科の必修科目の「政治学」を担当することになり，政治学教育に前任校以上のエネルギーを割かれるようになったばかりでなく，大学改革や司法制度改革に伴う法学部の制度改革などの行政にも新たに多大なエネルギーを割かれた。その上，この新しい職場への移籍に尽力してくださった高柳先男教授が思いがけず1999年7月に急逝され，高柳教授関連の仕事を大量に引き継いだことも重なり，世紀末は当初の研究計画を実現するどころではない状況に陥ってしまったのだ。
　それだけでなく研究内容の面でも，政治学教育上の必要からこの研究計画の一部を使用して比較政治学のテキストを1997年に刊行したこともあり，市民社会論を重視した現代政治理論の方向に研究計画を修正する必要も生じていた。続けて政治学のテキストを準備する必要もあり，本書の基本構想を実現するプロジェクトは，すっかり棚上げになってしまっていた。ところが，このプロジェクトを完成させるきっかけは，思わぬところからやってきた。比較政治学と政治学のテキストを刊行していた出版社が，2003年に突然に倒産してしまった

のだ．当面のテキストは在庫分でしのげるにしても，比較政治学のテキストを新たに刊行する必要が生じた．そこで，これまでの研究計画を抜本的に再検討し，比較政治にかかわる本来の研究計画を実現するプロジェクト（本書）と現代市民社会論にかかわる研究プロジェクト（次回作）を分離して刊行することにした．

　こうした分離が可能になったのは，2003年初頭に本書第10章に収録した論稿を完成できたためである．この論稿は，高柳先男教授の追悼論文集に寄稿するために執筆したものであるが，研究上においてもここ何年間も行き詰まっていたある問題をブレイクスルーする感覚を経験できた．その意味で，個人的にはこの論稿の完成が研究上の非常に重要な転機になった．この論稿を完成できたことで，本書『現代比較政治論』を締めくくることができたと同時に，次回作『現代市民社会論の新地平』の基本構想を完成させることもできたのである．高柳教授の死と三嶺書房の倒産という二つの不幸な出来事が，結果的に本書の生みの親になってくれたのは間違いない．こうしたいくつもの偶然の連鎖から生まれた本書は，基本的には『東中欧の民主化の構造』（1993年）に続く2番目の研究書として刊行される（ただし比較政治学のテキストとしても使用できるように，第1章に比較政治学のキーワードと基礎理論の解説を付したほか，比較政治学の学び方や重要文献の解説にかかわるコラムを付すなど構成上の配慮をしてある）．

　各章の初出は，次のとおりである．
　　序章　「民主化研究から民主主義理論へ——本書の主題と構成」書き下ろし
　　1章　「比較政治学の構想と方法——キーワードと基礎理論」書き下ろし
　　2章　「東中欧の民主化研究プロジェクト——『東中欧の民主化の構造』をめぐって」
　　　　原題「ポスト共産主義と民主化の比較政治研究——『東中欧の民主化の構造』再考」，慶應義塾大学法学研究会編『法学研究』（内山秀夫教授退職記念論文集）第67巻第12号（1994年12月），所載．
　　3章　「民主化における〈市民社会〉と〈政治〉——ポーランド『連帯』

10年の経験」
　　　　同名論文，内山秀夫編『政治的なものの今』三嶺書房（1991年10月），所載。
4章　「東中欧の民主化と市民社会論の新展開——理論モデルの整理とその検討を中心に」
　　　　原題「東中欧の民主化と市民社会論の新展開」，聖学院大学編『聖学院大学綜合研究所紀要』第21号（2001年9月），所載。
5章　「半周辺地域における〈民主化〉の位相——世界システム論的視座からみた1989年革命」
　　　　同名論文，杏林大学社会科学学会編『杏林社会科学研究』第11巻第2号（1995年9月），所載。
6章　「ポスト共産主義の政治経済学——半周辺地域における〈民主化〉の位相」
　　　　同名論文，中央大学社会科学研究所報告第18号『統合するヨーロッパ／重層化するアジア』中央大学社会科学研究所（1997年3月），所載。
7章　「民主化理論と民主化以後の諸様相——ポスト共産主義の体制転換と〈国家性〉問題」
　　　　同名論文，富田広士・横手慎二編『地域研究と現代の国家』（慶應義塾大学法学部政治学科開設百年記念論文集）慶應義塾大学出版会（1998年11月），所載。
8章　「『中欧』の再発見と欧州統合——ＥＵ東方拡大と統一ドイツ」
　　　　原題，「『中欧』の再発見と欧州統合——『誘拐された西欧』はいずこへ」，中央大学中央評論編集部編『中央評論』（特集・歴史の中の欧州統合）第244号（2003年7月），所載。
9章　「ラディカル・デモクラシーとグローバル・デモクラシー——重層化する民主主義の問題領域」
　　　　同名論文，日本政治学会編『年報政治学1999・20世紀の政治学』岩波書店（1999年12月），所載。

10章 「グローバル・デモクラシーの政治理論序説──S. ウォーリンの Fugitive Democracy 論を手がかりに」
　同名論文，中央大学法学会編『法学新報』（高柳先男先生追悼論文集）第110巻第3・4号（2003年8月），所載。

転載を許可してくださった関係者のご好意に対して，あらためてお礼を申し述べたい。

　前作『東中欧の民主化の構造』のエッセンスを市民社会論の観点から再構成した第3章（1991年）を除いて，本書はすべて1994年から2003年までの10年間に発表した論稿から成る。各論稿は，この間にかかわった様々な共同研究プロジェクトの成果でもある。中央大学社会科学研究所共同研究プロジェクト（主査・古城利明中央大学教授）＝第5章，第6章，中央大学社会科学研究所国際共同研究（主査・高柳先男中央大学教授）＝第8章，日本国際問題研究所東欧政治研究チーム（主査・伊東孝之早稲田大学教授）＝第6章，早稲田大学現代政治経済研究所共同研究（主査・伊東孝之早稲田大学教授）＝第2章，北海道大学スラブ研究センター重点領域研究（主査・家田修北海道大学教授）＝第7章，国立民族学博物館地域研究センター共同研究（主査・松下洋神戸大学教授）＝第7章，慶應義塾大学共同研究プロジェクト（主査・薬師寺泰蔵慶應義塾大学教授）＝第9章，電通総研 Civil Society 研究会（主査・井上達夫東京大学教授）＝第4章，の各主査ならびにメンバーの方々に感謝申し上げたい。

　また研究成果を発表する機会を与えていただいた，日本政治学会（50周年記念大会，同志社大学）＝第9章，中央大学政治学研究会＝第9章，立教政治研究会＝第4章，東北大学政治学研究会＝第4章，北海道大学政治学研究会＝第4章，聖学院大学総合研究所＝第4章，の関係者の方々にもお礼申し上げたい。さらに，研究助成を交付していただいた杏林大学社会科学学会（研究奨励金）＝第5章，財団法人櫻田会（政治研究助成）＝第6章，文部省（科学研究費）＝第6章，第7章，中央大学（特定課題研究費）＝第4章，私学振興財団（国際共同研究ドイツ調査への助成）＝第8章，に対しても，記して謝意を表したい。さらに当初

の基本構想にそって各論稿を発表する機会を与えていただいた，掲載誌の関係者の方々にもお礼申し上げたい。また第1章の比較政治学のキーワードと基礎理論編を準備するにあたっては，比較政治学にかかわる講義を担当した経験が大いに役立っている。そうした機会を提供していただいた杏林大学社会科学部，中央大学法学部，立教大学法学部，慶應義塾大学法学部の関係者の方々，および拙い講義を受講してくれた学生の皆さんにも感謝したい。

　本書を完成させるまでの10年間は，著者にとっては新しい環境への適応に思いがけず悪戦苦闘した時期となった。30代の前半に博士論文を完成させようと研究に専念していたときのように，学問への情熱をストレートに燃焼できる環境が徐々に失われていくことは，思っていた以上に身を苛なまれる経験であった。何かを得ることは，何かを失っていく。この単純な真理が身にしみた。具体的には，研究・教育・行政のトライアングルを自分なりに有機的に連関させるべく，以下の3つの課題を実現させるまでに試行錯誤を繰り返したのである。その課題とは，① 政治学科の制度設計を「市民社会の政治学」を中心に構成し，入試・広報体制の仕組みと「政治学」「国際学」「市民社会論」といった政治学科の導入科目を連動させること，② アクティブな学生を養成するために「導入演習」「専門演習」「アカデミック・インターンシップ」などの少人数の演習を充実させ，しかもアレントの『人間の条件』を読みこなせる程度の理解力を開拓すること，および ③ 大学院での演習内容を，現代政治理論の開拓的な領域の文献講読にあてることで，大学院教育と自分自身の研究活動を連動させること，であった。

　結果的にみると，こうした研究・教育・行政が有機的に連動する仕組みをつくりあげるのに，この10年間を費やしてきたわけである。2003年初頭に完成することができた第10章の論稿は，ようやくこうした仕組みが機能し始めたことを示していた。そして本書の完成は，ようやく長かったトンネルを抜けて，この有機的な仕組みが完成に近づいたことを象徴しているのであろう。研究だけに大半のエネルギーをそそぐことができた30代前半とは異なり，研究・教

育・行政のトライアングルを構築するための長いトンネルの中にいた30代後半から40代前半に，本書をまがりなりにも完成させることができたことには感慨もひとしおなものがある。こうした法学部の制度改革を共同で担ってきた同僚諸氏には深く感謝している。もちろん，本書の価値は内在的に評価されるべきものであって，こうした背景とは別物であることは言うまでもない。

　ここでは，なによりも研究者生活を支えてくれている同世代の研究者仲間である，明田ゆかり（成蹊大学），出岡直也（慶應義塾大学），川崎修（立教大学），酒井哲哉（東京大学），佐次清隆之（現代文化研究所），杉田敦（法政大学），新川敏光（京都大学），中野勝郎（法政大学），山口二郎（北海道大学）の諸氏に深く感謝したい。本書の作成にあたっては，基本構想をあたためる機会を与えてくださった北海道大学法学部の中村研一，古矢旬，田口晃ほか政治系スタッフの諸氏，基本構想の出版をすすめてくださった有信堂編集者（当時）の田辺道子さんと今井貴子さん，本書の原型となる『比較政治学の構想と方法』を出版していただいた三嶺書房の武井隆男さんと吉川時男さん，および最終的に本書を刊行していただいた中央大学出版部の平山勝基さんと柴崎郁子さんにそれぞれ大変お世話になりました。とくに平山勝基さんには，企画から刊行にいたる作業を精力的にすすめていただいたことに，深く感謝申し上げます。また原稿の取りまとめを手伝ってくれた畔柳綾さんにも感謝します。

　本書をまとめた後，新年にいただいたメールで思いがけず2005年が「連帯」結成25周年だということに気づかされた。あの「連帯」革命から4半世紀経っているという時の重みに驚かされた。思えば，1980年は，ポーランド「連帯」革命の年であると同時に，私自身が研究生活のスタートをきった年でもあった。大学院への出席を許され，比較政治学の英語文献を必死になって読み進んでいた学部4年生の頃にポーランドで起きた「連帯」革命のインパクトは，今でも鮮明に思い出すことができる。「連帯」革命のインパクトを現実政治の側面と政治理論の側面から跡づけ，革命の「失われた宝」を民主主義理論のなかに救出しようと試みた本書は，はからずも，「連帯」結成25周年を記念する出版とな

ったようだ。この「失われた宝」としての市民社会論の全貌を明らかにする試みは，次回作の『現代市民社会論の新地平』(有信堂より近刊予定) に委ねたい。本書は，25年前に私の研究を導いてくれたアダム・ミフニク (Adam Michnik) とポーランド「連帯」運動に捧げられる。

2005年1月10日 「連帯」結成25周年を記念して

川　原　　彰

事項・人名索引
(欧文略称は英語読みで配列)

ア 行

アーモンド, G. A.　　6, 13, 14, 15, 17, 18,
　　　　　　　　　　20, 21, 22, 23, 24, 25,
　　　　　　　　　　26, 30, 32, 33, 34, 52, 53
IMF　　　　　　　　　　　　76, 172, 183
アイザック, J.　　　　　　　　　　　297
アイゼンシュタット, S. N.　　25, 33, 299
アインシュタイン, A.　　　　　　　226
アウトプット→出力
アクター中心アプローチ　　　　199, 204
アクターのアイデンティティ　　　　210
アクターの変革戦略　　　　　　210, 211
アゴーン　　　　　　　　　　　　　136
新しい社会運動　　　　　　　　66, 132,
　　　　　　　　　　　　150, 167, 292, 303
新しい漸進主義　　62, 93, 94, 102, 104,
　　　　　　　　　　　　　　　　119, 120
アッシュ, T.　　　　　　　　　　　313
アナール学派　　　　　　　　　　　27
アプター, D.　　　　　　　　　　　25
アミン, S.　　　　　　　　　　　27, 92
アムネスティ・インターナショナル　285
アメリカ社会科学評議会比較政治学
　　委員会 (CCP／SSRC)　　11, 12,
　　　　　　　　　　　　　　13, 22, 23, 60
アメリカ独立革命　　　　　　　　　283
アリギ, G.　　　　　　　　　　　　53
アリストテレス　　　　　　　　　　12
アレイト, A.　　　　59, 62, 67, 75, 124,
　　　　　　　　　　　　　　　　126, 147
アレント, H.　　　　7, 121, 147, 284, 305,
　　　　　　　　　　　　　　　　326

――の革命論　　　　　　　　283, 314
安定民主主義理論　　　　　　　　　34
イーストン, D.　　　　　　13, 15, 34, 53
イェーニケ, M.　　　　　　　　　　38
EUの東方拡大　　　　　　　　223, 233
移行学派→トランジション学派
「移行」期　　　　　　　　　　　　41
移行協定　　　　　　　　　　　　　159
移行の諸様相　　　　　　　　　　　211
一党体制　　　　　　　　　　　　　201
井戸正伸　　　　　　　　　　　　　52
委任民主主義　　　　　　　　　　　48
猪口孝　　　　　　　　　　　　　　55
イラン革命　　　　　　　　　　　　154
岩崎正洋　　　　　　　　　　　　　52
岩田昌征　　　　　　　　　　　　　273
イングルハート, R.　　　　　　　　53
インプット→入力
ヴァーバ, S.　　　　　　　13, 34, 53, 54
ウィーアルダ, H. J.　　　　31, 52, 54, 60
ウィーナー, M.　　　　　　　　　　25
ウィルソン, W.　　　　　　　　　　85
ウィルソン主義　　　　　　　　150, 151
ウェーバー, M.　　　　　　　13, 22, 32
ウェストファリア・モデル　　　　　291
ヴェーラー, H-U.　　　　　　　　　54
ウォーラーステイン, I.　　　26, 27, 32,
　　　　52, 53, 148, 149, 150, 151, 152, 153, 157
ウォーリン, S.　　3, 297, 298, 303, 304,
　　　　　　305, 306, 308, 310, 311, 316, 317
――の革命観　　　　　　　　　　314
ウォルツァー, M.　　　　　　129, 290
内山秀夫　　　　　　　　　　7, 55, 57

エクスタイン，H.	34	可能性主義	41, 63, 199
エスニシティ	21, 173, 175, 213	ガバナンス	288
エスニック・アイデンティティ	49	カフカ，F.	226
エスニック・マイノリティ	285	カルチャー・シフト	21
エスニック紛争	76, 230	カルドーソ，F.	27
エスノナショナリズム	49, 282	官僚主義的権威主義	31, 38, 60
NGO	83, 117, 132, 285, 289	キーン，J.	55
NPO	117, 132, 137, 285	ギエレク体制	155
エリート的政治文化	21	議会民主制	216
エリート的民主主義	283	キッシンジャー，H. A.	85
円卓会議	64, 65, 67, 69, 70, 102, 104, 105, 106, 123, 159, 160, 162, 176, 212	ギデンズ，A.	301, 324
		機能	15, 18
円卓会議合意	228	急進改革	155
エンツェンスベルガー，H. M.	229	境界	304, 307
オーウェル，G.	121, 194	境界線を越える民主主義	306
オッフェ，C.	45, 54, 65, 66, 163, 173, 213	共産主義体制	197
		共産党体制	152, 156
オドンネル，G.	31, 40, 41, 45, 48, 54, 60, 62, 66, 67, 82, 104, 132, 176, 198, 211, 212	業績危機	39, 40
		共通善（common ends）	304
		協定（pact）	40, 43, 67, 104, 162, 207, 212
小野耕二	55	——に基づく移行	207, 212
オルシェフスキ，J.	115	共同性	304, 306, 313
恩顧―庇護関係	48	——の新しい文化的パターン	308
カ　行		共和主義	136
蓋然性主義	199	共和政	283
開発主義	76, 209, 279	巨視理論	13, 15, 22, 26
開発独裁	31, 40, 93, 99, 155, 207	ギル，S.	295
下位文化	21	キング，G.	54
価格制度改革	215	キング牧師	26
革命的転換モデル（ポルトガル・モデル）	208	近代化	13
		——論	61
「確立」期	41	近代性	75, 76, 147, 157, 170, 281
確立された共通性	309, 310, 317	クーデタ	207
カダル，J.	100	クーロン，J.	119, 123, 178
カダル体制	155	クセノス，N.	313, 314
カトリックの波	83, 200, 208	グダンスク協定（政労合意）	92
カトリック的人格主義	95	クファシニェフスキ，A.	179, 183, 187

クラウゼヴィッツ，K.	326	憲法制定権力	283
グラムシ，A.	32, 118, 131, 143	原理主義	302, 303
——・モデル	132	コーエン，J.	124, 126
——的パースペクティブ	295	コーポラティズム	31, 60, 133
グリーンスタイン，F.	21	——・システム	20
クリントン，W. J.	85	コールマン，J.	13, 15
クレンツ，E.	141	公共圏	74, 285, 298, 300, 317, 318
グロース，K.	229	——モデル	126
グローバリゼーション→グローバル化		光州事件	154
グローバル・ガバナンス	278, 287, 290	構造	13, 15, 17, 18
グローバル・コモンズ	284	構造—機能主義	13, 15, 31
グローバル・デモクラシー	137, 278, 284, 292	構造的権力	295
		行動論革命	13
——のモデル	289, 291	河野勝	52
——の政治理論	286, 318, 319	公民権運動	26, 308
——の問題領域	287	合理的選択論	51
グローバル・リスク社会	292	国民性	13, 20
グローバル化	48, 284, 301, 318	国連憲章モデル	291
グローバルな市民社会	76, 136, 288	個人独裁体制	201
軍事体制	201	コスモポリタン・デモクラシー	
クンデラ，M.	225		285, 288, 290, 303, 318
ゲーム理論	45, 51	国家	13, 15, 42, 43
経済社会	45, 46	国家機構	45, 46
経済政体	306	国家性（stateness）	49, 163, 174, 175, 214, 215, 282
経済発展	208		
「形状描写」アプローチ	15	——問題	230
ケイティヴ，G.	313, 314	国境なき医師団	285
径路依存分析	209, 210	コックス，R.	295
径路依存アプローチ	70	コノリー，W. E.	136, 277, 306, 308, 310, 311, 316
径路依存性（path dependency）	186, 187		
ケネディ，J. F.	25, 26	コヘイン，R. O.	54
ゲレイロ=ラモス，A.	41	ゴルバチョフ，M.	100, 113, 114, 141, 152, 228
ゲメレク，B.	98, 114		
権威主義支配からの移行	199	コワコフスキ，L.	118, 119
権威主義体制	31, 37, 38, 40, 43, 44, 57, 60, 67, 151, 197, 201, 202, 203, 207	根源的民主政モデル	285
		コンラッド，G.	121
憲章77	99, 228, 297, 313	コンセンサス理論	34
現代東欧革命	294	コンフリクト理論	34

事項・人名索引 *337*

サ 行

再帰（自省）的近代化	298
再帰性	302, 324
再均衡	40
索出＝発見的理論	18
差異のポリティクス	319
債務危機	208
桜井哲夫	142
サックス，J.	161, 172
サブ政治	303
サルトーリ，G.	52
サン＝シモン	142
「参加」型政治文化	21
三重の移行	45, 164, 165, 173, 174, 192, 214, 282, 301
CSCE	101
シェーンベルク，A.	226
塩川伸明	71, 72, 272
自己限定革命	59, 62, 70, 73, 93, 98, 99, 100, 103, 108, 119, 121
支持	19
システム機能	17, 18
自制的革命→自己限定革命	
ジハード	290
資本主義世界経済	186
市民運動・民主行動（ROAD）	109, 114
市民社会	42, 43, 45, 46, 49, 51, 62, 64, 64, 66, 67, 69, 71, 73, 74, 91, 92, 94, 95, 97, 108, 117, 118, 127, 135, 151, 152, 153, 157, 160, 162, 164, 165, 209, 212, 227, 228, 279, 281, 290, 299, 304, 317
――組織	48
――のイニシアティブ	280
――の自己組織化	155, 278, 300
――論のパースペクティヴ	66
市民的公共圏	51, 127
市民フォーラム	233, 313
市民文化	21
社会関連資本（social capital）	51, 132
社会自衛委員会（KOR）	62, 92, 99, 228
社会的安全保障	326
自由化	36, 212
集合的アイデンティティ	315
重層的な政治空間	284
従属（dependency）論	26, 27
自由の構成	283
周辺	28
自由民主会議（KLD）	176, 178
自由民主政（リベラル・デモクラシー）	277
――モデル	283, 285
熟議民主主義	51, 303, 318, 319
叙事詩的政治理論	308
出力	15, 17, 18
シュミッター，Ph.	20, 31, 40, 41, 45, 52, 54, 55, 60, 62, 66, 67, 82, 104, 132, 176, 198, 211, 212
シュンペーター，J.	200, 283
ショック療法	114, 161, 164, 171, 172, 175, 186
所有制度改革	215
進化主義的理論（evolutionary theory）	26
新川敏光	52
新経済メカニズム＝NEM	155
新興工業経済地域（NIES）	154
人種的寡頭体制	201
新制度論	51
進藤榮一	71, 72, 74, 75, 325
親密圏	125, 303
「臣民」型政治文化	21
信頼（trust）	51, 303
スコチポル，T.	32, 33, 51, 54
スコットランド啓蒙	130
スターリン批判	227

スタニシキス, J.	59, 62, 67, 156, 175, 185	政治発展	13, 14, 23
ステパン, A.	31, 40, 42, 43, 44, 45, 51,	政治発展論	22, 61, 199
	54, 55, 60, 62, 67, 132, 198, 215	政治文化	13, 14, 17, 20, 21
スペイン・モデル	207	政治変動論	31
スペインの民主化	162, 199	生成の政治	309, 310, 317
スホツカ, H.	115, 178, 181, 183	制定された権力	283
スミス, A.	130, 132	制度	13
スモラル, A.	181, 184	正統性危機	39, 40, 43
政策形成	17, 18, 19	世界システム	27, 29, 185, 208, 209, 302
政策裁定	17, 18, 19	世界システム論	26, 27, 153
政策執行	17	世界帝国	27
政策実施	19	政治構造	14, 16
政策履行	18	1968年革命	150
政治	305	漸進的民主化モデル(スペイン・モデル)	
政治改革	156		208
政治学における新しい革命	30	全体主義	36, 37, 61
政治過程	14, 18	全体主義体制	37, 40
政治機能	14	全体レジーム	45
政治構造	14, 16	ソレル, G.	142, 314
政治システム	13, 14, 15, 17, 20	ソ連・ロシアの体制転換	170
――の共通特性	16	ソ連解体	229
――の発展類型	23, 24	ソ連型共産主義	174
政治社会	42, 43, 45, 46, 108, 126, 212	**タ 行**	
政治体制危機	154, 208		
――の理論	38	ダール, R.	35, 40, 41, 54, 82, 198
政治的存在	305	ダーレンドルフ, R.	75, 91, 147
政治的意味空間	70, 176	ダイアモンド, L.	132
政治的オープニング	212	第1の移行	41, 51
政治的コミュニケーション	18, 19	対応的危機管理	40
政治的構造化	148	対抗改革	100, 101
政治的資本主義	175	第3世界	11, 12, 25, 26, 27, 30, 31, 38
政治的社会化	15, 18, 19, 21	第三の波→民主化の第三の波	
政治的なもの	69, 301, 304, 307, 309,	大衆的政治文化	21
	310, 313, 314, 316, 317	大統領民主制	216
――の再興	306	第2の移行	41, 48, 51
――の消失	311	対話型民主制	303
政治的補充	18, 19	多極共存型民主主義	31, 60
政治の昇華	305	多元主義システム	20

脱出（extrication）による改革	210, 211
田中明彦	53
多文化主義	50
ダルマイヤー, F.	309, 313, 314, 315
断絶（ruptura）による改革	210, 211
地域研究（Area Studies）	12, 63
地政文化	150
中欧	223, 225
中央同盟（CENTRUM）	109
中心	28
中心―周辺	27, 153
中道連合	114
〈帝国〉	319
ディックス, R.	204
ティミンスキ, S.	176, 179
テイラー, Ch.	309
ティリー, C.	32
手続き的な民主主義概念	200
デモス	1, 294, 298, 304, 305, 313, 314, 316, 317, 318
転換（transplacement）	44, 201, 202
テンニース, F.	22
転覆（replacement）	44, 201, 202
ドイッチュ, K.	23
ドイツ統一	229
東欧革命	75, 147, 278
ドゥオーキン, R.	309
闘争的多元主義	136, 292
「統治」過程	18
党の指導的役割	156
トゥレーヌ, A.	62, 67, 92
トクヴィル, A.	12, 32, 129, 130, 131, 141
独立自治労働組合「連帯」	279
トッテン, G.	53
ドプチェク, A.	118, 233
トムソン, E. P.	32
ドライゼック, J.	318, 319

トランジション学派	33, 82, 198, 200, 202, 204, 210, 211
取引（transaction）による改革	210, 211, 212

ナ 行

ナイマン, F.	224
ナゴースキー, A.	192
ナジ, I.	118
ナショナル・アイデンティティ	282
ニクソン, R.	85, 86
二重の民主化	104, 280, 285
ニューマン, E.	55
入力	15, 17, 18
ネオ・コーポラティズム	104, 134
ネオ・リベラリズム	134, 161, 209, 324
ネグリ, A.	319
農民党（PSL）	164, 177, 179, 180, 184
ノメンクラトゥラ	162, 186
ノルテ, E.	75, 147

ハ 行

パーウェル, B.	13, 22, 24, 53
パーソンズ, T.	22, 31
ハート, M.	319
バーバー, B.	49, 55, 136, 290
ハイデン, G.	129
ハヴェル, V.	121, 193, 227, 233, 313
パヴラク, W.	115, 179, 183
覇権国	28
パターン変数	22, 23, 31
発生論的問題	34
発展主義	22
パットナム, R.	55, 132
バトラー, J.	309
ハバーマス, J.	66, 75, 127, 147, 157, 174, 279, 309
ハプスブルク帝国	223, 225

事項・人名索引 *341*

林忠行	71, 72, 73		308, 309, 311, 313, 314, 317
バランス・オブ・パワー	85	ブラック，C.	25
バルツェロヴィチ，L.	114	ブラック・ボックス	17
ハルバースタム，D.	86	プラハの春	26, 97, 118, 150, 151, 228
バレンズエラ，A.	55	ブラッハー，K. D.	38
ハンガリー動乱	228	フランク，A. G.	27
ハンキシュ，E.	67	フランコ，F.	120, 162
半周辺	27, 28, 76, 151, 153, 162,	フランコ体制	37, 82, 199, 207
	167, 172, 173, 208	フリードリッヒ，C.	37
反政治	280	振り子効果	176, 184
反対勢力	40	プルーラリズム	133
ハンチントン，S. P.	1, 6, 31, 33,	ブレジネフ・ドクトリン	98
	44, 49, 50, 53, 54, 82, 83, 84, 173,	ブレジンスキー，Z.	37
	197, 198, 199, 200, 202, 203, 204, 279	フロイト，G.	226
比較共産主義論	58	ブローデル，F.	27
比較政治運動	11, 13, 14, 23	プロセス機能	17, 18
比較政治学	11, 12, 13, 60	ブロック，M.	32
比較政治機構論	13	文明の衝突	82, 84, 279
比較論的=発展論的視座	14, 30	ペイン，T.	129, 132
東アジアの民主化	44	ヘーゲル，G.	129, 131
東ヨーロッパの民主化	200, 210	ベーリング，W.	53
非スターリン化	227	ベトナム戦争	25, 26, 86
ビスマルク，O.	85	ベトナム反戦運動	26
批判的社会学	66	ヘラー，A.	75, 147
ヒューム，D.	130	ベルクソン，H.	22
ビロード革命	233	ヘルド，D.	7, 137, 285, 286, 290,
ファシズム体制	82, 198		291, 318
フィース，H.	31	ベルリンの壁	281
フィードバック	15, 17, 18	ペレストロイカ	100, 152, 184, 228
フーコー，M.	304, 309, 314, 316	ベレツキ，J.	115, 176, 178
フォーク，R.	290	変革（transformation）	44, 201, 202
フクヤマ，F.	279	ベンディクス，R.	32
プシェヴォルスキ，A.	45, 55, 132	ベンヤミン，W.	7, 11, 226
藤田省三	7, 326	ホーネッカー，E.	141
フッサール，E.	226	ポーランド・モデル	65, 69, 70, 159, 161
部分レジーム	48	ポーランド型民主化モデル	92, 103,
ブヤク，Z.	113, 177, 178, 181		158, 163
Fugitive Democracy	303, 304, 306,	包括性	36

包摂の政治	312	マディソン主義	283
法の支配	45, 46	マリタン, J.	95
暴力	303	マルクス, K.	32, 142
ポスト共産主義	188, 213, 221	マルチチュード	319
——の周辺資本主義	185, 186, 187, 188	丸山眞男	7
——の体制転換	2, 76, 158, 161, 162, 171, 172, 173, 174, 203, 213, 281, 282	マンハイム, K.	7
		ミフニク, A.	1, 62, 90, 94, 95, 97, 104, 114, 119, 121, 123, 127, 162, 193, 278, 279
ポスト行動論革命	34	「未分化」型政治文化	21
ポスト全体主義型権威主義体制	38	宮本太郎	52
ポストモダニスト	304, 311	ミルズ, C. W.	32
ポストモダン	300	ミロシェヴィチ, S.	274
ポストモダン・ポリティクス	306	民主化	33
ポストモダン的政治文化	310	——の第一の波	162, 205
ボトウィニック, A.	313, 316, 317	——の第三の波	1, 33, 50, 82, 83, 162, 197, 202, 203, 204, 206, 207, 278
ポピュリスト型権威主義	38	——の第二の波	162, 203, 205
ポピュリズム	283	——の比較政治学	33, 35, 36, 40, 44, 62, 82, 198, 199
ホプキンス, T. K.	53	——の論理	20, 208
ポランニー, K.	274	——プロセス	204
ポランニー, M.	3	民主左翼同盟 (SLD)	164, 176, 177, 179, 180, 182, 183, 184,
ポリアーキー	35, 36, 38, 41, 48, 51, 82, 198, 204	民主主義	305
ポリス	12, 125	——体制	37
ポリス・モデル	126	——の深化	216
ポルトガル・モデル	207	民主政	209
ホワイト, S.	313, 315, 316	——の確立	38, 50, 70, 197, 204
ホワイトヘッド, L.	41	——の自己変革能力	208
ポンティ, M.	315	——の論理	208
マ 行		——の移行	33, 40, 70, 82, 197, 198, 199, 203, 204
真柄秀子	52	民主体制の崩壊	203
マクリディス, R.	12	民主同盟 (UD)	177, 178, 180
マクロ主体概念	315	ムーア Jr., B.	32, 54
マサリク, T.	225	ムージル, R.	226
マゾヴィエツキ, T.	95, 106, 109, 114, 115, 176, 178	ムーニエ, E.	95
マッグルー, A.	287, 288, 318		
マックワールド	290		

ムフ，C.	136, 292, 315	リベラルな国際主義	288
村上泰亮	2	理論	325
ムンク，G.	210, 212	リンス，J.	31, 38, 40, 54, 55,
モンテスキュー，C.	12		57, 60, 67, 198, 215
		リンドブロム，C.	20, 133

ヤ 行

薬師寺泰蔵	55	ルカーチ，G.	226
ヤルゼルスキ，W.	70, 93, 98, 100,	ルソー，J. J.	283
	113, 114, 115, 194	ルプニク，J.	67
ヤルタ体制	227	ルルーシュ，P.	279
ユーゴスラヴィア解体	229	レイプハルト，A.	31, 54, 60
ユーロリージョン	233	レーニン，V. I.	142
要求	19	レーニン主義	150, 151
ヨハネ・パウロ2世	94	レームブルッフ，G.	52
予防的危機管理	39	歴史社会学	32, 51
		レフ，C.	210, 212
		「連帯」	150, 152, 228, 297
		── 運動	61, 70, 135,

ラ 行

ラコフスキ，M.	114		160, 164, 308, 315
ラストウ，D.	34, 35, 40, 41, 82	── 主導政権	106
ラディカル・コミュニタリアニズム		ローゼンバーグ，T.	193
	288, 290	ローティー，R.	309
ラディカル・デモクラシー	51, 122,	ロールズ，J.	309
	127, 132, 272, 277, 278, 279, 281,	6点症候群	37
	285, 294, 299, 303, 313, 314, 316	ロシュマイヤー，D.	133
ラテンアメリカの民主化	199, 210	ロストウ，W. W.	25, 53
リーデル，M.	124, 125	ロック，J.	129, 132
利益集団	19, 20	ロバーツ，G. K.	52
利益集約	17, 18, 19		
利益表出	17, 18, 19	## ワ 行	
リシュリュー，A.	85	ワレサ，L.	90, 93, 94, 102, 105, 106,
リプセット，S. M.	23, 34		109, 113, 114, 115, 135, 150,
リベラル・デモクラシー	132, 162, 298		173, 178, 181, 183, 187, 193, 228

著者紹介

川原　彰（かわはら・あきら）

1958年　岡山県倉敷市生まれ
1981年　慶應義塾大学法学部政治学科卒業
1986年　同大学院法学研究科博士課程修了
　　　　立教大学助手，中央大学助教授等を経て，
現　在　中央大学法学部教授，法学博士（慶應義塾大学）
専　攻：比較政治学，現代政治理論
著　書：『東中欧の民主化の構造』（有信堂，1993）
　　　　『ポスト共産主義の政治学』（編著，三嶺書房，1993）
　　　　『民主主義の天使』（共編，同文舘，1995）
　　　　『グローバル・デモクラシーの政治世界』（共著，有信堂，1997）
　　　　『比較政治学の構想と方法』（三嶺書房，1997）
　　　　『21世紀のマニフェスト』（共著，岩波書店，2001）
　　　　『市民社会の政治学』（三嶺書房，2001）
　　　　『現代市民政治論』（共著，世織書房，2003）
　　　　『公共空間とデモクラシー』（共著，中央大学出版部，2004）
　　　　『グローバル・ガバナンスの理論と政策』（共編著，中央大学出版部，2004）ほか

現代比較政治論　民主化研究から民主主義理論へ

2005年4月15日　初版第1刷発行
2006年10月10日　初版第2刷発行

著　者　川　原　　　彰
発行者　福　田　孝　志

郵便番号 192-0393
東京都八王子市東中野742-1

発行所　中央大学出版部

電話 042 (674) 2351　FAX 042 (674) 2354
http://www2.chuo-u.ac.jp/up/

© 2005　AKIRA KAWAHARA　　印刷・ニシキ印刷／製本・三栄社製本

ISBN4-8057-1135-3